RIZZATTO NUNES

Manual de INTRODUÇÃO AO ESTUDO DO DIREITO

18ª edição
2025

gen | saraiva jur

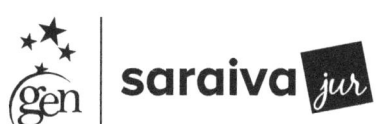

PRINCIPAIS OBRAS DO AUTOR

1. *Simplesmente Si* (poesias). São Paulo: Artpress, 1986 (esgotado).
2. *Execução fiscal – jurisprudência*. São Paulo: Revista dos Tribunais, 1988 (esgotado).
3. *Código de Defesa do Consumidor anotado*. São Paulo: Artpress, 1991 (esgotado).
4. *Explicando o Código de Defesa do Consumidor*. São Paulo: Artpress, 1991 (esgotado).
5. *A lei, o poder e os regimes democráticos*. São Paulo: Revista dos Tribunais, 1991 (esgotado).
6. *A empresa e o Código de Defesa do Consumidor*. São Paulo: Artpress, 1991 (esgotado).
7. *Curso prático de direito do consumidor*. São Paulo: Revista dos Tribunais, 1992 (esgotado).
8. *ABC do parlamentarismo*. São Paulo: Artpress, 1992 (esgotado).
9. A ética, o Poder Judiciário e o papel do empresariado nacional (capítulo). In: *Uma nova ética para o juiz*. São Paulo: Revista dos Tribunais, 1994.
10. O poder carismático da tevê e Max Weber (capítulo). In: *Direito, cidadania e justiça*. São Paulo: Revista dos Tribunais, 1995.
11. *Liberdade – norma, consciência, existência*. São Paulo: Revista dos Tribunais, 1995 (esgotado).
12. *Manual de introdução ao estudo do direito*. São Paulo: 17. ed. rev.,atual. e ampl. Salvador: JusPodivm, 2022.
13. *O Código de Defesa do Consumidor e sua interpretação jurisprudencial*. São Paulo: Saraiva, 1997; 4. ed. rev. e ampl., 2010.
14. *A intuição e o direito*. Belo Horizonte: Del Rey, 1997 (esgotado).
15. *Compre bem – manual de compras e garantias do consumidor*. São Paulo: Saraiva, 1997; 3. ed. rev., atual. e ampl., 2000 (esgotado).
16. *Manual da monografia jurídica – como fazer uma monografia, uma dissertação e uma tese*. 15. ed. rev., atual. e ampl. Salvador: JusPodivm, 2024.
17. *O dano moral e sua interpretação jurisprudencial*. São Paulo: Saraiva, 1999 (escrito em conjunto com Mirella D'Angelo Caldeira) (esgotado).
18. *Comentários à Lei de Plano e Seguro-Saúde*. São Paulo: Saraiva, 1999; 2. ed. rev., modif., ampl. e atual., 2000 (esgotado).
19. O Poder Judiciário, a ética e o papel do empresariado (capítulo). In: *Ética na virada do milênio*. São Paulo: Atlas, 1999; 2. ed. rev. e ampl., 1999.
20. *Comentários ao Código de Defesa do Consumidor*: direito material. São Paulo: Saraiva, 2000; 3. ed., 2004 (esgotado).
21. *Manual da monografia* (para áreas não jurídicas). São Paulo: Saraiva, 2000; 3. ed. mod. e ampl., 2002 (esgotado).
22. *Intuição* (romance). São Paulo: Método, 2000 (esgotado).
23. *Um balão caindo perto de nós* (romance infantojuvenil). São Paulo: Saraiva, 2001; 2. tir., 2011.
24. *O princípio constitucional da dignidade da pessoa humana*. 5. ed. rev. Salvador: JusPodivm, 2021.
25. *Modelos jurídicos*: área cível. São Paulo: Saraiva, 2003 (CD-ROM).
26. *Curso de direito do consumidor*. 16. ed. rev. e atual. São Paulo: Saraiva, 2025.
27. *Modelos jurídicos*: área trabalhista. São Paulo: Saraiva, 2004 (CD-ROM). Em coautoria com Flávio Secolin.
28. *Manual de filosofia do direito*. 8. ed. rev. e ampl. Salvador: JusPodivm, 2021.
29. *Aconteceu em Sampa* (contos). São Paulo: Método, 2004. Em coautoria com Rodrigo Ferrari Nunes (esgotado).
30. *Modelos jurídicos*: área criminal. São Paulo: Saraiva, 2005 (CD-ROM). Em coautoria com Luiz Antonio de Souza.

31. *Comentários ao Código de Defesa do Consumidor.* 4. ed. reform. São Paulo: Saraiva, 2008. 8. ed. rev., atual. e ampl., 2015.
32. *As aventuras de Joãozinho Legal* (romance infantojuvenil). Rio de Janeiro: Nova Fronteira, 2005 (esgotado).
33. *Bê-á-bá do consumidor.* São Paulo: Método/Casa do Direito, 2006 (esgotado).
34. *Superdicas para comprar bem e defender seus direitos de consumidor.* São Paulo: Saraiva, 2008.
35. *O abismo* (romance). São Paulo: Editora da Praça, 2009 (esgotado).
36. *Tudo o que você precisa saber sobre Direito do Consumidor* (audiolivro). São Paulo: Saraiva, 2009.
37. *Turma da Mônica em superindividados.* São Paulo: Maurício de Sousa Editora, 2009 (em coautoria com Marli Aparecida Sampaio e em parceria com Maurício de Sousa).
38. *Tudo o que você precisa saber sobre Dano Moral* (audiolivro). São Paulo: Saraiva, 2010.
39. *Bê-á-bá do consumidor – projeta-se de forma prática e simples.* São Paulo: Cia. dos Livros, 2010.
40. *Manual de Monografia. Como se faz uma monografia, uma dissertação, uma tese* (Para áreas não jurídicas). Nova edição. São Paulo: Cia. Editora Nacional, 2010.
41. *Era do consumo.* Ribeirão Preto: Migalhas, 2016.
42. *Manual do direito do consumidor para concursos.* São Paulo: Saraiva, 2016.
43. *A visita* (romance). São Paulo: YK Editora, 2016.
44. *Diário de uma garota preocupada* (literatura infanto-juvenil). São Paulo: Pé de Lima, 2019 (com as participações de Luana Nunes e Giulia Nassa).
45. *Quarentena: momentos de reflexão* (romance). São Paulo: Editora da Praça, 2020.
46. *Gisele* (romance). 2. ed. São Paulo: Garimpo e Editora da Praça, 2023.
47. *O assassinato da sogra* (romance). São Paulo: Editora da Praça, 2020.

- O autor e a editora deste livro empenharam seus melhores esforços para assegurar que as informações e os procedimentos apresentados no texto estejam em acordo com os padrões aceitos à época da publicação, *e todos os dados foram atualizados pelo autor até a data de fechamento do livro*. Entretanto, tendo em conta a evolução das ciências, as atualizações legislativas, as mudanças regulamentares governamentais e o constante fluxo de novas informações sobre os temas que constam do livro, recomendamos enfaticamente que os leitores consultem sempre outras fontes fidedignas, de modo a se certificarem de que as informações contidas no texto estão corretas e de que não houve alterações nas recomendações ou na legislação regulamentadora.

- Data do fechamento do livro: 02/01/2025

- O autor e a editora se empenharam para citar adequadamente e dar o devido crédito a todos os detentores de direitos autorais de qualquer material utilizado neste livro, dispondo-se a possíveis acertos posteriores caso, inadvertida e involuntariamente, a identificação de algum deles tenha sido omitida.

- Direitos exclusivos para a língua portuguesa
  Copyright ©2025 by
  Saraiva Jur, um selo da SRV Editora Ltda.
  Uma editora integrante do GEN | Grupo Editorial Nacional
  Travessa do Ouvidor, 11
  Rio de Janeiro – RJ – 20040-040

- Atendimento ao cliente: https://www.editoradodireito.com.br/contato

- Reservados todos os direitos. É proibida a duplicação ou reprodução deste volume, no todo ou em parte, em quaisquer formas ou por quaisquer meios (eletrônico, mecânico, gravação, fotocópia, distribuição pela Internet ou outros), sem permissão, por escrito, da **SRV Editora Ltda.**

- Capa: Tiago Dela Rosa
  Diagramação: Claudirene de Moura Santos Silva

- DADOS INTERNACIONAIS DE CATALOGAÇÃO NA PUBLICAÇÃO (CIP)
  VAGNER RODOLFO DA SILVA – CRB-8/9410

N972m   Nunes, Rizzatto
   Manual de Introdução ao Estudo do Direito / Rizzatto Nunes. – 18. ed. – São Paulo :
      Saraiva Jur, 2025.

   368 p.
   ISBN 978-85-5362-448-5

   1. Direito. 2. Estudo do Direito. I. Título.

                                                     CDD 340
2024-4269   CDU 34

Índices para catálogo sistemático:
1. Direito   340
2. Direito   34

*Para meu filho,
Rodrigo.*

"Prezado Professor:
Sou sobrevivente de um campo de concentração.
Meus olhos viram o que nenhum homem deveria ver.
Câmaras de gás construídas por engenheiros formados.
Crianças envenenadas por médicos diplomados.
Recém-nascidos mortos por enfermeiras treinadas.
Mulheres e bebês fuzilados e queimados
por graduados de colégios e universidades.
Assim, tenho minhas suspeitas sobre a Educação.
Meu pedido é: ajude seus alunos
a tornarem-se humanos.
Seus esforços nunca deverão produzir monstros treinados ou psicopatas hábeis.
Ler, escrever e saber aritmética só são importantes
Se fizerem nossas crianças mais humanas."[1]

---

[1] Texto encontrado após a Segunda Guerra Mundial, num campo de concentração nazista.

Sumário

Prefácio à 18ª edição XVII

1. A QUESTÃO DO ENSINO JURÍDICO
   1.1. Uma necessária crítica à pedagogia no curso de Direito 1
   1.2. O problema da educação bancária 1
   1.3. O pacote fechado ou o supermercado jurídico 3
      1.3.1. Atraso reiterado e reinventado 3
      1.3.2. O pacote 4
   1.4. A ficção 5
      1.4.1. O objeto-modelo ficcional 5
      1.4.2. O ensino ficcional 8
   1.5. O modelo não difere de escola para escola 9
   1.6. A exposição ou o cuspimento do saber 10
      1.6.1. O despejar de informações 10
      1.6.2. A phdite ou doutorite (irmãos da juizite e da promotorite) 11
      1.6.3. A confusão de papéis 13
   1.7. A negação da individualidade do aluno 14
      1.7.1. Alegria, respeito e individualidade 14
      1.7.2. O problema da avaliação 16
         1.7.2.1. Avaliar e não decidir 16
         1.7.2.2. O resultado da avaliação 17
         1.7.2.3. Provas e avaliações não geram bons profissionais 17
   1.8. Conclusão 17
   1.9. Exercícios 18
      1.9.1. O texto abaixo é de Piero Mussio (Introdução à informática, Petrópolis, Vozes, p. 13-4). Leia-o e, com base nele, responda às questões formuladas 18
   1.10. Bibliografia 19

2. A CIÊNCIA DO DIREITO
   2.1. A Ciência 21
   2.2. As escolas científicas 24
   2.3. A Ciência do Direito 37
   2.4. O objeto da Ciência do Direito. Que é o Direito? 39
   2.5. A Ciência Dogmática do Direito 41
      2.5.1. O termo "Ciência do Direito" 41

2.5.2. A escola racionalista. O jusnaturalismo 42
2.5.3. O empirismo jurídico 42
    2.5.3.1. A Escola da Exegese 43
    2.5.3.2. A Escola Histórica 45
2.5.4. A Ciência Dogmática do Direito – o Direito na atualidade 45
    2.5.4.1. O enfoque dogmático 45
    2.5.4.2. A instrumentalização 47
    2.5.4.3. Dogmática e tecnologia 49
    2.5.4.4. Solução e decisão 51
    2.5.4.5. Eficiência e consciência 57
2.6. Verdade e Opinião na Ciência Dogmática do Direito 58
2.7. Exercícios 61
    2.7.1. O texto a seguir foi extraído da Teoria pura do direito, de Hans Kelsen (São Paulo, Ed. Martins Fontes, 1987, p. 1-3). Leia-o, e com base nele responda às questões formuladas 61
    2.7.2. O texto a seguir foi extraído de "Verdade e política", capítulo de Entre o passado e o futuro, de Hannah Arendt (São Paulo, Ed. Perspectiva, 1972, montagem de p. 283 e 288). Leia-o e, após, responda às questões formuladas 63
    2.7.3. O texto a seguir, de autoria de Roque Spencer Maciel de Barros, foi publicado no Jornal da Tarde (12 mar. 1998, p. 2A). Leia-o e, depois, responda às questões formuladas 65
    2.7.4. Exercícios de revisão 66
2.8. Bibliografia 68

3. AS FONTES DO DIREITO
3.1. O conceito de fonte do direito 69
3.2. Fontes estatais e não estatais 69
3.3. As fontes estatais 70
    3.3.1. A legislação 70
    3.3.2. Os tratados internacionais 83
        3.3.2.1. Elaboração 83
        3.3.2.2. Monismo e dualismo 84
        3.3.2.3. A recepção na ordem jurídica nacional 85
        3.3.2.4. A posição hierárquica no sistema jurídico ... 86
    3.3.3. A jurisprudência 87
3.4. As fontes não estatais 94
    3.4.1. O costume jurídico 94
    3.4.2. A doutrina 102
3.5. Exercícios 104

3.5.1. Leia o editorial do jornal O Estado de S. Paulo (10 mar. 1992) e, após, responda às questões formuladas 104
3.5.2. A decisão abaixo é do 1º Tribunal de Alçada Civil (Bol. AASP n. 1.931, de 2-1-1996). Leia-a e, após, responda às questões formuladas 106
3.5.3. Exercícios de revisão 109
3.6. Bibliografia 110

4. O DIREITO POSITIVO
4.1. O direito objetivo 111
4.2. O direito subjetivo 112
4.3. O dever subjetivo 114
4.4. A divisão no direito positivo 115
    4.4.1. Divisão geral: Direito Público, Privado, difuso e coletivo 115
    4.4.2. Ramos do Direito Público interno 120
        4.4.2.1. O Direito Constitucional 120
        4.4.2.2. O Direito Administrativo 121
        4.4.2.3. O Direito Tributário 121
        4.4.2.4. O Direito Processual 121
        4.4.2.5. O Direito Penal 122
        4.4.2.6. O Direito Eleitoral 122
        4.4.2.7. O Direito Militar 122
    4.4.3. O Direito Público externo 123
        4.4.3.1. O Direito Internacional Público 123
    4.4.4. Os ramos do Direito Privado 123
        4.4.4.1. O Direito Civil 123
        4.4.4.2. O Direito Empresarial 124
    4.4.5. Os ramos dos Direitos difusos e coletivos 124
        4.4.5.1. O Direito do Trabalho 124
        4.4.5.2. O Direito Previdenciário 125
        4.4.5.3. O Direito Econômico 125
        4.4.5.4. O Direito do Consumidor 125
        4.4.5.5. O Direito Ambiental 126
    4.4.6. O Direito difuso externo 127
        4.4.6.1. O Direito Internacional Privado 127
4.5. Outros elementos do direito positivo 128
    4.5.1. A relação jurídica 128
    4.5.2. Os sujeitos da relação jurídica 129
        4.5.2.1. A pessoa física 129
        4.5.2.2. A pessoa jurídica 131

4.5.2.3. Os entes "despersonalizados" 133
4.5.3. O objeto da relação jurídica 134
    4.5.3.1. O objeto imediato: obrigação de fazer, de dar e de não fazer 134
    4.5.3.2. O objeto mediato: bens jurídicos (coisas e pessoas).... 135
4.5.4. A classificação fundada no objeto da relação jurídica 136
    4.5.4.1. Os direitos obrigacionais 136
    4.5.4.2. Os direitos reais 137
    4.5.4.3. Os direitos da personalidade 137
4.5.5. O nascimento da relação jurídica 137
    4.5.5.1. Os fatos naturais 138
    4.5.5.2. Os atos jurídicos lícitos 138
    4.5.5.3. Os atos jurídicos ilícitos 138
    4.5.5.4. O abuso do direito 141
4.6. Exercícios 145
    4.6.1. Leia o Acórdão da Segunda Câmara Civil do Tribunal de Justiça de São Paulo, relativo aos EI 106.119-1 (publicado na RJTJSP, 125:390), e, após, responda as questões formuladas 145
    4.6.2. A decisão abaixo é do 2º Tribunal de Alçada Civil do Estado de São Paulo (Bol. AASP n. 1.641, de 6-6-1990). Leia-a e, após, responda às questões formuladas 146
    4.6.3. Exercícios de revisão 149
4.7. Bibliografia 150

5. PRINCÍPIOS E NORMAS JURÍDICAS
    5.1. Conceito 151
        5.1.1. Os princípios 151
            5.1.1.1. Comando maior 151
            5.1.1.2. Razão ético-jurídica-universal 154
            5.1.1.3. Os princípios constitucionais 157
            5.1.1.4. As leis principiológicas 162
        5.1.2. As normas jurídicas 164
    5.2. O mundo ético: norma jurídica, norma moral e norma social 165
        5.2.1. A questão ética 165
        5.2.2. O que diferencia as normas jurídicas das demais normas? 167
    5.3. A sanção, a coerção e a coação 168
    5.4. A norma jurídica e sua formulação lógica 171
    5.5. As normas jurídicas sem sanção 172
    5.6. O sistema jurídico – noções preliminares 173
    5.7. A classificação das normas jurídicas 174
        5.7.1. Quanto à hierarquia 174

5.7.2. Quanto à natureza de suas disposições 175
5.7.3. Quanto à aplicabilidade 175
5.7.4. Quanto à sistematização 176
5.7.5. Quanto à obrigatoriedade 177
5.7.6. Quanto à esfera do Poder Público de que emanam 178
5.8. A validade da norma jurídica 178
5.9. A vigência das normas jurídicas no tempo 179
    5.9.1. O início da vigência 179
    5.9.2. O término da vigência 183
    5.9.3. A revogação das normas jurídicas 184
5.10. A vigência das normas jurídicas no espaço 187
5.11. A eficácia, a retroatividade e os problemas das normas jurídicas inválidas 188
    5.11.1. A eficácia das normas jurídicas 188
    5.11.2. A retroatividade das normas jurídicas 190
        5.11.2.1. O direito adquirido 190
        5.11.2.2. O ato jurídico perfeito 191
        5.11.2.3. A coisa julgada 192
        5.11.2.4. A coisa julgada em matéria criminal 195
        5.11.2.5. Casos de irretroatividade e de retroatividade benéfica .. 196
    5.11.3. A eficácia de normas jurídicas inválidas 198
5.12. Exercícios 199
    5.12.1. Leia a matéria abaixo, publicada pelo jornal Gazeta Mercantil de São Paulo (em 5-2-1993), e depois responda às questões formuladas 199
    5.12.2. Transcrevem-se, a seguir, trechos de decisão do Superior Tribunal de Justiça, publicada no Boletim da Associação dos Advogados de São Paulo (Bol. AASP n. 1.836, 8-3-1994). Leia-os e responda às questões formuladas 201
    5.12.3. Exercícios de revisão 203
5.13. Bibliografia 205

6. A INTERPRETAÇÃO JURÍDICA
    6.1. Conceito 207
    6.2. O problema da linguagem 209
    6.3. "In claris cessat interpretatio"? 212
    6.4. "Mens legis" ou "mens legislatoris"? 214
    6.5. O sistema jurídico 219
    6.6. As regras de interpretação 221
        6.6.1. A interpretação gramatical 221
        6.6.2. A interpretação lógica 223

6.6.3. A interpretação sistemática.. 225
6.6.4. A interpretação teleológica.. 227
6.6.5. A interpretação histórica.. 229
6.6.6. A interpretação quanto aos efeitos... 230
    6.6.6.1. A interpretação declarativa ou especificadora............. 230
    6.6.6.2. A interpretação restritiva.. 230
    6.6.6.3. A interpretação extensiva.. 231
6.7. O problema das lacunas e os meios de integração............................. 232
    6.7.1. A completude do sistema jurídico... 232
    6.7.2. As lacunas nas normas jurídicas... 232
    6.7.3. Os meios de integração. A constatação e o preenchimento das lacunas... 233
6.8. A boa-fé objetiva como paradigma da conduta, na sociedade contemporânea, a ser considerada pelo intérprete................................... 235
    6.8.1. O comportamento humano previsto na norma........................ 235
    6.8.2. O modelo da boa-fé objetiva.. 236
    6.8.3. A operação feita pelo intérprete.. 238
    6.8.4. Conclusão... 239
6.9. O problema da segurança jurídica e sua base de confiabilidade......... 239
6.10. Exercícios.. 241
    6.10.1. Transcreve-se a seguir decisão do 2º Tribunal de Alçada Civil do Estado de São Paulo publicada no Boletim da Associação dos Advogados de São Paulo (Bol. AASP n. 150, de 21-10-1987). Leia-a e, após, responda às questões formuladas........ 241
    6.10.2. A seguir transcrevem-se trechos de decisão publicada no Boletim da Associação dos Advogados de São Paulo (Bol. AASP n. 1.890, de 21-3-1995). Leia-os e, após, responda às questões formuladas 242
    6.10.3. Leia a decisão a seguir transcrita, da 4ª Câmara do 1º Tribunal de Alçada Civil do Estado de São Paulo (AgI 821.589.2, Rel. Juiz Rizzatto Nunes, j. 4-11-1998, v.u.). Após, responda à questão formulada... 244
    6.10.4. Exercícios de revisão.. 246
6.11. Bibliografia.. 247

7. ANOTAÇÕES SOBRE A JUSTIÇA
7.1. Considerações em torno do conceito.. 249
    7.1.1. Justiça, Direito, harmonia e paz social...................................... 249
    7.1.2. Justiça como fundamento do ordenamento jurídico................ 251
    7.1.3. Justiça entre os indivíduos... 251

Sumário XV

      7.1.4. A justiça na sociedade capitalista atual.................................... 252
      7.1.5. O peso dos preços, os consumidores pobres e ricos e a injustiça do mercado 260
  7.2. O problema da justiça e os operadores do direito no Brasil............... 264
  7.3. Justiça como virtude.. 267
  7.4. Justiça e igualdade no sistema jurídico brasileiro 269
  7.5. O problema da lei justa 270
  7.6. Justiça e vontade.. 271
  7.7. Justiça real e equidade 273
  7.8. A interpretação do sistema jurídico 276
  7.9. Provas da equidade.. 279
      7.9.1. Caso n. 1 280
      7.9.2. Caso n. 2 281
      7.9.3. Caso n. 3 283
      7.9.4. Caso n. 4 284
  7.10. Um método para fazer justiça no caso concreto................................ 285
      7.10.1. Qualquer método.. 285
      7.10.2. O método intitulado "princípio da proporcionalidade".......... 286
      7.10.3. O método "intuitivo".. 288
  7.11. Técnicas para aplicação da justiça: opções para o julgador agir visando a uma decisão justa 290
  7.12. Exercícios... 293
      7.12.1. Leia a sentença a seguir transcrita e responda às perguntas após formuladas 293
      7.12.2. Transcrevem-se a seguir trechos de decisão do 1º Tribunal de Alçada Criminal do Estado de São Paulo (Bol. AASP n. 1.012 – j. em 22-12-1977). Leia-os e, após, responda às questões formuladas 295
      7.12.3. É transcrita a seguir uma decisão da 4ª Câmara do 1º Tribunal de Alçada Civil do Estado de São Paulo (AgI 824.085-1, Rel. Juiz Rizzatto Nunes, j. 4-11-1998, v.u.). Após sua leitura, responda à questão formulada 297
      7.12.4. Exercícios de revisão... 302
  7.13. Bibliografia 302

Anexo I
Decreto-lei n. 4.657, de 4 de setembro de 1942 305

Anexo II
Lei Complementar n. 95, de 26 de fevereiro de 1998 313

Anexo III
Abreviaturas 321

Anexo IV
Alguns diplomas legais conhecidos pelos seus nomes 329

Anexo V
Emenda Constitucional n. 32, de 11 de setembro de 2001 331

Bibliografia Geral... 335
Índice Alfabético de Assuntos 339

Prefácio à 18ª edição

Resolvi escrever este prefácio para comemorar os 28 anos de sucesso desta obra.

A primeira edição data de 1996. De lá para cá foram 17 edições e muitas tiragens. É com grande satisfação e alegria que vejo este meu livro sendo adotado em escolas de todo o país.

Como já tive oportunidade de observar, muitas escolas de direito continuam sendo tradicionais, de ensino doutrinário, no qual o falatório do professor ainda é "o método" pedagógico por excelência (equívoco difícil de corrigir, infelizmente). Foi isso que me levou, por exemplo, a expandir, nesses anos, o conteúdo do capítulo dedicado ao ensino jurídico. Penso que, quanto mais professores e estudantes puderem refletir sobre os temas que ali lancei, mais oportunidades de aproveitamento nos cursos de direito surgirão.

Gosto sempre de lembrar que a cadeira "Introdução ao Estudo do Direito" é uma das mais importantes no curso, não só por colocar o(a) estudante que chega na escola diante do cipoal de dispositivos do mundo jurídico, mas de forma organizada, como também por ir mostrando a ele(ela) como lidar com a enorme (e praticamente ilimitada) gama de linguagem que o direito oferece.

É, pois, para mim motivo de orgulho saber que milhares de estudantes bebem na fonte do direito com o auxílio deste meu Manual.

Rizzatto Nunes
São Paulo, janeiro de 2025.

1
A Questão do Ensino Jurídico

Sumário: **1.1.** Uma necessária crítica à pedagogia no curso de Direito. **1.2.** O problema da educação bancária. **1.3.** O pacote fechado ou o supermercado jurídico. **1.3.1.** Atraso reiterado e reinventado. **1.3.2.** O pacote. **1.4.** A ficção. **1.4.1.** O objeto-modelo ficcional. **1.4.2.** O ensino ficcional. **1.5.** O modelo não difere de escola para escola. **1.6.** A exposição ou o cuspimento do saber. **1.6.1.** O despejar de informações. **1.6.2.** A phdite ou doutorite (irmãos da juizite e da promotorite). **1.6.3.** A confusão de papéis. **1.7.** A negação da individualidade do aluno. **1.7.1.** Alegria, respeito e individualidade. **1.7.2.** O problema da avaliação. **1.7.2.1.** Avaliar e não decidir. **1.7.2.2.** O resultado da avaliação. **1.7.2.3.** Provas e avaliações não geram bons profissionais. **1.8.** Conclusão. **1.9.** Exercícios. **1.10.** Bibliografia.

O texto que inseri como epígrafe, antes do índice, foi-me entregue por um aluno. Para mim ele representa a síntese daquilo que é essencial em matéria de ensino. O professor deve tê-lo na alma.

1.1. Uma necessária crítica à pedagogia no curso de Direito

A escola de Direito tem problemas, e dentre eles um dos mais relevantes é de ordem pedagógica: o ensino oferecido tem peculiaridades tais que, muitas vezes, faz com que se duvide, inclusive, se se está ensinando algo. Pois bem. No presente capítulo, apresentaremos nossos apontamentos para a elaboração de um estudo crítico da pedagogia nos cursos jurídicos. São notas ainda preliminares, elaboradas a partir da experiência de mais de 24 anos na profissão de professor em diversas escolas, e colhidas de pesquisa que vimos fazendo junto aos alunos de graduação de várias escolas, assim como com mestrandos, doutorandos e professores. São antes reflexões que conclusões, análises subjetivas de dados que já permitam a construção de um novo modelo capaz de, de alguma maneira, modificar, ainda que timidamente, o quadro existente. Trazemo-las a público exatamente para permitir a discussão com um maior número de estudiosos e, quiçá, obter saídas para a crise do ensino jurídico. E, claro, sua apresentação ao alunado que chega no curso de Direito é bastante propícia.

1.2. O problema da educação bancária

O professor Paulo Freire, numa de suas obras obrigatórias a qualquer professor, *A pedagogia do oprimido*, faz um diagnóstico preciso do sistema educacional. Naquilo que nos interessa para a escola de Direito e descrição daquilo que o mestre intitula "educação bancária", cuja crítica é corretíssima, encaixa-se como uma luva no sistema de ensino da escola de Direito. A educação bancária é modo de opressão ou, antes, pressupõe a ausência de liberdade e a imposição unilateral do educador. Nela os educandos são meros depositários e o educador aquele que deposita, transfere, transmite informações, conhecimentos, valores. Nesse modo de transmissão, as pessoas são vistas como adaptáveis, capazes de se ajustar. Esses depósitos feitos aos educandos, quanto mais preenchem seus "arquivos" mentais, mais limitam sua capacidade crítica de inserção no mundo como pessoas dotadas de uma consciência que lhes permitissem transformá-lo (ao mundo).

Esse ensino feito por narrativas conduz o educando à memorização mecânica dos conteúdos: os alunos são tidos como vasilhas, recipientes a serem "enchidos" pelo educador. Quanto mais o recipiente for enchido, melhor será o educador; quanto mais dócil for o educando na permissão do enchimento, melhor será o educando. Não há entre os dois propriamente comunicação – dialógica, como seria de esperar –, mas apenas transferências, nas quais o educador "comunica", isto é, informa, remete e o educando recebe, memoriza e repete.

Nesse modelo de ensino, o "saber" é uma doação daqueles que se julgam sábios aos educandos, que eles julgam nada saber. Paulo Freire detalha as características do modelo que, repita-se, é típica da escola de Direito:

> "*a*) o educador é o que educa; os educandos os que são educados;
>
> *b*) o educador é o que sabe; os educandos os que não sabem;
>
> *c*) o educador é o que pensa; os educandos, os pensados;
>
> *d*) o educador é o que diz a palavra; os educandos os que escutam docilmente;
>
> *e*) o educador é o que disciplina; os educandos, os disciplinados;
>
> *f*) o educador é o que opta e prescreve sua opção; os educandos os que seguem a prescrição;
>
> *g*) o educador é o que atua; os educandos, os que têm a ilusão de que atuam, na atuação do educador;
>
> *h*) o educador escolhe o conteúdo programático; os educandos, jamais ouvidos nesta escolha, se acomodam a ele;
>
> *i*) o educador identifica a autoridade do saber com sua autoridade funcional, que opõe antagonicamente à liberdade dos educandos; estes devem adaptar-se às determinações daquele;
>
> *j*) o educador, finalmente, é o sujeito do processo; os educandos, meros objetos"[1].

Não podemos, na extensão deste capítulo, abordar um por um os itens acima expostos, mas os transcrevemos por sua urgência e atualidade e para lembrarmos que, se quisermos, um dia, ter efetivamente uma pedagogia adequada

---

[1] *A pedagogia do oprimido*, p. 59.

na escola de Direito, ela passa por uma reflexão profunda de sua pedagogia e, claro, no estudo de autores como Paulo Freire – lido e estudado, aliás, nas melhores faculdades do mundo. Todavia, ficaremos com algumas dessas verdades constatáveis empiricamente para buscarmos demonstrar seu modo nas escolas jurídicas.

1.3. O pacote fechado ou o supermercado jurídico

1.3.1. Atraso reiterado e reinventado

O Brasil é "(...) um país de legisladores; mas de legisladores feitos a murro e sopapo e que também só sabem fazer a lei a murro e sopapo" (...) "também as leis se fabricam aqui com a mesma facilidade com que se fabrica manteiga ou sabão. Quase todas copiadas do estrangeiro – da França, da Inglaterra, da Itália e principalmente da América do Norte" (...) "por isto que as leis em nosso país se fazem e desfazem com tanta facilidade. Tudo se reforma, tudo se modifica a todo momento e cada novo governo que vem quer ter, em todos os ramos da administração, um sistema todo novo de leis. De modo que não há nenhuma tradição regular, nenhuma norma segura, nenhum princípio certo em matéria de administração e de governo".

O leitor pode ver quão atual é esse texto acima transcrito. Ele é de autoria de Raimundo Farias Brito e foi escrito em 1916[2]! Infelizmente, do mesmo modo que a produção legislativa no Brasil não se alterou – apesar de alguns avanços –, a escola de Direito, talvez até acompanhando aquela forma de ser, mantém-se inalterada há dezenas de anos. E, pior, as mudanças havidas nos últimos 20 anos, em vez de propiciarem um avanço na pesquisa e aprendizado, mostraram-se redutoras da própria capacidade de a escola se atualizar. Isto é, ao contrário de avançarmos, regredimos.

Apenas para ficar com um exemplo: seria de todo salutar que os concursos para as carreiras jurídicas (magistratura, Ministério Público, advocacia etc.) fossem cada vez mais se aproximando de cursos jurídicos que tivessem currículos modernos e cientificamente estruturados, de tal modo que ambos, profissionais e bacharéis, tivessem uma ampla formação humanística e capacidade crítica, pensamento livre, lógico e articulado, que pudessem dar conta das exigências de um mundo altamente complexo. Infelizmente, se deu o oposto: nunca os cursos jurídicos estiveram tão parecidos com os conhecidos cursinhos de ingresso nas carreiras jurídicas. Escolas há em que a grade curricular é exatamente a mesma dos cursinhos, isso quando as disciplinas não são dadas pelos mesmos professores. Que cursinhos existam, vá lá, é uma exigência criada pelos concursos públicos, normalmente incapazes de selecionar os melhores profissionais. O proble-

---
[2] Texto extraído de artigo de Alípio Silveira no *Jornal da Tarde*, São Paulo, 10-4-1999, caderno de sábado, p. 1.

ma está em que as escolas de Direito acabaram seguindo os cursinhos, numa linha regressiva que só fez piorar o ensino já paupérrimo.

1.3.2. O pacote

O modelo estabelecido nas faculdades ou cursos de Direito é arbitrário e sem nenhum sentido científico nem pedagógico. Não se faz nem ciência nem se ensina a conhecer. Ele foi estabelecido há décadas e nunca modificado, do mesmo modo que a produção legislativa, conforme já lembramos. Há, desde o início, uma crença, a de que efetivamente o fenômeno jurídico (simplistamente intitulado de "Direito") pode ser oferecido como um pacote pronto e acabado. Pior: o pacote é desenhado de maneira equivocada, com base no Direito positivo posto pelo poder (democrático ou não, tanto faz).

Funciona como uma verdadeira prateleira de supermercado com produtos à mostra. É bem fácil imaginar a oferta nesse estabelecimento: o aluno, ao ingressar na escola, depara-se com uma prateleira de cinco andares, previamente montada: na primeira estão dispostos alguns produtos: Direito Civil, IED, TGD etc.; na segunda: Direito Civil, Direito Processual Civil, Direito Penal, Direito Constitucional etc. Nas terceira, quarta e quinta prateleiras, as demais disciplinas; cada prateleira correspondendo a um ano de estudo. Alguns desses produtos são rotulados por números: Direito Civil I, Direito Civil II, Direito Civil III, IV, V, Direito Processual Civil I, II, III, Direito Penal I, II, e assim por diante.

Os produtos organizados nas prateleiras variam um pouco de escola para escola, mas no contexto geral da estante, praticamente são os mesmos produtos os oferecidos. Há casos, inclusive, da oferta de produtos com data de validade vencida (quando, por exemplo, se diz que lei complementar tem hierarquia superior à lei ordinária), produtos deteriorados (quando, por exemplo, se explica que a medida provisória só pode ser editada segundo os ditames de relevância e urgência), produtos estragados em função da mistura que se operou na prateleira (o que ocorre quando a escola, por exemplo, resolve oferecer o produto Direito do Consumidor "dentro" do produto Direito Civil ou Direito Comercial). Enfim, a escola não passa de um grande supermercado cujos produtos têm rótulos bem conhecidos de todos. Na maior parte, os produtos são rótulos para diplomas legais; estudam-se leis como se fossem Direito: Direito Civil = Código Civil; Processo Civil = Código de Processo Civil; Direito Penal = Código Penal; Direito do Consumidor = Código de Defesa do Consumidor etc.

Veja-se aqui já um drama: se fosse verdade que Direito confunde-se com norma de Direito positivo (e, no mais das vezes, apenas e tão somente leis), então, com a entrada em vigor do Novo Código Civil, em janeiro de 2002, todos os operadores de Direito vivos no país teriam de voltar para a escola, pois nenhum deles estudou aquele texto (ou produto, o que é o mesmo).

Além disso, esse grande pacote (não gostaríamos de usar a expressão embrulho...) é oferecido num modelo metodológico formal, fechado, definitivo, que não permite questionamentos, soluções para seus paradoxos ou contradições, e que se apresenta mais de forma ficcional que real. É o que veremos na sequência.

1.4. A ficção
1.4.1. O objeto-modelo ficcional

A produção do conhecimento na faculdade de Direito é bastante duvidosa, mas piora se pensarmos no conteúdo do que se transmite. A escola de Direito é, em larga medida, ficção, no sentido de que objeto posto ao exame do aluno sequer existe. Expliquemos.

Nas salas de aula é usual que o professor se utilize de objetos-modelo para exposição dos conteúdos de suas disciplinas. Esses objetos-modelos são uma espécie de tipo ideal[3] que funcionam como intermediários entre o professor e sua exposição e os alunos que ele visa ensinar. É um tipo de mapa que o professor pendura em algum lugar ou desenha na lousa, e mediante o qual faz demonstrações e raciocínios. Esses objetos são, por vezes, representantes de sistemas específicos da escola. Vamos adotar aqui, para nossa explicação, uma ideia de sistema.

O sistema não é um dado real, concreto, encontrado na realidade empírica. É uma construção científica que tem como função explicar a realidade a que ele se refere[4].

Além de ser um objeto construído, o sistema é um objeto-modelo que funciona como intermediário entre o intérprete e o objeto científico que pertence à sua área de investigação. É uma espécie de tipo ideal, para usar uma expressão citada e cunhada por Max Weber[5].

O tipo ideal é construído a partir da concepção de sentido, sendo "sentido" aquilo que faz sentido, como se, de repente, todas as conexões causais fossem uma totalidade. O sentido não urge como significação de acontecimentos particulares, mas como um conjunto percebido em bloco; unidades que não se articulam são captadas em conjunto. O tipo ideal é um construído racional que seleciona as conexões causais, removendo o que há de alheio. É uma espécie de modelo; o que não se encaixa não serve e é deixado de lado. Construído o modelo, capta-se o sentido.

---

[3] No sentido weberiano do termo. Para uma análise do conceito de tipo ideal, consultar Max Weber, *Economía y sociedad*, p. 706 e 1.057.

[4] A questão de saber se essa realidade é, de fato, empírica ou racional remete à discussão para os métodos científicos.

[5] *Economía y sociedad*, cit., p. 706 e 1.057.

O sistema, como construído, tipo-ideal, objeto-modelo, é uma espécie de mapa, que reduz a complexidade do mundo real, à qual se refere, mas é o objeto por meio do qual se pode compreender a realidade.

Pois bem. Para demonstrar nosso argumento, vamos comparar, por exemplo, aulas numa escola de geografia, numa de medicina e na de Direito. Vamos supor que numa aula na escola de geografia o professor pretenda expor o funcionamento do sistema fluvial dos rios brasileiros. Ele leva, então, para a sala de aula seu objeto-modelo: um mapa do Brasil com os principais rios e afluentes. Os elementos desse sistema fluvial são certamente os rios e afluentes que se relacionam numa estrutura natural, em que os rios vão da nascente, descem da montanha em direção ao mar. As exceções são, inclusive, facilmente demonstradas por intermédio do mapa dentro da estrutura: por exemplo, o fenômeno da pororoca do rio Amazonas, no qual o mar vai em direção ao rio, merece uma explicação adicional. O aluno de geografia sabe que o mapa (o objeto-modelo) *não* corresponde à realidade. Na verdade, do próprio mapa consta uma escala (1:10.000, por exemplo) que permite conhecer a relação entre aquele mero desenho, abstrato, e a realidade dos rios; vale dizer, o aluno, examinando o mapa, sabe (tem plena consciência) que aqueles rios e afluentes ali apresentados não se confundem de modo algum com a própria realidade geográfica existente. O aluno sabe muito bem que se for visitar o rio Amazonas encontrará curvas que não aparecem no mapa, descobrirá afluentes que não foram citados etc.; isso porque como o mapa é redutor ideal da realidade, a escala da redução não permite que tudo lá seja colocado, nem as curvas tais quais são etc.

Pensemos agora numa aula num curso de medicina. O professor leva para a sala de aula seu mapa (seu objeto-modelo): um desenho do corpo humano que permite estudar o sistema circulatório. Os elementos do sistema circulatório estão apresentados: as veias, as artérias, o coração. O professor mostra o sistema e diz como se dá seu funcionamento. O tamanho do mapa, no caso, não é o mais importante; o desenho talvez possa ser quase o de um corpo humano real. De todo modo, o aluno sabe que um corpo humano real tem curvas, desvios, certas artérias que não aparecem lá representadas. Por outro lado, ele também sabe que a estrutura do sistema com suas leis naturais tem de ser respeitada, sob pena de o sistema parar de funcionar, ou, em outros termos, violando tais leis, o sistema para, a pessoa morre. Por exemplo, se for injetado ar nas veias de um indivíduo, o sistema para de funcionar. É regra que não pode ser desrespeitada.

Vejamos agora como se dá o mesmo exercício na faculdade de Direito. Coloquemos desde já: quer o professor de Direito (das disciplinas ligadas ao Direito positivo, claro) o diga expressamente, quer não o faça, ele sempre pressupõe a existência do sistema jurídico⁶. Sua influência é tão profunda e constante que, muitas vezes, não aparece explicitamente no trabalho do operador do Direito – qualquer que seja o trabalho e o operador –, mas está, pelo menos, sempre subentendido. Os elementos desse sistema jurídico, como se sabe, são as normas jurídicas escritas ou não escritas (e para aqueles que estão mais atualizados com a teoria do Direito também os princípios expressos ou implícitos). Tais normas se inter-relacionam numa estrutura:

a) hierárquica – algumas normas são mais importantes que outras, sendo que as de hierarquia inferior devem respeitar as de hierarquia superior, sob pena de invalidade – inconstitucionalidade ou ilegalidade. A hierarquia vai permitir que norma jurídica fundamental, isto é, a Constituição Federal, determine a validade de todas as demais normas jurídicas de hierarquia inferior⁷;

b) coesa – a coesão demonstra a união íntima dos elementos (normas jurídicas) com o todo (o sistema jurídico), apontando, por conexão, para ampla harmonia e importando em coerência (as antinomias e contradições são eliminadas pelas regras de interpretação e integração);

c) fechada – a unidade dá um fechamento no sistema jurídico como um todo que não pode ser dividido; qualquer elemento interno (norma jurídica) é sempre conhecido por referência ao todo unitário (o sistema jurídico). As normas somente passam a fazer parte do sistema pela via prevista no próprio sistema: processo legislativo próprio e, no caso brasileiro, costume jurídico – norma não escrita – permitido pela lei ou preenchedor de lacuna⁸.

Ora, vejamos que enorme problema tem o estudante de Direito:

a) ele pensa que o sistema jurídico, que não passa de uma construção doutrinária, é a própria realidade. Deixemos bem claro, como a luz do sol: o sistema jurídico não existe. Tal qual o número, ele é abstração posta num sistema inventado que não pode ser encontrado em nenhum lugar, cidade, país. Vê-se, por essa via, a vantagem que levam os estudantes de geografia e os de medicina, que compreendem a diferença entre realidade e objeto-modelo (mapa);

b) ao estudante de direito (especialmente o estudante brasileiro), não se explica por que apesar de se colocar ar na veia de uma pessoa, seu coração conti-

---

⁶ Na verdade, é da noção de sistema que depende grandemente o sucesso do ato interpretativo. A maneira pela qual o sistema jurídico é encarado, suas qualidades, suas características são fundamentais para a elaboração do trabalho de interpretação.

⁷ Haverá, claro, também, conflitos internos do próprio texto constitucional, entre princípios e normas. Para o exemplo que estamos dando, contudo, basta o explanado. Para um exame mais acurado desse tipo de conflito, ver nossos *Manual de introdução ao estudo do direito*, Cap. 6, e *O princípio constitucional da dignidade da pessoa humana*, Caps. 5 e 6.

⁸ Para mais dados sobre a noção de sistema jurídico, antinomias, lacunas etc., consulte-se nossos *Manual de introdução ao estudo do direito* e *O princípio constitucional da dignidade da pessoa humana*, nos mesmos capítulos acima referidos.

nua funcionando, isto é, não se explica por que algumas normas são colocadas dentro do sistema jurídico violando claramente alguma de suas regras estruturais, por exemplo, a hierarquia, e ainda assim o sistema continuar funcionando, como a própria norma: no Brasil já se assistiu – e ainda se assiste – às normas inconstitucionais levarem cidadãos para a cadeia, fazerem com que eles percam seus bens etc.

1.4.2. O ensino ficcional

Aliado a isso, o mais comum no modelo de "ensino" nas escolas de Direito, e o que é aplicado na maior parte das disciplinas que estudam Direito positivo – erroneamente intituladas de dogmáticas, como se o resto não fosse: todo o pacote é dogmático –, é a mera exposição de textos de doutrina que cuidam de "ler" as normas escritas ou da "leitura" das próprias normas escritas dentro de um contexto regular de sua aferição. Não são estudados – com raríssimas exceções – os fenômenos jurídicos e sociais ocorrentes na realidade. Esta é apresentada na exposição feita pelo professor, vale dizer, é no discurso trazido à sala de aula que a existência real aparece, o que a coloca num alto grau de abstração obviamente incapaz de ser percebida como realidade concreta.

Naturalmente, nesse exercício diuturno na relação dos professores com os alunos, o que se perde é o mundo tal qual é. Este não conta, ou melhor, só interessa na medida em que possa fazer parte do discurso abstrato imposto unilateralmente pelo professor. O que se perde é, portanto, a possível consistência de uma Ciência do Direito que jamais foi construída. Para ficar apenas com um simples exemplo, em 13 de julho de 1990, foi promulgada a Lei n. 8.069, o ECA – Estatuto da Criança e do Adolescente (mais uma produção de esperança legislativa abstrata, trazida ao país como promessa ainda não cumprida – um dia será? – de efetiva criação de direito e respeito às crianças e aos adolescentes)[9].

Muito bem, o ECA foi incorporado por algumas escolas (e desprezado por outras, mas para o que estamos a falar não importa), que o estudam em sala de aula. Mas, até o presente momento, pela pesquisa efetivada, não soubemos de estudos que levassem o aluno a se preocupar efetivamente com a vida real dos milhares – talvez milhões... – de crianças e adolescentes que vivem em abandono material e moral. Não se vê em nenhuma grande cidade professores e estudantes de Direito aqui e ali cuidando desses seres humanos literalmente jogados nas sarjetas das esquinas abandonadas. Na escola de Direito, tudo é perfeito e acabado. O ECA é encarado em sua perfeição garantidora de direitos; é estudado em sua forma abstrata que reduz desigualdades, respeita a dignidade dos meno-

---

[9] Há, no Brasil, um drama particular conhecido: o da criação de leis produzidas apenas para vender a esperança, sem nunca tornar-se eficaz. A respeito desse assunto, consulte-se Tercio Sampaio Ferraz Junior, *Teoria da norma jurídica*, passim, e o nosso *Manual de filosofia do direito*, Cap. IV – A finalidade da lei.

res, protegendo-os contra os abusos etc. Enfim, tudo se dá como se não houvesse mais problemas a resolver; na sala de aula, a abstração do conteúdo transmitido suprime a violência real do mundo, isolando e alienando o estudante. E isso se dá praticamente em todas as disciplinas, desde as que estudam apenas e tão somente textos de leis e normas como as demais que não o fazem.

Não pode surpreender depois que, ao julgar um caso, o juiz, investido dessa proposta alienante, dando as costas às pessoas cujos direitos estão sendo ali postos para discussão e exame – e muitas das vezes trazendo um drama por elas vivido –, decida o caso com meras abstrações vazias de conteúdo real e/ou ritualísticas procedimentais que estão a quilômetros de distância de seu verdadeiro mister, que é fazer justiça no caso concreto. Ele sequer é capaz de entender o que se está aqui a expor. É vítima do processo como todos os demais estudantes e acaba fazendo mal – ao invés do bem para o qual deveria ter sido preparado –, na medida em que é mero instrumento de manutenção de um sistema injusto, arbitrário e que não tem na ética nem na métrica científica a base do "conhecimento" produzido.

1.5. O modelo não difere de escola para escola

Por aquilo que consta, tanto as chamadas escolas de primeira linha como as demais adotam o mesmo modo de produção do "conhecimento jurídico". Apesar de não podermos aqui fazer essa afirmação categórica em relação a todas as instituições de ensino – vez que nossa pesquisa não está terminada –, podemos afirmar sem receio de errar que, ao que tudo indica, o modelo é amplo e geral, pois isso se reflete na maneira uniforme de atuar de quase todos os operadores do Direito – já falaremos das exceções –, bem como pode ser verificado na leitura de sua produção técnica, especialmente livros didáticos, mas também nas demais obras que cuidam dos diversos setores normativos do sistema: há uma cansativa e monótona repetição das mesmas fórmulas produzidas, já agora secularmente adotadas pela escola de Direito. Em alguns setores localizados, inclusive, o que muda é apenas a editora e o nome do autor, pois, de regra, o conteúdo se apresenta quase sempre muito semelhante.

As exceções não se dão por diferenças no ensino de cada escola, mas pela qualidade especial dos alunos: alguns são melhores que outros nos seus esforços pessoais de produzir um novo conhecimento. Isso, desde logo, garante que se possa implantar métodos modernos de ensino, que estão expostos nos livros do professor Paulo Freire[10], e, que, na extensão desse trabalho, não há como abordar[11]. Do mesmo modo, esse resultado autêntico e excepcional acaba aparecen-

---

[10] Ver bibliografia ao final.

[11] A respeito do assunto, ou seja, da capacidade de o próprio aluno desenvolver-se independentemente do ensino oferecido pela escola ou pelo professor, leia-se *O mestre ignorante*, de Jacques Rancière, e que também nos inspirou nesta pesquisa.

do nas obras de alguns pesquisadores e professores autodidatas, que, ao molde de Machado de Assis (um autodidata exemplar), são capazes de escapar do quadro fechado e dogmático imposto pela escola da qual vieram e na qual exercitam sua profissão. Todos eles, alunos e professores, são, de um lado, heróis que buscam saídas para que um dia se produza verdadeiramente um conhecimento jurídico profundo e ético – e, quiçá, também científico, por que não? – e, de outro, a prova de que é possível, sim, pensar num outro modelo e método de ensino.

1.6. A exposição ou o cuspimento do saber

1.6.1. O despejar de informações

É conhecida a expressão dos empresários que exploram a educação universitária no Brasil (especialmente cursos de Direito, Administração de Empresas e Economia): "Monta-se esses cursos dada a facilidade de fazê-lo: é só cuspe e giz". E, claro, um prédio.

A afirmação está longe de ser falsa e, infelizmente, reflete um problema muito mais grave e profundo: o da mentalidade não só do quadro dirigente das escolas, como dos professores que compõem o corpo docente. A maior parte desses professores acredita mesmo que são capazes de "ensinar" seus alunos "cuspindo" neles seu próprio conhecimento. Só isso, desde logo, é altamente desestimulador ao aluno que quer aprender de fato. O aluno, postado diante desse professor, percebe, muitas vezes, que, talvez, valesse a pena ficar em casa lendo um livro, que trate do mesmo assunto, do que ficar ali em posição de sentido, olhando para cima – às vezes com prejuízo do próprio pescoço –, vendo e ouvindo o professor declamar aquilo que consta do livro. Muitas dessas vezes o livro é de autoria do próprio professor e daí a situação piora, pois o professor repete *ipsis litteris* o que escreveu.

Nesse despejar oratório de supostos conhecimentos – que não pode nem precisa ser eliminado, mas colocado em outros termos didáticos num novo quadro pedagógico a ser incrementado –, é frequente que o expositor não dê chance ao aluno-ouvinte sequer de fazer perguntas, questionar o que ouve. Sua fala deve ser digerida como um alimento que se lhe penetra pela goela sem qualquer possibilidade de mastigação. De fato, funciona como um remédio amargo que o expositor pressupõe seja capaz de curar a ignorância do ouvinte. Goste ou não do sabor, não importa: é o paladar do aluno-ouvinte-deglutidor que deve se adaptar.

É curioso notar o comportamento de alguns desses professores que, às vezes, organizam as possíveis falas de seus alunos-ouvintes: alguns permitem perguntas ao final da exposição. Nesse caso, o defeito está em que nem sempre o aluno ainda lembra da dúvida e, se lembra, por certo o resto da sala não lembrará, e a pergunta que poderia ser socializada com aproveitamento para todos fica, então, com sua capacidade de produção dialética reduzida.

Outros admitem que sejam feitos apenas dois ou três questionamentos, como se fosse possível defini-los em termos quantitativos *a priori*. Há os que simplesmente não permitem questões e aqueles que não as respondem. Nesse último caso, é verdade, poderia ser uma tática pedagógica: devolver ao aluno a questão em forma de novo questionamento para juntos decidirem por uma saída. Isso seria pedagogicamente válido; não é disso que se está tratando, mas pura e tão somente dos que não respondem, fingem que respondem ou que dizem que esse tema não é da sua seara. Perde-se, pois, oportunidade de realizar uma boa discussão que permita a produção de algum conhecimento que surja na sala de aula pela participação ativa do aluno – ainda que o método de trazer o conteúdo tenha sido unilateral.

1.6.2. A phdite ou doutorite (irmãos da juizite e da promotorite)

Aliado ao problema da crença na exposição como método capaz de proporcionar o conhecimento – com as falhas próprias de alguns expositores, como vimos, em alguns poucos exemplos lembrados –, há situações agravadas, fruto de problemas de formação pessoal de certos professores, psicológica e metodologicamente falando, e que refletem antes insegurança que conhecimento, antes desprezo que capacidade pedagógica. São casos verificados que abordam o que intitularemos de phdite ou doutorite (irmãs da juizite e da promotorite). Não estamos, de modo algum, sugerindo que o que vamos dizer aplica-se a todos os profissionais e, aliás, longe disso, nem mesmo a um grande número, mas não podemos deixar de fazê-lo, especialmente porque algumas dessas situações são já lugares-comuns bastante conhecidos. Além do que, parece-nos, a escola de Direito tem parcela de responsabilidade nisso, porque não está sendo capaz de impedir que seus egressos assim se comportem.

Fica aqui e desde já, pois, uma observação obrigatória. A de que, apesar de o número de casos patológicos ser considerável e preocupante, ao que tudo indica, apesar de não conhecermos nenhum dado estatístico e nossa avaliação ser ainda mais acidental e indutiva – fruto da pesquisa até agora implementada e da experiência acumulada de quase 30 anos de vivência no setor (desde, portanto, as bancas escolares na Faculdade de Direito) –, a maior parte dos professores, juízes e promotores do país não sofre dessas inflamações. No entanto, temos de nos preocupar, porque o número de profissionais afetados pela patologia nos diversos setores é bastante expressivo.

Pois bem. Dentre as várias "ites" (em terminologia patológica, inflamação – conjuntivite, amigdalite, artrite etc.), uma das mais devastadoras para o ensino e, portanto, nefastas, é aquela que chamamos, como já adiantado, de phdite ou doutorite – na área jurídica, irmã da juizite e da promotorite, conhecida de todos. A conquista legítima dos doutores, às vezes, se faz acompanhar de um certo ar de superioridade, como se aquela conquista significasse uma capacitação ampla e ilimitada que os retirasse de sua própria humanidade: tornam-se senhores à imagem de deuses. Não que pelo simples fato da obtenção do título eles sejam retirados da profunda alienação em que já ingressaram e em que ainda emergidos estão. Não. Continuam eles a repetir o mesmo processo, ditando a mesma cantilena, agora agravada com a inflamação. Esta faz acrescer à lenga-lenga a arrogância, a prepotência que permite o abuso – aliás, ilegal – por sobre suas vítimas-alunos.

O incrível é que esse tipo de inflamação mental não atinge apenas os doutores, mas também os mestres e aqueles que nem isso são: há uma incrível tendência doentia nos mais jovens – ex-recém-formados ou, ainda que formados há longa data, ex-recém-içados à condição de "professor", a se comportarem com a mesma "ite", nesse caso "mera" professorite. Se, na hipótese do doutor, o dado marcante é a prepotência, na professorite a característica é a insegurança, e, talvez, a incapacidade de admissão de que ainda não sabe o suficiente para não estar inflamado[12].

Aliás, já que se está a falar de prepotência e insegurança e para não perder a oportunidade, ambos os vícios são verificáveis na juizite e na promotorite. Como regra – haverá, claro, desvios mais profundos –, o que se constata é:

a) primeiro, já um desvio-padrão antes mesmo do ingresso na carreira; são pessoas inseguras na origem, com problemas psicológicos que, por isso mesmo e inclusive, procuram a profissão de juiz ou promotor – consciente ou inconscientemente – para exatamente quando ocuparem o cargo despejar sua bílis;

b) primeiro, também – que pode ser adicionado ou não ao anterior –, um problema de má-educação: trata-se pura e simplesmente de pessoa mal-educada, incapaz de respeitar o outro como ele merece;

c) segundo, pode tratar-se de imitação do modelo de professor cujo exemplo acadêmico o candidato a juiz e promotor, quando no cargo, quer seguir. Ele, então, copia o modelo autoritário, prepotente e arrogante do professor:

c.1) porque lhe agradou – e, aí, há inconscientemente uma nota dos itens *a* e *b*, *supra*;

c.2) porque, alienado, ele pensa que esse é o melhor modelo a ser seguido;

c.3) porque, alienado, ele pensa que esta é a melhor – às vezes, pensa que é a única – maneira de ele se dar bem na profissão;

d) segundo, ainda – o que pode surgir adicionado ou não ao aspecto do item *c* – pode tratar-se de imitação do modelo de profissional. O candidato ao cargo

---

[12] Não há espaço para o desenvolvimento desse problema aqui. De todo modo, anote-se que nos jovens constata-se ainda uma espécie de "macaquice": o professor jovem copia o modelo do professor que ele admira e segue seu padrão arrogante, autoritário etc. De oprimido, passa a opressor. É um dos produtos desse modelo autoritário de educação. Para mais elementos a respeito da opressão da relação educacional, consulte-se a obra já citada de Paulo Freire, *Pedagogia do oprimido*, *passim*.

acaba se comportando de modo idêntico ao do profissional-objeto, exatamente nos mesmos moldes apontados nos subitens *c.1*, *c.2* e *c.3*, vale dizer, o candidato ao cargo copia o modelo autoritário, prepotente e arrogante do profissional:

d.1) porque lhe agradou – e, aí, há inconscientemente uma nota dos itens *a* e *b*, *supra*;

d.2) porque, alienado, ele pensa que esse é o melhor modelo a ser seguido;

d.3) porque, alienado, ele pensa que esta é a melhor – às vezes, pensa que é a única – maneira de ele se dar bem na profissão.

Apenas para ilustrar nosso discurso, anote-se o caso que ficou nacionalmente conhecido do magistrado carioca que pôs para fora sua inflamação num dos mais clamorosos eventos de juizite de que se tem notícia. Trata-se do pleito judicial feito por ele, no qual foi requerido que o Poder Judiciário obrigasse o funcionário do condomínio em que ele morava a não chamá-lo por "você" (não nos esqueçamos que foi um advogado que assinou a peça e que, inclusive, o pleito foi deferido pelo Tribunal de Justiça do Rio de Janeiro, liminarmente pelo Desembargador Relator)[13].

Fizemos questão de colocar esse caso apenas para podermos perguntar: é a escola de Direito a culpada por esse tipo de conduta? Será que a escola de Direito, realmente, não é capaz de formar quadros que possam compreender melhor sua função social? Ou esses exemplos são meras passagens isoladas de alguns profissionais que se perderam no caminho?

A verdade é que, ao que consta, a escola de Direito não tem sido capaz pelo menos de evitar que dela saiam profissionais que não conseguem conhecer seu próprio papel social e suas obrigações enquanto tal. Veja-se o relato na sequência.

1.6.3. A confusão de papéis

A alienação em que estão inseridos alunos e professores, fruto, em parte, do modelo educacional imposto, tem gerado fatos que, ao mesmo tempo em que mostram as vicissitudes desse modelo educacional, clamam por uma reforma urgente. O evento abaixo é real e ocorreu nos idos dos anos 1990 na PUC-SP, na Faculdade de Direito.

Um professor, que tinha como profissão, além da de dar aulas, ser Promotor de Justiça, gerou uma situação inédita. Num certo dia, ao fazer chamada, ele pegou "em flagrante" um aluno respondendo chamada por outro, ausente. Disse: "Qual seu nome?", apontando para o jovem que respondera "presente" pela segunda vez. O rapaz disse o nome e o professor pôde confirmar que se tratava

---

[13] Há, infelizmente, inúmeros exemplos de juizite, promotorite, professorite, phdite etc., que em outra oportunidade traremos à baila.

de outro aluno. Instaurou-se imediatamente uma confusão: o professor queria levar esse aluno para a Delegacia de Polícia para determinar sua prisão em flagrante por ter cometido um certo crime de falsidade. Se não tivesse sido chamado o Diretor da Faculdade, que, acalmando o dito professor, convenceu-o a não realizar tão mirabolante proeza, sabe-se lá o que teria acontecido.

Esse episódio ilustra bem a confusão de papéis que atinge os "professores" de Direito que ostentam outras profissões jurídicas. Sem uma formação pedagógica adequada, eles ingressam na sala de aula, muitas vezes, como se estivessem na outra profissão que exercem. Por isso ocorre de o juiz "condenar" o aluno a ser reprovado ou "absolvê-lo" para que ele passe, o que não tem, evidentemente, nenhuma relação com avaliação. Há também o Promotor de Justiça que "acusa" o jovem de ser mau aluno, de que ele não faz as tarefas etc., acusação incabível em ordenamento pedagógico sério. Essa confusão de papéis é fruto da incapacidade de autorreflexão do professor, que não recebeu da escola a adequada formação que lhe permitisse não deixá-la influir em seu comportamento social. (Esse tipo de confusão não está adstrito às profissões jurídicas, evidentemente, pois é problema generalizado, e também não está restrito à escola: acontece, por exemplo, de o juiz condenar o próprio filho que não estuda ou não come ou não dorme na hora que ele determina; de o Promotor de Justiça acusar o filho do mesmo modo etc.)[14].

Esses problemas envolvendo certos professores levam-nos a pensar a questão da avaliação, o que faremos na sequência.

1.7. A negação da individualidade do aluno

1.7.1. Alegria, respeito e individualidade

O ensino é uma dádiva a ser administrada de modo adequado e inteligente na relação com o auditório. Além disso, de forma alegre, aberta e cortês. Ora, por isso temos de afirmar que seriedade não significa sisudez; questionamento não importa em desrespeito. O professor deve ser tanto alegre quanto aberto. Deve transmitir seu conhecimento com o prazer que isso propicia e tem de estar apto para, ouvindo seus alunos, com eles aprender. Ensinar é uma troca. Não basta dizer o que se sabe; é preciso estimular o aluno a produzir seu próprio aprendizado. É nessa interação que o conhecimento surge.

Um diretor de escola contou-me o seguinte.

Certo dia, um antigo professor de Engenharia, aposentado há muito tempo, havia ido à sua sala, do diretor, tratar de uma questão profissional: o professor, engenheiro, agora dedicava-se a, de vez em quando, prestar consultoria.

---

[14] Para mais detalhes sobre os papéis sociais e seus problemas, consulte-se Niklas Luhmann, *Legitimação pelo procedimento*, Brasília: UnB, 1985.

Esse professor, passando por uma sala, avistou antigo colega da escola, dando aula.

Pediu licença, entrou na sala, cumprimentou-o e disse:

> "Posso passear um pouquinho por entre os alunos? Estou com muita saudade dessa energia".

E foi o que fez.

Andou devagar por entre os alunos e carteiras. Por vezes parava, fechava os olhos e respirava fundo. Depois de rodar a sala inteira, retornou à frente, agradeceu a todos e saiu, rejuvenescido.

Essa é a lição que nos dá esse simpático professor: toda sala de aula, qualquer sala de aula, alimenta a alma. É energia pura. São pessoas, jovens e adultos, que com sua esperança de aprender preenchem o espaço da sala.

É preciso que o professor perceba, então, que a sala de aula não é um local preenchido por alunos e alunas a serem tratados como uma coisa só, como uma massa homogênea.

Cada aluno é um indivíduo, cuja dignidade deve ser respeitada e que tem anseios, desejos, interesses, propósitos, problemas pessoais muito diferentes entre si.

Um dos grandes equívocos em pedagogia é a suposição feita por alguns professores – e, aliás, por algumas escolas inteiras – de que seus alunos compõem, em conjunto, uma única personalidade e que para ensiná-los – isto é, ensinar a massa – basta trazer uma fórmula pronta, na qual eles se enquadrem.

Ora, cada aluno tem sua própria particularidade. Um menino ou uma menina, quando apaixonados, têm interesses outros muito fortes, que talvez desviem sua atenção da aula. É não só legítimo como justo. Se, em vez de transcrever a matéria da lousa, ele ou ela desenharem um coração no caderno, isso não é algo para ser reprimido, e sim compreendido.

Outro aluno pode ter um pai desempregado; pode estar preocupado com problemas domésticos seríssimos. Convenhamos que exigir dele a mesma atenção e participação dos que estão com a vida mais leve é não respeitá-lo, impedindo que de alguma forma ele aprenda.

Um aluno pode estar de luto, outro feliz demais etc. O fato é que, enquanto o sistema de ensino e os professores continuarem trabalhando na pressuposição de que têm uma "sala" para ensinar e não pessoas, individuais, com dignidade própria a ser respeitada, não faremos muito progresso no ensino e no necessário avanço da ciência no meio universitário.

1.7.2. O problema da avaliação
1.7.2.1. Avaliar e não decidir

Chegamos agora ao inferno: os professores reclamam que é o pior momento de seu trabalho acadêmico, mas nós sabemos muito bem que o sofrimento está do outro lado da linha, está no corpo discente. Na verdade, todos nós que já estudamos passamos por isso, nos mais variados graus de nossa formação: a tortura feita por professores na prática opressiva da avaliação. Seria preciso medir o desgaste psicológico que sofrem as crianças, os adolescentes e os universitários nos períodos pré e pós-avaliatório. A insegurança e a pressão psicológica é tamanha que não é raro os alunos adoecerem. Por que há de ser assim?

O mais impressionante é que, ao se chegar no terceiro grau, o método de avaliação não se altera (com raras e louváveis exceções), e, claro, na faculdade de Direito não é diferente. É no momento da avaliação que mais se aprofunda o divórcio existente entre professores e alunos. Parece que nesse momento a desconfiança toma conta de pessoas que se opõem: de um lado, o professor-opressor[15] incapaz de acreditar na honestidade do aluno que se submeterá a todo tipo de teste; de outro, os alunos-oprimidos colocados numa clara situação de inferioridade, como pedintes que suplicam para que as questões não sejam esdrúxulas, surpreendentes, enigmáticas, obscuras e toda sorte de penosas alternativas que se lhe podem abrir. Lembre-se de que, na escola de Direito – e, aliás, também nos concursos públicos – não é incomum a aplicação daquilo que chamamos de sistema "Gugu" de avaliação, isto é, perguntas que funcionam como "pegadinhas", essa nefasta doença que domina o sistema televisivo.

O sofrimento da véspera das avaliações postas como expectativa normativa negativa por parte dos alunos, que apenas podem tentar imaginar o que se lhes será perguntado, só pode ser comparado ao sofrimento da espera pelo resultado da avaliação. Nesse aspecto, a faculdade de Direito, em algumas disciplinas, dadas suas peculiaridades, que impõem questões e respostas argumentativas, geram uma verdadeira expectativa dramática. É o ponto em que os abusos podem ser amplamente praticados pelos professores. Em vez de se colocarem numa perspectiva avaliativo-cognitiva, eles, podendo fazer avaliações pautadas por critérios subjetivos-autoritários, apenas decidem – sem necessariamente apresentar fundamentos legítimos – que nota devem "conferir" ao aluno. Os estudantes de Direito sabem disso e, claro, sofrem violentamente.

Os professores reclamam: mas o que fazer? Eles colam? Ora, eles colam? Os alunos, o tempo todo, apresentam suas respostas apenas e tão somente no sistema que não foi por eles criado. Se o professor acaba descobrindo alunos colando, isso apenas prova que é o sistema que permite essa atitude. Fosse outra a

---

[15] Vamos aqui utilizar as expressões cunhadas por Paulo Freire, "opressor" e "oprimido", temas que desenvolveremos no trabalho que estamos a pesquisar.

forma de avaliação e, evidentemente, não existiria cola. Quando, por exemplo, é pedido que o aluno, como forma de avaliação, elabore uma monografia, que depois ele vai defender numa banca (ainda que, evidentemente, os abusos possam também se repetir nas bancas pelos arguidores), o resultado é completamente diferente (nota: antes que se objete que também é possível produzir fraude em monografias, queremos deixar consignada a falácia desse argumento: se existe orientador que acompanha o aluno na produção, e se essa produção é cobrada legitimamente numa banca, é raríssimo – senão impossível – que se possa perpetrar uma fraude. Se ela existe, o que em termos humanos pode mesmo se dar, e não foi verificada durante o processo de elaboração e arguição, a falta deve ser imputada mais ao orientador e especialmente à banca, pois, por evidente, é dificílimo a quem não elaborou o trabalho falar sobre ele, a pesquisa que o engendrou, os livros que leu etc.).

1.7.2.2. O resultado da avaliação

A avaliação, de qualquer modo, dificilmente satisfaz os melhores alunos. Os outros, isto é, aqueles que, digamos assim, não "estudam" convenientemente, conforme determina o sistema, sujeitam-se à nota conferida, tanto mais se realmente não se esforçaram. Mas, os que se dedicam, se esforçam e superam o solicitado nunca aceitam menos que o máximo (10, 10 com louvor, A, ou A+). Qualquer nota menor que isso será altamente insatisfatório. Percebe-se que a nota gera apenas frustração, pois se confirma a expectativa do aluno é óbvia e aguardada, e se não o faz, frustra. Pior: nos dois casos oprime, porque o aluno nunca sabe *a priori* como será avaliado, se a avaliação será justa, objetiva, isenta; vive e sobrevive de sobressaltos da tensão pré-avaliação.

1.7.2.3. Provas e avaliações não geram bons profissionais

A melhor demonstração de que o sistema de ensino e avaliação não é adequado está no resultado. Os egressos das faculdades de Direito, dirigindo-se aos concursos das carreiras jurídicas, apesar de alguns deles ser altamente concorridos, acabam não se tornando bons profissionais, demonstrando no exercício da profissão toda sorte de erros técnicos e de falta de conduta ética. São petições malfeitas, acusações equivocadas, decisões erradas, desprezo pela pessoa humana dos envolvidos nas questões jurídicas. Não resta dúvida, pois, que a escola de Direito merece reforma de ordem pedagógica.

1.8. Conclusão

Como dito, este texto é apenas um ensaio com apontamentos para uma crítica ao ensino do Direito. São, pois, questões postas em aberto, para que se possa pesquisar e pensar mais sobre os assuntos abordados.

E, para terminar, dentro da perspectiva de inspiração que fundamenta nossa análise, não poderíamos deixar de, mais uma vez, citar Paulo Freire, o que faremos na transcrição de uma de suas percucientes análises:

> "Me parece demasiado óbvio que a educação de que precisamos, capaz de formar pessoas críticas, de raciocínio rápido, com sentido do risco, curiosas, indagadoras não pode ser a que exercita a memorização mecânica dos educandos. A que treina, em lugar de formar. Não pode ser a que 'deposita' conteúdos na cabeça 'vazia' dos educandos, mas a que, pelo contrário, os desafia a pensar certo. Por isso, é a que coloca ao educador ou educadora a tarefa de, ensinando conteúdos aos educandos, ensinar-lhes a pensar criticamente. O aprendizado de um conteúdo que se dê à margem de ou sem incorporar o aprendizado maior que é o da rigorosidade do pensar no sentido da apreensão da razão de ser do objeto não possibilita a indispensável rapidez de raciocínio para responder àquela exigência. É tão fundamental, por outro lado, a prática do pensar certo para o confronto de novos desafios que as inovações tecnológicas nos põem hoje quanto a liberdade de criar. Uma educação em que a liberdade de criar seja viável necessariamente tem de estimular a superação do medo da aventura responsável, tem de ir mais além do gosto medíocre da repetição pela repetição, tem de tornar evidente aos educandos que errar não é pecado, mas um momento normal do processo gnosiológico"[16].

1.9. Exercícios

1.9.1. O texto abaixo é de Piero Mussio (Introdução à informática, Petrópolis, Vozes, p. 13-4). Leia-o e, com base nele, responda às questões formuladas.

"Quando se fala de informática, hoje, depara-se frequentemente com duas posições opostas e inconciliáveis: a dos triunfalistas e a dos luddistas. Os primeiros vêem na informática, assim como ela é, o novo evangelho da evolução da humanidade, e dentro de seus esquemas de raciocínio, como o verdadeiro modo de pensar, e, portanto, acreditam na necessidade de uma alfabetização informática: todos devem aprender a programar computadores, pois que esta é a única via de desenvolvimento.

Os segundos, os luddistas, dizem, ao invés, que a máquina (o computador, no caso) é ruim, perigosa, danosa e, por isso, querem destruí-la.

Sou um especialista em informática: logo, não posso ser um luddista. Por outro lado, tenho uma história pessoal que me leva a dizer que eu não gosto nem mesmo da palavra 'alfabetização'. Na realidade, nasci na África. Na África, os italianos alfabetizaram os abissínios, que tinham uma civilização milenar. Os abissínios tecnologicamente estavam alguns séculos atrasados, porém tinham uma cultura própria, sua própria escrita, sua religião, sua ciência e uma legislação própria.

---

[16] Paulo Freire, *Pedagogia da indignação*, p. 100.

Os italianos ignoraram tudo isto e levaram com eles o alfabeto italiano, a forma de raciocinar italiana, a administração italiana, as leis italianas. Isto é, tentaram impor uma cultura estrangeira a uma sociedade que, apesar de suas próprias contradições e embora sendo atrasada, evoluía autonomamente para um desenvolvimento mais conveniente a ela mesma.

Enfim, 'alfabetização' indica aquilo que todas as nações brancas fizeram no Terceiro Mundo, na Índia, na China, procurando impor a própria civilização, ignorando aquelas que as pessoas daqueles locais haviam construído.

As palavras 'alfabetização informática' evocam, para mim, uma situação análoga: quem julga possuir o modo correto de pensar, acha que os outros são primitivos, e pensa que estes raciocinam erradamente; por isso querem alfabetizar ensinando a maneira certa de pensar, varrendo até mesmo toda a antiga experiência que obstaculiza este pensar certo e o desenvolvimento da nova mentalidade."

Responda fundamentadamente às seguintes perguntas:

1. Você concorda com a opinião do autor?

2. É possível evitar a imposição de valores no processo educacional? Dê sua opinião a respeito.

3. Como compatibilizar novo conhecimento com conhecimento prévio anterior? Seria pelo método de ensino? Dê sua opinião sobre o assunto.

1.10. Bibliografia

BARRETO, Vicente. O Estado de Direito e os cursos jurídicos: debate original. In: *Os cursos jurídicos e as elites políticas brasileiras*. Brasília: Ed. Câmara dos Deputados, 1978.

BASTOS, Aurélio Wander. O Estado e a formação dos currículos jurídicos no Brasil. In: *Os cursos jurídicos e as elites políticas brasileiras*. Brasília: Ed. Câmara dos Deputados, 1978.

CHALITA, Gabriel. *Educação: a solução está no afeto*. São Paulo: Gente, 2001.

FALCÃO NETO, Joaquim de Arruda. Os cursos jurídicos e a formação do Estado nacional. In: *Os cursos jurídicos e as elites políticas brasileiras*. Brasília: Ed. Câmara dos Deputados, 1978.

FERRAZ JR., Tercio Sampaio. A visão crítica do ensino jurídico. *Revista do Advogado*: São Paulo, n. 13.

_____. A criação dos cursos jurídicos e a concepção da ciência do direito. In: *Os cursos jurídicos e as elites políticas brasileiras*. Brasília: Ed. Câmara dos Deputados, 1978.

_____. *Teoria da norma jurídica*. Rio de Janeiro: Forense, 1986.

FRANCO MONTORO, André. *Estudos de filosofia do direito*. São Paulo: Saraiva, 1995.

FREIRE, Paulo. *Pedagogia do oprimido*. 37. ed. Rio de Janeiro: Paz e Terra, 2003.

_____. *Medo e ousadia: o cotidiano do professor*. 8. ed. Rio de Janeiro: Paz e Terra, 2000.

_____. *Política e educação*. 4. ed. São Paulo: Cortez, 2000.

_____. *Pedagogia da indignação: cartas pedagógicas e outros escritos*. São Paulo: Ed. Unesp, 2000.

_____. *Pedagogia da autonomia*. 16. ed. Rio de Janeiro: Paz e Terra, 2000.

GOMES, Orlando. Em torno da formação do jurista. *RT, 558*:248, 1982.

LUHMANN, Niklas. *Legitimação pelo procedimento*. Brasília: UnB, 1985.

MELO FILHO, Álvaro. *Reflexões sobre o ensino jurídico*. Rio de Janeiro: Forense, 1986.

RANCIÉRE, Jacques. *O mestre ignorante*. Belo Horizonte: Autêntica, 2004.

RIZZATTO NUNES. *Manual de filosofia do direito*. São Paulo: Saraiva, 2004.

_____. O Poder Judiciário, a ética e o papel do empresariado nacional. In: *Uma nova ética para o juiz*. São Paulo: Revista dos Tribunais, 1994.

_____. *O princípio constitucional da dignidade da pessoa humana*. São Paulo: Saraiva, 2002.

WEBER, Max. *Economía y sociedad*. México: Fondo de Cultura Económica, 1944.

2
A Ciência do Direito

Sumário: **2.1.** A ciência. **2.2.** As escolas científicas. **2.3.** A Ciência do Direito. **2.4.** O objeto da Ciência do Direito. Que é o Direito? **2.5.** A Ciência Dogmática do Direito. **2.5.1.** O termo "Ciência do Direito". **2.5.2.** A escola racionalista. O jusnaturalismo. **2.5.3.** O empirismo jurídico. **2.5.3.1.** A Escola da Exegese. **2.5.3.2.** A Escola Histórica. **2.5.4.** A Ciência Dogmática do Direito – o Direito na atualidade. **2.5.4.1.** O enfoque dogmático. **2.5.4.2.** A instrumentalização. **2.5.4.3.** Dogmática e tecnologia. **2.5.4.4.** Solução e decisão. **2.5.4.5.** Eficiência e consciência. **2.6.** Verdade e opinião na Ciência Dogmática do Direito. **2.7.** Exercícios. **2.8.** Bibliografia.

2.1. A Ciência

Todo ser humano, de uma forma ou de outra, acumula conhecimentos, ou, em outras palavras, todos têm memória, todos guardam lembranças.

Qualquer pessoa, mesmo sem nenhuma bagagem científica, é capaz de um mínimo de operação mental que demonstre algum conhecimento a respeito de alguma coisa. Mesmo o ser humano não alfabetizado é capaz de conhecer e até de elaborar e operar códigos de comunicação para a transmissão de algum conhecimento.

Esse conhecimento usual que o homem tem de si mesmo e do mundo é chamado conhecimento vulgar, isto é, um conhecimento não científico. E até por isso se lhe tiram o termo "conhecimento", para chamá-lo apenas "senso", senso comum, reservando-se a palavra "conhecimento" para o científico.

O conhecimento científico é uma espécie de otimização desse conhecimento vulgar. A ciência busca organizar e sistematizar o conhecimento do homem. O cientista é um ser preocupado com a veracidade e a comprovação de seu conhecimento, o que faz com que construa uma série de enunciados e regras rigorosas, que permitem a descoberta e a prova desse conhecimento. É a partir desses enunciados que se diz que o cientista fala a verdade. Aliás, diga-se, desde já, que a verdade ou falsidade é algo ligado às proposições apresentadas.

Enquanto o senso comum é difuso, desorganizado, assistematizado e advém de várias fontes desordenadas e simultâneas, o conhecimento científico tenta ser coerente, coeso, organizado, sistemático, ordenado e orientado a partir de fontes específicas e muitas vezes pré-constituídas.

O senso vulgar implica ou parte de constatações – circunstâncias apreendidas no dia a dia do homem comum. O conhecimento científico também implica constatações e delas parte; porém pretende exercer sobre elas certo domínio para conseguir explicar o que existiu, o que existe e, também, o que existirá.

A ciência tenta rigorosamente descrever situações, constatando efeitos a partir de causas. Esta relação de causa e efeito é um elemento norteador do pensamento científico, que pretende apontar os acontecimentos futuros. É um princípio lógico da ciência: se um efeito x é ocasionado pelas causas a, b, c, toda vez que forem acionadas as causas a, b, c, nas mesmas condições que a anterior, dá-se novamente o efeito x.

Em outras palavras, conhecida a lei da gravidade e sua força, o cientista sabe – e todos sabem – que, ao soltar uma pedra no ar, ela vai ao chão. O cientista consegue, inclusive, porque tem o controle adequado do conhecimento, calcular com bastante precisão, por exemplo, a velocidade da pedra ao cair e o tempo que ela leva para chegar ao solo. Claro que, como se sabe, a física inseriu aí o componente da relatividade e da probabilidade, o que não impediu que se calculasse com muita aproximação a probabilidade.

Agora, pode-se dizer que a base para a sistematização do conhecimento científico são os dados comprovados plenamente. Esses dados tornam-se leis que ordenam todo o conhecimento relativo ao campo de estudo.

Quando o cientista elabora enunciados que ainda não podem ser comprovados, porque não existe conhecimento acumulado suficiente para tanto, ou porque é uma proposta inicial que visa a uma comprovação futura, fala-se não em leis, mas em hipóteses, que serão ou não comprovadas. E, ao serem comprovadas, transformam-se em leis (cf. Tercio Sampaio Ferraz Jr., *A ciência do direito*, São Paulo, Atlas, 1977, p. 9 e s.).

É por isso que ciência é teoria, ainda que suas hipóteses e suas leis, bem como o aprendizado, as comprovações e as constatações, tenham caráter prático, verificadas e vivenciadas que são na realidade social e real. Apesar disso, continua sendo teoria.

Toda ciência postula um método de investigação e também um objeto de investigação que lhe pertence. O método pode ser ligado diretamente ao tipo de ciência que dele se utiliza, isto é, cada ciência tem, ou, pelo menos, pode ter, um método apropriado para seu campo.

É pelo método que se elabora o conhecimento científico, o que faz com que ele seja parte do próprio sistema a que serve. O objeto, por sua vez, varia, também, em função da ciência, o que vai implicando uma necessária opção de método.

Mas, naturalmente, quando se fala em ciência, objeto e método, tem-se de falar também no cientista, que é o sujeito da investigação. Assim, no conhecimento científico, estão ligados sujeito e objeto por meio de um método, tudo possibilitando a constatação, a construção, a aplicação e a transmissão do conhecimento científico.

Quanto à classificação das ciências, existem vários tipos propostos pela doutrina. Encontramos classificações conhecidas e famosas, como as de Aristóteles ou a de Augusto Comte.

Dentro do espírito do presente trabalho, podemos apontar uma básica, e quase sempre aceita: a distinção entre dois tipos de ciências, as naturais e as humanas. O Direito está classificado entre as ciências humanas. É também colocado como pertencente às chamadas ciências sociais aplicadas (é assim que ele aparece classificado nos órgãos governamentais brasileiros, na CAPES/MEC, por exemplo). Para nossa análise, tratemo-lo como parte das ciências humanas.

Dentre as diferenças possíveis entre os dois tipos, podemos apontar o seguinte: nas ciências naturais o conhecimento é construído com o objetivo de explicar os fatos e tentar descobrir as ligações entre eles, organizando um mundo próprio de constatações descritas e explicadas.

Nas ciências humanas busca-se igualmente explicação para os fatos e suas ligações. Contudo, nelas aparece o ser humano com suas ações como objeto de investigação. Essas ações e as intrincadas relações interpessoais, que trazem resultados imprevisíveis, obrigam à introdução do ato de compreender junto ao de explicar. É necessário, nas ciências humanas, captar o sentido dos fenômenos humanos; é preciso compreendê-lo, portanto, numa acepção valorativa.

Além disso, não basta ao cientista tentar compreender o sentido da ação ou do comportamento humano; é preciso, também, investigar o que aquele que gerou a ação, ele próprio, pensa ou sente em relação a seu ato, bem como das inter-relações pessoais dali provenientes.

Isso acaba aumentando a complexidade dos objetos postos em análise nas ciências humanas, de forma que alguma coisa se perca ou seja difícil de ser captada. A introdução do valor na ciência causa, sem dúvida, um transtorno enorme ao cientista.

Chega-se, por isso, a pôr em dúvida o grau de cientificidade dessa ciência, pois não se pode ter certeza precisa das relações de causalidade. Nem sempre as mesmas causas já conhecidas geram o efeito esperado. Daí o limite e a importância da compreensão dos fenômenos para as ciências humanas.

Acrescente-se a tudo isso o questionamento que se faz da relação do cientista com o objeto a ser investigado.

Discute-se se é possível ao cientista agir com "neutralidade" em relação ao objeto de investigação, isto é, se ele, ao avaliar o objeto, deixa seus próprios valores e sentimentos pessoais de lado.

Há os que dizem que sim, apostando na capacidade do cientista de observar fatos sem se envolver e a partir deles elaborar seu trabalho científico, sem interferência pessoal.

Há os que afirmam ser impossível ao cientista investigar os fatos sem uma tomada de posição pessoal, uma vez que a própria escolha do objeto é, por si só, realizada com base em informações preconcebidas no interior da ciência e do próprio cientista.

Sem querer aprofundar aqui esse debate, pode-se dizer ser verdade que, em alguns ramos, parece possível a ele operar com neutralidade, como acontece, por exemplo, com o cálculo matemático do cientista, que não pode, aparentemente, sofrer influência de seus valores e sentimentos.

Acontece que a ciência – ainda que matemática – é voltada para o útil, para uma eficácia social plena, para um uso real, enfim. E aí qualquer esforço por neutralidade se esvai.

Nas ciências humanas, então, não há possibilidade de neutralidade, visto que o cientista é ao mesmo tempo pesquisador e pesquisado. Participa do mesmo fenômeno social investigado, sendo certo que até mesmo suas buscas influem no próprio processo de formação do comportamento humano que se investiga, o que, sem dúvida, traz mais angústia para o seio das já angustiadas ciências humanas, que lidam com objetos tão difíceis de ser captados.

As ciências refletem, assim, condutas engajadas dos cientistas no momento histórico das sociedades em que vivem e pesquisam.

2.2. As escolas científicas

São várias as alternativas de estudo aqui, pois são inúmeras as escolas que apresentam métodos e crenças para a obtenção do conhecimento.

Para se compreender o Direito, da maneira como tem sido apresentado e estudado – e, infelizmente, buscar entendê-lo na sua redução ao direito positivo –, uma crítica de seu discurso retórico e seu sistema de ocultação se faz necessária.

Na verdade, não só o Direito e a chamada Ciência do Direito merecem receber essa crítica, mas todas as escolas científicas, uma vez que qualquer delas oculta formas de poder e manipulação.

Empirismo, racionalismo, dialética etc.; qualquer que seja o método, pode e deve ser investigado pelo resultado obtido e pelo elemento instrumental não declarado e oculto no conjunto discursivo dos enunciados que apresentam seus axiomas. A rigor, o conjunto de proposições das escolas oculta ideias nem sempre declaradas e crenças que fundamentam o próprio método e, assim, as respostas obtidas.

O estudante de Direito deve, portanto, tentar ler o que se diz das ciências e o que elas dizem, no seu conteúdo não declarado, oculto, tentando desvendar suas crenças, para não se tornar mero reprodutor das fórmulas secularizadas. Para, em vez de tornar-se instrumento, surgir como sujeito da investigação.

O estudo do Direito contemporâneo impõe ao investigador uma nova forma de abordagem, uma vez que os paradigmas utilizados pelas ciências tradicionais estão esgotados como modelos capazes de permitir a proteção do conhecimento jurídico.

É preciso reformular os critérios de estudo do Direito, que se apresenta como um fenômeno complexo, cujo entendimento abriga uma nova fórmula de análise. Tratar o modelo jurídico no modelo tradicional – o sistema jurídico, por exemplo – como capaz de servir de referência ao entendimento da realidade é ficar distante do atingimento da meta de construção do conhecimento jurídico.

Essa complexidade foi, por exemplo, examinada recentemente em defesa de Tese de Doutoramento pelo professor Marcelo Souza Aguiar[17].

Diz ele que o Direito é um fenômeno natural e social. Desse modo, a sua compreensão possui um grau de complexidade inerente tanto ao fator humano como à sua inserção no contexto da natureza.

O conhecimento do fenômeno jurídico exige a passagem da sua realidade para um modo de apreensão que se consuma com a elaboração do sistema jurídico. O Direito é o fenômeno e o sistema jurídico é a maneira de torná-lo inteligível, por intermédio da identificação do seu repertório e da sua estrutura.

Não se trata, porém, de captar o Direito por meio de um sistema reificado. A formulação do sistema jurídico não pode torná-lo um "objeto", externo e diferenciado do contexto de vida do sujeito cognoscente.

Dessarte, impõe-se uma perspectiva filosófica na abordagem do sistema jurídico, o qual, quando posto como "sistema-objeto", denota a sua complexidade reflexiva para com a consciência que o examina. Vale dizer, o sujeito cognoscente, na sua vida biológica e psíquica, integra o repertório do sistema jurídico e, assim, determina a reflexidade do processo de conhecimento do Direito a partir da imensidão do espírito humano e do sentido existencial da vida. Portanto, de uma dimensão filosófica.

Com efeito, a pessoa humana, parte da natureza, da sociedade e, pois, do Direito, é um ente nuclear do sistema jurídico, determina a intersubjetividade cogente da essência do Direito e consagra a valoração do justo no seu ser.

As necessidades humanas, advindas da constatação do ser biológico e psicossocial, provocam uma permanente atualização do sistema jurídico baseada na força imanente e transcendente do princípio da justiça.

---
[17] Na PUC-SP, em 3-8-2001, tese na qual fui o orientador do candidato.

Este é pautado pela atributividade intrínseca ao primado do respeito à dignidade da pessoa humana.

O sistema jurídico é complexo, exposto, adaptativo, uma representação do vasto universo do Direito.

É complexo porque há a multiplicidade do seu repertório, marcado pela qualidade, o qual congrega o fato, o valor, a norma, o poder; a consciência individual e coletiva, com as angústias e privações, com o desejo de ação libertária e do ato justo, de amor ao semelhante, na senda da consciência intersubjetiva e transubjetiva, imbuída do valor maior da justiça.

É exposto porque, sendo algo que pulsa, está em contato e sujeito à expansão do repertório dos demais subsistemas sociais.

É adaptativo porque, embora complexo e exposto, diante dos conflitos sociais que partilha com os demais sistemas, possui a capacidade de restabelecer o seu equilíbrio por conta dos seus princípios nucleares. Reage ao ataque do flagelo humano, mas não se dissolve ou se asfixia pela multiplicidade do seu repertório. Ao contrário, mantém a sua consistência de retorno ao ponto central onde se situa a pessoa humana.

Diz o Professor Marcelo Aguiar que "o sistema jurídico não apenas 'sobrevive'. Ele interage com os outros sistemas, donde emergem as recorrências hiperarticuladas do seu repertório, tendo por nota característica a complexidade do ser humano.

Os conflitos sociais, componentes do repertório, têm o condão de elevar o grau de complexidade do sistema jurídico no patamar da metassistematização, por meio da qual tal sistema, em permanente expansão e troca de informações com os demais sistemas, rearticula os seus elementos de sorte a que o horizonte aberto no seio da consciência (fluxo de vivências) resistia à desordem e ao caos e mova-se para a ordem do seu estatuto fundamental informado pelo princípio dos Direitos Humanos".

A complexidade do sistema jurídico não é, portanto, uma opção metodológica. É um imperativo da realidade imanente às relações interpessoais, ao mesmo tempo em que é uma imposição do sentido da Humanidade. A Humanidade, como princípio, não é o resultado da somatória das individualidades, mas representa a totalidade de sentido da existência do ser humano sobre a Terra.

Na percepção do fenômeno jurídico não há lugar para uma visão do sistema jurídico como sendo "fechado", "autopoiético". A proposta da clausura do sistema jurídico, da sua funcionalidade diferencial, esbarra no óbice da inexorável satisfatividade dos postulados inerentes à condição humana, à vida em sociedade.

Tampouco nos satisfaz a postura da dogmática tradicional, que pretende controlar o conhecimento do Direito a partir de conceitos lógico-formais moldados para a solução imediata de conflitos dentro de um espectro de previsibilidade que não enfrenta a problemática do caso concreto.

Com efeito, o sistema jurídico opera também com o acaso, o inusitado. O imponderável, todavia, não provoca uma ruptura do sistema jurídico; ao contrário, propicia o fortalecimento da sua estrutura, da relação entre os seus elementos, de molde a restaurar a harmonia. Esta é um princípio do sistema jurídico tal como o valor da pessoa humana é uma exigência da intuição essencial sobre a existência e a atemporalidade do ser.

"No Direito", diz ele, "o paradigma da complexidade representa uma superação tanto do paradigma da modernidade como do paradigma da pós-modernidade, uma vez que resgata e rearticula o valor da pessoa humana em conjugação ao espírito revolucionário e emancipatório da condição humana na sociedade de massas.

Em suma, o sistema jurídico é assaz complexo porque abriga o interior e o exterior do homem no concerto, no acerto e no desacerto, da sua existência social e natural, de modo que sem a reflexão de cunho filosófico, que afasta o reducionismo dogmático, e consagra a dignidade da pessoa humana, não se revela e não se desnuda o conhecimento da essência do Direito como justiça.

Essa complexidade do sistema jurídico, advinda também da complexidade da vida do ser humano, confirmada e definida pela racionalidade ética do agir, está moldada por fim na certeza, íntima, intuitiva, sobre o sentido cósmico universal da existência, corroborado pela reflexão filosófico-científica".

Ora, como explicar para o jovem estudante que convivem, simultaneamente, no sistema jurídico brasileiro, normas jurídicas constitucionais e inconstitucionais, todas eficazes?

Como justificar a ele, estudante, que se estacionar seu automóvel em local proibido será multado, mas se quebrar as molas do carro num buraco na rua não terá a quem realmente recorrer?

Como demonstrar o divórcio entre cidadania e Estado? As dificuldades impostas ao cidadão para exercer seus direitos?

Esse problema não tem passado despercebido pelo moderno pensamento jurídico. Veja-se, em outro exemplo, o que diz o Professor Lenio Streck: "Que tipo de visão têm os operadores jurídicos – mergulhados no sentido comum teórico – sobre a aplicação e a eficácia das leis existentes no Brasil? Por exemplo, um funcionário público de alto escalão engaveta um processo (administrativo ou judicial) durante 3 ou 4 anos. Dentro dos cânones estabelecidos pela dogmática jurídica, para processá-lo pelo crime de prevaricação é muito difícil, em face da exigência do dolo, uma vez que o 'legislador' não previu a hipótese de prevaricação culposa. Desse modo, se o acusado alegar, em sua defesa, que *o processo ficou parado tanto tempo' porque foi preguiçoso, desleixado ou até mesmo negligente*, fatalmente será absolvido (isto no caso de chegar a ser denunciado e a denúncia ser recebida). Tudo porque a preguiça, a negligência ou o desleixo são consideradas causas (*sic*) que excluem o dolo (aliás, como se diria na dogmática tradicional, '*nesse sentido a jurisprudência é mansa e pacífica*': RT 451/414; 486/356; 565/344; 543/342...). Exige-se, ao que parece, uma espécie de 'dolo de engavetamento'. Como contraponto, veja-se o caso de um indivíduo que furta uma galinha e a leva para sua casa. Neste caso, basta que com ela (com a *res furtiva*) fique alguns minutos para que, em sendo preso, esteja caracterizado o crime de furto (*cuja pena, aliás, é várias vezes maior do que a da prevaricação*). Isto porque, '*nessa linha existe copiosa jurisprudência*', dando conta de que '*o furto atinge a consumação no momento em que o objeto material é retirado da esfera de posse e disponibilidade do sujeito passivo, ingressando na livre disponibilidade do autor, ainda que este não obtenha a posse tranquila*'.

Evidentemente, estes exemplos apontam apenas em direção à ponta do *iceberg*. Paradoxos como estes deveriam colocar em xeque a dogmática jurídica, chamando a atenção dos juristas para a crise. Porém, envolvidos no interior do sentido comum teórico, não se dão conta dos paradoxos, até porque, como um mito – que só o é para quem nele acredita – também *o paradoxo só é 'paradoxal' para quem tem consciência de sua existência*. É evidente que a formação desse *sentido comum teórico* tem uma relação direta com o processo de aprendizagem nas escolas de Direito" (*Hermenêutica jurídica e(m) crise*. Porto Alegre: Livr. do Advogado Ed., 1999, p. 63-4).

Dito isso, examinemos, na sequência, uma escola contemporânea, a fenomenologia. Ela não só influenciou largas correntes do pensamento mais recente como também filósofos de porte, tais como Sartre, Heidegger e Jaspers, sobretudo porque a postulação de seu método é importante para uma ciência com as características da Ciência do Direito.

A escola fenomenológica foi fundada por Edmund Husserl, com a pretensão de encontrar para a filosofia um método e um ponto de partida tão indiscutíveis quanto os da matemática. Ambicioso projeto já tentado por Descartes, que o inspirou.

No método husserliano constata-se uma relação essencial e lógica entre sujeito e objeto, numa tensão dialética que os une.

Husserl recusa-se a tomar partido em relação ao idealismo ou empirismo, optando pela "neutralidade". Mas há de reconhecer, como se verá, que ele consegue ultrapassar tanto um quanto outro, criando algo totalmente novo.

Acompanhemos os fundamentos, o funcionamento e os postulados da fenomenologia.

Husserl, primeiramente matemático, interessou-se, posteriormente, pela psicologia. Ambas as esferas de conhecimento em Husserl encontraram no terreno fértil preparado por Descartes as sementes que fariam brotar o método fenomenológico.

Ao separar corpo e mente, Descartes pusera os filósofos diante da questão: se a mente é distinta do corpo e seus órgãos, e se são estes que entram em contato com o mundo exterior, como ter certeza da existência do próprio mundo exterior?

Para Descartes, tanto o corpo como a alma (ou mente) são substâncias completas, autossuficientes e sem relações imediatas recíprocas.

E a mente, essencialmente distinta do corpo e dele independente, é mais fácil de conhecer que a matéria, porque aquela é conhecida diretamente, ao passo que esta não o é, senão por intermédio das sensações.

Voltemos à questão: se a alma é distinta do corpo e seus órgãos, e são estes que entram em contato com o mundo exterior, como ter certeza da existência do próprio mundo exterior?

Não resta dúvida que temos representações muito nítidas desse mundo, ricas, coerentes e que se complementam; representações que são, todavia, inteiramente subjetivas, cuja correspondência com um objeto exterior à nossa subjetividade (à nossa consciência) é impossível de ser verificada. Estamos encerrados em nós mesmos e por isso não podemos atingir nenhuma realidade objetiva. É-nos vedado ir além do pensamento; esse além é impensável.

Husserl é bem específico quanto a todos esses aspectos: "O caminho que aqui se abre para o pensamento é o seguinte: por mais que eu estenda a dúvida da crítica do conhecimento, não posso duvidar de que eu sou e duvido, de que eu represento, julgo, sinto, ou, seja como for que possam ainda ser chamadas as aparições internamente percebidas, delas não posso duvidar durante a vivência mesma em que as tenho; uma dúvida nesses casos seria evidentemente um contrassenso.

Portanto, temos 'evidência' da existência dos objetos da percepção interna, temos o mais claro dos conhecimentos, aquela certeza inabalável que distingue o saber, no sentido mais estrito.

O que acontece com a percepção externa é completamente diferente. Falta a ela a evidência, e, de fato, uma múltipla contradição nos enunciados nela confiados indica que ela é capaz de nos induzir em erros e ilusões. De antemão, não temos, portanto, o direito de acreditar que os objetos das percepções externas existam efetiva e verdadeiramente tais como eles nos aparecem" (Investigações lógicas – sexta investigação, in *Os pensadores*, São Paulo, Nova Cultural, 1991, p. 169 – coleção).

Com efeito, a atitude fenomenológica surgiu como resposta à falta de argumentos apodíticos (evidentes, irrefutáveis) que pusessem fim ao drama revelado pela impossibilidade de penetrar na natureza dos objetos conhecidos. Ao invés de eternizar-se nessa busca, a fenomenologia escolheu dedicar-se ao estudo dos dados do conhecimento.

Para o entendimento adequado do trabalho do fenomenólogo, é importante examinar o sentido em que o termo "fenomenologia" é empregado.

A palavra "fenômeno", originalmente, tanto no sentido científico quanto no filosófico comum, tem relação com a palavra "aparência"[18]. Por isso o "fenômeno" é um "relativo", pois é aquilo que "aparece" para o sujeito que o observa, ou seja, só existe na medida em que é observado na relação com o sujeito.

Além disso, o termo "aparente" sofre influência do termo "ilusório", "irreal", o que vai afetar também o termo "fenômeno", que ganha esse caráter de "ilusório", "irreal". É verdade que o fenômeno faz parte da realidade, mas é como se pertencesse a um nível inferior de real.

As coisas são um absoluto, enquanto o fenômeno é um relativo – ao aparecer para o sujeito. Daí é que se firmou a tendência no espírito de considerar real apenas "a coisa em si" ou o "númeno", cuja essência, todavia, é impenetrável. Para o sujeito só há o fenômeno.

Na perspectiva fenomenológica a relação é invertida: o fenômeno é que é absoluto; as coisas, o mundo exterior, a árvore, a montanha, só têm existência relativa perante o fenômeno.

Ao contrário da visão anterior, não é a representação subjetiva ou fenômeno que depende das coisas ou do objeto; são as coisas ou os objetos que dependem da representação ou do fenômeno. A consciência é a base essencial de todas as representações, quer sejam científicas, quer vulgares, da realidade conhecida como objetiva.

A consciência é a condição necessária para a afirmação das coisas que são estranhas à consciência. Se pudéssemos remontar todos os conhecimentos das coisas ditas objetivas e fôssemos voltando de forma a decompô-los, chegaríamos na essência primeira, que é a consciência. Daí concluir-se que as coisas ou objetos só têm realidade a partir da consciência.

Para a fenomenologia existe uma confusão, trazida pelo naturalismo, entre o físico e o psíquico. Este não é o conjunto de mecanismos cerebrais e nervosos, mas uma região que possui especificidade e peculiaridade; o psíquico é fenômeno, não é coisa.

As coisas pertencem ao mundo físico, ao fato exterior, ao empírico e são governadas por relações causais e mecânicas. Já o fenômeno é a consciência, enquanto fluxo temporal de vivências, e que é capaz de outorgar significado às coisas exteriores.

A isso a fenomenologia acrescenta uma particularidade essencial de todos os fenômenos psíquicos: a "intencionalidade".

---

[18] Excluo o sentido utilizado pelas pessoas do termo "fenômeno" como algo extraordinário, pois não interessa ao presente estudo. É o que ocorre quando se diz, por exemplo, que "Pelé é um fenômeno".

Os fenômenos, tal como se dão em si mesmos, tornam-se base de toda a certeza. A proposição "ninguém pode duvidar que o estado psíquico, de que, em si mesmo, tem a percepção, exista e exista tal como o percepciona" enuncia originalmente, no próprio seio da vida subjetiva, um princípio seguro para o conhecimento.

A noção de "intencionalidade" realmente vem dos escolásticos, no conceito de intenção, aplicado ao conhecimento. (Note-se que o termo "intenção" aqui não tem qualquer relação com o sentido que usualmente se emprega em nosso vernáculo, de "vontade", "querer"; por exemplo: "tenho a 'intenção' de ir ao cinema".)

A palavra "intenção" indica uma direção ou uma tensão de espírito para o objeto; e, por analogia, chama-se também *intentio* o conteúdo de pensamento em que se fixa o espírito. Esse caráter de intencionalidade é estendido a todos os fatos psíquicos. É a própria consciência que é intencional. A consciência tende sempre para alguma coisa.

Ao contrário de se dobrar sobre si mesmo, como propunha a psicologia inspirada em Descartes, o caráter próprio do fato psíquico é reportar-se a um objeto.

Todo fenômeno psíquico contém em si algo a título de objeto, mas cada um o contém à sua maneira. Na representação, é alguma coisa que é representada; no juízo, que é admitida ou rejeitada; no amor, que é amada; no ódio, que é odiada; no desejo, que é desejada; e assim por diante.

Esta presença intencional pertence exclusivamente aos fenômenos psíquicos. Nenhum fenômeno físico apresenta algo de semelhante. Pode-se, pois, definir os fenômenos psíquicos dizendo que são os que contêm, intencionalmente, um objeto em si.

Esse conceito de intencionalidade é um dos axiomas da fenomenologia, que afirma que "a consciência é intencionalidade", isto é, toda "consciência é consciência de", e, além disso, existem variedades específicas da relação intencional, tais como os modos representativo, volitivo, emotivo, estético etc.

Ademais, a intencionalidade não precisa de qualquer outra explicação que não seja ela própria, sendo estranha a toda "influência real" da consciência sobre o objeto correspondente; ou, em outras palavras, o fato de que uma representação se relacione a certo objeto, e de certa maneira, não se deve a uma operação que ela exerceria sobre o objeto em si mesmo, fora dela, como se ela se lhe dirigisse, no sentido literal da palavra, ou como se, de algum outro modo, se ocupasse dele, manipulando-o, tal como a mão que escreve entra em contato com uma caneta.

Para a fenomenologia husserliana, os fenômenos não aparecem ao sujeito, são por ele vividos: "vivemos os fenômenos como pertencendo à trama da consciência, enquanto que as coisas nos aparecem como pertencendo ao mundo fenomenal: os fenômenos não nos aparecem, são vividos; e é no seio desse vivido que o mundo, as coisas, se objetivam".

Assim, a consciência é, portanto, a "complexão fenomenológica" dos vividos intencionais e não um reservatório, um depósito, um repositório: o objeto não entra na consciência.

Da mesma forma o "psíquico", enquanto interioridade, só tem existência "fenomenal", isto é, só tem existência intencional, pois para o nível fenomenológico é também objeto, transcendência.

Assim expõe Husserl: "Se por fenômenos físicos compreendermos as coisas fenomenais, então é certo que eles pelo menos não precisam existir. Os produtos da fantasia criadora, a maioria dos objetos representados artisticamente nas pinturas, nas estátuas, nas poesias etc., os objetos das alucinações e das ilusões só existem fenomenal e intencionalmente, isto é, propriamente falando, eles não existem de modo algum: existentes são apenas os correspondentes atos de aparição, com seus teores genuínos e intencionais.

Bem diferente é o que se passa com os fenômenos físicos, enquanto compreendidos como conteúdos sentidos. Os conteúdos sentidos (vividos) de cor, de forma etc., que experimentamos em incessante mudança, ao intuirmos o quadro de Böcklin 'Campos Elíseos', e que, animados pelo caráter de ato da afiguração, articulam-se numa consciência do objeto quadro, são os componentes genuínos dessa consciência. E aí eles não existem apenas fenomenal e intencionalmente (como conteúdos que aparecem e são meramente presumidos), mas existem efetivamente" (Investigações lógicas, in *Os pensadores*, cit., § 8º, p. 181, apêndice).

A intencionalidade é, assim, um componente importantíssimo no entendimento da fenomenologia. Vejamos, por isso, uma completa explicação de Husserl:

"Quando eu me represento o deus Júpiter, este deus é um objeto representado, ele está 'presente de uma maneira imanente' em meu ato, ele tem em si uma 'existência mental'; quaisquer que sejam, por outro lado, as expressões que se possam empregar, uma interpretação estrita as revelaria como errôneas.
Quando me represento o deus Júpiter, isto significa que tenho uma certa vivência da representação, que em minha consciência se efetua a representação do deus Júpiter. Esta vivência intencional pode ser decomposta, caso se queira, por uma análise descritiva e não se poderá naturalmente encontrar aí alguma coisa como o deus Júpiter: o objeto, 'imanente', 'mental', não pertence, portanto, ao que constitui, do ponto de vista descritivo (realmente), a vivência; por conseguinte, ele não é verdadeiramente, de modo algum, 'imanente', nem 'mental'.
Certamente não será *extra mentem*, ele absolutamente não existe. Mas isto não impede que esta representação do deus Júpiter seja efetivamente realizada, que ela seja uma vivência desta ou daquela espécie, uma disposição de espírito determinada de certa maneira que aquele que a experimenta em si mesmo pode dizer, justamente, que representa para si este rei mítico dos deuses, cuja fábula conta esta ou aquela coisa.

Mas se, por outro lado, o objeto visado existe, a situação não muda necessariamente do ponto de vista fenomenológico. Para a consciência, o dado é essencialmente uma coisa igual ao objeto representado, mesmo que ele exista ou seja imaginado ou talvez mesmo absurdo. Minha representação de Júpiter não é diferente da de Bismarck, assim como a da torre de Babel não é diferente daquela catedral de Colônia e a de um polígono regular diferente daquela de um poliedro regular.

Se isto a que se denomina conteúdos imanentes é antes de mais nada simples conteúdos intencionais (intencionados), então, em compensação, os conteúdos verdadeiramente imanentes que pertencem à composição real das vivências intencionais, não são intencionais: constituem o ato, tornam a intenção possível, enquanto pontos de apoio necessários, mas eles próprios não são intencionados, não são os objetos que são representados no ato. Não vejo sensações de cores, mas objetos coloridos; não ouço sensações auditivas, mas a melodia interpretada pela cantora etc.

E o que é verdadeiro nas representações também o é nas outras vivências intencionais nelas fundadas. Representar um objeto, o castelo de Berlim, por exemplo, é, já o dissemos, uma espécie de disposição de espírito determinada descritivamente desta ou daquela maneira.

Fazer um juízo sobre este castelo, sentir prazer com sua beleza arquitetônica ou ter o desejo de poder construí-lo etc. são vivências novas caracterizadas fenomenologicamente de uma maneira nova.

Têm de comum o fato de serem modelos de intenção objetiva que não podemos exprimir de outro modo na linguagem normal, senão dizendo que o castelo é percebido, imaginado, representado em imagem, julgado, que ele é objeto desta alegria, daquele desejo etc." (André Vergez e Denis Huisman, *História dos filósofos ilustrada pelos textos*, Rio de Janeiro, Freitas Bastos, 1982, p. 379-80).

Ilustremos o pensamento e a exposição de Husserl com outro exemplo: quando pensamos "cor vermelha", sabemos por intuição o "sentido" de vermelho da cor, mas jamais podemos demonstrá-lo por palavras.

Para um daltônico, a palavra "vermelho" não tem o mesmo sentido que os não daltônicos a ela atribuem, sendo impossível transmitir para o daltônico, de qualquer forma, seu "significado". O daltônico jamais, em momento algum, entenderá o que vem a ser a cor vermelha, da maneira como os outros a identificam.

O que seria do vermelho se todos fossem daltônicos? O "vermelho" simplesmente não existiria como o "sentimos vermelho"; seria outra coisa, que poderia até ter o mesmo "nome", não importa.

Por outro lado, se isso é já a prova da intencionalidade da consciência – consciência de algo, cuja essência é intuitiva –, há ainda outro exemplo relacionado à cor, que serve como prova.

É outro fato bastante comum que ocorre na disputa entre duas pessoas sobre a "designação" do nome de uma cor: fulano olha para uma cor e diz: "é azul"; beltrano olha para a mesma cor e diz: "é verde".

Afinal, qual é a cor? Depende exclusivamente da consciência intencionada de cada qual, fulano ou beltrano. É a prova de que o "objeto em si", por si só, nada significa, uma vez que só significa para a consciência, e no caso a solução será diferente para cada um. Fulano permanecerá "sentindo" (intencionando) azul e Beltrano "sentindo" (intencionando) verde.

Nesse ponto, podemos, então, apresentar o método conhecido como "redução fenomenológica", que tem, como dissemos, a pretensão de fixar para o investigador um ponto de partida indiscutível, tanto quanto os da matemática. É o que Husserl chama "princípio dos princípios".

Esse método pretende responder à angustiosa indagação inicial: "Se as coisas e o mundo existem em si independentemente de mim, e se, do meu lado, sou uma 'ilha de consciência' fechada sobre si mesma, como posso sair de mim e atingir, para lá de mim, algo que não seja eu? Não permaneceria o meu conhecimento sempre duvidoso porque, definitivamente, inverificável?".

Assim, tal como o fez Descartes, Husserl passou, então, a procurar uma realidade de que não se possa duvidar, ou uma evidência apodítica, isto é, aquilo que não se poderia rejeitar sem contradição.

Investigando o senso comum, Husserl encontrou o mundo que para o leigo tem uma existência cuja certeza não se discute. Contudo, o filósofo pode conceber que o mundo não exista; logo, não é ele – o mundo – que fornece a evidência apodítica procurada.

A saída era encontrar um método para lidar com esse aspecto. E foi na époché dos céticos gregos que Husserl encontrou a solução: sem se pronunciar sobre a realidade ou irrealidade do mundo, coloque-o "entre parênteses", isto é, pratique-se em relação a ele a suspensão (époché) do juízo.

E ainda mais, diz Husserl: coloque-se "entre parênteses", tente-se fazer entrar no domínio da époché tudo o que se apresenta como real. Aquilo que restar, o que for impossível colocar "entre parênteses", será a evidência apodítica procurada. É o processo designado de "redução fenomenológica".

Por esse processo, pode-se, portanto, chegar a algo que resiste a todos os esforços para entrar no parêntese: a consciência. Esta tem em si mesma um ser próprio, que, em sua absoluta especificidade eidética (de *eidos*: essência verdadeira), não é atingido pela exclusão fenomenológica.

Surge, assim, a evidência apodítica procurada por Husserl: o esforço de colocar os objetos entre parênteses é real, e ele mesmo não pode ser colocado entre parênteses, pois isso seria contraditório. Assim, no término da redução fenomenológica só resta a consciência, como puro sujeito cognoscente e sem nada apresentar de objeto.

Para Husserl a atitude do realismo absoluto, a que consiste em levar em conta só os objetos, ignorando o sujeito pensante, é uma atitude ingênua, pré-filosófica. A esta atitude ele denomina "atitude natural". Essa "consciência natural", sem educação filosófica, só conhece objetos: vê a poltrona, a lâmpada, a porta, a mesa a sua volta etc.

E o mesmo, diz ele, se dá com o cientista que avalia e observa fatos, e analisa-os. Na vida cotidiana e no trabalho científico, temos objetos diante de nós e tendemos a esquecer que estes só existem para o sujeito pensante, um sujeito de início dissimulado porque ele próprio não é o objeto, mas aquele diante do qual os objetos existem.

O espetáculo dos objetos faz-nos esquecer este espectador invisível, que é cada um de nós, que é a consciência pensante. Por isso, a função primeira da filosofia é corrigir esse esquecimento, é revelar a si mesma esta consciência constituinte para a qual e pela qual os objetos existem.

Aí reside grande dificuldade para o investigador: a consciência natural, não refletida, ignora-se a si mesma e a ingenuidade da sua atitude, esconde a sua própria participação na "doação" do mundo. A necessidade de revelar a consciência a si mesma, transformando num juízo consciente o preconceito natural, esbarra na seguinte questão: como retirar-se da fé da presença irrecusável das coisas dadas?

Husserl diz existirem duas maneiras de combater o poder de fascinação e a influência de uma fé: uma, consiste em tomar dela consciência por meio da reflexão que a "tematiza" e a "põe em questão"; a outra consiste em operar, por um ato de liberdade, uma mudança radical de atitude e suspender, não negar, a "tese geral da existência", a certeza da nossa fé no mundo.

Em contrapartida, temos o poder de modificar a nossa atitude, de não usar a tese da atitude natural, de a "pôr fora de ação" ou entre parênteses. Mas ela não deixará, por isso, de ser o que é: fé certa na existência de um mundo.

Note-se, contudo, que Husserl não está pondo em causa a eliminação ou exclusão efetiva de uma parte do ser nem muito menos do mundo em geral. A redução fenomenológica que faz do "ser" um "fenômeno de ser" não é uma abstração relativamente ao mundo e à experiência.

É, na verdade, uma modificação da atitude da consciência que "põe" o mundo; não é apenas uma transformação do objeto, é uma "conversão" do próprio sujeito.

Por isso, "pôr o mundo entre parênteses" não é deixar de viver no mundo nem negar a sua realidade: é "abster-me de fazer uso das evidências e certezas que ele me oferece"; não tomar posição a seu respeito, "não participar" nesse jogo fascinante do mundo; fazer-me simples "espectador não interessado" do "drama" que se representa diante de mim e do qual eu também sou ator, mas no qual não devo deixar-me apanhar.

Daí surgiu a tese fenomenológica da "neutralização"; uma "neutralização" das evidências existenciais, destinando-se a redução a abrir a consciência para uma nova dimensão da experiência do mundo.

Aqui chega-se, então, àquilo que Husserl chama "redução eidética", redução que visa às essências.

Como a consciência é consciência de alguma coisa e os objetos concretos do pensamento são postos entre parênteses, o fenomenólogo dirige sua atenção para as estruturas de seu pensamento e para as estruturas das coisas que pensa.

Desviando-se das existências, ele visa às essências. Trata-se de determinar as formas gerais dos objetos, reduzindo-os enquanto dados da consciência à sua forma essencial.

Para efetuar essa redução, não cabe recorrer a comparações de dados particulares ou de atos diferentes: é no indivíduo que se deve perceber o universal. Tomando determinado objeto, faz-se em imaginação que ele varie, sem, contudo, sair dos limites da espécie cuja essência se busca conhecer. Essa operação faz surgir seus caracteres essenciais.

É por isso que Husserl – apresentando expressamente um paradoxo, mas, contudo, "estritamente verdadeiro" – diz que a "ficção" constitui o elemento vital da fenomenologia; "a ficção é a fonte em que se alimenta o conhecimento das 'verdades eternas'".

Husserl "mostra" um caso "prático" para elucidar o processo da redução eidética: partindo do exemplo da percepção desta mesa, modifiquemos o objeto da percepção – a mesa – de maneira inteiramente livre, ao sabor de nossa fantasia, salvaguardando, todavia, o caráter de percepção de alguma coisa: não importa o quê, mas alguma coisa.

Começamos por modificar arbitrariamente – em imaginação – sua forma, sua cor etc., não mantendo mais que o caráter de "apresentação perceptiva". Em outras palavras, transformamos o fato dessa percepção, abstendo-nos de afirmar seu valor existencial, numa pura possibilidade entre outras perfeitamente arbitrárias, mas, seja como for, puras possibilidades de percepção.

Transferimos de algum modo a percepção real para o reino das irrealidades, o reino dos "como se", que nos brinda com as possibilidades "puras", puras de tudo que as prenda a qualquer fato que seja.

O tipo geral da percepção é, desse modo, elucidado na pureza ideal. Privado, destarte, de toda relação com o fato, ele se torna o *eidos* da percepção, cuja extensão "ideal" abraça todas as percepções idealmente possíveis como puros imaginários. As análises da percepção são, então, "análises essenciais".

Sartre, um entusiasta do método de Husserl, dá sua explicação sobre o significado da redução eidética: "A fenomenologia é uma descrição das estruturas da consciência transcendental fundada sobre a intuição das essências dessas estruturas. Naturalmente, essa descrição se opera no plano da reflexão.

Ora, há um outro tipo de reflexão, a que é utilizada pelo fenomenólogo: esta procura apreender as essências. Isto é, ela começa por se colocar, logo de início, no terreno do universal.

Certamente, opera com base em exemplos. Mas é de pouca importância que o fato individual que serve de suporte à essência seja real ou imaginário. O dado 'exemplar' seria uma pura ficção, pelo fato mesmo de que foi possível imaginá-lo; mas é preciso que realize em si a essência procurada, pois a essência é condição mesma de sua possibilidade" (A imaginação, in *Os pensadores*, cit., 1987, p. 97 – coleção).

É preciso bem entender o sentido da palavra "objeto". Ela tem o sentido de "objetivo", que qualifica aquilo que é dado ao espírito e que se lhe impõe a título de representação. Ou, em outros termos, o fenomenólogo, quando analisa a essência dos objetos presentes à consciência, permanece na consciência.

Assim se especificam progressivamente as estruturas da consciência e as essências dos objetos, que devem seu ser à consciência que deles adquirimos.

Para concluirmos, podemos voltar à afirmação inicial – que não é unânime – de que a fenomenologia husserliana ultrapassa simultaneamente o realismo e o idealismo.

Ela ultrapassa o idealismo na medida em que toda consciência visa a um objeto transcendente, isto é, exterior a ela; ultrapassa o realismo à proporção que toda significação remete a uma consciência transcendental, doadora de sentido. Até o sujeito conhecido pela introspecção é objeto para um Eu transcendental (nos dizeres de Vergez e Huisman, *História dos filósofos ilustrada pelos textos*, cit., p. 377).

2.3. A Ciência do Direito

É preciso ressaltar que existem até dúvidas sobre o caráter de cientificidade do Direito, diante de uma série de pressupostos de difícil avaliação.

Contudo, fazendo-se uma leitura ampla dos comentadores, percebe-se claramente que, de um jeito ou de outro, todos, ou pelo menos a maioria, tratam o Direito como ciência, numa evidente manifestação de aceitação de seu caráter científico.

Até se compreendem tantas dúvidas, uma vez que o Direito teve e ainda tem muitas escolas de pensamentos que propõem formas diferentes de investigação para sua ciência.

A nós importa o fato de que existe uma Ciência do Direito, mesmo que com formas de pesquisas diversas. Como ramo de ciência humana, a Ciência do Direito tem como substrato de pesquisa o homem, em todos os aspectos valorativos de sua personalidade.

Da mesma maneira, como não se compreende uma ciência humana que exclui de seu âmbito de pesquisa o ser humano, é inadmissível pensar uma Ciência do Direito que não tenha como fundamento e centro de suas atenções o homem.

É colocado assim, como pressuposto, o homem e sua condição existencial como princípio de investigação. A Ciência do Direito deve, portanto, respeitar o homem na inteireza de sua dignidade e nos limites postos e reconhecidos universalmente como seus: a vida, a saúde, a honra, a intimidade, a educação, a liberdade etc.; bens essenciais e indisponíveis que, em conjunto com bens sociais como a verdade, o bem comum e a justiça, são norteadores de todo o material de investigação da Ciência do Direito.

A Ciência do Direito é uma ciência de investigação de condutas que têm em vista um "dever-ser" jurídico, isto é, a Ciência do Direito investiga e estuda as normas jurídicas. Estas prescrevem aos indivíduos certas regras de conduta que devem ser obedecidas.

É certo que, uma vez cumprida a determinação da norma, o "dever-ser" exaure-se num "ser", ou, quando descumprida a determinação da norma, ocorre um outro "ser", porém de conteúdo aparentemente contrário ao pretendido pelo regramento jurídico. Contudo, na singeleza dessas observações, oculta-se uma enormidade de questões, de problemas que precisam ser examinados.

Tomemos um simples e corriqueiro exemplo de problema visto a partir de uma lei escrita: uma norma jurídica que disciplina o trânsito. Ao sinal de luz vermelha corresponde a ordem "o motorista deve parar". Essa ordem é um "dever-ser" jurídico, pois aponta o que a norma jurídica pretende que seja. É um comando dirigido aos indivíduos, especialmente, no caso, aos motoristas.

Quando diante de um sinal vermelho a ordem é cumprida, ocorre um fato que se ajusta ao conteúdo da norma; a norma jurídica é vivenciada como um acontecimento no mundo do "ser", dos fatos. Já quando o motorista desobedece à norma, não parando seu automóvel e ultrapassando o sinal, há uma violação do comando e ao mesmo tempo outro tipo de "ser": um fato sancionado pela norma jurídica.

A violação é, portanto, também um fato; é um acontecimento no mundo do ser. O sistema jurídico, é verdade, regra, também, a conduta negativa ou não querida: ao infrator o Direito prescreve a sanção. No caso do sinal vermelho, é uma multa imposta ao transgressor. Não que o Direito queira primordialmente aplicar a multa, mas a sanção faz parte da estrutura da norma para que esta seja cumprida, e não para que seja violada.

Olhando-se esse modesto exemplo de norma jurídica, que, representada por um semáforo, pretende disciplinar o trânsito, pode-se levantar muitas dificuldades para o investigador do Direito:

a) O sinal vermelho estava funcionando no momento da ultrapassagem?

b) E se estivesse quebrado?

c) O motorista pode escusar-se de pagar a multa alegando que não viu o sinal?

d) Pode apresentar a mesma justificativa, alegando que mora naquela rua e nem percebeu o sinal, pois fora instalado naquele dia?

e) Pode o motorista alegar que ultrapassou o sinal porque se aproximaram do seu carro dois sujeitos mal-encarados e pressentiu que ia ser assaltado?

f) E se o motorista for menor de idade, vale a multa?

g) Se não existe norma administrativa estipulando que naquela esquina devia ter sinal, e os funcionários o instalaram por engano, vale a multa?

h) Pode a multa ser lavrada por indicação de um cidadão comum a um guarda de trânsito que não assistiu à ocorrência?

i) Valerá a multa se ela foi lavrada por um guarda que fica escondido atrás de uma árvore com um talão na mão, para anotar quem ultrapassar o sinal, ao invés de se mostrar ostensivamente?

j) Estará adequado o valor da multa? Será justo seu montante?

k) O valor deve variar dependendo da qualidade do infrator: se é primário ou reincidente?

l) Vale o argumento de que ninguém respeita aquele sinal porque está mal colocado naquela esquina?

Enfim, com esse pequeníssimo exemplo que parte da lei, vê-se quão intrincados podem ser os fatos e os argumentos com os quais o cientista do Direito tem de lidar. Multiplicando-se esse caso por um universo enorme de outras normas jurídicas e fatos, e, indo além, colocando-se valores e o próprio ser humano como elemento de investigação, percebe-se o grau de complexidade que envolve o estudo do Direito.

E frise-se que neste exemplo o problema está voltado especificamente para uma questão prática. Contudo, tendo em vista as peculiaridades do objeto da Ciência do Direito, percebe-se que ela não tem de dar conta apenas das normas jurídicas e sua aplicação ou não, mas também tem de lidar com fatos sociais, aspectos sociológicos, econômicos, culturais e até climáticos, com diferenças regionais e territoriais, bem como com valores éticos e morais.

Deve, ainda, investigar as causas de elaboração das normas jurídicas, em especial as leis, bem como sua adequação ao meio social. Todas essas normas e valores devem respeitar o homem em sua dignidade de ser humano, no meio social e na natureza em que vive. A Ciência do Direito em sua acepção mais ampla é uma ciência ética por excelência.

2.4. O objeto da Ciência do Direito. Que é o Direito?

Sob o aspecto etimológico, é possível ligar o termo "direito", dentre outros, a reto (do vocábulo em latim *rectum*), a mandar, ordenar (do latim *jus*, ligado na origem a *jussum*), ou ao termo "indicar" (do vocábulo grego *diké*).

Observando o Direito à luz da realidade dos estudos jurídicos contemporâneos, pode-se vislumbrar que o termo "direito" comporta pelo menos as seguintes concepções: a de ciência, correspondente ao conjunto de regras próprias utilizadas pela Ciência do Direito; a de norma jurídica, como a Constituição e as demais leis e decretos, portarias etc.; a de poder ou prerrogativa, quando se diz que alguém tem a faculdade, o poder de exercer um direito; a de fato social, quando se verifica a existência de regras vivas existentes no meio social; e a de justiça, que surge quando se percebe que certa situação é direito porque é justa.

A palavra "direito" é, assim, tida por uns como análoga, ou seja, seus sentidos guardam certa relação entre si; mas é apontada por outros como vaga e ambígua, visto que suas significações não são sempre claras, ou geram dúvida legítima e insolúvel ou, até mesmo, apresenta-se de forma paradoxal e contraditória.

Assim é que, por exemplo, o termo "direito", na frase "o trabalhador tem direito assegurado ao salário", guarda certa aproximação, certa analogia, com o referido termo na expressão "não é de direito punir um inocente".

Na primeira assertiva, a palavra "direito" refere-se à previsão legal estabelecida (a Consolidação das Leis do Trabalho – CLT – que garante o salário do trabalhador). Na segunda, aquela palavra refere-se à justiça – ou injustiça – de uma decisão judicial.

De pronto percebe-se apenas nos dois simples exemplos que os próprios usos da palavra "direito" apontam um para o outro: direito aponta para justiça e esta para aquele. E é por isso que se diz que os termos são análogos. Contudo, há outros usos que se apresentam, como se disse, vagos, ambíguos, contraditórios.

Com efeito, direito é um ideal sonhado por certa sociedade e simultaneamente um golpe que enterra esse ideal. É símbolo da ordem social e simultaneamente a bandeira da agitação (estudantil, dos trabalhadores em greve etc.). O Direito garante a privacidade e a intimidade e, também, ao mesmo tempo, a publicidade e a quebra da intimidade.

Só por esses exemplos percebe-se o grau de dificuldade que é o manejar do conceito "direito". Talvez por isso a chamada Ciência do Direito tenha acabado por privilegiar um dos sentidos, dentre os vários possíveis.

Como, via de regra, as ciências em geral não têm muita dificuldade na descoberta e fixação de seus objetos – por exemplo, a medicina não tem dúvida de que deve estudar o corpo humano –, a Ciência do Direito pretende o mesmo.

Dessa forma, optou por estudar um dos sentidos possíveis do termo "direito": o de norma jurídica e, especialmente, o de norma jurídica escrita.

Assim é que, na atualidade, os cursos de Direito estão voltados quase que totalmente para o estudo da norma jurídica escrita, com método tipicamente dogmático, conforme se demonstrará em item específico mais à frente (item 2.5).

Mas não parece ter sido uma escolha muito feliz – ainda que se possa entendê-la –, uma vez que as dificuldades de fixação de sentido que o termo "direito" revela ao investigador, antes de serem um obstáculo, apontam para uma riqueza de significações que merecem estudo aprofundado.

Contudo, ao invés de buscar superar o obstáculo, penetrando em sua complexidade fecunda, o cientista do Direito deu uma volta ao largo do problema e levou consigo o sentido mais fácil de ser abordado.

Com isso, o que era de humano a impregnar o Direito acabou congelando-se no conceito da norma jurídica escrita e perdendo-se no trabalho analítico do investigador.

É preciso resgatar a magnificência da dignidade humana, que é o fundamento último que dá sustentação ao Direito, por meio da abertura das mentes que se dedicam ao estudo do Direito, o que passa, necessariamente, por uma avaliação sincera dos métodos da Ciência do Direito, dos institutos jurídicos existentes, das condições sociais reais nas quais o Direito está incluído, sobre as quais ele influi e das quais recebe influência.

Enfim, é preciso pensar abertamente na função social do Direito e no papel social exercido pelos que o operam – todos: estudantes, professores, profissionais específicos: advogados, juízes, procuradores de justiça, delegados etc. E isso começa no estudante, que deve ser chamado a participar do debate, como aquele que está começando a pensar o Direito.

2.5. A Ciência Dogmática do Direito
2.5.1. O termo "Ciência do Direito"

Resta agora tratar o método ou os métodos no Direito.

Podemos aqui distinguir dois momentos importantes: um anterior à Ciência do Direito atual e outro relativo à investigação contemporânea.

No primeiro caso, deve-se, inclusive, colocar, como o faz o Prof. Tercio Sampaio Ferraz Jr. (*A ciência do direito*, cit., p. 18), que o próprio termo "ciência do direito" somente passou a ser utilizado a partir do século XIX, por invenção da Escola Histórica alemã. Claro que antes o Direito já era investigado e estudado, como se verá, mas não havia uma preocupação exclusiva com o fato de se estar fazendo ou não ciência.

Na verdade, as tentativas fortemente concentradas a partir desse momento da história, de se fundar uma Ciência do Direito, têm como base uma evolução histórica, que já havia preparado as condições para tal.

Contudo, em que pesem as várias tentativas, a Ciência do Direito do século XX, especialmente da segunda metade para cá, firmou-se como Ciência Dogmática do Direito, apesar de sempre terem existido e de que ainda resistem focos que pretendem conceber uma Ciência do Direito livre do dogmatismo.

De qualquer forma, adiante-se um ponto: vai-se começar a perceber uma relação cada vez maior entre Ciência do Direito e Hermenêutica – como Teoria da Interpretação –, de tal forma que passa a existir na atualidade grande aproximação ou, pelo menos, confusão entre ambas, ainda que isso não seja abertamente colocado pelas escolas de Direito, conforme também veremos.

Mas, antes dessas abordagens, vale a pena verificar as características de algumas das tentativas de fundar a Ciência do Direito, para depois, examinando seu desenvolvimento histórico, investigarmos a escola de Direito contemporânea.

A título apenas de exemplo, tratemos sucintamente de algumas escolas que pretenderam encontrar métodos próprios e adequados, para com isso fundarem a Ciência do Direito.

2.5.2. A escola racionalista. O jusnaturalismo

Primeiramente, uma escola racionalista: o jusnaturalismo, que tem longa tradição, vindo desde os filósofos gregos, passando pelos escolásticos, na Idade Média, pelos racionalistas dos séculos XVII e XVIII, indo até as concepções modernas de Stammler e Del Vecchio (começo do século XX).

Pode-se dizer, em linhas gerais, que essa escola é fundada no pressuposto de que existe uma lei natural, eterna e imutável; uma ordem preexistente, de origem divina ou decorrente da natureza, ou, ainda, da natureza social do ser humano.

O método para conhecer essa ordenação prévia é o racional. A razão não chega a trabalhar com realidades concretas.

É por meio da razão que, voltando-se para si mesma, investiga, para descobrir na própria consciência, os princípios e as leis universais, válidos desde sempre.

2.5.3. O empirismo jurídico

Agora, duas correntes empiristas: a Escola da Exegese e a Escola Histórica.

Mas, antes ainda de entrarmos no exame específico dessas escolas, é importante que se apresentem as características do empirismo jurídico em geral.

Coloquemos que, para os empiristas, o conhecimento é resultante do exame do objeto – ao contrário do racionalismo, que o pressupõe no sujeito cognoscente.

O empirismo jurídico, assim, acredita que o conhecimento nasce do objeto, que pode ser a norma jurídica ou o fato social, ou o fenômeno jurídico produzido no meio social etc.

Vale uma observação relativa ao positivismo, que na Ciência do Direito tem duplo sentido: tanto é chamada de positivismo jurídico a corrente que – aos moldes de Augusto Comte – acredita que o conhecimento nasce do fato quanto tem o mesmo nome a corrente que crê dar-se o conhecimento pela norma jurídica.

2.5.3.1. A Escola da Exegese

Essa escola firmou conceitos e métodos de investigação que se tornaram perenes e, ainda que camuflados ou ligeiramente alterados, vivem fortemente na contemporânea Ciência Dogmática do Direito.

Diga-se, de início, que o exegetismo não negou o Direito natural, pois admitia que os códigos seriam elaborados de modo racional e, portanto, representariam a face humana do Direito natural.

A legislação seria elaborada num sistema normativo codificado, visando garantir os direitos subjetivos do homem, que, por sua vez, estavam pressupostos nas normas da natureza. Os códigos seriam a concretização dos ideais jusnaturalistas.

Daí poder-se dizer que lei é direito, porquanto ela reflete racionalmente o Direito natural.

Exegese, como se sabe, significa o comentário minucioso ou a interpretação de um texto ou palavra.

A conhecida Escola da Exegese no Direito teve seu apogeu após a promulgação do famoso Código de Napoleão, em 1804. Esse código unificou o Direito Civil francês e, tido como a expressão mais completa do Direito, tornou-se marco importante para o surgimento da crença de que o Direito é o direito posto – a legislação.

Esse Direito elaborado trazia também a grande vantagem da segurança e da certeza, já que tudo o que se buscava estava nos textos. Bastava interpretá-los.

A interpretação jurídica dos textos de leis ganhou, então, absoluta relevância. E, como todo o Direito transformara-se no corpo escrito legislado, era ali mesmo que se buscariam as regras de interpretação capazes de solucionar os problemas que surgissem.

A idolatria ao Código de Napoleão punha ao intérprete um limite claro: o exegeta devia entender os textos e nada mais e nesse trabalho tinha de descobrir a intenção (vontade) do legislador.

A tese dos exegetas, da concentração da competência exclusiva para legislar no Legislativo, reduziu o direito à lei. E também reduziu a função do intérprete e do julgador a uma função mecânica, de lógica dedutiva.

Sendo a lei a única fonte das decisões jurídicas, a resolução de um problema dar-se-ia, então, na conclusão de um silogismo, no qual a premissa maior seria a lei, a premissa menor seria o enunciado do fato concreto apresentado como problema a se solucionar, e a conclusão corresponderia à resolução do problema.

A função judicial teria, assim, uma concepção mecânica, como um processo lógico-dedutivo de subsunção do fato concreto à determinação abstrata da lei.

Mas a realidade do exegeta começou a apontar certos limites ainda não pensados, que precisaram de acomodação, o que foi feito nos moldes do pensamento empírico exegético.

O exegeta, de início, atinha-se a uma interpretação literal do texto da lei, tentando extrair daí a vontade do legislador.

Contudo, esse processo interpretativo mostrou-se insuficiente: nem tudo se podia resolver com a mera interpretação literal. Foi-se, então, às fontes dessa fonte fundamental – a lei.

Para desvendar a vontade do legislador, passou-se a investigar os trabalhos legislativos preparatórios, os costumes anteriores, a tradição histórica, ou seja, para desvendar a vontade do legislador, o exegeta passou não apenas a conhecer a letra da lei, mas também a desvendar seu espírito.

Surgiu aí a interpretação histórica, isto é, a possibilidade de investigar as circunstâncias que antecederam a criação da lei.

Posteriormente, percebeu-se que as várias leis tinham de ser sistematizadas, porquanto cada uma delas tinha seu lugar próprio, dentro do sistema legislativo, com adequação e importância diferenciadas, sendo certo que, inclusive, algumas leis preponderavam sobre outras.

A técnica adequada para realizar a exegese dessas leis, postas nessa variedade num sistema, é a da interpretação lógico-sistemática, que passou a ser utilizada.

Esse positivismo legal, reduzindo todo direito à lei ou mais especificamente ao conjunto de leis, concebia, assim, um sistema jurídico fechado e completo, sem lacunas, e que seria capaz de solucionar todos os problemas apresentados.

Dados esses pressupostos, passou-se a utilizar, também, o recurso à analogia, como alternativa para resolução de casos concretos aparentemente não previstos. Esse procedimento era não só interpretativo como mais propriamente integrativo, uma vez que conseguia suprir o titubeio do exegeta diante da aparente ausência de lei (lacuna).

Dessa forma conseguia-se fechar o cerco novamente: o Direito estava representado pelo sistema legislativo, certo e completo (sobre as várias técnicas de interpretação e suas especificidades – interpretação literal, lógico-sistemática, o uso da analogia, as lacunas etc. –, ver o Cap. 6, *infra*, "A Interpretação Jurídica").

Contudo, observa-se que todos esses métodos dos exegetas visavam, como único fim, desvendar a vontade do legislador, que tinha de ser respeitada e resguardada.

A Escola da Exegese exerceu poderosa influência não só na França, mas também na Alemanha, Itália etc., espalhando-se por todo o mundo ocidental.

Mesmo nos países da *common law*, como a Inglaterra, a Escola da Exegese acabou exercendo influência. Para os países dessa concepção, do sistema anglo-americano, a lei tem importância secundária (importância atenuada nos Estados Unidos, fundada com base numa Constituição Federal escrita – já vigente há mais de 220 anos – e que dá preferência à lei em vários campos), sendo o direito aquele declarado pelo juiz (*judge made law*), e influindo daí como fonte para o intérprete, no conhecido precedente judicial (*case law*).

Nessa concepção, diz-se que o direito se desenvolve lentamente, conforme a evolução social e as necessidades do povo. A lei, criada só excepcionalmente para tentar resolver conflito insuperável entre precedentes judiciais regionais ou estaduais, por isso, tem de ser interpretada restritivamente.

O pensamento exegético entrou aí para apresentar como absoluto o velho direito, petrificando-o, tentando impedir que o juiz trouxesse qualquer inovação e que o interpretasse com flexibilidade, como da mesma forma o legislador não poderia fazer leis, alterando-o.

2.5.3.2. A Escola Histórica

Foram os alemães Gustavo Hugo, Puchta e, especialmente, Savigny, este como seu grande promotor, que no início do século XIX desenvolveram a Escola Histórica.

Opondo-se à Escola da Exegese, mas mantendo o mesmo método, a Escola Histórica afirmava que o verdadeiro Direito residia nos usos e costumes e na tradição do povo. É a história desse povo, como resultado de suas aspirações e necessidades, que forma o Direito.

O legislador não cria o Direito. Apenas traduz em normas escritas o Direito vivo, latente no espírito popular. Ao contrário da descoberta do espírito da lei, pregado pela Escola da Exegese, procurava-se o espírito do povo.

A analogia feita pela Escola Histórica entre a formação do Direito e a da língua ilustra a sua posição: a língua nasce na própria fala concreta do povo, cabendo ao gramático depois sistematizá-la, mas as regras gramaticais só podem ser genuínas e obrigatórias se baseadas na língua viva popular.

Assim é, também, o Direito, como expansão da concreta conduta popular. Ele começa no comportamento consuetudinário (costumeiro) do povo, que, por sua vez, nasce da convicção do que é necessário e justo.

Cabe aos jurisconsultos sistematizarem esses direitos. As normas jurídicas identificadas e sistematizadas só serão válidas e eficazes se fiéis ao espírito do Direito consuetudinário.

Como a língua nasce sem a intervenção do gramático, o Direito nasce sem a intervenção do legislador ou do jurisconsulto.

2.5.4. A Ciência Dogmática do Direito – o Direito na atualidade
2.5.4.1. O enfoque dogmático

O foco de nossa atenção neste capítulo está no estudo, ensino e aplicação do Direito na atualidade.

Nossa intenção é demonstrar o que é a chamada Ciência do Direito hoje, especialmente quanto ao conjunto de técnicas e métodos de apreensão e transmissão do conhecimento jurídico, centrada nossa investigação na escola de Direito em geral, escola essa que é intitulada de científica, uma vez que produz a ciência jurídica.

Na verdade, conforme veremos, o pensamento jurídico contemporâneo, na sua formação e esfera de influência, extrapola em muito os limites da escola de Direito, indo influir no meio social, por intermédio dos operadores do Direito, formados naquela escola.

Em contrapartida, a escola sofre, também, influência do próprio meio social, que de sua parte dá algumas diretrizes para o pensamento jurídico.

O problema, de fato, é que tudo se passa numa troca de influências que se opera ao nível dos detentores do controle – e do entendimento prévio – da linguagem jurídica de um lado, e dos detentores do poder, de outro.

E essa troca se dá numa esfera abstrata, na qual a linguagem utilizada é antes política – persuasiva – que científica – baseada em enunciados verdadeiros –, ainda que esta última não seja desprezada.

O saber jurídico aponta, assim, para amplo controle social, no qual se instrumentaliza o próprio cientista jurídico, que passa a ser um técnico, cujo acesso ao Direito se faz somente pelo manejo de ferramentas – regras de interpretação – sem as quais não tem como realizar seu trabalho, que desempenha depois de aceitar os pontos de partida (dogmas) estabelecidos pela escola jurídica.

Ou, em outras palavras, a ação do cientista (dogmático) do Direito se dá na aceitação de dogmas e no cumprimento de regras técnicas previamente estabelecidas pela Ciência Dogmática do Direito. Assim, o seu comportamento, para ser identificado como "científico", deve-se dar nos quadros de ação adredemente preparados pela escola de Direito – com valores, modelos e regras próprias a serem cumpridas.

Por isso, pode-se afirmar que o bom cientista dogmático do Direito é aquele que incorporou os valores prévios e os modelos preexistentes, e é bom cumpridor de regras, que ele maneja com vistas a orientar a ação dos outros.

Claro que o estudo do Direito empreendido pelas escolas não é tão somente dogmático, uma vez que há investigações em áreas específicas ou mesmo em certas cadeiras que têm cunho filosófico ou se apresentam como teoria no sentido zetético (para usar aqui a proposta e os ensinamentos do Prof. Tercio Sampaio Ferraz Jr., em seu *Introdução ao estudo do direito*, São Paulo, Atlas, 1988).

No primeiro caso, o conhecimento estudado, por ser filosófico, está livre de qualquer dogmatismo. Ou melhor, "pode" estar livre, porque didaticamente é possível se dogmatizar até um pensamento dito filosófico, que desta forma perde seu caráter. E isso, infelizmente, se dá, geralmente no fenômeno típico de ocultação de uma prescrição – ordem – que vige por trás de uma linguagem – aparentemente – descritiva do mestre.

Mas, em sendo de fato um conhecimento filosófico, esse está sempre aberto.

A investigação de enfoque zetético tem função especulativa, levantando questões que podem ir em direção ao infinito, suspendendo o juízo e deixando em aberto as respostas ao problema levantado.

O enfoque zetético relativamente às doutrinas e opiniões põe-nas em dúvida, desintegrando-as. A linguagem do trabalho zetético é caracterizada pelo uso descritivo, já que sua preocupação é descrever algo. É o uso do verbo "ser": que é algo?

Contudo, tem de se colocar o fato, que em nível quantitativo é inquestionável – em nível qualitativo estamos tentando demonstrar. Ei-lo: a grande parte ou a quase totalidade das investigações nas escolas de Direito – tanto em quantidade de matérias e cadeiras quanto em quantidade de horas de estudo – é elaborada de maneira dogmática.

Isso faz, inclusive, com que se possa desprezar – um grave erro, diga-se desde já – as outras investigações que não têm caráter dogmático. É verdade que o desprezo tem outra razão de ser, como veremos: é o relacionado à eficiência do pensamento dogmático em oposição à não utilidade imediata das demais formas de investigação.

A dogmática caracteriza-se por pretender impor-se de cima para baixo, do mestre ao aluno. Ela vai doutrinando e ensinando, de forma impositiva.

O enfoque dogmático se finda em opiniões, dentre as quais algumas são ressalvadas como melhores ou como as corretas.

As questões que ela levanta nunca são deixadas em aberto, já que buscam sempre um resultado. A investigação dogmática parte do pressuposto da existência da resposta ao problema dado, resposta esta que será encontrada.

2.5.4.2. A instrumentalização

A linguagem do enfoque dogmático é caracterizada pelo uso prescritivo, já que sua função é diretiva, orientando a ação: ela diz o que "deve ser" algo.

É aqui, no uso da linguagem, que reside um dos grandes elementos da inconscientização e da manipulação possível, estabelecido pela dogmática: por vezes ela, à guisa de se utilizar de linguagem descritiva, dá uma ordem oculta. Isto é, a doutrina dogmática diz que está descrevendo um objeto – o que é algo –, quando na verdade está prescrevendo determinada ordem ao estudioso, estabelecendo como deve ser o objeto.

Esse é um fenômeno de ocultação, a que se dá o nome de criptonormativo, e que é uma característica importante da Ciência Dogmática do Direito: aquilo que acaba apresentando-se como um saber é, na realidade – por causa do processo da ocultação –, um comando, uma ordem; portanto, mais ato de poder – como imposição de um comportamento – do que verificação científica, de descoberta do saber.

Claro que aí está o caráter educativo e evidentemente impositivo da dogmática jurídica. É sempre muito difícil sair da moldura por ela desenhada.

Acresça-se a tudo o que já se disse outro elemento que colabora para a ocultação da prescrição e que vai acabar fazendo com que o próprio cientista dogmático do Direito não se aperceba, muitas vezes, do caráter prescritivo de seus ensinamentos; é quase uma sutileza, mas de resultados muito eficazes.

É o relacionado ao necessário uso simultâneo, na Ciência Dogmática do Direito, de linguagem diretiva com linguagem descritiva.

O enfoque primordial da dogmática é lançar direções para o agir; prescrever condutas, portanto. Mas, no estabelecimento de sua linguagem, ela utiliza-se de uma série de descrições geralmente ligadas a conceitos jurídicos previamente estabelecidos: por exemplo, o que é uma hipoteca; o que é um recurso; o que é um contrato de adesão etc.; ou ligadas a conceitos naturais, da linguagem comum: por exemplo, o que é dia, o que é homem ou mulher etc.

Ora, isso vai acabar permitindo que o cientista dogmático – e depois até seu próprio objeto de investigação, a norma jurídica escrita – manipule a consciência do destinatário de seus ensinamentos, ocultando uma ordem por detrás de uma linguagem descritiva.

Afinal, uma hipoteca somente pode ser aquilo que a norma jurídica e a Ciência do Direito dizem que é; portanto, deve ser assim. Se não o for, não é hipoteca. Ela é mais fruto de um comando – ou seja, resultado do cumprimento de uma ordem – que um fato de ser, que pode ser descrito.

É claro que a linguagem descritiva no caso da hipoteca é usada: diz-se que a linguagem do cientista do Direito descreve (um "ser") a linguagem da norma jurídica (um "dever-ser").

Este é o fator que ajuda a reforçar a ocultação do comando: de fato é possível usar a linguagem de uma forma (descritiva) e ocultar a outra (prescritiva), intencionalmente ou não.

De fato, como essa forma de investigar, de impor e de se impor ocorre de maneira perene e progressiva, iniciando-se a partir das concepções do século XIX – com pressupostos e experiências advindas dos séculos anteriores, que lhe preparou o terreno – e firmando-se neste século, timidamente no início, vindo a fortificar-se notadamente após o embate da Segunda Guerra Mundial, vai havendo um processo de inconscientização do próprio investigador, que, de sua parte, também, por vezes, não se dá conta da imposição oculta.

O investigador acaba impondo comportamentos, utilizando-se de linguagem descritiva, não se apercebendo de que para fazê-lo deve, ele próprio, autocontrolar-se, cumprindo as ordens prévias já estabelecidas pela Ciência Dogmática do Direito, à qual ele pertence.

Ela é, assim, uma ciência que se autocontrola e controla seus investigadores, na medida em que estes a constroem incessantemente como Ciência Dogmática.

Tudo num círculo vicioso, que impede os próprios investigadores de se descobrirem a si mesmos, como instrumentos que são, no cumprimento das ordens emanadas da ciência a que pertencem.

Na verdade, como os instrumentos do cientista da Dogmática Jurídica são praticamente os mesmos do hermeneuta jurídico, percebe-se senão certa confusão, pelo menos forte aproximação entre ambos. Podemos por isso afirmar que o estudioso pertencente à Ciência Jurídica (Dogmática) é, em grande parte, um estudioso da Hermenêutica Jurídica.

É fato, também, que nas escolas de Direito nem a confusão entre ambas nem a aproximação é objeto de estudo enquanto tal; aliás, parece mesmo que não há consciência da aproximação existente entre ambas, porquanto a Hermenêutica acaba sendo estudada como um capítulo autônomo "dentro" da Ciência (Dogmática) do Direito, geralmente nas cadeiras de Introdução ao Estudo do Direito ou de Teoria Geral do Direito, como se o estudo desenvolvido nas outras cadeiras não fosse, também, um exercício hermenêutico.

Insiste-se em colocar a Hermenêutica como um aspecto "prático" da aplicação do conhecimento jurídico, propiciado este pela Ciência do Direito. Porém, a realidade da prática acadêmica demonstra que o que se faz na escola a título de aprendizado do conhecimento jurídico é exercício contínuo e progressivo das técnicas e métodos da Hermenêutica, aplicados a partir dos dogmas estabelecidos e que têm de ser aceitos.

É o que ocorre, por exemplo, quando um professor vai ensinar Direito Civil: serve-se dos dogmas doutrinários e das regras de interpretação jurídica; problematiza e resolve as questões utilizando-se de ferramentas hermenêuticas típicas.

Nem poderia ser de outro jeito: na Ciência Dogmática do Direito, praticamente a única via de acesso ao Direito oferecida ao estudante como método, são as regras de interpretação aplicadas, como dito, com base nos dogmas estabelecidos e que não podem deixar de ser aceitos.

Dessa forma, para compreender plenamente o funcionamento da Ciência Dogmática do Direito, deve-se examinar também os métodos da Hermenêutica (veja-se neste trabalho, portanto, o Cap. 6, *infra*, que trata da "Interpretação Jurídica").

2.5.4.3. Dogmática e tecnologia

Acompanhamos aqui o pensamento do Prof. Tercio Sampaio Ferraz Jr. (*Introdução ao estudo do direito*, cit., p. 84 e s.).

Na Ciência Dogmática do Direito, vigia a ideia, desde o século XIX, de que seu "direito-objeto" era um fenômeno de disciplina social sob a forma repressiva, punitiva, sendo o Estado garantidor da ordem pública e o direito por ele estabelecido um elenco de normas, proibições, obrigações e instituições a serem sistematizadas e interpretadas pelo jurista.

A partir de meados de nosso século, com o aumento da complexidade e a solidificação da sociedade de consumo de massa – com as características próprias da industrialização contemporânea – o quadro alterou-se.

O Estado passou a ser não só um regulamentador da economia crescente, mas também, ele próprio, um produtor de serviços de consumo social e até de mercadorias.

Montou, então, o Estado, um complexo instrumento jurídico para lhe permitir organizar sua máquina assistencial – para a oferta de serviços e produtos – e, ainda, criou normas jurídicas de estímulos e subsídios.

Nesse contexto o Direito modificou-se: manteve seu aspecto punitivo, acrescido agora de um caráter organizador, condicionante e controlador, capaz de obter por antecipação os comportamentos desejados.

Com isso o jurista tornou-se, além de sistematizador e intérprete, conselheiro, na medida em que, examinando as opções e oportunidades, passou a apontar quais os melhores caminhos a seguir.

O jurista começou, portanto, a calcular ações, para descobrir quais as mais adequadas. E seu cálculo é fundado no binômio econômico do custo/benefício: a busca do maior benefício alcançável, com o menor custo possível.

O adágio "mais vale um mau acordo que uma boa demanda" reflete bem a incorporação desse cálculo de custo/benefício no pensamento jurídico.

A Ciência Dogmática do Direito compõe-se de doutrinas. Pretendem elas explicar as normas jurídicas e os problemas possíveis, e formam, de fato, um complexo argumentativo que se apresenta como orientações, recomendações e exortações.

O aconselhamento, por essas fórmulas, quer influir no comportamento do destinatário, tendo em vista pôr um fim a possíveis conflitos, por meio de uma decisão.

As orientações oferecem esquemas e modelos, pretendendo iluminar o pensamento daquele que vai tomar a decisão.

As recomendações oferecem elementos de cautela, fornecendo fatos atuais e históricos, oriundos das experiências comprovadas, e que são transformados em regras técnicas do tipo "se queres x, deves fazer z".

As exortações apelam para sentimentos e valores sociais tais como o necessário respeito à justiça, ao bem comum, ao interesse público etc.

Assim, pode-se dizer que a Ciência Dogmática do Direito cumpre as funções típicas de uma tecnologia. Seu pensamento é conceitual e vinculado ao direito posto – normas jurídicas escritas. Com isso, pode instrumentalizar-se a serviço da ação sobre a sociedade.

A Dogmática Jurídica funciona, então, simultaneamente como agente pedagógico junto aos estudiosos do Direito em geral – estudantes universitários, advogados, juízes etc. – e como agente social ao criar uma "realidade" consensual a respeito do Direito.

Essa "realidade" consensual é estabelecida na medida em que os conteúdos de suas doutrinas restringem o campo em que a resolução dos problemas deve dar-se. Nesse campo delimitado faz-se um corte, privilegiando as resoluções consideradas relevantes, desviando a atenção das demais.

Nesses termos, o pensamento tecnológico molda um sistema fechado, dentro do qual cria as condições para a decisão de conflitos juridicamente definidos, não aceitando a problematização de seus próprios pressupostos – premissas e conceitos básicos que têm de ser aceitos, como ponto de partida.

2.5.4.4. Solução e decisão

Vimos que, à luz da possibilidade de formulação de uma ciência qualquer, a pretensão do cientista é submeter o objeto de investigação a método, para com isso obter o conhecimento científico. Este se traduziria por um conjunto de proposições, cujos enunciados têm por características serem verdadeiros.

Pode-se dizer que um dos trabalhos efetivos do cientista consiste em submeter problemas surgidos ou criados a hipóteses, para solucioná-los. Feita a investigação, se a solução do problema foi encontrada, a hipótese transforma-se em lei.

Por exemplo, ao problema "paralisia infantil" buscou-se a solução, uma vacina. Esta, ao ser descoberta por Sabin – a vacina Sabin que impede a paralisia –, representou a solução procurada para o problema existente. A pesquisa científica cessou aí. Encontrou-se a verdade buscada.

Compreende-se, assim, por que é que se diz que a ciência busca uma eficiência. É que a ciência está em larga medida preocupada com a utilidade de suas investigações. Pretende ser eficiente, encontrando soluções para todos os problemas (promessa jamais cumprida, nem de longe!). Este modelo de ciência, e especialmente de cientista, digamos assim, romântico, que almejava o bem da humanidade praticamente deixou de existir a partir da segunda metade do século XX. A característica marcante da ciência avançada da sociedade do pós-Segunda Guerra Mundial, que acabou por solidificar o modo de produção capitalista de massa e que é concentrada basicamente no cálculo de custo-benefício, cuja pretensão primeira (fundamento) e última (objetivo) é o lucro, eliminou as chances de uma ciência humanística. Os cientistas, em larga medida, são empregados de grandes corporações ou recebem subsídios de governos, mas as pesquisas desenvolvidas estão voltadas para o mercado. Se não há mercado, dificilmente se descobre algo novo. Quem duvidar assista ao filme *O óleo de Lourenzo* (Direção de George Miller, de 1992 e disponível em vídeo), no qual é retratado em caso verídico o funcionamento da pesquisa científica nos Estados Unidos e no resto do mundo.

Pode-se, portanto, afirmar que solução, verdade e eficiência aproximam-se. De qualquer forma, ainda que a posição do cientista pareça de certo modo arrogante, porquanto ele pretende a tudo explicar, sua maneira de buscar soluções para certos problemas permite, em algumas áreas do saber, que ele se apresente com certa humildade diante do desafio trazido pela natureza.

Por exemplo, na área das Ciências Médicas e Biológicas, diante do problema da AIDS, o cientista pode afirmar que, "no atual quadro de desenvolvimento de nossas pesquisas científicas, ainda não temos a solução para o problema", isto é, não foi descoberta ainda a cura da doença.

Tudo se passa muito diferente, quando se trata da Ciência Dogmática do Direito contemporâneo.

Os princípios dogmáticos estabelecidos têm um fim previamente definido: a necessidade de obter, de qualquer jeito, uma decisão que ponha termo ao problema jurídico.

Esse problema jurídico a ser terminado pela decisão pode tanto ser um conflito, isto é, disputa de pessoas em torno de um direito (por exemplo, uma ação de despejo por falta de pagamento), como um problema particular diante do direito, isto é, incerteza de como agir diante de certas normas (por exemplo, como fazer uma proposta para a elaboração de um contrato; qual a melhor maneira de pagar menos impostos etc.).

De fato, todo o pensamento jurídico dogmático, quer no momento pedagógico da investigação, quer no momento prático e profissional de aplicação, é dirigido ao fim explícito da decisão. E o resultado da decisão é diverso do da solução.

Fazendo-se uma analogia com o trabalho efetivo dos outros cientistas, podemos dizer que o trabalho científico do Direito consiste também em submeter problemas surgidos ou criados a hipóteses para solucioná-los.

Acontece que, ao contrário das ciências cuja investigação repousa em enunciados verdadeiros, na qual o critério de verdade surge da adequação das proposições examinadas e põem o problema com as provas – teóricas ou práticas – das hipóteses elencadas para solucioná-lo, na Ciência Dogmática do Direito a investigação repousa no critério da opinião.

Diante de um problema, o cientista dogmático do Direito levanta premissas – proposições –, que podem resolvê-lo. Elencadas as premissas, ele escolhe uma – ou mais de uma – e, tomando-a como critério, põe fim ao problema, decidindo.

Diferentemente da solução que, encontrando a resposta ao problema, transforma a hipótese em lei, donde se pode extrair o critério para se chegar à verdade, na decisão o problema tem um fim, mas não chega a se transformar em critérios, nos quais se possa apresentar a verdade, nem faz com que a pesquisa cesse. A decisão opera em corte, com vistas a resolver o conflito. Claro que não excluímos o fato de que as decisões, quando advêm do Poder Judiciário, têm o condão de funcionar como jurisprudência, sendo capazes de influir no pensamento jurídico dogmático. Trata-se de um modo de produção que ingressa no ciclo do pensamento, mas, como este é fechado, tudo retorna ao ponto de partida indiscutível. A questão, pois, não é da possibilidade ou impossibilidade de a decisão ser capaz de gerar um novo pensamento. O problema é outro: como o sistema de pensamento dogmático é fechado, não há como romper com o ponto de partida, ou, dizendo de outro modo, a escola de Direito não tem propiciado instrumentos capazes de questionar os vários pontos de partida dados e aceitos como indiscutíveis. Ver mais detalhes sobre esse aspecto no subitem 2.5.4.5. abaixo.

Nesse quadro, constata-se que todas as premissas que foram levantadas, com vistas a resolução do problema, permanecem no pensamento jurídico com amplo potencial. O fato de que uma – ou umas – premissa foi escolhida não elimina as outras. Estas permanecem à disposição do cientista jurídico, que pode ainda usá-las.

Constata-se, também, que a busca da investigação jurídica não é a solução, e daí não é, igualmente, a verdade. Aliás, até ao contrário: o corte pelo ato da decisão pode pôr a solução a perder-se.

O exemplo simples para elucidar a diferença entre solução e decisão é o da história que relata que numa cidade medieval uma tradição dizia que aquele que fosse capaz de desatar um nó górdio existente em uma corda, colocada na praça central da cidade, seria declarado Príncipe.

A hipótese daquela tradição, portanto, era a seguinte. Havia o problema: o nó górdio na corda; buscava-se a solução: o desate do nó. Ou, em outras palavras, procurava-se a hipótese capaz de solucionar o problema (prova). O prêmio seria o título e o trono de Príncipe.

Pois bem, voltemos à história. Muitos tentaram desatar o nó, mas por mais que tentassem não conseguiam.

Porém, certo dia, um forasteiro, sabedor da recompensa, veio à cidade, parou diante da corda emaranhada, sacou da espada e com um gesto forte deu com ela no centro do nó, e este se desfez. Resolveu o problema e tornou-se Príncipe.

Resolveu o problema, mas o fez por um ato de decisão, que no caso específico pôs a solução a perder-se. Operou um corte, tanto no sentido literal quanto epistemológico, porquanto cortou fisicamente o nó e fez cessar a investigação.

Claro que a decisão da Dogmática Jurídica tem um sentido mais amplo, uma vez que as premissas não aproveitadas podem vir a ser utilizadas em casos e hipóteses futuras.

Mas, quando se trata de um caso concreto – uma ação judicial, um processo administrativo –, no qual se busca a resolução para um problema, a decisão opera um corte similar ao da história, já que interrompe a investigação e faz com que se percam as outras alternativas, que só podem ser retomadas em outros novos – ou velhos – casos semelhantes.

Aliás, nesse sentido, no que diz respeito ao processo judicial, o princípio – e a norma correspondente – da coisa julgada torna a decisão definitiva (sobre o conceito de coisa julgada, ver Cap. 5, *infra*).

Por isso, pode-se dizer que a Ciência Dogmática do Direito não busca a verdade – ainda que trabalhe com o conceito de evidência e com os critérios relativos a ele.

E, pelo fato de se constatar que suas proposições são reflexo da opinião, vão dizer alguns que a Dogmática Jurídica não é ciência, uma vez que não se consegue obter critérios capazes de universalizarem-se nem de serem tratados como verdadeiros. O que se tem é uma enormidade de opiniões diversas, que são tão numerosas quanto o número de cientistas que estão opinando.

Realmente, aquilo que o pensamento jurídico costuma chamar de ciência do direito em larga medida não passa de argumento falacioso para garantir a posição de quem fala, no momento em que fala, como se ele estivesse utilizando uma linguagem científica[19].

Uma escola de direito não é uma casa de ciência. É uma instituição que ensina técnicas de interpretação de textos – e também de fatos e valores – e oferece ao estudante um arsenal retórico com que ele tem de lidar para agir como estudante, e, depois, como profissional.

É verdade que se pode, apesar de tudo, afirmar a existência de verdades conhecíveis e consenso entre os estudiosos, características que são também encontráveis no âmbito das ciências. Todavia, isto não basta para fundar uma ciência. Faltam os métodos capazes de propiciar a busca de soluções para os problemas existentes, algo não verificável.

---

[19] A situação do pensamento jurídico nesses termos é tão absurda que permite até que se fale numa "ciência processual", algo sem qualquer fundamento. Processo é mero instrumento de trabalho, operá-lo bem ou mal depende de domínio técnico do operador. Ele pode acertar ou errar, do mesmo modo que um cirurgião ao escolher um bisturi pode salvar ou matar o paciente.

No máximo, como dito acima, cabe afirmar a existência de uma ciência dogmática. Não mais que isso.

Quando um estudante de direito é levado a acreditar que ele se tornou um cientista jurídico – quando recebe seu diploma, que lhe confere o grau e a capacidade de discernir sobre os temas do direito –, isso quer dizer apenas que ele é capaz de dominar o mínimo exigido da linguagem jurídica, que lhe permite articular frases coerentes sintonizadas com o mínimo consenso exigido para sua atividade. Pensamos num exemplo. Digamos que seja colocado no centro do gramado de um estádio de futebol ao nível do mar um balde com água sobre um fogareiro aceso. Nas arquibancadas estão três mil físicos graduados – cientistas, portanto.

A eles é entregue uma pergunta *"A água do balde está fervendo. Qual é a temperatura?* a) 80 graus celsius; b) 100 graus celsius; c) 70 graus celsius".

A resposta só pode ser uma, a da letra "b", e respondida igualmente por todos. Se algum dos físicos apontar outra resposta, errou, pois não seguiu os preceitos de seu âmbito de atuação científica.

Isto é possível na área jurídica?

Quando fazemos esse tipo de pergunta em sala de aula, os alunos são tentados a responder *"Não. Na área do Direito, não dá"*. Mas é uma resposta precipitada, porque também no campo do Direito existe o certo e o errado. Aliás, tem de ser assim. Caso contrário, ninguém poderia avaliar o conhecimento jurídico e ninguém poderia ser avaliado.

É preciso mesmo que haja consenso relativamente ao mínimo linguístico do campo jurídico. É necessário que a leitura de certas proposições jurídicas seja feita na certeza do sentido único, sob pena de se tornar impossível qualquer forma de comunicação, quer seja científica ou comum[20].

Assim, por exemplo, se colocarmos naquele mesmo estádio de esportes três mil bacharéis em direito e perguntarmos a eles qual o prazo para apresentação do recurso civil de apelação, a resposta não pude ser 10 ou 8 dias. Somente pode ser 15 dias.

Ou ainda, se perguntarmos a eles se a lei ordinária tem hierarquia superior ou inferior à Constituição Federal, a resposta tem de ser inferior, e assim por diante, numa gama grande de exemplos.

No entanto, insistimos: esse conhecimento mínimo e necessário dá a ilusão de uma ciência, mas não transforma a escola de Direito numa ciência que busca a verdade como o fazem as ciências da natureza ou mesmo as ciências matemáticas. A escola de Direito forma técnicos capazes de ler, interpretar e entender as normas jurídicas editadas pelo poder existente – democrático, autoritário

---

[20] Veja também no Cap. 6, item 6.3 (*In claris cessat interpretatio?*), a questão das normas que independem de interpretação.

etc.; sendo que no Brasil essas normas jurídicas são quase totalmente escritas, com exceção das normas advindas do costume jurídico permitidas pelo sistema escrito[21].

Nesse aprendizado, o estudante e futuro profissional torna-se apto a utilizar as técnicas apreendidas na Ciência Dogmática do Direito. Passa a possuir habilidades de um técnico cumpridor de regras de interpretação, que explica e aplica as normas jurídicas postas e vigentes.

Logo, o problema é mais o critério para se classificar algum conhecimento como científico. Claro que, no que diz respeito ao critério da verdade, a Dogmática Jurídica não se enquadraria; mas, se escolhermos outro, como a linguagem própria, a sistematização, os métodos de investigação e as regras de interpretação, podemos qualificá-la de ciência dogmática.

De qualquer maneira, é preciso, ainda, lembrar que, mesmo na questão da opinião e sua enorme diversidade, é possível obter consenso relativamente a vários temas, que podem, posteriormente, solidificar-se em dogmas, entrando novamente na circularidade do pensamento jurídico dogmático.

Com efeito, diante de um problema jurídico pode ocorrer que: *a)* as opiniões divirjam inicialmente e, posteriormente, caminhem para uma concordância geral, ou permaneçam sempre divergentes; *b)* as opiniões surjam já como consenso.

Após o surgimento delas socialmente como um grande acordo e permanecendo por longo tempo dessa forma, na qual se afirmem reiteradamente, podem transformar-se em dogmas – convertidas em normas jurídicas ou não.

Por exemplo, as várias opiniões inicialmente surgidas sobre eventuais direitos que a concubina tinha em relação ao seu companheiro foram-se firmando paulatinamente, até atingirem o consenso de que ela tem, sem sombra de dúvida, certos direitos.

Esse consenso de opiniões jurídicas transfigurou-se em dogma jurídico, de tal forma que o pensamento jurídico hoje, ao avaliar a questão da concubina, parte já da base indiscutível de que ela tem certos direitos. (E isso antes mesmo da edição da Constituição Federal, em 5-10-1988, que reconhece a união estável entre o homem e a mulher como entidade familiar – § 3º do art. 226.) O que se discute, ainda, no caso, é a forma de comprovação do concubinato, o *quantum* a que ela teria direito e a maneira de fixá-lo etc.

E como há uma direção inexorável rumo à decisão, o cientista jurídico, de um jeito ou de outro, acaba tomando uma decisão. Ele não pode deixar a questão em aberto, como faz o pesquisador das Ciências Médicas e Biológicas, que

---

[21] Ver no Cap. 3, subitem 3.4.1, a questão do costume jurídico.

pode reconhecer a falta de solução da sua ciência para um problema investigado.

Ele não consegue dizer: "no atual estágio de desenvolvimento da Ciência do Direito não é possível resolver este problema". Não. Deve sempre decidir e encontrar critérios que o levem à decisão, a dar uma resposta ao problema.

2.5.4.5. Eficiência e consciência

Não há dúvida de que, ainda que se possam perceber as diferenças existentes entre as ciências que buscam elaborar-se em proposições, cujos enunciados são aceitos como verdadeiros, a Ciência Dogmática do Direito e as demais têm algo em comum: a eficiência.

A eficiência das outras ciências é medida pelo resultado da investigação, que, encontrando a solução, resolve e põe fim ao problema.

Na Dogmática Jurídica, nota-se igualmente sua eficiência pelo fato de ela pôr fim a um problema, mas decidindo e não solucionando.

É eficiente porque põe fim ao conflito decidindo; põe fim à dúvida pelas alternativas de ação, optando por uma das alternativas. Em ambos os casos orientada por um cálculo de custo/benefício. Sua pretensão é obter um máximo de eficiência com um mínimo de perturbação social.

E, ainda, porque consegue influir no meio social, oferecendo modelos para a direção dos comportamentos dos indivíduos, ela é eficiente.

Pode-se dizer eficiente, também, porque consegue formar seus quadros – estudantes e demais operadores do Direito que dela saem –, impondo dogmas como ponto de partida para as investigações e dirigindo a ação dos investigadores, que somente conseguem conhecer o Direito por intermédio das regras de interpretação e dos métodos criados ou aceitos pela própria dogmática. Há sempre uma espécie de volta ao ponto de partida: as respostas aos problemas são já postas no início; basta ao investigador buscá-las pelas técnicas ensinadas; há sempre uma resposta.

Sob o aspecto do sujeito cognoscente, porém, ele posta-se sempre num relativo, nunca conseguindo atingir algum absoluto – quer seja um valor, quer seja uma verdade; e nem mesmo uma verdade científica aos moldes das demais ciências, que, embora seja refutável e possa alterar-se no decorrer da história, tem certa durabilidade social.

E mais ainda, como o investigador tornou-se e tende cada vez mais a tornar-se um especialista, tudo visando a uma maior eficiência, ele acaba perdendo a noção do todo. Privilegiando a parte, não consegue compreender o contexto geral.

Nesse aspecto, como o investigador do Direito trabalha com elementos de um sistema dado e imóvel e não com partes de uma realidade móvel – o que, para uma ciência como a do Direito, é um fluxo de esvaziamento que vai do real ao abstrato –, põe em risco todo um "direito vivo" que, experimentado socialmente, acaba sendo desprezado.

Disso tudo podemos extrair que o esforço pela eficiência sacrifica a consciência. O investigador é posto em condições que não lhe permitem examinar os pressupostos da ciência à qual pertence, uma vez que, no máximo, os métodos e técnicas à sua disposição fazem-no chegar ao ponto de partida.

Além disso, ele não consegue tomar consciência do todo orgânico que o controla e o torna prisioneiro dos critérios rígidos da especialização a que foi submetido.

Com isso, de forma, também, não consciente, não consegue ele perceber seu verdadeiro papel social, que deveria ser crítico e transformador, tornando-se apenas um repetidor mecânico das fórmulas propostas e impostas.

Por isso, nunca é demais repetir, a Ciência do Direito necessita de um arejamento capaz de fazer não com que a eficiência seja diminuída, mas com que a consciência do investigador seja ampliada.

2.6. Verdade e Opinião na Ciência Dogmática do Direito

O intuito deste item não é propriamente estabelecer uma ampla teoria capaz de propor a necessidade de se separar claramente a verdade da opinião no âmbito da Ciência Dogmática do Direito. O que se pretende é apenas trabalhar com algumas evidências e certas proposições tidas como consensuais na comunidade jurídica e a partir disso, quiçá, lançar sementes capazes de propiciar um debate saudável em torno do assunto. Mas, desde já, diga-se: o tema é fundamental para o estudo do Direito e não tem merecido a devida atenção.

Vamos começar colocando um aspecto relevante que atinge diretamente os alunos (e os professores). Existe sim um conhecimento científico do Direito que gera segurança suficiente para que se possa distinguir o certo do errado ou o falso do verdadeiro. Se assim não fosse, como é que o professor iria avaliar o aluno, aprovando-o ou reprovando-o?

Todas as avaliações que são feitas para que se possa aferir o conhecimento do aluno levam (só podem levar) em consideração um conhecimento prévio e objetivo que seja capaz de servir de parâmetro para elas.

E tanto faz o método utilizado: pode ser prova escrita discursiva, perguntas para obtenção de respostas, prova oral, testes, monografias, elaboração de peças processuais etc. Em qualquer um desses casos o pressuposto é de que existe uma verdade aceita, pois é nela que se baseia o avaliar para dizer se o aluno acertou ou errou.

Note-se que, inclusive, na área jurídica, quando o estudante já se tornou bacharel, os vários concursos que se lhe apresentam têm exatamente as mesmas características. É assim no concurso da Ordem dos Advogados, para o ingresso na magistratura estadual ou federal, nas várias procuradorias, no Ministério Público etc.

É fato que, por vezes, critica-se a subjetividade das avaliações, isto é, a forma subjetiva com que o avaliador elabora seu trabalho. Todavia, essa crítica – que pode ou não ser válida –, por sua vez, pressupõe que se possam fazer avaliações objetivas. Caso contrário, não seria possível construir a hipótese da crítica. Logo, há sempre condições de que sejam feitas avaliações objetivas, fundadas, assim, na ideia de verdade.

Realmente, se o professor perguntar para um quintoanista qual o prazo para interpor o recurso de apelação no processo civil e ele não responder 15 dias, evidentemente estará errado.

Então, existe verdade no conhecimento jurídico. Mas como distingui-la da opinião?

Com efeito, há um amplo ceticismo na doutrina quanto à possibilidade de se produzir um conhecimento jurídico verdadeiro. Em nosso modo de ver, essa resistência pode ser derrubada.

Tem-se dito que o Direito é composto de um conjunto de opiniões. Existe também uma conhecida frase popular que reflete essa forma de pensar: em cada cabeça uma sentença. Tudo como se de fato cada um, cada jurista, cada estudante, cada aplicador do Direito, pudesse pensar o que quisesse do fenômeno jurídico. Os fatos, porém, mostram que o conhecimento jurídico está longe de ser assim.

Coloquemos o ponto fulcral: o problema é antigo e remonta aos gregos, na suposta separação entre "doxa" (opinião) e "episteme" (conhecimento). Sem querer entrar na discussão lógica e semiótica que esses termos e seus usos envolvem, temos que dizer apenas que no Direito há uma convivência entre os dois.

Não é um paradoxo, mas algo explicável: de um lado ninguém duvida que no Direito há opiniões divergentes a respeito de um mesmo objeto, qualquer que seja ele: norma, fato, valor, lide, problema etc. Porém, de outro, todos partem de verdades aceitas e sabidas: da própria linguagem básica utilizada por aqueles que estudam, ensinam e aplicam o Direito, bem como de certas normas representadas por essa linguagem.

Como sair disso?

A "episteme", isto é, o conhecimento, está fundada na verdade. Ora, a verdade nessa hipótese é tautológica: aquilo que é aceito como tal. Ou, em outros termos, a verdade e o conhecimento por ela gerado estão assentados no consenso daqueles que os produzem (a verdade e o conhecimento). Esse consenso nasce no próprio seio da comunidade científica, e esta constrói seu conhecimento no embate – no sentido de troca de ideias e informações – com a área técnico-operacional: decisões judiciais, petições, pareceres, atos administrativos etc. Isso tudo a partir das normas jurídicas.

Percebe-se, pela própria maneira de apresentar-se a produção do conhecimento científico, uma circularidade na produção. É mais do que isso; é uma circularidade complexa que envolve todos, simultaneamente. Não há nem uma cronologia, nem um ponto final. Ou, em outros termos, mesmo tendo-se iniciado um novo sistema constitucional – por exemplo, no Brasil, com a Constituição Federal de 1988 –, o marco inicial do conhecimento jurídico já vinha de antes. Vários conceitos tratados na Carta Magna já eram não só conhecidos, como esse conhecimento prévio passou a servir de elemento para o discurso do intérprete da Constituição. Da mesma maneira, a decisão em última instância do Supremo Tribunal Federal pode não ser o fim da discussão, já que a lei que a embasou pode mudar, e o próprio Supremo pode modificar sua posição.

É algo muito complexo, o que nos levaria à inclinação pela tese de que tudo não passa de opinião. Porém, apesar disso, nasce desse entrelaçar de elementos um conhecimento jurídico seguro, capaz de garantir certeza ao investigador.

O conhecimento é dogmático, conforme já demonstramos no item 2.5, *retro*, mas é certo também que ele existe de maneira clara e objetiva.

Por fim, nesse ponto ainda, ressalte-se que o fato de o conhecimento mudar com o passar do tempo – ou seja, a circunstância de ele estar sujeito à história e ser fruto de seu movimento – não tira dele o caráter de cientificidade objetiva, verificável e, portanto, verdadeiro.

Não se pode esquecer que as verdades alteram-se no transcurso da história, mesmo nas ciências da natureza. Isso é uma virtude: modificações ocorrentes no seio do conhecimento científico-jurídico demonstram sua historicidade – e, logo, um dado positivo na relação com a realidade social sempre dinâmica – e apontam para o bom método dialético que coloca o cientista como um construtor das verdades no seu meio social realmente vivido.

Agora, o problema da "doxa", da opinião, é nebuloso e preocupante em todas as áreas do conhecimento, não só na esfera jurídica. A chamada opinião científica insufla anseios e posições em todos os setores do conhecimento humano. E ela é importante para o desenvolvimento das ciências. Seu posicionamento, quando crítico, pode levar a transformações e novos consensos. Doutras vezes, é apenas fruto do erro e não leva a nada.

Aliás, esse é o grave problema da opinião no mundo jurídico. Como se costumam elaborar pareceres sob encomenda, é possível encontrar-se toda sorte de posições – muitas esdrúxulas – em relação ao fenômeno jurídico. É preciso desconfiar dos pareceres que foram feitos por determinação da parte interessada, que pagou bom preço por eles. Não queremos dizer que não existam pareceres de boa qualidade, mas apenas que se deve lê-los com a cautela que seu nascimento exige.

É por isso que no Capítulo 6, *infra*, subitem 6.3, sustentamos que *in claris cessat interpretatio*. As afirmações dos estudiosos do Direito estão centradas num conhecimento linguístico apodítico. Esse conhecimento é o ponto de partida indiscutível (dogmático) da apresentação das proposições jurídicas. Quem não as entende, erra. E errar do ponto de vista do conhecimento é ir contra a verdade (o certo). Não importa se esse erro venha a ser vertido (travestido) de opinião. É erro. É o oposto da verdade.

2.7. Exercícios

2.7.1. O texto a seguir foi extraído da Teoria pura do direito, de Hans Kelsen (São Paulo, Ed. Martins Fontes, 1987, p. 1-3). Leia-o, e com base nele responda às questões formuladas.

"Direito e natureza

1. A 'pureza'

A Teoria Pura do Direito é uma teoria do Direito positivo – do Direito positivo em geral, não de uma ordem jurídica especial. É teoria geral do Direito, não interpretação de particulares normas jurídicas, nacionais ou internacionais. Contudo, fornece uma teoria da interpretação.

Como teoria, quer única e exclusivamente conhecer o seu próprio objeto. Procura responder a esta questão: o que é e como é o Direito? Mas já não lhe importa a questão de saber como deve ser o Direito, ou como deve ele ser feito. É ciência jurídica e não política do Direito.

Quando designa a si própria como 'pura' teoria do Direito, isto significa que ela se propõe garantir um conhecimento apenas dirigido ao Direito e excluir deste conhecimento tudo quanto não pertença ao seu objeto, tudo quanto não se possa, rigorosamente, determinar como Direito. Isto quer dizer que ela pretende libertar a ciência jurídica de todos os elementos que lhe são estranhos. Esse é o seu princípio metodológico fundamental.

Isto parece-nos algo de per si evidente. Porém, um relance de olhos sobre a ciência jurídica tradicional, tal como se desenvolveu no decurso dos sécs. XIX e XX, mostra claramente quão longe ela está de satisfazer à exigência da pureza. De um lado inteiramente acrítico, a jurisprudência tem-se confundido com a psicologia e a sociologia, com a ética e a teoria política. Esta confusão pode porventura explicar-se pelo fato de estas ciências se referirem a objetos que indubitavelmente têm uma estreita conexão com o Direito. Quando a Teoria Pura empreende delimitar o conhecimento do Direito em face destas disciplinas, fá-lo não por ignorar ou, muito menos, por negar essa conexão, mas porque intenta evitar um sincretismo metodológico que obscurece a essência da ciência jurídica e dilui os limites que lhe são impostos pela natureza do seu objeto.

2. O ato e o seu significado jurídico

Quando se parte da distinção entre ciências naturais e ciências sociais e, por conseguinte, se distingue entre natureza e sociedade como objetos diferentes destes dois tipos de ciência, põe-se logo a questão de saber se a ciência jurídica é uma ciência natural ou uma ciência social, se o Direito é um fenômeno natural ou social. Mas esta contraposição de natureza e sociedade não é possível sem mais, pois a sociedade, quando entendida como a real ou efetiva convivência entre homens, pode ser pensada como parte da vida em geral e, portanto, como parte da natureza. Igualmente o Direito – ou aquilo que 'primo conspectu' se costuma designar como tal – parece, pelo menos quanto a uma parte do seu ser, situar-se no domínio da natureza, ter uma existência inteiramente natural. Se analisarmos qualquer dos fatos que classificamos de jurídicos ou que têm qualquer conexão com o Direito – por exemplo, uma resolução parlamentar, um ato administrativo, uma sentença judicial, um negócio jurídico, um delito etc. –, poderemos distinguir dois elementos: primeiro um ato que se realiza no espaço e no tempo, sensorialmente perceptível, ou uma série de tais atos, uma manifestação externa de conduta humana, segundo, a sua significação jurídica, isto é, a significação que o ato tem do ponto de vista do Direito. Numa sala encontram-se reunidos vários indivíduos, fazem-se discursos, uns levantam as mãos e outros não – eis o evento exterior. Significado: foi votada uma lei, criou-se Direito. Nisto reside a distinção familiar aos juristas entre o processo legiferante e o seu produto, a lei. Um outro exemplo: um indivíduo, de hábito talar, pronuncia, de cima de um estrado, determinadas palavras em face de outro indivíduo que se encontra de pé à sua frente. O processo exterior significa juridicamente que foi ditada uma sentença judicial. Um comerciante escreve a outro uma carta com determinado conteúdo, à qual este responde com outra carta. Significa isto que, do ponto de vista jurídico, eles fecharam um contrato. Certo indivíduo provoca a morte de outro em consequência de uma determinada atuação. Juridicamente isto significa homicídio.

3. O sentido subjetivo e o sentido objetivo do ato. A sua autoexplicação

Mas esta significação jurídica não pode ser percebida no ato por meio dos sentidos, tal como nos apercebemos das qualidades naturais de um objeto, como a cor, a dureza, o peso. Na verdade, o indivíduo que, atuando racionalmente, põe o ato, liga a este um determinado sentido que se exprime de qualquer modo e é entendido pelos outros. Este sentido subjetivo, porém, pode coincidir com o significado objetivo que o ato tem do ponto de vista do Direito, mas não tem necessariamente de ser assim. Se alguém dispõe por escrito do seu patrimônio para depois da morte, o sentido subjetivo deste ato é o de um testamento. Objetivamente, porém, do ponto de vista do Direito, não o é, por deficiência de forma. Se uma organização secreta, com o intuito de libertar a pátria de indivíduos nocivos, condena à morte um deles, considerado um traidor, e manda executar por um filiado aquilo que subjetivamente considera e designa como uma sentença de condenação à morte, objetivamente, em face do Direito, não estamos perante a execução de uma sentença, mas perante um homicídio, se bem que o fato exterior não se distinga em nada da execução de uma sentença de morte.

Um ato, na medida em que se expresse em palavras faladas ou escritas, pode ele próprio até dizer algo sobre a sua significação jurídica. Nisto reside uma particularidade do material oferecido ao conhecimento jurídico. Uma planta nada pode comunicar sobre si própria ao investigador da natureza que a procura classificar cientificamente. Ela não faz qualquer tentativa para cientificamente explicar a si própria. Um ato de conduta humana, porém, pode muito bem levar consigo uma autoexplicação jurídica, isto é, uma declaração sobre aquilo que juridicamente significa. Os indivíduos reunidos num parlamento podem expressamente declarar que votam uma lei. Uma pessoa pode expressamente designar como testamento a sua disposição de última vontade. Duas pessoas podem declarar que concluem um negócio jurídico. Assim, o conhecimento que se ocupa do Direito encontra já, no próprio material, uma autoexplicação jurídica que toma a dianteira sobre a explicação que ao conhecimento jurídico compete.

Perguntas:

1. Qual a diferença, para o autor, entre ciência jurídica e política do Direito?

2. Para ele a ciência jurídica é uma ciência natural ou social?

3. O Direito se caracteriza por um elemento interno ou por um elemento externo? Ou pelos dois? Explique.

4. Quando Kelsen cita a planta, ele está-se referindo a que método científico?

2.7.2. O texto a seguir foi extraído de "Verdade e política", capítulo de Entre o passado e o futuro, de Hannah Arendt (São Paulo, Ed. Perspectiva, 1972, montagem de p. 283 e 288). Leia-o e, após, responda às questões formuladas.

"O tema destas reflexões é um lugar-comum. Jamais alguém pôs em dúvida que verdade e política não se dão muito bem uma com a outra, e até hoje ninguém, que eu saiba, incluiu entre as virtudes políticas a sinceridade. Sempre se consideraram as mentiras como ferramentas necessárias e justificáveis ao ofício não só do político ou do demagogo, como também do estadista.

Por que é assim? E o que isso significa, por um lado, para a natureza e dignidade do âmbito político, e, por outro, para a natureza e dignidade da verdade e da veracidade? É da essência mesma da verdade o ser impotente e da essência mesma do poder o ser embusteiro?

E que espécie de realidade a verdade possui, se é importante no âmbito público, que mais que qualquer outra esfera da vida humana assegura a realidade da existência a homens sujeitos a nascimento e morte – isto é, a seres que sabem ter surgido do não ser e que, após curto intervalo, novamente nele desaparecerão? E, por fim, não será a verdade impotente tão desprezível como o poder que não dá atenção à verdade?

Essas questões são incômodas, porém emergem necessariamente de nossas convicções correntes sobre esse assunto.

Embora as verdades de maior importância política sejam fatuais, o conflito entre verdade e política foi descoberto e articulado pela primeira vez, com respeito à verdade racional. O contrário de uma asserção racionalmente verdadeira é ou erro e ignorância, como nas Ciências, ou ilusão e opinião, como na Filosofia.

A falsidade deliberada, a mentira cabal, somente entra em cena no domínio das afirmações fatuais e parece significativo, e um tanto estranho, que no longo debate acerca desse antagonismo de verdade e política, desde Platão até Hobbes, ninguém, aparentemente, tenha jamais acreditado em que a mentira organizada, tal como a conhecemos hoje em dia, pudesse ser uma arma adequada contra a verdade.

Em Platão o que narra a verdade corre perigo de vida, e em Hobbes, onde é transformado em um autor, é ameaçado com a queima de seus livros; a mendacidade não constitui um desfecho. É antes o sofista e o néscio do que o mentiroso quem ocupam a reflexão de Platão, e, quando este distingue o erro da mentira – isto é, a '*pseudos* involuntária da voluntária' – ele é, peculiarmente, muito mais severo com os que 'chafurdam na ignorância suína' do que com os mentirosos.

Seria por que a mentira organizada, dominando a esfera pública, enquanto distinta do mentiroso particular que tenta a sorte por sua própria conta, fosse ainda desconhecida? Ou isso tem algo a ver com o notável fato de que, com exceção do Zoroastrismo, nenhuma das grandes religiões inclui a mentira como tal, enquanto distinta do 'prestar falso testemunho', em seus catálogos de pecados graves?

Somente com o ascenso da moralidade puritana, que coincide com o surgimento da ciência organizada, cujo progresso teve que se assegurar sobre o solo firme da absoluta veracidade e fidedignidade de todo cientista, foram as mentiras consideradas ofensas sérias."

Perguntas:

1. Relacione verdade e política e a instrumentalização do Direito pelo Estado.

2. A ciência só cresce na verdade ou pode estar relacionada à mentira organizada?

3. De que forma surgiu a ciência organizada?

2.7.3. O texto a seguir, de autoria de Roque Spencer Maciel de Barros, foi publicado no Jornal da Tarde (12 mar. 1998, p. 2A). Leia-o e, depois, responda às questões formuladas.

"Erro médico e opinião

Chegou recentemente às livrarias a 4ª edição do já consagrado livro do professor Irany Novah Moraes, *Erro Médico e a Lei* (Editora Lejus, 608 págs.), sobre o qual escrevemos quando do lançamento na 1ª edição (artigo que foi transcrito nas sucessivas edições da obra, ao lado de diversos outros comentários, na 19ª parte do volume, págs. 485-8). O professor Irany foi aprimorando o trabalho nas suas sucessivas edições, introduzindo o exame da questão de toda a parte legal relacionada com o assunto: daí o livro chamar-se, agora, *Erro Médico e a Lei* quando, originariamente, cuidava apenas de erro médico propriamente dito, configurado na imperícia, negligência ou imprudência, com minuciosa análise de suas causas e das providências para evitá-las ou, pelo menos, minimizá-las, já que os tropeços e imperfeições são inerentes à nossa frágil condição de seres humanos. Humanos, demasiado humanos, e por isso mesmo inevitavelmente limitados e frequentemente impotentes diante das armadilhas da vida.

Uma simples leitura do próprio Índice do volume mostra ao leitor que, dificilmente, algum aspecto do chamado 'erro médico', desde sua caracterização e prevenção – e à estrutura legal a ele ligada –, possa ter escapado à competente e pormenorizada análise do A., que juntou ao livro, ainda, além de extensa bibliografia, uma alentada lista – cerca de 20 páginas – de indicações de notícias de jornais e revistas referentes ao tema do 'erro médico', que, dia a dia e cada vez mais, vem ganhando a atenção do público e da imprensa, justamente amedrontados com a precária situação do sistema de saúde – e o mesmo se diga da educação – vigente no País.

Desde a 1ª edição o livro traz, como Epígrafe Geral, um pensamento extraído do livro *Conhecimento e Erro*, do filósofo Ernst Mach, que ensina que 'um erro claramente reconhecido é, a título de corretivo, tão precioso para a ciência quanto a verdade'. Ao que se poderia acrescentar a teoria popperiana da falseabilidade, que nos mostra que as verdades científicas, por mais seguras que nos pareçam, padecem de caráter provisório de tudo o que é humano, sendo passíveis de correção, e aperfeiçoamento, prevalecendo enquanto resistirem aos testes de sua refutação pela experiência. Reiterando que 'o erro também ensina', o professor Irany, num dos capítulos finais, examina o que chamaríamos de 'pedagogia do erro': aprender com o erro é um dos caminhos da Ciência e, no caso presente, da Medicina: 'Nem sempre o erro pode ser encarado apenas como um mal. A Medicina tem dado exemplos de erros que levaram a descobertas importantes. Para não se falar no fato de o ensino médico apoiar-se sobremaneira sobre o que não deu certo. Haja vista o caso que ficou sem diagnóstico ou que é controvertido, o caso em que pairam dúvidas ou aquele que a própria autópsia não esclarece' (pág. 470). Quanto às descobertas provenientes do erro, o professor Irany enumera algumas, entre elas a da penicilina, por Fleming. Quanto ao segundo caso, o da controvérsia, nos parece oportuno chamar a atenção para um texto do dr. L. C. Mattosinho França, um de nossos mais qualificados patologistas, intitulado *Direito de Opinião e Erro Médico*, de que recebemos cópia. Lembra aí o dr. Mattosinho França que 'nem todo ato médico questionado é caracterizado por falha ética ou técnica (...). A conduta médica pode ser questionada em múltiplos aspectos, ressaltando-se as condições clínicas do paciente, época, local, recursos tecnológicos, escola de formação profissional e experiência profissional'. Para ficar num dos aspectos tratados pelo A., lembra ele que 'a escola de formação profissional, a escola de pensamento a que pertence o médico, pode ser origem de imensas discrepâncias na conduta profissional (...) a verdade absoluta não existe na Medicina, a conduta pode ser diferente, de médico para médico, baseada na escola a que pertence' – e a respeito abundam os exemplos no texto que citamos.

Enfim, sem aprofundar a sólida argumentação apresentada no texto que citamos, encontramo-nos aqui naquela zona cinzenta em que, em lugar da *episteme*, a *ciência*, somos obrigados a contentar-nos com a *doxa*, a *opinião*. E, se a própria Ciência, diferentemente do que imaginava o ingênuo cientismo do século passado, é precária, como o mostra, além da reflexão epistemológica à sua própria história (veja-se, por exemplo, a própria história da Medicina), que dizer da opinião, por mais bem fundada que seja? Quem nos garante, para usar a linguagem platônica, que se trata da opinião verdadeira?

Procuremos, assim, distinguir o que é o 'erro médico' incontestável daquilo que fica na zona imprecisa que é própria da finitude e falibilidade humanas."

Perguntas:

1. A partir do texto, pode-se afirmar que mesmo nas ciências da natureza a verdade absoluta não existe?

2. Pelo texto, seria possível dizer que toda ciência se constrói também com a opinião do cientista?

3. Estabeleça comparações entre o conteúdo do artigo e o contido no item 2.6, *retro*.

2.7.4.   Exercícios de revisão

Parte A
Capítulo 2, itens 2.1 e 2.2

01.   Qual a diferença entre conhecimento científico e senso comum?
02.   O que é método científico?
03.   Quais são as características das ciências naturais?

04. E das ciências humanas?
05. O que é neutralidade? Pode um cientista ser neutro?
06. O que são as chamadas escolas científicas?
07. Caracterize o empirismo.
08. No empirismo, qual é a escola mais radical e conhecida?
09. Caracterize o racionalismo.
10. O que é o idealismo?
11. Trace as diferenças entre empirismo e racionalismo.
12. Quais as características da dialética?
13. Contraponha empirismo, racionalismo e dialética, destacando semelhanças e diferenças.
14. Faça uma apresentação de fenomenologia.
15. Trace um paralelo entre cientista e objeto: como eles se relacionam.

Parte B
Itens 2.3, 2.4 e 2.5

01. Qual deve ser o pressuposto para a pesquisa na Ciência do Direito?
02. O que deve a Ciência do Direito investigar? Dê exemplos.
03. Defina Direito.
04. Quais são as características da Ciência Dogmática do Direito?
05. O que é o jusnaturalismo? Em que escola ele se enquadra?
06. Quais as principais escolas do chamado empirismo jurídico?
07. Caracterize a Escola da Exegese.
08. Caracterize a Escola Histórica.
09. Anteponha racionalismo no Direito e empirismo no Direito: quais as diferenças?
10. O que é enfoque dogmático?
11. E enfoque zetético?
12. Quais as diferenças entre enfoque dogmático e enfoque zetético?
13. Que se quer dizer quando se fala na "instrumentalização" por parte da dogmática?
14. Qual a diferença entre "ser" e "dever ser".
15. Qual a diferença entre linguagem descritiva e linguagem prescritiva?
16. Como caracterizar a tecnologia jurídica?
17. Explique o significado do adágio "mais vale um mau acordo que uma boa demanda".
18. Qual a diferença entre solução e decisão? Apresente as características de ambas.

19. O que se quer dizer com "eficiência sim, mas com consciência"?
20. Em sua opinião, qual o melhor método para a Ciência do Direito?

2.8. Bibliografia

BODENHEIMER, Edgar. *Ciência do direito – filosofia e metodologia jurídica*. Rio de Janeiro: Forense, 1966.

COMTE, Augusto. *O espírito positivo*. Porto: Rés Ed., s.d.

DESCARTES, René. *O discurso do método*. Rio de Janeiro: Forense, 1968.

DINIZ, Maria Helena. *A ciência jurídica*. São Paulo: Resenha Universitária, 1982.

FARNSWORTH, E. Allan. *Introdução ao pensamento jurídico dos Estados Unidos*. Rio de Janeiro: Forense, s.d.

FERRAZ JR., Tercio Sampaio. *A ciência do direito*. São Paulo: Atlas, 1977.

_____. *Introdução ao estudo do direito*. São Paulo: Atlas, 1988.

_____. *Função social da dogmática jurídica*. São Paulo: Revista dos Tribunais, 1980.

FRANCO MONTORO, André. *Introdução à ciência do direito*. São Paulo: Revista dos Tribunais, 1991.

GOULD, Stephen Jay. *A falsa medida do homem*. São Paulo: Martins Fontes, 1991.

HUSSERL, Edmund. Vida e obra. In: *Os pensadores*. São Paulo: Nova Cultural, 1991. Coleção.

_____. Investigações lógicas – sexta investigação. In: *Os pensadores*. São Paulo: Nova Cultural, 1991. Coleção.

IHERING, Rudolf von. *A luta pelo direito*. Rio de Janeiro: Forense, 1995.

KELKEL, Arion L. & SCHERER, René. *Husserl*. Lisboa: Ed. 70, 1982.

MARQUES NETO, Agostinho Ramalho. *A ciência do direito – conceito, objeto, método*. Rio de Janeiro: Forense, 1982.

RÁO, Vicente. *O direito e a vida dos direitos*. São Paulo: Resenha Universitária, 1976.

REALE, Miguel. *Filosofia do direito*. São Paulo: Saraiva, 1987. v. 1. t. 1.

_____. *O direito como experiência*. São Paulo: Saraiva, 1992.

RIZZATTO NUNES, Luiz Antonio. *A lei, o poder e os regimes democráticos*. São Paulo: Revista dos Tribunais, 1991.

_____. *Liberdade – norma, consciência, existência*. São Paulo: Revista dos Tribunais, 1995.

SARTRE, Jean-Paul. A imaginação. In: *Os pensadores*. São Paulo: Nova Cultural, 1987. Coleção.

VERGEZ, André & HUISMAN, Denis. *História dos filósofos ilustrada pelos textos*. Rio de Janeiro: Freitas Bastos, 1982.

3
As Fontes do Direito

Sumário: **3.1.** O conceito de fonte do Direito. **3.2.** Fontes estatais e não estatais. **3.3.** As fontes estatais. **3.3.1.** A legislação. **3.3.2.** Os tratados internacionais. **3.3.2.1.** Elaboração. **3.3.2.2.** Monismo e dualismo. **3.3.2.3.** A recepção na ordem jurídica nacional. **3.3.2.4.** A posição hierárquica no sistema jurídico. **3.3.3.** A jurisprudência. **3.4.** As fontes não estatais. **3.4.1.** O costume jurídico. **3.4.2.** A doutrina. **3.5.** Exercícios. **3.6.** Bibliografia.

3.1. O conceito de fonte do direito

Devemos de início buscar entender o sentido da expressão "fonte do direito".

Não precisamos sair do senso comum para entender o seu significado. Fonte é a nascente da água, e especialmente é a bica donde verte água potável para uso humano. De forma figurativa, então, o termo "fonte" designa a origem, a procedência de alguma coisa.

A fonte é reveladora do que estava oculto, daquilo que ainda não havia surgido, uma vez que é exatamente o ponto de passagem do oculto ao visível.

Vai-se dizer, então, que "fonte do direito" é o local de origem do Direito; é, na verdade, já o próprio Direito, mas saído do oculto e revelado ao mundo.

Não podemos deixar de observar que o problema das fontes do direito confunde-se com a questão do objeto da Ciência do Direito. E, inclusive, percebem-se nas várias posições doutrinárias as correntes científicas às quais os estudiosos se filiam. Assim, uns vão dizer que fonte do direito é a realidade social ou o Estado – estão vinculados às correntes empiristas e particularmente positivistas; outros dirão que fonte do direito são valores sociais e humanos e a justiça – estão vinculados à corrente racionalista e, em especial, idealista.

Observando-se a doutrina que trata do assunto, percebe-se que já aqui há clara influência do pensamento dogmático, pois, querendo ou não, colocam o problema da fonte como um dado a ser observado pelo estudioso, inclusive apresentando conceitos e classificações. Conceitos e classificações que variam de autor para autor.

3.2. Fontes estatais e não estatais

De nossa parte, não podemos escapar dessa perspectiva, que pertence à tradição do Direito e de seu ensino, sob pena de não deixarmos completo o trabalho a que nos propusemos.

Por isso, dentre os vários conceitos e classificações possíveis, vamos, também, apresentar os nossos, buscando captar aquilo que há de comum e básico na doutrina.

O direito positivo – as normas jurídicas escritas –, fruto de ato do Estado, é para nós marco divisório importante. É nele que a dogmática jurídica e a hermenêutica contemporâneas têm sua base de investigação.

Daí decorre uma classificação possível, a que divide as fontes em estatais e não estatais.

Como fontes estatais temos: as leis e a jurisprudência.

Como fontes não estatais: o costume jurídico e a doutrina.

Além disso, hodiernamente, é necessário inserir como fonte – e aqui a classificaremos como estatais – os princípios, especialmente aqueles existentes no plano constitucional[22].

3.3. As fontes estatais
3.3.1. A legislação

Legislação é o conjunto das normas jurídicas emanadas do Estado, por meio de seus vários órgãos, dentre os quais se realça, com relevo, nesse tema, o Poder Legislativo.

Essas normas jurídicas têm uma série de características, sendo algumas próprias (ver Cap. 5, *infra*, no qual desenvolvemos esse assunto). Por ora, destaquemos que o conjunto da legislação se dá pela junção de todas as normas jurídicas escritas, publicadas oficialmente pelo Estado por intermédio de seus órgãos.

Como "legislação" é um conceito que advém do vocábulo "lei", muitas vezes tais expressões são tomadas como sinônimas, definindo-se, então, legislação como um conjunto de leis. Na verdade, é preciso que se faça um esclarecimento acerca do uso do termo "lei".

O vocábulo "lei" apresenta uma série de significados diversos. Pode ser utilizado para expressar as leis divinas, os mandamentos de Deus, as leis da natureza ou – como vimos – a lei firmada pelas ciências, como fruto da descoberta científica.

A lei jurídica propriamente, de sua parte, aponta também para alguns sentidos, que são análogos. A lei é tanto a norma constitucional quanto uma lei ordinária, por exemplo, o Código Civil, ou até uma cláusula contratual, que se diz ser "lei entre as partes".

De fato, a terminologia adequada a ser utilizada é a que dispõe o gênero como norma jurídica e as espécies como: norma jurídica escrita e norma jurídica

---

[22] A definição detalhada dos princípios está no Cap. 5, *infra*, subitem 5.1.1.

não escrita, sendo que a Constituição, a lei complementar, a lei ordinária, a medida provisória etc. são espécies de norma jurídica escrita, e o costume jurídico é o caso da norma jurídica não escrita (na Inglaterra inclui-se aqui a CF, uma vez que lá a Carta Magna é não escrita).

Assim, temos o seguinte quadro:

NORMA JURÍDICA		
	Escrita	Constituição Federal
		Leis complementares
		Leis ordinárias
		Medidas provisórias
		Leis delegadas
		Decretos legislativos
		Resoluções
		Decretos regulamentares
		Outras normas, tais como portarias, circulares, ordens de serviço etc.
	Não escrita	Costume jurídico

A classificação *supra* é apresentada aqui apenas na órbita federal, a título de elucidação, com fins didáticos (aliás, como é feito por toda a doutrina que trata a Introdução ao Estudo do Direito).

Há classificações em nível estadual e em nível municipal, que são análogas à descrita acima. Apresentam certas peculiaridades e variações, que surgem em função da organização dos Estados-Membros, fixados nas Constituições estaduais. É matéria cujo conteúdo deve ser estudado nos Cursos de Direito Constitucional e em suas especializações.

Vejamos agora cada uma dessas espécies de normas jurídicas escritas, dentro da classificação maior a que nos propusemos (fonte estatal). O costume jurídico será visto mais à frente como fonte não estatal.

Primeiramente, e já com o intuito de apresentar tais normas dentro da estrutura que lhes é peculiar, consignemos que a legislação (o conjunto das normas jurídicas escritas) é, também, conhecida como "ordenamento jurídico".

Esse ordenamento jurídico, no que tange a sua "realidade", é um conjunto enorme de normas e princípios jurídicos legislados. São, na verdade, milhares de normas, desde as constitucionais até as portarias.

Elas apontam para uma complexidade praticamente inapreensível ao nível de concretude. Isto porque comportam todas as matérias com as quais lida o Direito, todas as esferas de abrangência relativas às esferas do Poder Público de que emanam (Poder Público Federal, Estadual, Municipal, Autarquias, Repartições etc.) e aos destinatários (todos os cidadãos, só os empregados, só os empregados bancários, só os funcionários públicos federais etc.).

Em relação ao tempo de vigência, o ordenamento jurídico comporta desde normas editadas no século XIX, como o Código Comercial brasileiro, que é de 1850, até aquelas editadas hoje (hoje mesmo, enquanto se lê este texto)[23].

Enfim, o conjunto das normas que compõem, de fato, o ordenamento jurídico é de um tamanho e de uma complexidade que dificultam muito sua apreensão *in concreto*.

Por isso, o pensamento jurídico dogmático constrói fórmulas e modelos, capazes de lidar com essa complexidade, visando à sua compreensão e, claro, aplicação.

Na questão do ordenamento jurídico um critério importante para seu entendimento é o relacionado a sua estrutura. Esta vai fazer surgir um sistema, cuja ideia vamos desenvolver no Capítulo 5, destinado ao exame das normas jurídicas em si.

Porém, tomemos a ideia de estrutura aqui, visto que ela facilita o exame dos vários tipos de normas jurídicas legisladas.

A estrutura do ordenamento jurídico organizado é hierárquica. Por hierarquia legal, entende-se que umas normas são superiores a outras, isto é, algumas normas para serem válidas têm de respeitar o conteúdo, formal e material, da norma jurídica superior.

Assim, por exemplo, se diz que uma lei ordinária é inconstitucional, quando contraria a Constituição; que um decreto regulamentar é ilegal, quando contraria a lei que lhe é superior (nesse caso o decreto regulamentar é, também, simultaneamente, inconstitucional, porque contrariou – pelo menos – a hierarquia).

Essa estrutura hierárquica, por meio da qual as normas jurídicas legisladas se inter-relacionam, umas se sobrepondo às outras, faz nascer aquilo que se chama "estrutura piramidal" (que comporta o "sistema jurídico", conforme veremos).

Destarte, o ordenamento jurídico pode ser assim vislumbrado:

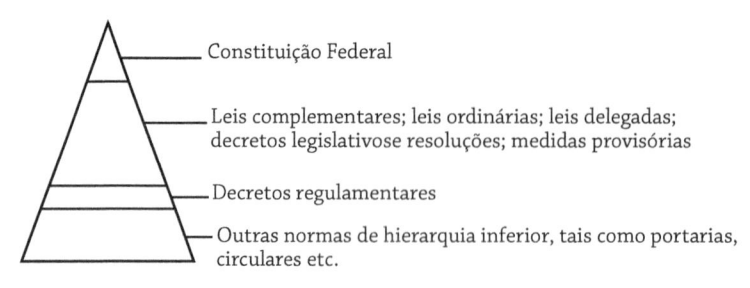

- Constituição Federal
- Leis complementares; leis ordinárias; leis delegadas; decretos legislativos e resoluções; medidas provisórias
- Decretos regulamentares
- Outras normas de hierarquia inferior, tais como portarias, circulares etc.

---

[23] O Código Civil de 2002 revogou a Parte Primeira do Código Comercial, que continua vigendo a partir do art. 457.

Vê-se, desse modo, que no ápice do sistema "piramidal" está a Constituição Federal. Note-se que as normas e os princípios constitucionais estão no topo do sistema, porém dentro dele e não fora. Dessa maneira, eles constituem o ponto de partida do ordenamento jurídico inteiro, mas são já o primeiro momento efetivo, isto é, as normas e os princípios constitucionais formam um conjunto de regras que estão em plena vigência "dentro" do sistema desde a sua edição, e que no caso da Constituição brasileira atual estão em vigor desde 5-10-1988.

A Constituição espalha no sistema toda sua influência. É o chamado princípio da constitucionalidade, que obriga a que todas as outras normas de hierarquia inferior estejam conforme seus fundamentos, sob pena de se tornarem inconstitucionais e deixarem de pertencer ao ordenamento jurídico.

A seguir, na hierarquia do sistema jurídico estão as leis complementares, as leis ordinárias, as leis delegadas, os decretos legislativos, resoluções e as medidas provisórias, todos no mesmo patamar hierárquico.

Com a edição da Constituição Federal de 1988, inaugurou-se um novo modelo lógico-jurídico, no qual as leis complementares deixaram de ter a sobrevalência hierárquica sobre as leis ordinárias. A questão, inclusive, é bastante simples e implica apenas e tão somente o entendimento de uma questão lógica: a da hierarquia e desenvolvimento da noção de sistema, no caso, sistema jurídico (ver no item 6.5 a noção de Sistema Jurídico).

Até a edição da Carta Magna atual, a lei complementar tinha prevalência hierárquica sobre a lei ordinária. É que no modelo de sistema jurídico anterior, algumas leis ordinárias tinham seu comando hierárquico superior determinado por leis complementares que lhes impunham certas condições de validade. Era o caso, por exemplo, do Código Tributário Nacional (lei complementar) e sua relação com outras leis ordinárias tributárias.

Acontece que, a partir de 5 de outubro de 1988, quando entrou em vigor a nova Carta Constitucional, como dito, isso acabou: não existe mais hierarquia entre lei complementar e lei ordinária, isto é, a lei complementar não determina as condições de validade da lei ordinária. Todavia, conforme demonstraremos, apesar de não ser condicionante em função da forma, ao menos uma Lei Complementar, a LC n. 95, exerce controle no modo de produção das demais leis, por se tratar de norma geral dirigida ao próprio legislador. Veremos.

Continuando ainda a abordagem da questão da hierarquia, constata-se: é verdade que o legislador constitucional deu mais, podemos dizer, "peso" normativo à lei complementar, reservando para ela temas legislativos de relevo. No entanto, isso não significa que a lei complementar esteja situada em patamar mais elevado no sistema. As leis complementares têm como função tratar de certas matérias que a Constituição entende devam ser reguladas por normas, cuja aprovação exige controle mais rígido dos parlamentares. Por isso, o *quorum* legislativo exigido para sua aprovação é especial; é o da maioria absoluta (CF, art. 69:

"As leis complementares serão aprovadas por maioria absoluta"). E as matérias para as quais é feita essa exigência de votação aparecem taxativamente no texto constitucional. Por exemplo, o art. 93, que trata do Estatuto da Magistratura; o art. 131, que disciplina a Advocacia Geral da União; o art. 192, que cuida do sistema financeiro nacional etc. Portanto, o que diferencia a lei complementar da ordinária é a matéria específica e o *quorum* qualificado de aprovação para as leis complementares e não a hierarquia, que, repita-se, não existe entre elas.

Remanesce, também, uma dúvida, às vezes apontada pela doutrina, em relação ao tema da hierarquia, por conta da existência de uma específica Lei Complementar, a de n. 95, de 26-2-1998[24], que dispõe sobre a elaboração e consolidação das leis. E, em função do conteúdo dessa norma, argumenta-se que ela teria que ser hierarquicamente superior às leis ordinárias, para que estas a pudessem obedecer. Pensamos que esse argumento é inconsistente. Em primeiro lugar, se isso fosse verdade, ao menos um tipo de norma não precisaria obedecê-la: exatamente as demais leis complementares, que estão no mesmo patamar, mas não é isso que se espera, conforme veremos. Em segundo lugar, não é o conteúdo da norma que define sua hierarquia, mas sua posição jurídico-política aceita historicamente pelos operadores do direito e em geral por toda a sociedade. A citada Lei Complementar n. 95 é norma de organização. Diz como o próprio legislador deve produzir um texto de lei, separando-o por capítulos, artigos, parágrafos etc. De fato, haverá conflitos – como já há – entre essa norma complementar e outras normas do sistema, na medida em que o legislador não a siga à risca. No entanto, a solução do conflito, se puder ser dada, não se fará pela via da hierarquia, mas sim pela da solução interpretativa sistêmica. O intérprete terá de verificar se o sistema, dando qualificação especial de conteúdo à lei complementar, traz solução capaz de adequar os dois tipos de norma. Não se trata de um problema de hierarquia, mas de diálogo. É caso do já conhecido diálogo das fontes, tema bastante atual e necessário ao exame dos novos modelos jurídicos vigentes no mundo contemporâneo, como ensina com muita precisão em suas obras a Profa. Cláudia Lima Marques.

Tratemos, então, de vez do problema surgido com a edição da Lei Complementar n. 95. Ela é verdadeira lei geral de elaboração e consolidação das leis. Examine-se seu texto, que está no anexo II ao final.

Dispõe seu art. 1º e parágrafo único:

> "Art. 1º A elaboração, a redação, a alteração e a consolidação das leis obedecerão ao disposto nesta Lei Complementar.
> Parágrafo único. As disposições desta Lei Complementar aplicam-se, ainda, às medidas provisórias e demais atos normativos referidos no art. 59 da Constituição Federal, bem como, no que couber, aos decretos e aos demais atos de regulamentação expedidos por órgãos do Poder Executivo".

---

[24] Ver texto completo no Anexo II, ao final.

Uma das importantes funções e, talvez, a principal é aquela estabelecida no art. 7º. Extrai-se da teleologia desse artigo o claro intuito de impedir uma prática que estava se generalizando no país, a saber, a de aprovar uma determinada lei, cuidando de um assunto e, no meio, entre seus artigos, "escondido", o legislador coloca outro tema totalmente desconectado do objeto da norma editada.

Leiamos, pois, o contido no citado art. 7º, que é muito preciso nesse sentido:

> "Art. 7º O primeiro artigo do texto indicará o objeto da lei e o respectivo âmbito de aplicação, observados os seguintes princípios:
>
> I – excetuadas as codificações, cada lei tratará de um único objeto;
>
> II – a lei não conterá matéria estranha a seu objeto ou a este não vinculada por afinidade, pertinência ou conexão;
>
> III – o âmbito de aplicação da lei será estabelecido de forma tão específica quanto o possibilite o conhecimento técnico ou científico da área respectiva;
>
> IV – o mesmo assunto não poderá ser disciplinado por mais de uma lei, exceto quando a subsequente se destine a complementar lei considerada básica, vinculando-se a esta por remissão expressa".

O Poder Judiciário, atento a essas determinações, tem aplicado corretamente as regras da Lei Complementar.

Veja-se, por exemplo, o caso da Medida Provisória n. 1.925/99, que foi convertida na Lei n. 10.931/2004. Essa institui o "regime especial de tributação aplicável às incorporações imobiliárias, em caráter opcional e irretratável enquanto perdurarem direitos de crédito ou obrigações do incorporador junto aos adquirentes dos imóveis que compõem a incorporação" (art. 1º).

Antes de prosseguir, chamamos a atenção para o fato de que, de acordo com o art. 7º da Lei Complementar n. 95, é o art. 1º de qualquer lei que indica seu objeto e seu âmbito de aplicação.

Muito bem. Essa lei, com esse objeto, de repente, nos arts. 26 e s., cria a Cédula de Crédito Bancário, um título de crédito a ser utilizado por instituições financeiras em operações de crédito, ou seja, um novo objeto diferente daquele instituído pela lei. A violação às normas gerais da Lei Complementar n. 95 era, como é, pois, flagrante.

Desse modo, os artigos dessa lei ordinária, que criam a Cédula de Crédito Bancário, são inconstitucionais não porque haveria violação de uma estrutura hierárquica, mas porque no diálogo necessário e sistêmico estabelecido a partir da determinação da norma complementar que regula a forma e a substância das demais leis no país, com ela ficou em desconformidade.

É verdade que o art. 18 da Lei Complementar n. 95 diz que "eventual inexatidão formal de norma elaborada mediante processo legislativo regular não constitui escusa válida para o seu descumprimento". Mas, claro, essa não é a hipótese da Lei n. 10.931 em comento. Entende-se por inexatidão formal mero erro que seja incapaz de desnaturar a norma, por exemplo, um parágrafo estar numerado erradamente ou artigos com números repetidos etc.

E, como acima adiantamos, o Judiciário já declarou, incidentalmente, nas ações decididas, inconstitucionais esses artigos da Lei n. 10.931, que criaram a referida cédula. Leia-se:

"EXTINÇÃO DO PROCESSO – Execução de título extrajudicial – Cédula de crédito bancário – Previsão na Lei n. 10.931/2004 de que a mesma constitui título executivo extrajudicial – Lei que não observou as disposições da Lei Complementar n. 95/98, quando de sua elaboração – Lei n. 10.931/2004 que dispõe sobre regime especial de tributação aplicável às incorporações imobiliárias – Objeto desta que, portanto, não guarda relação com a cédula de crédito bancário – Invalidade da referida Lei nessa parte verificada, e, por consequência, da tipificação da cédula em causa como título executivo – Extinção do processo *ab initio* decretada – Recurso provido" (Apelação n. 7.142.052-3, 23ª Câmara de Direito Privado do Tribunal de Justiça de São Paulo, rel. Des. Oseas Davi Viana, j. 20-6-2007, v.u., *DJ*, 24-9-2007).

"EXECUÇÃO POR TÍTULO EXTRAJUDICIAL – Cédula de crédito bancário – Ausência de título executivo – Ilegalidade da lei que prevê tal título (Lei n. 10.931/2004) – Inobservância do princípio da hierarquia das leis – Não cumprimento do estipulado no art. 7º, *caput*, e seus incisos, da Lei Complementar n. 95/98 – Determinação *ex officio* para que seja anulado o processo de execução *ab initio* – Análise prejudicada" (Agravo de Instrumento n. 7.200.746-2, 23ª Câmara de Direito Privado do Tribunal de Justiça de São Paulo, rel. Des. Franco de Godoi, j. 16-4-2008, v.u., *DJ*, 9-6-2008).

A doutrina caminha na mesma direção:

"Criando e regulando cédula de crédito bancário, a LPAII desrespeitou flagrantemente o artigo 7º da lei complementar – LC 95/98 – que regula a elaboração e redação de leis no País, ofendendo-se a garantia do *due process of law*, maculando-se de inconstitucionalidade, no tópico que cria e regula a cédula de crédito bancário. Essa inconstitucionalidade, por ofensa às regras do processo legislativo, é, a um só tempo, formal e substancial. São inconstitucionais, portanto, os arts. 26 a 46 da LPAII" (Nelson Nery Júnior e Rosa Maria Andrade Nery, *Código de Processo Civil comentado*, 10. ed., São Paulo, RT, 2007, p. 988).

Por fim, em relação ainda a esse assunto, rebata-se ademais a afirmação de que a lei complementar é hierarquicamente superior à lei ordinária porque a classificação do art. 59 da Constituição da República a coloca em nível superior, logo após as emendas à Constituição, como se aquela apresentação fosse organizada por linha de preferência hierárquica. Tal afirmação também não tem fundamento, posto que, se tivesse, seria necessário dizer que medida provisória (inciso V do art. 59) é hierarquicamente inferior a lei ordinária (inciso III), o que jamais alguém sequer cogitou.

Assim, pode-se concluir que não há relação de sujeição hierárquica entre lei complementar e lei ordinária. É por isso que, sempre que o Congresso Nacional aprovar uma lei ordinária que não invada esfera de competência substancial quanto ao tema especificamente determinado para lei complementar, não haverá, nesse aspecto, nenhum vício que se lhe possa apontar, pois ambas estão lado a lado no elevado patamar do sistema jurídico constitucional (logo abaixo da Constituição Federal). Só haverá vício se, eventualmente, a lei ordinária invadir seara de competência substancial (vale dizer, de conteúdo) da lei complementar.

Um exemplo muito interessante que serve para ilustrar essa questão surgiu no debate a respeito da relação do Código de Defesa do Consumidor, uma lei ordinária (Lei n. 8.078/90), com o art. 192 da Constituição Federal e a lei complementar prevista nessa norma constitucional, que visa regular o sistema financeiro nacional[25].

Examinando a Lei n. 8.078/90 percebe-se que em nenhum aspecto de todo o seu regramento há algum conflito com qualquer lei complementar e, ainda que em alguma matéria a lei complementar não tenha sido editada, o CDC em nada fere o texto constitucional. Aliás, muito ao contrário. Como já tivemos oportunidade de demonstrar em outro artigo[26], a par de ser uma norma estabelecida por expressa determinação constitucional (CF, art. 5º, XXXII; art. 170, V; ADCT, art. 48), a edição do Código de Defesa do Consumidor inaugurou um novo modelo jurídico dentro do sistema constitucional brasileiro, ainda pouco explorado pela Teoria do Direito.

O CDC é uma lei principiológica, modelo até então inexistente no Sistema Jurídico Nacional, e como tal ingressou no sistema jurídico, fazendo, digamos, um corte horizontal, atingindo toda e qualquer relação jurídica que possa ser caracterizada como de consumo e que possa estar também regrada por outra norma jurídica infraconstitucional. Assim, por exemplo, o contrato de seguro de automóvel continua regrado pelo Código Civil e pelas demais normas editadas pelos órgãos governamentais que regulamentam o setor (Susep, Instituto de Resseguros etc.), porém estão tangenciados por todos os princípios e regras da Lei n. 8.078/90, de tal modo que, naquilo que com eles colidirem, perdem eficácia por tornarem-se nulos de pleno direito.

Mas isso é apenas mais um aspecto que em nada interfere na relação entre a Lei n. 8.078/90 e a lei complementar. O importante é destacar que o CDC, como lei ordinária, funciona como um subsistema próprio dentro do modelo

---

[25] E que era um dos fundamentos do pedido da Confederação Nacional do Sistema Financeiro na famosa ADIn n. 2.591, que pretendia ver excluídas das regras do CDC as instituições financeiras. A ADIn acabou julgada improcedente pelo STF. Ver, a respeito, nosso artigo "A Adin dos bancos terminou: a vitória da cidadania". In: www.saraivajur.com.br e www.acasadodireito.com.br.

[26] *É inconstitucional qualquer medida provisória que pretenda afastar o Código de Defesa do Consumidor*, publicado no *site* www.saraivajur.com.br/doutrina.

jurídico constitucional existente, e que ele não está submetido a nenhum comando hierárquico superior, com exceção, claro, do próprio texto constitucional, que lhe é superior, como está também acima de toda e qualquer outra norma jurídica não constitucional.

E, ainda que a Constituição Federal tenha alguma determinação para a edição de uma lei complementar, como aquela do art. 192, que regula o sistema financeiro nacional, uma vez editada esta, ou mesmo antes, o tangenciamento existente entre a lei complementar e a Lei n. 8.078/90 se fará pelo elemento material dos temas postos. E, nesse aspecto, a matéria tratada em cada norma é muito diferente. Vejamos.

No art. 192 está posta claramente a regulação do sistema financeiro nacional, com autorização para o funcionamento de instituições financeiras, de companhias de seguro, condições para participação de capital estrangeiro, atribuições do Banco Central etc. De outra parte, no CDC, estão estabelecidos princípios e regras, saídos diretamente do texto constitucional, que pretendem a proteção do consumidor na relação com seus fornecedores, quaisquer que sejam estes, industriais, prestadores de serviços de diversões públicas ou agentes financeiros, sempre agindo estritamente no polo de consumo, no regime capitalista estabelecido pela Constituição Federal.

Coloque-se em relevo esse ponto: a Lei n. 8.078/90 regula as relações jurídicas no polo final de consumo; não estabelece normatização para as outras diversas relações existentes entre os vários agentes econômicos. Assim, por exemplo, o CDC não regula as relações entre o produtor rural e a indústria de alimentos, ou a existente entre a montadora de veículos e suas concessionárias, ou ainda, as relações entre o Banco Central e os agentes financeiros, entre o Estado e o Banco Central etc.

Assim, claro está que a hipótese do art. 192 é a de regulação de matéria bem diversa daquela estabelecida pelo CDC: a existente entre o Estado, o Banco Central, os agentes financeiros, as seguradoras etc. A matéria tratada pela Lei n. 8.078/90, repita-se, é outra muito diferente: ela regula as relações jurídicas estabelecidas no polo final de consumo, entre consumidor de um lado, e fornecedor de outro, na transação de produtos e serviços.

Então, era inadequada a pretendida tentativa de conectar o art. 192 da CF e a lei complementar por ele determinada com o CDC. São assuntos diversos que não têm nenhuma conexão lógica no sistema constitucional, quer pela via do modelo legislativo (lei complementar/lei ordinária), quer pela matéria de que se revestem (o art. 192 cuida do sistema financeiro nacional na relação entre Estado, seus órgãos e os agentes financeiros, de seguros etc.; o CDC regula as relações jurídicas do polo final de consumo no regime capitalista brasileiro). Portanto, não existia mesmo qualquer relação lógica ou jurídica entre o Código de Defesa do Consumidor e o art. 192 da Constituição Federal.

As leis complementares estão elencadas taxativamente na Carta Magna, que determina, como dissemos, que elas tratem de certas matérias importantes, tais como: o Estatuto da Magistratura: "Lei complementar, de iniciativa do Supremo Tribunal Federal, disporá sobre o Estatuto da Magistratura, observados os seguintes princípios: ..." (art. 93); a organização e o funcionamento da Advocacia-Geral da União: "A Advocacia-Geral da União é a instituição que, diretamente ou através de órgão vinculado, representa a União, judicial e extrajudicialmente, cabendo-lhe, nos termos da lei complementar que dispuser sobre sua organização e funcionamento, as atividades de consultoria e assessoramento jurídico do Poder Executivo" (art. 131); a regulamentação da dispensa do trabalhador contra despedida arbitrária ou sem justa causa: "São direitos dos trabalhadores urbanos e rurais, além de outros que visem à melhoria de sua condição social: I – relação de emprego protegida contra despedida arbitrária ou sem justa causa, nos termos de lei complementar, que preverá indenização compensatória, dentre outros direitos" (art. 7º, I); o estabelecimento de condições para a integração de regiões em desenvolvimento: "Para efeitos administrativos, a União poderá articular sua ação em um mesmo complexo geoeconômico e social, visando a seu desenvolvimento e à redução das desigualdades regionais. § 1º Lei complementar disporá sobre: I – as condições para integração de regiões em desenvolvimento" (art. 43, § 1º, I) etc.

A seguir vêm as leis ordinárias. São elas fruto da atividade típica e regular do Poder Legislativo. Como exemplos de lei ordinária temos: o Código Civil, o Código de Processo Civil, o Código Penal, o Código de Defesa do Consumidor, a Lei do Inquilinato, a Lei de Falências, a Lei das Sociedades Anônimas etc.

Conforme já dissemos, lembre-se que, da mesma forma que se pode falar em inconstitucionalidade de uma lei e demais normas de hierarquia inferior à Constituição, pode-se falar em ilegalidade das normas de hierarquia inferior às leis ordinárias e às outras do mesmo plano.

Ao lado das leis ordinárias, no mesmo patamar hierárquico e na esfera federal, estão as leis delegadas: "O processo legislativo compreende a elaboração de: (...) IV – leis delegadas" e "As leis delegadas serão elaboradas pelo Presidente da República, que deverá solicitar a delegação ao Congresso Nacional" (arts. 59, IV, e 68 da CF, respectivamente); os decretos legislativos: "O processo legislativo compreende a elaboração de: (...) VI – decretos legislativos" (art. 59, VI, da CF); e as resoluções: "O processo legislativo compreende a elaboração de: (...) VII – resoluções" (art. 59, VII, da CF).

E, ainda, no mesmo patamar estão as medidas provisórias, previstas no art. 62 da Carta Magna. Na Constituição anterior figurava como prerrogativa do Poder Executivo o decreto-lei, que, como o próprio nome diz, era um misto de decreto – ato típico do Poder Executivo – e lei – tarefa específica do Poder Legislativo. Tratava-se, pois, de uma lei baixada por decreto do Executivo. A atual Constituição extinguiu o decreto-lei. Introduziu, contudo, uma figura nova, a medida provisória (MP), norma de iniciativa privativa do Presidente da República (cf. art. 84, XXVI) que pode ser editada em caso de relevância ou urgência, tendo força de lei a partir de sua edição.

O texto original do referido art. 62: "Em caso de relevância e urgência, o Presidente da República poderá adotar medidas provisórias, com força de lei, devendo submetê-las de imediato ao Congresso Nacional, que, estando em recesso, será convocado extraordinariamente para se reunir no prazo de cinco dias".

Por essa antiga redação, a medida provisória era editada para viger por trinta dias e nesse prazo ela deveria ser apreciada pelo Congresso Nacional, que a aprovaria, a rejeitaria ou criaria nova lei em sua substituição. Se não fosse aprovada, perderia eficácia. No entanto, se naquele prazo ela não fosse apreciada, o Poder Executivo poderia editar nova medida provisória com o mesmo teor e, a cada trinta dias, poderia continuar as reedições.

Em outras palavras, se o Congresso não apreciasse a medida provisória, aprovando-a e transformando-a em lei, criando lei com outro texto em substituição ou rejeitando-a, o Poder Executivo poderia ir reeditando-a repetidamente, transformando praticamente em definitivo o que deveria ser provisório. E, na realidade, isso aconteceu: foram centenas de medidas provisórias reeditadas sucessivamente.

A situação em termos institucionais, com o uso e abuso das medidas provisórias, gerou uma grave insegurança no que respeita à necessária garantia de manutenção dos textos das leis.

Visando acabar com essa estranha situação institucional, o Congresso Nacional aprovou a Emenda Constitucional (EC) n. 32, de 11 de setembro de 2001, que alterou a redação de uma série de artigos da Constituição Federal ligados à medida provisória[27], proibindo a reedição das MPs. E fez bem, pois, para se ter uma ideia do problema que existia, tome-se como exemplo o que aconteceu com a importante Lei n. 9.656, de 3-6-1998, que foi elaborada para controlar o setor de exploração dos planos e seguros de saúde privados no Brasil. Ela foi promulgada pelo Presidente da República após aprovação pelo Congresso Nacional. Quando da sua promulgação o Presidente vetou vários artigos e, simultaneamente à sua edição, baixou medida provisória dando nova redação a eles. Essa medida provisória passou por diversas reedições; porém, em algumas dessas reedições, o texto da norma original foi alterado, o que gerou o absurdo de não se poder saber ao certo qual era o texto da norma que vigeria a partir do mês seguinte! Até o presente momento (dezembro de 2013), vários artigos da Lei estão em vigor com base na Medida Provisória n. 2.177-44, de 2001 (na verdade, a EC n. 32, em seu art. 2º, estabeleceu que as MPs editadas em data anterior

---

[27] Ver texto integral da Emenda Constitucional n. 32/2001 no Anexo V.

à de sua publicação continuariam em vigor até que MP ulterior as revogasse explicitamente ou até deliberação definitiva do Congresso Nacional).

Com a mudança introduzida pela Emenda Constitucional n. 32, não só se limitou a edição de medidas provisórias a certas matérias (v. § 1º do art. 62), como elas perdem eficácia se não forem convertidas em lei no prazo de 60 dias (§ 3º do mesmo artigo), prorrogável por uma única vez, por igual período (§ 7º do mesmo artigo)[28].

Continuando no plano hierárquico do sistema jurídico, temos, a seguir, o decreto regulamentar. Trata-se de ato do Poder Executivo que deve ser baixado para regulamentar norma de hierarquia superior, como a lei ordinária.

Por isso, adstrito ao princípio da legalidade, o decreto regulamentar deve apenas detalhar certas formas ou fórmulas, bem como apontar e normatizar caminhos para o fiel cumprimento da lei que ele visa regulamentar, facilitando sua execução e aplicação. Não pode, portanto, ampliar nem restringir o conteúdo normativo da lei cuja regulamentação lhe cabe.

Assim, por exemplo, a Lei n. 6.899, de 8-4-1981, determinou a aplicação de correção monetária nos débitos oriundos de decisão judicial, e o Decreto n. 86.649, de 25-11-1981, no art. 1º, regulamentou-a, determinando como o cálculo de aplicação da correção monetária (dividendo e divisor) deveria ser feito, além de indicar qual o índice utilizável para o cálculo.

Vejamos o funcionamento nos textos da lei e do decreto regulamentar.

Lei n. 6.899/81

"Art. 1º A correção monetária incide sobre qualquer débito resultante de decisão judicial, inclusive sobre custas e honorários advocatícios.

§ 1º Nas execuções de títulos de dívida líquida e certa, a correção será calculada a contar do respectivo vencimento.

§ 2º Nos demais casos, o cálculo far-se-á a partir do ajuizamento da ação.

Art. 2º O Poder Executivo, no prazo de 60 (sessenta) dias, regulamentará a forma pela qual será efetuado o cálculo da correção monetária.

Art. 3º O disposto nesta Lei aplica-se a todas as causas pendentes de julgamento."

Decreto n. 86.649/81

"Art. 1º Quando se tratar de dívida líquida e certa, a correção monetária a que se refere o art. 1º da Lei n. 6.899, de 8 de abril de 1981, será calculada multiplicando-se o valor do débito pelo coeficiente obtido mediante a divisão do valor nominal reajustado de uma Obrigação do Tesouro Nacional (OTN) no mês em que se efetivar o pagamento (dividendo) pelo valor da OTN no mês do vencimento do título (divisor), com abandono dos algarismos a partir da quinta casa decimal, inclusive.

Parágrafo único. Nos demais casos, o divisor será o valor da OTN no mês do ajuizamento da ação.

---

[28] Ver texto integral no Anexo V.

Art. 2º A correção monetária das custas a serem reembolsadas à parte vencedora será calculada a partir do mês do respectivo pagamento.

Art. 3º Nas causas pendentes de julgamento à data da entrada em vigor da Lei n. 6.899/81 e nas ações de execução de títulos de dívida líquida e certa vencidos antes do advento da mesma lei, mas ajuizadas a partir do início de sua vigência, o cálculo a que se refere o art. 1º se fará a partir de 9 de abril de 1981.

Art. 4º Nos débitos para com a Fazenda Pública objeto de cobrança executiva ou decorrentes de decisão judicial, a correção monetária continuará a ser calculada em obediência à legislação especial pertinente."

Nada impede, é claro, que a própria lei venha posta de tal forma que independa de regulamentação posterior, como muitas vezes ocorre.

Porém, em algumas circunstâncias não há mesmo nenhuma alternativa ao legislador ordinário a não ser relegar para o plano do decreto regulamentar a maior especificidade da lei aprovada. Isso ocorre em alguns assuntos que, em função de peculiaridades próprias e de certos detalhamentos, exigem a intervenção de órgão especializado do Poder Executivo.

Por exemplo, na aprovação de uma lei que ofereça incentivos fiscais, para cuja implementação são necessários certos detalhes técnicos, que somente poderiam ser fornecidos por órgãos pertencentes a determinado Ministério ou Autarquia.

Nesses casos, evidentemente, não há outra alternativa senão a de a lei determinar que seja expedido o decreto regulamentar.

Observe-se o exemplo concreto da citada Lei n. 9.656/98, que regra os planos e seguros de saúde privados. O parágrafo único de seu art. 11 determina: "É vedada a suspensão da assistência à saúde do consumidor, titular ou dependente, até a prova de que trata o *caput*, na forma da regulamentação a ser editada pelo CONSU". Este órgão, o CONSU, foi criado pela própria Lei n. 9.656/98 no art. 35-A. É o Conselho Nacional de Saúde Suplementar, que tem uma série de atribuições na regulamentação da lei.

Vale observar, ainda, que, tendo em vista o maior nível de detalhamento que traz o decreto regulamentar, às vezes confunde-se a regra imposta pela lei com a detalhada pelo decreto, preferindo-se e interpretando-se este à revelia daquela que o precede e lhe é superior.

Esse procedimento é incorreto. É preciso interpretar o decreto regulamentar diante da lei para checar-lhe a adequação ao texto desta. Se não houver enquadramento adequado, se o decreto reduzir ou ampliar o que for prescrito pela lei, ele é ilegal, conclusão a que deve chegar o intérprete.

E, por fim, na escala hierárquica do sistema jurídico, temos as normas inferiores. Assim, as baixadas por órgãos da Administração Pública, como as portarias dos Ministérios, as circulares do Banco Central, os despachos dos vários órgãos etc.

Todas elas, seguindo os mesmos princípios já estipulados e, em especial, o que foi dito em relação ao decreto regulamentar, estão submetidas aos conteúdos normativos das leis e da Constituição Federal. Não podem seus próprios conteúdos normativos contrariar aquelas normas de hierarquia superior, bem como não podem ampliar ou restringir o que foi prescrito, sob pena de ilegalidade e inconstitucionalidade.

3.3.2. Os tratados internacionais
3.3.2.1. Elaboração

Os tratados internacionais passam por diversas fases de celebração para poder ter vigência internacional, bem como no território brasileiro. Em linhas gerais podem-se enumerar tais fases em: negociação, assinatura, ratificação, promulgação e publicação. Vejamos sinteticamente, acompanhando a exposição de Celso D. de Albuquerque Mello (*Curso de direito internacional público*, 9. ed., Rio de Janeiro, Renovar, 1992), cada uma dessas fases.

a) Negociação

O processo que pretende concluir um tratado internacional inicia-se com a negociação. Ela é da competência do Poder Executivo dentro da ordem constitucional do Estado soberano. "A competência geral é sempre do Chefe de Estado (o rei da Bélgica e Holanda; o Presidente da República na França, Alemanha e Itália). Entretanto, outros elementos do poder executivo passaram a ter uma competência limitada (Ministro do Exterior, os demais ministros em matéria técnica). Nesta etapa da conclusão dos tratados internacionais os representantes do chefe de Estado, isto é, os negociadores, se reúnem com a intenção de concluir um tratado." Em alguns lugares como "na Espanha o Parlamento não está totalmente afastado da negociação, vez que ele pode orientá-la" (*Curso de direito internacional público*, cit., p. 204).

b) Assinatura

"A assinatura no período histórico em que predominou a teoria do mandato para os plenos poderes era da maior importância, uma vez que ela obrigava o soberano, que deveria obrigatoriamente ratificar o tratado, a não ser no caso em que o negociador excedesse os poderes recebidos. Todavia, com o desenvolvimento da ratificação como ato discricionário, a assinatura diminui consideravelmente de importância" (*Curso de direito internacional público*, cit., p. 205).

c) Ratificação

A ratificação é o ato pelo qual a autoridade competente do Estado soberano "informa às autoridades correspondentes dos Estados cujos plenipotenciários concluíram, com os seus, um projeto de tratado, a aprovação que dá a este projeto e que o faz doravante um tratado obrigatório para o Estado que esta autoridade encarna nas relações internacionais" (*Curso de direito internacional público,* cit., p. 206).

d) Promulgação

"A promulgação ocorre normalmente após a troca ou o depósito dos instrumentos de ratificação." Ela é "o ato jurídico, de natureza interna, pelo qual o governo de um Estado afirma ou atesta a existência de um tratado por ele celebrado e o preenchimento das formalidades exigidas para sua conclusão, e, além disso, ordena sua execução dentro dos limites aos quais se estende a competência estatal" (*Curso de direito internacional público,* cit., p. 219).

e) Publicação

"A publicação é condição essencial para o tratado ser aplicado no âmbito interno. A origem da publicação dos tratados pode ser encontrada na mais remota Antiguidade, como no Egito, onde eles 'eram gravados em tábuas de prata ou barro e expostos nos templos com as principais leis do Estado'. Na Grécia os tratados eram concluídos no Senado e na Assembleia, sendo gravados em bronze, mármore ou madeira e colocados em locais públicos, geralmente nos templos de Minerva, Delfos e no Aerópago...

A publicação é adotada por todos os países. Na França, Países-Baixos e Luxemburgo a eficácia do tratado no plano interno é subordinada à sua publicação. Na Alemanha Ocidental e Itália as Constituições não obrigam que o texto do tratado seja publicado e obrigam a publicação da autorização legislativa para ratificação, mas na prática o tratado também é publicado" (*Curso de direito internacional público,* cit., p. 220).

No Brasil a publicação "data do Império. Publica-se, entre nós, atualmente, o decreto legislativo, em que o Congresso aprova o tratado, e o decreto do Poder Executivo, em que ele é promulgado. O texto do tratado acompanha o decreto de promulgação. A publicação é feita no Diário Oficial e incluída na 'Coleção de Leis do Brasil'. Também os textos dos tratados figuram no 'Relatório do Ministério das Relações Exteriores" (*Curso de direito internacional público,* cit., p. 220).

3.3.2.2. Monismo e dualismo

São duas as teorias nas quais se divide a doutrina que cuidam do conflito entre as normas provenientes dos tratados e as normas do sistema jurídico interno dos Estados. Trata-se do monismo e do dualismo.

Para o monismo, uma vez firmado, o tratado internacional ingressa de imediato na ordem jurídica interna do Estado Contratante. Mas esse monismo subdivide-se em dois: o que afirma a supremacia do tratado internacional em face do Direito Interno e o que afirma valer o Direito Interno em caso de conflito.

No dualismo, por sua vez, a ordem interna e a ordem internacional têm coexistência independente, não se podendo, a princípio, falar em conflito entre elas.

Diz o dualismo que, para que a norma internacional possa valer na esfera interna, é necessário que sofra um processo de recepção para transformar-se em norma jurídica do sistema jurídico do Estado. Se houver conflito, portanto, ele evitará a partir da internalização entre as normas jurídicas do sistema e esse conflito tem de ser resolvido pelos métodos de interpretação e revogação adotados no Estado.

No Brasil, vigem as regras da teoria dualista, de tal modo que, para ter vigência no território brasileiro, o tratado ou a convenção dependem de recepção pelo ordenamento jurídico, que, como se verá na sequência, tem tratamento pela tradição e por normas da Carta Magna.

3.3.2.3. A recepção na ordem jurídica nacional

No Brasil, é o regime costumeiro que determina o processo de promulgação dos tratados já ratificados. É que nenhuma das constituições do período republicano regulou expressamente o assunto, que continua seguindo a tradição lusitana:

> "Consoante a praxe atual, a Divisão de Atos Internacionais do Ministério das Relações Exteriores redige o instrumento do decreto, que será acompanhado do texto e, eventualmente, de tradução oficial. Tal decreto é publicado no *Diário Oficial da União*, após assinatura do Presidente da República, referendada pelo Ministro das Relações Exteriores. Relativamente aos acordos em forma simplificada, não submetidos à aprovação do Congresso, a promulgação pelo Executivo é dispensada, respeitando-se apenas a formalidade da publicação" (João Grandino Rodas, *Direito internacional privado*, São Paulo, Revista dos Tribunais, p. 54-5).

Na Constituição Federal brasileira, poucas são as normas que cuidam do assunto. Trata-se dos artigos 21, I; 49, I; e 84, VIII, que versam sobre o tema e que estão assim dispostos, *verbis*:

> "Art. 21. Compete à União:
> I – manter relações com Estados estrangeiros e participar de organizações internacionais".
> (...)
> "Art. 49. É da competência exclusiva do Congresso Nacional:
> I – resolver definitivamente sobre tratados, acordos ou atos internacionais que acarretem encargos ou compromissos gravosos ao patrimônio nacional."
> (...)
> "Art. 84. Compete privativamente ao Presidente da República:
> (...)
> VIII – celebrar tratados, convenções e atos internacionais, sujeitos a referendo do Congresso Nacional."

É importante chamar a atenção para o fato de que, pelas estipulações dos arts. 49, I, e 84, VIII, da Constituição, a aprovação do Congresso Nacional, por meio de decreto legislativo, é apenas uma fase de todo o processo que se encerrará com a promulgação pelo Presidente da República mediante decreto publicado no *Diário Oficial da União*.

> "A intervenção do Legislativo, na conclusão de tratado, se opera, sobretudo, na função fiscalizadora que ele exerce sobre os atos do Executivo. E, embora ao autorizar a ratificação esteja, também, dando sua aquiescência à matéria contida no ato internacional, não há, nessa aprovação, uma atividade legislativa capaz de gerar uma norma interna e, menos ainda, de transformar o tratado em direito interno a ser aplicado pelo Tribunal. Isso só acontece com a promulgação, data em que geralmente entra em vigor. (...). A aprovação do Legislativo é, apenas, uma etapa, uma fase do processo de formação do ato internacional. Ela é um requisito de validade, sem o qual a ratificação não produzirá o efeito de obrigar o Estado internacionalmente" (Mirtô Fraga, *O conflito entre tratado internacional e norma de direito interno*, Rio de Janeiro, Forense, 1997, p. 57).

3.3.2.4. A posição hierárquica no sistema jurídico

A norma advinda do tratado ou convenção internacional, uma vez internalizada, ocupa posição hierárquica de lei ordinária. E isso sempre foi assim no período republicano, com fundamento em todas as constituições e repetindo-se na Carta Magna de 1988.

João Grandino Rodas, comentando o assunto, explica que as "Constituições Brasileiras Republicanas não estamparam regra específica sobre a questão. Sabe-se não ter vingado por ocasião da discussão do Anteprojeto da Constituição de 1934 a regra que, à moda da Constituição Espanhola de 1931, erigia as normas internacionais a uma hierarquia superior às leis federais ordinárias. A Emenda Constitucional 1/69, indiretamente, colocou o tratado e a lei federal no mesmo patamar e 'a fortiori', em situação ancilar à própria Constituição, ao declarar, no art. 119, III, *b*, competir a declaração de inconstitucionalidade de tratado ou de lei ao Supremo Tribunal Federal. É de se ter em mente, a propósito, o entendimento jurisprudencial esposado no RE 71.154 pelo STF, no sentido de que os tratados aprovados e promulgados integram a legislação interna em pé de igualdade com as leis federais" (*Direito internacional privado*, cit., p. 51-2).

E a Constituição Federal em vigor repetiu a regra da Emenda Constitucional n. 1/69, ao disciplinar a competência do Supremo Tribunal Federal:

> "Art. 102. Compete ao Supremo Tribunal Federal, precipuamente, a guarda da Constituição, cabendo-lhe:
> III – julgar, mediante recurso extraordinário, as causas decididas em única ou última instância, quando a decisão recorrida:
> *b*) declarar a inconstitucionalidade de tratado ou lei federal".

Importante notar que não resta dúvida, inclusive pelas decisões da Corte Maior, de que o tratado tem posição hierárquica de lei ordinária e que pode ser revogado por lei posterior que com ele conflite por simples regra de interpretação das normas. Este é o entendimento pacífico da atual composição do Supremo Tribunal Federal, que vem de longa data:

> "No julgamento do RE 80.004, que se desenrolou de fins de setembro de 1975 a meados de 1977, o Plenário do Supremo Tribunal Federal teve a oportunidade de discutir de forma ampla a matéria, tendo concluído, a final, por maioria, que, em face do conflito entre tratado e lei posterior, vigeria esta última por representar a última vontade do legislador, embora o descumprimento no plano internacional pudesse acarretar consequências" (RE 80.004-SE, rel. Min. Cunha Peixoto, *RTJ, 83*:809, citado no comentário *supra* de João Grandino Rodas, *Direito internacional privado*, cit., p. 52-3).
>
> "A constituição qualifica-se como o estatuto fundamental da República. Nessa condição, todas as leis e tratados celebrados pelo Brasil estão subordinados à autoridade normativa desse instrumento básico. Nenhum valor jurídico terá o tratado internacional que, incorporado ao sistema de direito positivo interno, transgredir, formal ou materialmente, o texto da Carta Política" (ADIn 1.480-3, despacho do Min. Celso de Mello no *DJU* 2 ago. 1996).
>
> "Inadmissível a prevalência de tratados e convenções internacionais contra o texto expresso da Lei Magna (...). Hierarquicamente, tratado e lei situam-se abaixo da Constituição Federal. Consagrar-se que um tratado deve ser respeitado, mesmo que colida com o texto constitucional, é imprimir-lhe situação superior à própria Carta Política" (RE 109.173-SP, rel. Min. Carlos Madeira, *RTJ, 121*:270).

3.3.3. A jurisprudência

Inicialmente, frise-se que o termo "jurisprudência" é utilizado também como sinônimo para Ciência do Direito. Não é nesse sentido que trabalharemos, porquanto da Ciência do Direito cuidamos no Capítulo 2, *retro*.

Define-se jurisprudência como o conjunto das decisões dos tribunais a respeito do mesmo assunto. Alguns especificam "conjunto das decisões uniformes dos tribunais" e outros falam apenas em "conjunto de decisões", sem referência à uniformidade.

Em termos práticos, os advogados ou procuradores, por exemplo, costumam nas suas petições citar casos individuais e isolados, colocando-os como argumentos a seu favor, dizendo que esses casos – apesar de isolados – são "jurisprudência".

De fato, não se pode dizer que um caso isolado não seja precisamente jurisprudência. Talvez não seja "conjunto de decisões", mas pelo menos é uma decisão proferida pelo Poder Judiciário. Não se pode, contudo, confundir um caso isolado decidido pelo tribunal com o "precedente" vigente no Direito anglo-americano.

De qualquer forma, ainda que se tenha um precedente em caso isolado, firmado e solidificado por decisões uniformes, há ampla liberdade por parte dos juízes, que devem decidir de acordo com as circunstâncias do caso e com sua consciência.

Porém, como o sistema permite recurso das decisões para os tribunais – o chamado duplo grau de jurisdição – e até obriga o recurso em alguns casos, como, por exemplo, sentenças proferidas contra o Estado ou sentença que anule o casamento, a decisão de primeira instância pode ser revista. Assim, há sempre a possibilidade de o caso ser julgado novamente no tribunal superior, o que faz com que, na prática, as decisões dos tribunais superiores acabem tendo império mais relevante que as dos juízos inferiores.

É claro que sempre haverá a primeira decisão e o profissional diligente a utilizará como argumento, quando ela estiver em consonância com o direito e interesse de seu cliente.

Não se pode esquecer que o juiz, para julgar, necessita de provas e argumentos. E, claro, se já existir outra decisão que trate do mesmo assunto, o fato de o segundo juiz conhecê-la pode não influenciá-lo; porém será um elemento de guia para sua pesquisa. A decisão anterior pode sinalizar o caminho no qual o segundo juiz pode adentrar-se.

Nessa mesma linha de raciocínio, percebe-se claramente como esse guia de orientação se torna poderoso quando já não se tratar de um caso isolado, mas de dezenas de casos julgados com o mesmo teor; e mais fortemente se julgados todos pelos tribunais em segunda ou terceira instância. E mais ainda se as decisões forem firmadas pelo Superior Tribunal de Justiça ou pelo Supremo Tribunal Federal.

Decisões vinculantes

Essa liberdade para julgar não é ilimitada. Ela encontra barreiras nas decisões vinculantes do Superior Tribunal de Justiça (STJ) e do Supremo Tribunal Federal (STF).

Com efeito, as decisões julgadas em sede de recurso repetitivo no STJ e as julgadas em sede de repercussão geral no STF têm efeito vinculante sobre os demais tribunais e juízes do país. Vale dizer, todos devem seguir o que foi lá decidido. Além disso, no âmbito do STF, este pode também editar súmulas de jurisprudência vinculantes, com o mesmo efeito sobre os demais órgãos julgadores. Veja mais abaixo como funcionam esses procedimentos no STJ e STF.

Construção caso a caso

De todo modo, é importante observar que a jurisprudência se constrói caso a caso, diuturnamente, de tal forma que parte da doutrina fala em "costume judiciário", uma vez que sua elaboração é similar à do costume – prática reiterada, caso a caso, constantemente (sobre costume jurídico, ver próximo subitem, 3.4.1).

Sob o aspecto lógico, o costume e a jurisprudência se equiparam, porquanto ambos são produzidos por indução: casos particulares que podem chegar a um resultado generalizado, aplicável a todos os outros da mesma espécie.

Contudo, não se pode dizer que a jurisprudência é espécie de costume, pois ela é resultado do trabalho de interpretação dos juízes no julgamento de conflitos instaurados com base em normas jurídicas, dentre as quais se encontra o próprio costume jurídico.

Já este resulta da criação espontânea de normas pela própria coletividade a partir de casos particulares que, inclusive, de regra não são conflitos. A jurisprudência é formada por casos em que se decidiu sobre qual a maneira adequada de cumprir a norma jurídica (a partir do conflito, portanto). O costume a cria.

Segurança jurídica

Um dos bons fatores de estabilidade social e a que tem direito todo cidadão é o da segurança jurídica. Não basta que a sociedade tenha uma Constituição. É preciso que esta seja respeitada por todos: governantes e governados.

Assim, o Poder Judiciário ganha grande importância no estabelecimento da segurança jurídica, que é um dos pilares do edifício jurídico do Estado de Direito.

Os cidadãos necessitam saber como as leis serão aplicadas para poderem planejar sua vida; todas as pessoas na sociedade têm o direito de saber com certeza o que podem e o que não podem fazer.

É o Poder Judiciário que, em última análise, diz como as normas jurídicas devem ser aplicadas (quando há dúvida, claro).

A sociedade conta, portanto, com as decisões fixadas na jurisprudência para poder respirar a liberdade assegurada pelo Direito e vivenciada na segurança jurídica.

É certo que, até que os tribunais decidam, uniformemente, a respeito dos casos duvidosos, essa segurança não vem. Nesse sentido, os tribunais brasileiros têm dado sua colaboração ao estabelecerem súmulas como resultado da uniformização da jurisprudência praticada por suas turmas ou câmaras.

A uniformização da jurisprudência, prevista nos arts. 926 a 928 e também nos arts. 976 a 987, todos do Código de Processo Civil, tem como função estabelecer um pensamento uniforme da interpretação do tribunal a respeito de um mesmo assunto.

Essa uniformização deve ser buscada especialmente quando houver decisões divergentes quanto ao mesmo assunto. A função é, repita-se, estabelecer segurança jurídica.

Anote-se que a súmula de um tribunal pode ser alterada, tendo em vista uma série de fatores. Naturalmente, o primeiro deles é uma mudança na norma jurídica que fora interpretada.

Mas mesmo que não se altere a norma, ainda assim há possibilidade de mudanças com o passar do tempo, pois as circunstâncias de fato que envolvem a norma jurídica podem alterar-se, ou ser descobertos novos argumentos de interpretação.

Outro fator que pode determinar mudança é a composição do tribunal que fixou a súmula. Como os juízes são substituídos por promoção, aposentadoria ou morte, ingressando um novo juiz, o pensamento majoritário pode alterar-se.

Essa possibilidade, contudo, antes de exprimir insegurança, representa o exercício da liberdade das pessoas que compõem o Poder Judiciário. A estabilidade não fica abalada, pois mudanças desse tipo, quando ocorrem, só surgem lentamente e após muito estudo, discussão e reflexão.

O problema da estabilidade não reside aí, nessas mudanças, mas na alteração abrupta e interminável das leis que, nesses anos de tecnocracia, são modificadas num piscar de olhos por decisões meramente políticas, sem auxílio de um trabalho científico profundo e, infelizmente, muitas vezes à revelia da Constituição.

Os recursos repetitivos no STJ

O sistema dos recursos repetitivos foi criado com o objetivo de diminuir o número de feitos existentes no Poder Judiciário. E, de fato, atribui maior celeridade aos julgamentos do STJ, bem como garante maior segurança jurídica, na medida em que evita decisões díspares para casos idênticos.

Quando um recurso é classificado como repetitivo, seu andamento fica suspenso no tribunal de origem até o pronunciamento definitivo do STJ sobre a matéria. Cabe ao presidente ou vice-presidente do tribunal de origem escolher um ou mais recursos para representar a controvérsia. Depois disso, o andamento dos demais recursos fica suspenso, sendo encaminhado o "recurso representativo (ou recursos) de controvérsia" ao STJ para julgamento.

Os demais recursos permanecem suspensos até o pronunciamento definitivo do STJ. Nessa instância, o ministro relator, se entender que os recursos especiais recebidos preenchem os requisitos legais, irá afetá-los para julgamento, ou seja, submetê-los ao rito dos recursos representativos de controvérsia. O procedimento de afetação dará a devida publicidade à questão jurídica a ser decidida pelo STJ e acarretará a suspensão de todos os processos que possuírem a mesma questão jurídica no país.

Uma vez julgado o recurso representativo de controvérsia, sua decisão será publicada pelo órgão julgador (Seção ou Corte Especial). Quanto aos demais recursos repetitivos fundados em idêntica controvérsia, se já estiverem distribuídos no STJ, serão julgados pelo ministro relator. Se não estiverem distribuídos, serão julgados pela presidência do Tribunal. E se estiverem sobrestados nos tribunais de origem, terão seguimento na forma prevista no art. 1.040 do Código de Processo Civil, que dispõe o seguinte:

> "Art. 1.040. Publicado o acórdão paradigma:
>
> I – o presidente ou o vice-presidente do tribunal de origem negará seguimento aos recursos especiais ou extraordinários sobrestados na origem, se o acórdão recorrido coincidir com a orientação do tribunal superior;
>
> II – o órgão que proferiu o acórdão recorrido, na origem, reexaminará o processo de competência originária, a remessa necessária ou o recurso anteriormente julgado, se o acórdão recorrido contrariar a orientação do tribunal superior;
>
> III – os processos suspensos em primeiro e segundo graus de jurisdição retomarão o curso para julgamento e aplicação da tese firmada pelo tribunal superior;
>
> IV – se os recursos versarem sobre questão relativa a prestação de serviço público objeto de concessão, permissão ou autorização, o resultado do julgamento será comunicado ao órgão, ao ente ou à agência reguladora competente para fiscalização da efetiva aplicação, por parte dos entes sujeitos a regulação, da tese adotada".

A repercussão geral no STF

A repercussão geral é um instrumento processual que tem como objetivo possibilitar que o Supremo Tribunal Federal selecione os recursos extraordinários que irá analisar, de acordo com critérios de relevância jurídica, política, social ou econômica. Uma das funções principais desse modelo é diminuir o número de processos encaminhados à Suprema Corte.

A proposição de repercussão geral é feita pelo relator e analisada pelo Plenário Virtual do STF. São necessários pelo menos oito votos discordantes para que a repercussão geral não seja admitida. A decisão definitiva sobre o processo com repercussão geral ocorre em julgamento presencial.

Uma vez constatada a existência de repercussão geral, o STF analisa o mérito da questão, e a decisão proveniente dessa análise será aplicada posteriormente pelas instâncias inferiores, em casos idênticos. Nessas outras instâncias, os processos que versam sobre o mesmo assunto ficam paralisados aguardando o julgamento pelo STF.

Após o julgamento de mérito de tema com repercussão geral reconhecida, se o acórdão recorrido for contrário ao entendimento adotado pelo STF, o tribunal deverá retratar-se. Se o acórdão recorrido for no mesmo sentido do entendimento adotado, o recurso será julgado prejudicado.

Ação Direta de Inconstitucionalidade (ADI)

Na Ação Direta de Inconstitucionalidade, como o próprio nome diz, a pretensão é a de declarar que uma lei ou parte dela é inconstitucional, isto é, que está em desacordo com a Constituição Federal.

Pela ADI é feito o "controle concentrado de constitucionalidade das leis" ou, em outros termos, trata-se da contestação direta da norma em tese. Uma outra forma de controle concentrado é a Ação Declaratória de Constitucionalidade (veja a seguir). Quando numa ação judicial comum é discutida a inconstitucionalidade de uma norma jurídica, fala-se em "controle difuso". Aqui o questionamento da validade da norma se faz indiretamente, por meio da análise de uma situação concreta.

Na ADI, uma vez declarada a inconstitucionalidade, a decisão tem eficácia genérica, válida contra todos e obrigatória, com efeitos vinculantes em relação aos órgãos do Poder Judiciário e à Administração Pública federal, estadual e municipal, que não podem contrariar a decisão. Ocorrem ainda efeitos retroativos, suprimindo-se o efeito da norma atacada desde o início de sua vigência.

Os efeitos da decisão são imediatos, salvo disposição em contrário do Supremo Tribunal Federal. Quando a segurança jurídica ou excepcional interesse social estiverem em jogo, o STF poderá restringir os efeitos da declaração de inconstitucionalidade ou decidir que ela só tenha eficácia a partir do trânsito em julgado ou num outro momento a ser fixado.

Sendo proclamada inconstitucionalidade em ADI, será julgada improcedente a eventual Ação Declaratória de Constitucionalidade relativa à mesma norma.

Ação Declaratória de Constitucionalidade (ADC)

A Ação Declaratória de Constitucionalidade tem por finalidade confirmar a constitucionalidade de uma lei federal, evitando que seja questionada em outras ações. Trata-se, do mesmo modo que a ADI, de "controle concentrado de constitucionalidade das leis", ao contrário do "controle difuso", em que a constitucionalidade de uma lei é confirmada nas ações judiciais entre pessoas, em função de uma situação de fato.

Sendo proclamada a constitucionalidade em uma ADC, será julgada improcedente eventual Ação Direta de Inconstitucionalidade contra a mesma lei.

Arguição de Descumprimento de Preceito Fundamental (ADPF)

A Arguição de Descumprimento de Preceito Fundamental é um tipo de ação que tem por objeto evitar ou reparar lesão a preceito fundamental, resultante de ato do Poder Público.

Efeito Vinculante

O efeito vinculante é aquele pelo qual a decisão tomada pelo tribunal em determinado processo passa a valer para os demais que discutam questão idêntica. No STF, as decisões tomadas na Ação Direta de Inconstitucionalidade, na Ação Declaratória de Constitucionalidade ou na Arguição de Descumprimento de Preceito Fundamental possuem efeito vinculante, ou seja, devem ser aplicadas a todos os casos sobre o mesmo tema.

Súmula Vinculante

Trata-se de verbete editado pelo Supremo Tribunal Federal, apoiado em reiteradas decisões sobre determinada matéria, que tem efeito vinculante em relação aos demais órgãos do Poder Judiciário e à administração pública direta e indireta, nas esferas federal, estadual e municipal.

Tendência

Por fim, a constatação de uma tendência iniciada no fim do século passado, o século da tecnologia de ponta, da informática e da velocidade quase alucinante das transformações tecnológicas.

No começo deste livro falamos da especialização dos profissionais do Direito e dos próprios cursos jurídicos. O Poder Judiciário, de sua parte, vem, também, especializando-se, estabelecendo varas e juízos especializados em determinadas áreas do Direito: Penal, de Família, das Fazendas Públicas, do Trabalho etc.

Sua estrutura, contudo, ainda não consegue estabelecer juízos especializados em cada comarca existente no País. Assim, sobretudo nas pequenas comarcas, apesar do aumento da complexidade social, gerando necessariamente soluções especializadas e o aparecimento dos especialistas, o Poder Judiciário local conta, ainda, com o juiz generalista, que tem de dar conta de tantos assuntos, os mais diversos possíveis, tratados por especialistas.

Acreditamos que a tendência será a da especialização cada vez maior. E de qualquer forma a introdução do uso da informática no Poder Judiciário poderá auxiliar em muito os juízes – tanto especialistas quanto generalistas –, especialmente no acesso rápido a informações e pesquisas tão importantes para o desempenho de seu mister.

Contudo, frise-se, a máquina jamais poderá substituir o ser humano no julgamento das causas.

A seguir, tendo em vista a importância para a compreensão do funcionamento do Poder Judiciário, apresentamos um quadro sinótico com a estrutura organizacional do Poder Judiciário brasileiro.

PODER JUDICIÁRIO BRASILEIRO

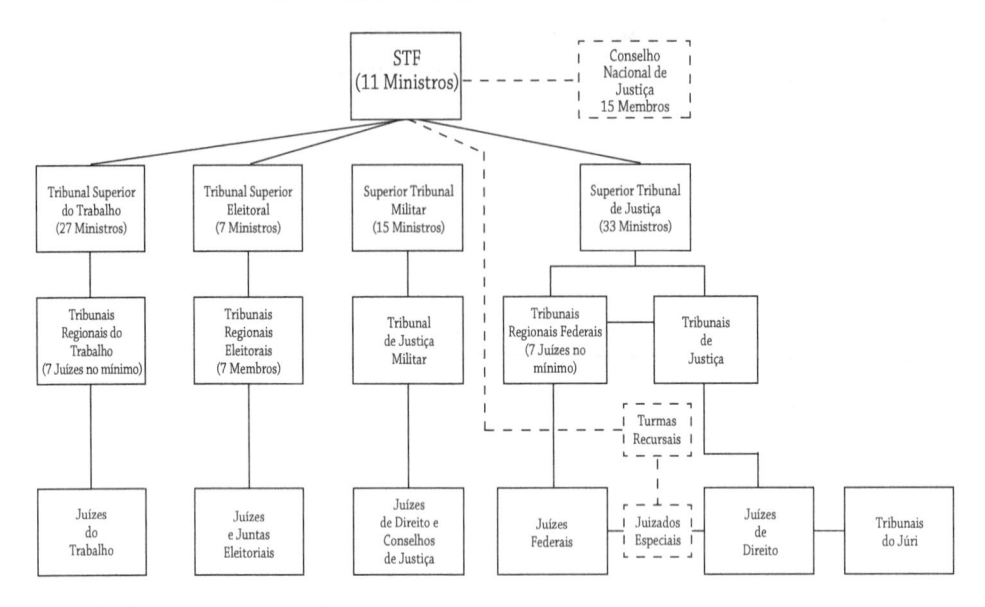

```
                        ┌──────────────┐        ┌──────────────┐
                        │     STF      │        │   Conselho   │
                        │(11 Ministros)│--------│  Nacional de │
                        └──────────────┘        │    Justiça   │
                                                │  15 Membros  │
                                                └──────────────┘

┌────────────┐  ┌────────────┐  ┌────────────┐           ┌────────────┐
│  Tribunal  │  │  Tribunal  │  │  Superior  │           │  Superior  │
│  Superior  │  │  Superior  │  │  Tribunal  │           │  Tribunal  │
│ do Trabalho│  │  Eleitoral │  │   Militar  │           │  de Justiça│
│(27 Ministros)│ │(7 Ministros)│ │(15 Ministros)│         │(33 Ministros)│
└────────────┘  └────────────┘  └────────────┘           └────────────┘

┌────────────┐  ┌────────────┐  ┌────────────┐  ┌────────────┐  ┌────────────┐
│  Tribunais │  │  Tribunais │  │  Tribunal  │  │  Tribunais │  │  Tribunais │
│ Regionais  │  │ Regionais  │  │ de Justiça │  │ Regionais  │  │     de     │
│ do Trabalho│  │ Eleitorais │  │   Militar  │  │  Federais  │  │   Justiça  │
│(7 Juízes   │  │(7 Membros) │  │            │  │(7 Juízes   │  │            │
│no mínimo)  │  │            │  │            │  │no mínimo)  │  │            │
└────────────┘  └────────────┘  └────────────┘  └────────────┘  └────────────┘
                                                                  │
                                                            ┌─────────────┐
                                                            │   Turmas    │
                                                            │  Recursais  │
                                                            └─────────────┘

┌──────────┐  ┌──────────┐  ┌──────────┐  ┌──────────┐  ┌──────────┐  ┌──────────┐  ┌──────────┐
│  Juízes  │  │  Juízes  │  │  Juízes  │  │  Juízes  │  │ Juizados │  │  Juízes  │  │ Tribunais│
│    do    │  │ e Juntas │  │de Direito│  │ Federais │  │ Especiais│  │    de    │  │  do Júri │
│ Trabalho │  │Eleitorais│  │e Conselhos│  │          │  │          │  │  Direito │  │          │
│          │  │          │  │de Justiça│  │          │  │          │  │          │  │          │
└──────────┘  └──────────┘  └──────────┘  └──────────┘  └──────────┘  └──────────┘  └──────────┘
```

3.4. As fontes não estatais

3.4.1. O costume jurídico

O costume jurídico é norma jurídica obrigatória, imposta ao setor da realidade que regula, passível de imposição pela autoridade pública e em especial pelo Poder Judiciário.

É uma norma "não escrita", que surge da prática longa, diuturna e reiterada da sociedade.

Distingue-se, assim, da lei, de plano, pelo aspecto formal. A lei é escrita; o costume é "não escrito".

O costume jurídico tem outra característica importante: é aquilo que a doutrina chama de "convicção de obrigatoriedade" (*opinio necessitatis*), ou seja, a prática reiterada, para ter característica de costume jurídico, deve ser aceita pela comunidade como de cunho obrigatório.

Desse modo, costume jurídico distingue-se dos usos e costumes sociais – tais como andar na moda, ir a solenidades, frequentar a igreja etc. –, que têm natureza moral, religiosa ou social, mas cuja obediência não é posta, como o são as normas jurídicas.

De fato, há obrigatoriedade de cumprimento do costume jurídico, porém não ficam muito claras as consequências caso sua prescrição não seja observada. Isso porque, pelo fato de não ser escrito, ele está firmado mais pelo conteúdo normativo do que pela eventual aplicação da sanção. Em outras palavras, sabe-se que o costume deve ser cumprido; só não se sabe corretamente qual a sanção pelo não cumprimento (sobre o conceito de sanção, ver, *infra*, Cap. 5, item 5.3).

Isso não significa dizer que não existe sanção, mas sim que esse aspecto é secundário, e, diante das circunstâncias que fazem nascer o costume jurídico, a sanção acaba ficando vaga.

Pode nem haver sanção clara, mas há obrigação de cumprimento, que é característica decorrente da força da sanção, porquanto o não cumprimento do costume jurídico pode ser exigido judicialmente, tal qual se faz com a lei.

É realmente o nascimento do costume jurídico uma característica marcante e notável.

Ao contrário da lei – que é imposta de cima para baixo, do Estado para a sociedade, expressa de forma geral e abstrata, para poder atingir todas as pessoas e todos os setores da sociedade –, o costume jurídico surge no e do próprio seio da coletividade.

Ele é fruto da prática social individualizada, caso a caso; nasce obrigatório porque as partes envolvidas assim o entendem e se auto-obrigam; provém da convicção interna de cada partícipe de sua objetivação em fatos sociais particulares, que obriga a todos os que neles se envolverem. Formado com essa convicção de obrigatoriedade, pode-se tê-lo como legítimo e atualizado.

Sem dúvida alguma, essa é exatamente uma das grandes vantagens do costume jurídico: nascer e estar próximo daqueles que dele necessitam e por isso conseguir, com muita agilidade, ir modificando-se e adaptando-se às necessidades sociais, dentro da dinâmica de transformações que impõe mudanças rápidas e contínuas aos indivíduos, seus hábitos e comportamentos.

Naturalmente, nascido caso a caso, no momento em que esses casos se multiplicam, o costume jurídico tende a ganhar certa abstração e generalidade, no que é acompanhado pela convicção de obrigatoriedade.

Em sociedades pequenas ou primitivas, a identificação do costume jurídico é relativamente simples, visto que é possível descobri-lo por depoimentos – geralmente coesos ou sem muita oposição.

Mas, em sociedades complexas como a contemporânea, surge muita dificuldade para reconhecer o costume, quer seja pelo problema natural de sua identificação, quer pelo aumento do número de pessoas que a ele se opõe.

Além disso, em sociedades complexas, as opções seletivas de seus membros tendem a estabelecer costumes jurídicos contingenciados e específicos para alguns setores, o que acaba colocando em choque costumes parecidos ou costumes setoriais com textos legais.

Ao tentar explicitar o costume nas sociedades contemporâneas, o intérprete percebe a ampliação de seu lado negativo: a incerteza gerada pelo fato de não ser escrito. Então começa a fazer perguntas de difíceis respostas: afinal, quando se inicia o costume? Qual seu marco inicial? A que pessoas atinge?

Como o costume não é editado e publicado, sem dúvida as respostas são difíceis. Mas não impossíveis.

Não será viável mesmo definir o ponto inicial de nascimento do costume, como ocorre com a lei. Da mesma forma, será impossível dizer o dia em que o costume deixou de existir. Contudo, há momentos em que ele existe, com plena vigência e eficácia. Nesses momentos, quando se descobre de fato o costume, ele tem força normativa, pouco importando quando tenha nascido ou quando se extinguirá.

É necessário dizer que a autoridade pública e, em especial, o Poder Judiciário, exerce papel importantíssimo na aplicação do costume. Isso porque muitas vezes sua existência torna-se mais clara após uma decisão judicial que o reconhece.

A decisão do Poder Judiciário, por ser escrita, publicada e ter avaliado o problema ou não de existência do costume, colabora sobremaneira na caracterização deste, posteriormente.

Note-se, todavia, que a decisão judicial não transforma em norma escrita o costume jurídico. Ele continua sendo o que é – norma jurídica não escrita –, só que com o reconhecimento de sua existência pelo Poder Judiciário. Ressalte-se que o Judiciário "reconhece" o costume, mas não o "estabelece", isto é, o costume já existia, precedia a decisão. O Judiciário não o cria, apenas o acata expressamente.

O que acontece em termos práticos relativamente ao costume dentro da ação judicial é que, diferentemente da lei – cuja existência não precisa, de regra, ser provada –, o costume deve ser provado por aquele que o alega a seu favor. A parte que, na ação judicial, alegar costume jurídico, assim como direito municipal, estadual ou estrangeiro, terá de provar-lhe o teor e a vigência, se assim determinar o juiz da causa. É o que preceitua o art. 376 do CPC: "Art. 376. A parte que alegar direito municipal, estadual, estrangeiro ou consuetudinário provar-lhe-á o teor e a vigência, se assim o juiz determinar".

Desse modo, aquele que alega o costume tem o ônus de prová-lo ao juiz, o que pode ser feito por testemunhas; por meio de cópias de decisões precedentes; mediante perícias que comprovem negócios estabelecidos com base no costume; por meio de cópias de contratos firmados com sucedâneo no costume. Enfim, por todos os meios permitidos em direito.

Como exemplo de costume jurídico, podemos citar um, dos mais corriqueiros, que é o da fixação da taxa de corretagem devida ao corretor na venda de imóveis. O percentual de corretagem é regulado em cada praça pelo costume jurídico comercial, variando de cidade para cidade.

A doutrina classifica o costume em três espécies: *a)* segundo a lei (*secundum legem*); *b)* na falta da lei (*praeter legem*); *c)* contra a lei (*contra legem*) – este último não aceito por parte da doutrina, como veremos.

O costume é "segundo a lei" quando esta expressamente determina ou permite sua aplicação.

Nosso Código Civil de 1916 tem uma série de situações provando esse tipo de costume. Por exemplo, o art. 1.242: "Concluída a obra de acordo com o ajuste, ou o costume do lugar, o dono é obrigado a recebê-la. Poderá, porém, enjeitá-la, se o empreiteiro se afastou das instruções recebidas e dos planos dados, ou das regras técnicas em trabalhos de tal natureza"; o art. 1.218: "Não se tendo estipulado, nem chegando a acordo as partes, fixar-se-á por arbitramento a retribuição, segundo o costume do lugar, o tempo de serviço e sua qualidade"; e o art. 1.219: "A retribuição pagar-se-á depois de prestado o serviço, se, por convenção, ou costume, não houver de ser adiantada, ou paga em prestações" etc.

O costume é *praeter legem* quando intervém na falta ou omissão da lei. Ele funciona, no caso, preenchendo o ordenamento jurídico, evitando o aparecimento de lacuna (sobre o conceito de lacuna, ver Cap. 6, *infra*, item 6.7).

Um exemplo ainda atual e bastante significativo de costume jurídico *praeter legem* é o do chamado cheque pré-datado.

Com efeito, o cheque está regulamentado no Brasil pela Lei n. 7.357, de 2-9-1985. Essa lei normatiza uma série de disposições relativas ao cheque, tais como sua emissão, sua transmissão, a garantia (o aval), a apresentação, o pagamento, a quitação etc. Tal lei, inclusive, incorporou num texto escrito algumas práticas comerciais relativas ao cheque, tal como a do cheque cruzado.

A questão que nos importa está estabelecida no art. 32 e seu parágrafo único dessa lei, sobre o qual trataremos mais à frente.

O cheque pré-datado é invenção típica do mercado brasileiro. Sua origem enquanto práxis está relacionada a circunstâncias tipicamente econômicas engendradas pela crescente intervenção do governo federal no mercado. Com efeito, a partir do início da escalada inflacionária, há cerca de 25 anos (em 1973 a inflação estava em dois dígitos ao ano), o governo iniciou o período – sem fim até hoje – de regulação direta do mercado. Foram efetuadas dezenas de tentativas com, inclusive, algumas reformas econômicas e monetárias. Uma das fórmulas ortodoxas de controle do processo inflacionário foi a contenção do crédito (que, aliás, atualmente, em tempos de reais, ainda se vive). A crença no controle de crédito é a de que com isso se controla a demanda, especialmente a das grandes faixas populacionais de menor poder aquisitivo, mas também a da classe média, que precisa do crédito para aquisição de bens duráveis de valores mais elevados, a exemplo dos automóveis de primeira linha. Com isso, sistematicamente, as oportunidades de compra a prazo foram refreadas.

Acontece que as leis do mercado não são as mesmas que os decretos governamentais (quem ainda não se lembra do fracassado Plano Cruzado, que prometia a felicidade por decreto?). E aos poucos o mercado – entenda-se aqui, para nosso estudo, o conjunto de comerciantes de produtos, os prestadores de serviços e os consumidores – foi buscando alternativas que continuassem possibilitando a compra e venda no varejo, apesar da falta de oferta de crédito.

E foi assim que acabou surgindo o cheque pré-datado, que, de fato, é pós-datado. Ele representou a saída mercadológica para o impasse criado pelas intervenções. Ele veio, ficou e até já atingiu sua maioridade, no aspecto da legitimidade, além da legalidade, como se verá. É que, dadas as suas peculiaridades, ele se tornou um excelente instrumento de fechamento dos negócios, especialmente no que tange à forma de pagamento.

O "cheque pré", como é conhecido, nada mais é, na verdade, do que um financiamento direto do lojista (ou credor) ao consumidor. Só que com várias vantagens: não há qualquer burocracia, pois não se assinam contratos, títulos etc.; não há acréscimo de impostos, uma vez que não é matéria regulada pela legislação fiscal ou tributária (ele está caracterizado apenas quanto à forma de quitação do preço e não como meio de financiamento); sua operacionalidade é excelente, posto que só precisa ser levado ao banco.

Nenhum outro tipo de financiamento conhecido (com exceção do cartão de crédito, que, também, por faltar crédito barato no País, é praticamente um cartão de compra) é tão prático e ágil.

Conforme já dissemos, o cheque está regulamentado pela Lei n. 7.357. Seu art. 32 e parágrafo único, dispõem, *in verbis*: "Art. 32. O cheque é pagável à vista. Considera-se não escrita qualquer menção em contrário. Parágrafo único. O cheque apresentado para pagamento antes do dia indicado como data de emissão é pagável no dia da apresentação".

À primeira vista, lendo-se apenas o *caput* do art. 32, pode-se pensar que um "cheque pré" será considerado um título que tenha uma condição não escrita. Contudo, o parágrafo único do mesmo artigo não permite essa interpretação, como se verá. Mas, ainda que assim não fosse, e se se tivesse que interpretar a data previamente fixada no cheque como não escrita, tal fato não desnaturaria de forma alguma o título, que continuaria podendo ser cobrado.

Aliás, é o que expressamente diz a jurisprudência. Por exemplo, a 3ª Turma do Superior Tribunal de Justiça, em um recurso especial cujo relator foi o Ministro Gueiros Leite, já decidiu: "a cláusula que torne à ordem, e não à vista é considerada não escrita, de modo que pode desnaturar o cheque, mas não o título em si" (*Bol. AASP* n. 1.661, p. 253).

Mas, como dito, há outra forma de interpretar que nos parece ser a mais adequada e que patenteia melhor ainda a possibilidade de emissão do cheque pré-datado. É que o parágrafo único do art. 32 prevê expressamente que o cheque possa ser emitido com outra data que não à vista. Leia-se: "o cheque apresentado para pagamento *antes do dia indicado* como data de emissão é pagável no dia da apresentação".

Ora, se a própria lei prevê que o cheque pode ser apresentado *antes* da data de emissão, significa logicamente que ela sabe que o cheque foi emitido para data posterior. A questão é de lógica básica.

Portanto, a interpretação do art. 32 com seu parágrafo único nos diz não só que o cheque pré-datado pode ser emitido como que, se for apresentado ao banco antes, ele vale, só que neste caso o dia da apresentação passa a ser considerado como se a data da emissão fosse.

O que existe é uma lacuna na lei, que não previu o cheque pré (ou pós) datado. Logo, trata-se de costume jurídico *praeter legem*. Absolutamente legal e de acordo com o sistema jurídico nacional.

O costume é *contra legem* quando contraria o disposto na lei. Existem dois tipos de costume *contra legem*: *a)* o chamado *desuetudo*, o desuso, quando uma lei deixa de ser aplicada, por já não corresponder à realidade e em seu lugar terem surgido novas regras costumeiras; *b)* o denominado costume "ab-rogatório", que cria nova regra, apesar da existência da lei vigente.

Parte da doutrina não aceita a existência do costume *contra legem*, uma vez que ele, por princípio, não pode ser acatado: se o sistema jurídico é escrito e pretende regular ou pelo menos permitir a ocorrência de todas as circunstâncias, o costume só é possível quando o próprio sistema jurídico escrito o aceita, como ocorre com o costume *secundum legem* e mesmo no *praeter legem* – já que há aqui ausência da lei.

Contudo, o costume *contra legem* não poderia ser aceito porque isso implicaria, no limite, a possibilidade de revogação de todo o sistema jurídico por força do costume jurídico, o que seria incompatível com a função legislativa do Estado e constituiria violação do sistema, da forma como foi estabelecido. Seria uma verdadeira "revolta dos fatos contra as leis" (usando aqui as palavras de Gaston Morin).

Pesa ainda a favor da tese dos que não admitem o costume *contra legem* o conteúdo normativo do art. 2º da Lei de Introdução às Normas do Direito Brasileiro – LICC[29], que dispõe: "Não se destinando à vigência temporária, a lei terá vigor até que outra a modifique ou revogue".

O sistema dispõe, portanto, expressamente que uma lei só pode ser revogada por outra lei.

É possível, contudo, afirmar que o próprio art. 2º da Lei de Introdução foi derrogado pelo costume, isto é, houve revogação da parte que só admite outra lei como forma de revogação, abrindo-se a perspectiva para o costume.

---

[29] A conhecida Lei de Introdução ao Código Civil teve sua ementa alterada pela Lei n. 12.376, de 30-12-2010, e por ela passou a ser intitulada "Lei de Introdução às Normas do Direito Brasileiro". Mantivemos aqui no texto a antiga abreviatura, LICC, porque foi assim que ela ficou conhecida e ainda hoje em muitos livros e decisões judiciais é assim que ela é referida.

Naturalmente, tirando-se os exageros – a visão de que o costume poderia revogar o sistema jurídico, se fosse aceito o costume *contra legem* –, a verdade é que o costume jurídico *contra legem* existe e, especialmente em sua forma de desuso, é aceito e utilizado como norma jurídica a ser seguida.

O Poder Judiciário, mesmo sem fazer referência expressa à existência de um costume jurídico *contra legem*, tem identificado leis que caíram em desuso e reconhecido costumes jurídicos que surgiram no lugar dessas leis.

Vejamos o seguinte exemplo. Trata-se de decisão unânime da Décima Quarta Câmara Civil do Tribunal de Justiça do Estado de São Paulo, de 11-11-1986, mantendo sentença já decidida em primeira instância (AC 110.571-2, rel. Des. Marcos Vinicius). Vejamos alguns trechos do Acórdão proferido pelo Tribunal:

"A r. sentença julgou procedente a ação de dissolução de sociedade e determinou que o pagamento dos haveres dos sócios retirantes seja feito parceladamente conforme estipulam os estatutos sociais. Expressamente determina que os haveres não serão apurados na forma do art. 15 do Decreto n. 3.708/19, mas mediante a aferição da realidade físico-contábil das sociedades.

Prescreve ainda seja aplicada a correção monetária, caso necessária, e que terá por marco a data do laudo, que, em execução, apurar os haveres. É explícita em afirmar que a correção monetária não constitui penalidade decorrente da mora, mas tem a finalidade de preservar o valor intrínseco da moeda diante da inflação. Rateou, entre autores e réus, as custas e os honorários.

O art. 15 do Decreto n. 3.708/19 diz que os sócios que se retiram da sociedade obterão o reembolso da quantia correspondente ao seu capital na proporção do último balanço aprovado. No entanto, como 'o direito, do qual a lei rege o exercício, fica acima da lei; e esta lhe deve servir e não o direito à lei. Porque o direito é a essência, a lei, a forma, e, como tal, transitória' (Pedro Vicente Bobbio – *Estudos sobre Sociedades Limitadas* – pág. 12), é necessário que à lei seja dada interpretação condizente com a realidade social.

Afinal, o mundo jurídico deve existir dentro do mundo real e não fora e acima dele. Os Estatutos não preveem a forma de apuração dos haveres, mas, nem por isso, se deve concluir que deve ser feita nos termos estritos da lei, que, aliás, representa uma realidade de há muito desaparecida no mundo dos negócios. O valor das quotas tem que representar o preço justo. Nem sempre o último balanço representa o preço justo.

Cunha Peixoto ao tratar dessa questão afirma: 'Não temos dúvida em responder pela afirmativa. O balanço, em relação ao sócio excluído, não é vinculativo só pelo fato de ser aprovado pela maioria; é preciso que ele retrate fielmente a posição da sociedade, que acuse sua verdadeira situação econômica' (*Sociedade por Quotas de Responsabilidade Limitada* – p. 281 – 1º vol.).

Destarte, a fim de que a apuração de haveres seja justa e represente a verdadeira situação da sociedade, deve ser feita na forma determinada pela r. sentença. O perito e eventuais assistentes terão oportunidade de apresentar seus laudos, e a decisão será do MM. Juiz da execução".

Vê-se, portanto, que o Tribunal reconheceu expressamente ser o preceito da lei, que é de 1919 (Dec. n. 3.708, art. 15), uma realidade há muito tempo desaparecida do mundo dos negócios e, assim, da vida social.

Admitiu dessa forma o Tribunal, implicitamente, a existência de um costume jurídico comercial que agiu *contra legem*; e pelo desuso, derrogando o Decreto n. 3.708, tornou fora da vigência seu art. 15, criando em seu lugar nova regra a ser seguida.

Citemos outro caso, este de costume jurídico *contra legem* explicitamente, porque não se impôs por desuso, mas por ser contra a norma legal em vigor na ocasião, a do art. 401 do Código de Processo Civil de 1973 (o caso é citado pelos Profs. Nelson Nery Jr. e Rosa Maria de Andrade Nery, *Código de Processo Civil comentado*, São Paulo, Revista dos Tribunais, 1994, p. 521, notas 2 e 3 do art. 337, e p. 548, nota 4 do art. 401).

O citado art. 401 dispunha que a "prova exclusivamente testemunhal só se admite nos contratos cujo valor não exceda o décuplo do maior salário mínimo vigente no país, ao tempo em que foram celebrados".

Acontece que em determinada decisão judicial admitiu-se expressamente o costume jurídico contrário ao referido artigo. Eis a ementa da decisão:

"Contrato de alto valor. Admissão de prova meramente testemunhal. Segundo os usos e costumes dominantes no mercado de Barretos, os negócios de gado, por mais avultados que sejam, celebram-se dentro da maior confiança, verbalmente, sem que entre os contratantes haja troca de qualquer documento. Exigi-lo agora seria, além de introduzir nos meios locais um fator de dissociação, condenar de antemão, ao malogro, todos os processos judiciais que acaso se viessem a intentar e relativos à compra de gado" (*RT, 132*:660).

Examinando-se de perto esses dois exemplos de costume jurídico *contra legem*, o primeiro típico desuetudo e o segundo efetivamente contra o texto legal, o que se nota são certas características do sistema normativo que não se enquadram exatamente no que refere a doutrina a respeito desse tipo de costume jurídico.

É que o desuetudo, de fato, é antes o surgimento de novas condições reais de relacionamento social, que, por serem muito diversas daquelas do período no qual a lei que caiu em desuso fora aprovada, não é mais referência factual que se enquadre na tipologia legal. Não significa que surgiu um costume jurídico que colocou a lei em desuso. Quer apenas dizer que o texto legal de tão antigo não mais encontra amparo social ou terreno factual no qual possa incidir. A eficácia do texto legal desapareceu porque a realidade na qual ela incidia não existe mais.

Veja-se o exemplo. A lei está lá posta, mas refere-se a certas situações jurídicas comerciais que não ocorrem mais. O balanço especial que poderia refletir o patrimônio da empresa no começo do século hoje não mais é capaz de fazê-lo. Logo, caberá aplicar outra norma, não porque haja choque com a anterior escrita, mas porque esta não tem mais "onde" ser enquadrada e aplicada.

No outro exemplo, não existiu exatamente a revogação do art. 401 do CPC, que continuava vigendo e valendo para os casos submetidos ao Poder Judiciário. O que houve foi que o Poder Judiciário entendeu que naquela situação muito particular a aplicação da norma processual (CPC) feriria o direito material das partes. Houve, então, aceitação de uma exceção na regra maior, como se houvesse uma lacuna. Quando muito haveria um costume jurídico excepcionador e não revogador da lei, já que ela permanece em vigor.

3.4.2. A doutrina

Podemos dizer que doutrina é o resultado do estudo que pensadores – juristas e filósofos do Direito – fazem a respeito do Direito.

A doutrina, que já foi até obrigatória (por exemplo, as Ordenações Afonsinas, na Espanha, no século XIV, mandavam que se ouvissem as opiniões de jurisconsultos, tais como Bartolo, Acúrsio e outros), tem ainda fundamental importância tanto na elaboração da norma jurídica quanto em sua interpretação e aplicação pelos tribunais.

Em nossa época, quando, como vimos, a especialização se torna fundamental e a velocidade das transformações está exacerbada, a doutrina assume papel extremamente relevante para o Direito.

Já não é possível que o legislador, o administrador, ou o juiz, mesmo especialista, consiga dar conta do universo de situações existentes, tanto no mundo das normas quanto no da realidade social. A doutrina nesse processo torna-se essencial para aclarar pontos, estabelecer novos parâmetros, descobrir caminhos ainda não pesquisados, apresentar soluções justas, enfim interpretar as normas, pesquisar os fatos e propor alternativas, com vistas a auxiliar a construção sempre necessária e constante do Estado de Direito, com o aperfeiçoamento do sistema jurídico.

Por fim, a doutrina exerce papel fundamental, como auxiliar para entendimento do sistema jurídico em seus múltiplos e complexos aspectos.

A questão da doutrina como fonte do direito não é pacífica. Há aqueles que entendem que ela não pode ser fonte, porque apenas descreve a autêntica fonte do direito, que são as normas jurídicas, ou porque forma esquemas e modelos que explicam o ordenamento jurídico por construções teóricas; ou, ainda, porque, quando muito, ela inspira o legislador para e na produção das normas jurídicas.

Apesar das objeções, e especialmente tendo em vista o que já dissemos a respeito da formação do pensamento jurídico dogmático pela e na escola de Direito, não temos dúvida em afirmar que a doutrina é fonte do direito.

Aliás, a fundamentação para a aceitação da doutrina como fonte surge da própria definição que unanimemente se dá para a doutrina: é o conjunto das investigações científicas e dos ensinamentos dos juristas – dos pensadores do Direito.

Ora, o pensamento jurídico dogmático nada mais é do que o conjunto de suas doutrinas, e corresponde ao *locus*, onde o estudioso e pesquisador do Direito vai aprendê-lo e procurar respostas aos problemas encontrados.

O estudioso ou pesquisador aqui é colocado no sentido mais amplo possível: estudantes universitários e profissionais do Direito em geral, tais como advogados, juízes, promotores públicos, procuradores etc.

Na verdade, fruto de sua formação na Ciência Dogmática do Direito, o pesquisador utiliza-se da linguagem científica doutrinária o tempo todo, ainda que disso não se aperceba.

Por mais que acredite e se esforce por acreditar que está diante de uma norma jurídica "pura", que tem caracteres e linguagem próprios, independentemente da sua linguagem científica, ele, de fato, nunca tem diante de si uma norma jurídica "pura": é que sua forma de conhecer a norma jurídica está moldada pelos elementos trazidos da Hermenêutica Jurídica, e daí sua linguagem é instrumento de acesso à norma jurídica, que ele só conhece a partir da linguagem e "na" linguagem da qual se utiliza.

Por conta disso, podemos dizer que a doutrina tem, então, o sentido amplo de "qualquer doutrina", quer seja dominante – aceita por consenso dos juristas –, quer seja alguma particularizada, às vezes criada por conta de um problema específico.

Além disso, há outro aspecto relevante que é tratado separadamente da questão de fonte. É o relacionado ao uso da doutrina como argumento para sustentação de opiniões jurídicas, ou para tomada de decisões visando à resolução dos casos práticos – pelos advogados, procuradores de justiça, juízes etc.

A jurisprudência é, também, usada nesse sentido de argumento e até a própria norma jurídica vai aparecer aí no e como argumento para a tomada de decisão.

Na verdade, são argumentos retóricos, que no caso do uso da doutrina repousam sua sustentação no poder de autoridade (prestígio) de que ela goza.

É por esse poder de autoridade, inclusive, que alguns juristas tornam-se conhecidos. Quando isso ocorre, a opinião desses doutrinadores torna-se respeitada, de tal forma que passam a ser ouvidos.

Os pareceres surgem aí, então, como uma modalidade específica de doutrina. Os doutrinadores passam a opinar sobre as questões jurídicas, oferecendo sua opinião, que exerce clara influência no pensamento jurídico.

E, ainda que a opinião não seja acatada num caso prático real – por exemplo, numa decisão judicial –, não se consegue ignorá-la: ela terá de ser no mínimo negada, como inválida, para o deslinde da questão.

Por outro lado, a realidade demonstra que a opinião jurídica exerce de fato influência também nas decisões judiciais. Basta uma leitura de julgados, escolhidos ao acaso, para lá encontrarem-se decisões fundamentadas nas opiniões dos doutrinadores.

Claro que, em contrapartida, a jurisprudência, utilizada como suporte para a argumentação, aparece com grande poder de autoridade.

Anote-se, também, que a influência da doutrina – assim como, da mesma forma, a da jurisprudência – se faz sentir na elaboração das normas jurídicas. Suas teorias servem, por vezes, de base para a criação de normas, como a Teoria do Risco do Negócio, adotada pelo Código de Defesa do Consumidor (Lei n. 8.078/90).

Essa teoria é a que deu suporte para que a legislação consumerista trouxesse para o sistema jurídico nacional a responsabilidade civil objetiva do fornecedor de produtos e serviços.

Em outras oportunidades, os legisladores baseiam-se na doutrina para apresentar projetos, que se transformam em leis.

E noutras, ainda, são os próprios doutrinadores que elaboram os projetos a serem apresentados por legisladores para aprovação. Como exemplo, cite-se o próprio Código de Defesa do Consumidor, já lembrado, cujo projeto que levou à sua aprovação foi elaborado por juristas de escol.

3.5. Exercícios

3.5.1. Leia o editorial do jornal O Estado de S. Paulo (10 mar. 1992) e, após, responda às questões formuladas.

"O homem atrás do telex

Houve períodos, durante o autoritarismo, em que o personagem mais temido, inclusive pelos próprios militares, era aquele que utilizava o telex e expedia ordens: 'De ordem do Sr. general-comandante, determino que (...)'. Muitas vezes, era o 'homem atrás do telex' que inventava as ordens supostamente do superior. Bastava, porém, que o destinatário pedisse a confirmação delas por ofício para que morressem onde haviam nascido. Hoje, passados tantos anos, os cidadãos em geral estão sujeitos a outro tipo de 'homem atrás do telex': são os solertes funcionários da Receita Federal que sentenciam 'Há base legal para isto ou aquilo' e determinam que os contribuintes façam.

A prática do 'há base legal' não é nova – tempos houve em que a Receita exigia do contribuinte que comprovasse haver pago o Imposto de Renda de anos e anos atrás, muito embora a lei estabelecesse claramente o período sobre o qual se poderia exigir a comprovação. Jogava-se com a sorte. Quem tivesse o comprovante se livrava do aborrecimento. Quem não tivesse, embora a lei estivesse de seu lado, pagava de novo. Agora, o 'homem atrás do telex' acaba de determinar que todos os brasileiros que usam cartão de crédito são obrigados a dizer quanto gastaram com eles, cartão por cartão, em 1991.

No período autoritário, bastava solicitar a confirmação do telex por ofício para que a 'ordem' fosse cancelada. No regime democrático em que vivemos a Receita Federal diz claramente que quem não declarar quanto gastou com cartão de crédito pagará multa de 20% sobre aquilo que despendeu e não comunicou, multa essa atualizada monetariamente pela variação da Unidade Fiscal de Referência (Ufir). Seguramente, o 'homem atrás do telex' está movido da melhor das intenções, desejando apanhar na rede da Receita quem sonega mediante gastos com cartões de crédito – como se fosse a única maneira de sonegar impostos neste país de fábula! Esquece-se, porém, como seu correligionário na caça às bruxas dos anos 70, que está violando a Constituição e, segundo alguns, a própria lei – aliás, punindo todos aqueles brasileiros que detestam guardar faturas como se sonegadores fossem. A rigor, para o 'homem atrás do telex' pouco importa a Constituição; o fundamental é aumentar a receita da União a fim de que o superávit acusado possa aproximar-se dos números que foram estabelecidos por alguns poucos que se reúnem em torno de uma mesa e se julgam destinados a salvar a Pátria.

O 'homem atrás do telex' não se comove com a ideia de que pode estar violentando a intimidade de milhões de brasileiros. Como todo bom esquerdista (ou direitista, dá no mesmo) tupiniquim, raciocina como um fascista: 'Nada fora do Estado, nada contra o Estado, tudo pelo Estado'. Pior do que essa mentalidade facciosa, que a prevalecer, em breve estará adentrando a alcova e a sala de jantar, ou a biblioteca de não se sabe quantos, é que o 'homem atrás do telex' não sabe interpretar a lei e, onde ela obriga a declarar aquilo que pode ser deduzido, lê que tudo deve ser comunicado à Receita, que se transforma na nova polícia política do regime, com poderes superiores aos da Polícia Federal. Contra o delegado arbitrário há sempre o recurso do apelo ao juiz; contra o 'homem atrás do telex' adiantará o mandado de segurança, invocando o art. 5º, X, da Constituição Federal, se depois se correrá o risco não de ver a determinação cancelada, mas de assistir a redobrados esforços da fiscalização para, num espírito de vendeta, fazer o contribuinte pagar pela ousadia de haver recorrido à justiça na defesa de sua 'intimidade e de sua vida privada'?

A insensibilidade do 'homem atrás do telex' – que acabará marcando a gestão Marcílio Marques Moreira mais que seu eventual êxito na luta contra a inflação – chega aos aspectos técnicos. Ele parte do princípio de que os brasileiros fazem sua contabilidade todos os meses e estão em condições de dizer, agora em março/abril de 1992, quanto gastaram em cartões de crédito em 1991. Embora insensível, ele é generoso, porém. Por isso, se alguém não tiver as faturas, bastará pedi-las às administradoras de cartões, que elas estão obrigadas a fornecer-lhe os números fatais, que funcionarão contra o contribuinte. Sucede, porém, que a maioria das administradoras arquiva seus dados por 12 meses, não mais. O que significa que tudo o que se gastou em janeiro, fevereiro e possivelmente março de 1991 já terá sido destruído quando o contribuinte pedir que lhe forneçam a prova de que delinquiu, para informar o carrasco!

Só num país em que a administração se refugia atrás do telex é que se pode conceber que funcionários de alto nível passem por cima da Constituição e interpretem a seu bel-prazer a lei para liquidar os contribuintes. Diante da reação das administradoras em fornecer à Receita os dados que ela quer para cortar a cabeça dos sonegadores, o 'homem atrás do telex' decidiu levar o desespero a todos os contribuintes, certo de que arrecadará 20% sobre uns bons bilhões de cruzeiros. A Constituição que seja defendida pelos tribunais; atrás do telex, manda ele, o homem sem face, com poderes maiores do que os dos repressores do período militar.

Este é o Brasil Novo!"

Perguntas:
1. A crítica do jornal dirige-se a que órgão da Administração Pública?
2. Classifique o ato praticado por esse órgão: qual o tipo de norma?
3. Por que tal norma estaria ferindo a Constituição?
4. Quais as fontes do Direito que podem ser identificadas no texto? Justifique.

3.5.2. A decisão abaixo é do 1º Tribunal de Alçada Civil (Bol. AASP n. 1.931, de 2-1-1996). Leia-a e, após, responda às questões formuladas.

"*Sociedade limitada* – Penhora de cotas – Ilegitimidade da sociedade para defesa de direito de sócio – Admissibilidade de constrição de cota, como bem pertencente ao patrimônio do sócio por dívida por este contraída – Carência de ação de embargos – Recurso improvido (1º TAC – 4ª Câm.; Ap. n. 581.150-3-São Paulo; Rel. Juiz Carlos Bittar; j. 15-2-1995; v.u.).

ACÓRDÃO

Vistos, relatados e discutidos estes autos...

Acordam, em Quarta Câmara do Primeiro Tribunal de Alçada Civil, por votação unânime, negar provimento ao recurso.

Através de apelação (fls. 119 e s.), rebela-se a recorrente contra sentença (fls. 116/117) que a julgou carecedora de embargos de terceiros interpostos à ação de execução contra um de seus sócios. Sustenta que está legitimada para a ação em questão, porque: as cotas sociais compõem seu patrimônio; tem interesse em preservá-lo, impedindo o ingresso não desejado de terceiros; a intenção da exequente é exercer seus direitos sobre bem imóvel de sua propriedade, consoante protesto contra alienação por ela formulado. Postula a reforma da orientação singular.

Recebido (fl. 122), foi o recurso processado regularmente, tendo a parte contrária oferecido contrarrazões (fls. 123 e s.). Salienta esta que: é o sócio o legítimo titular das cotas; representam elas sua participação na sociedade; o ato constritor recaiu sobre as cotas e não sobre o imóvel, eis que o respectivo valor depende da determinação do patrimônio líquido da sociedade, razão pela qual requereu a avaliação do bem referido; o protesto feito é garantia para o futuro exercício de seus direitos; são perfeitamente penhoráveis as cotas sociais, conforme doutrina e jurisprudência que menciona. Pede a manutenção do 'decisum'.

Preparado (fl. 138), vieram os autos.

É o relatório.

Gira o debate em torno de duas questões básicas: a da legitimidade, ou não, da sociedade para defesa de cota pertencente a sócio, e a da penhorabilidade, ou não, dessa fração do respectivo capital.

Ora, conquanto tenham sido discutidas, tanto na doutrina como na jurisprudência, já se pode, quanto a essas matérias, divisar, atualmente, a tendência prevalecente no pensamento jurídico, a qual se situa em sentido oposto àquele propugnado pela recorrente, que não merece, pois, ver florescer as posturas aqui defendidas.

Com efeito, cumpre, de início, assentar-se que, em tema de sociedades comerciais, é tranquilo o entendimento de que as cotas, para as de pessoas, e as ações, para as anônimas, constituem parcelas em que se distribui o capital social, resultantes de contribuições feitas pelos sócios e valoráveis consoante a evolução da empresa (Código Comercial, arts. 287 e 289). Representam, assim, a participação dos sócios na sociedade, a posição que nela mantêm, ou, ainda, o título jurídico que lastreia sua situação, ou *status*, na entidade (cf. Waldirio Bulgarelli: 'Sociedades, Empresa e Estabelecimento', 1ª ed., p. 255; e, na jurisprudência, *RTJ*, 95/837).

Em função disso, são 'res', ou bens jurídicos, de natureza móvel, disponíveis e, portanto, negociáveis, ou oneráveis, por via dos diferentes contratos ou mecanismos de gravação possíveis, tais como constituição de caução, da ação em pagamento, oneração por usufruto, e assim por diante (Código Civil, arts. 47 e 48; na doutrina, v. Carlos Alberto Bittar: 'Curso de Direito Civil', p. 104 e s.).

Em seu substrato, encontram-se, de outro lado, bens ou direitos que compõem o patrimônio da sociedade, que, embora distinto do dos sócios, pertence, em última análise, a estes, desde que reversível, consoante as técnicas próprias, nos casos de terminação da sociedade (Código Comercial, arts. 335 e 336 e Lei n. 6.404/76, art. 206, conforme o caso), e por atos ilícitos por eles praticados, nos meandros da denominada teoria da superação da personalidade ('disregard of legal entity') (v. decisões em Agravo n. 543.309/2, 4ª Câmara, 1º TAC, e Ap. n. 468.307/91, 8ª Câmara, dentre outras tantas).

Tem-se, pois, que: *a*) as cotas pertencem aos sócios, como contrapartida da sociedade às contribuições com que nela ingressam (Código Civil, arts. 524 e s. e arts. 1.376 e s.); *b*) são penhoráveis, como quaisquer bens disponíveis (CPC, arts. 659 e s.; na doutrina, v. Carvalho de Mendonça: 'Tratado', vol. III, p. 29, e, na jurisprudência, *RT*, 418:210).

De fato, integram as cotas os patrimônios individuais dos sócios e, assim, podem elas responder por obrigações assumidas por seus titulares (como assentado em RT, 520:159), como já o admitia o Estatuto do Comércio (Código Comercial, art. 292).

De outro lado, como são bens particulares, não dispõe a sociedade de legitimidade para opor-se à execução que contra eles é movida: a uma, porque se trata de 'res inter alios acta'; a duas, porque uma tal ingerência – que, de alegação comum entre defensores de tese oposta, se cuidaria de instrumento de defesa da sociedade contra ingresso de terceiros – não dispõe de sucedâneo jurídico.

Efetivamente, assim como o sócio, por si, não está legitimado a agir pela sociedade, a menos que receba poderes específicos (Código Civil, art. 17), também esta não pode imiscuir-se em seus negócios particulares, nem sair em sua defesa, em litígios judiciais, dada a distinção legal de personalidades (Código Civil, art. 20).

Outrossim, não tem o alcance pretendido a alegada técnica de defesa social porque, de início, não existe apoio legal (CPC, art. 6º) e, depois, se admitida, importaria em frustrar-se princípio maior de nosso sistema, qual seja, o da responsabilidade, aliás, um dos elementos norteadores do Direito (Código Civil, arts. 1.056 e s., e CPC, arts. 591 e s.). Com efeito, deve o sócio responder pelas obrigações particulares que contrai, contando, outrossim, a sociedade com mecanismos outros, compatíveis, de salvaguarda de seu patrimônio (JSTJ, 45:267).

Não se pode, assim, à guisa de proteção da sociedade, deixar à míngua o credor, quando tenha o sócio deixado de honrar seus compromissos. Impõe-se, ao revés, que se atue sobre as respectivas cotas, ou bens outros que possua, a fim de que o crédito possa ser satisfeito (CPC, arts. 580 e s.).

Anote-se, por fim, que, por sua própria natureza, é para execução que se perfaz a penhora de cotas e não para integração do credor na sociedade (CPC, art. 647, I), o qual se sub-roga, então, nos direitos do sócio, na exata perseguição do valor do crédito executado (dentre outros, v. Amílcar de Castro: 'CPC', X, p. 231; Amaral Santos: 'Direito Processual Civil', vol. 3, p. 283 e s.; Gabriel de Rezende Filho: 'Curso', vol. III, p. 212).

Observa-se, pois, que, no caso, carece de ação a recorrente, não se justificando, desse modo, seu inconformismo (nesse sentido, dentre outras, decisões em Ap. n. 460.910, 4ª Câmara, e Ap. n. 406.003/89, 5ª Câmara, ambas do 1º TAC).

Face ao exposto, nega-se provimento ao recurso.

Participaram do julgamento os Juízes Octaviano Lobo (Revisor) e Sidnei Beneti.

São Paulo, 15 de fevereiro de 1995.
Carlos Bittar – Presidente e Relator"

Perguntas:

Parte A

1. Quais as fontes do Direito citadas na decisão? Dê exemplos.

Parte B
Pesquise e depois responda:

1. O que é sociedade por cotas de responsabilidade limitada?
2. O que é penhora?

3.5.3. Exercícios de revisão

Parte A
Capítulo 3, itens 3.1, 3.2 e 3.3

01. Defina fonte do direito.
02. Qual a classificação básica das fontes do direito? Caracterize-as.
03. Qual o significado de legislação?
04. Como a "legislação" pode ser classificada?
05. O que é o ordenamento jurídico e de que ele é composto? Dê exemplos.
06. Trace um paralelo entre norma constitucional e lei ordinária.
07. Quais as diferenças entre lei complementar e lei ordinária.
08. O que é o decreto regulamentar?
09. O que é a medida provisória e como ela funciona?
10. Qual a diferença entre monismo e dualismo?
11. Como o tratado internacional passa a ter vigência no Brasil?
12. Qual o plano hierárquico no sistema jurídico brasileiro do tratado internacional após a promulgação pelo Presidente da República?
13. Defina jurisprudência.
14. Como ela é utilizada pelos operadores do Direito?
15. Uma única decisão judicial isolada pode ser considerada jurisprudência?
16. O que são as súmulas?
17. Qual a função da chamada uniformização de jurisprudência?
18. Como as súmulas podem ser alteradas?

Parte B
Item 3.4

01. Quais são as características do costume jurídico?
02. Quais são os aspectos positivos e os aspectos negativos do costume jurídico?

03. Qual o papel do Poder Judiciário para a aplicação do costume jurídico? Por quê?
04. Como se classifica o costume jurídico?
05. Defina costume jurídico *secundum legem* e *praeter legem*.
06. Pode existir costume jurídico *contra legem*? Justifique a resposta.
07. Caracterize a doutrina.
08. Qual sua função?
09. Compare a autoridade da jurisprudência com a autoridade da doutrina.
10. A doutrina influencia o surgimento de leis? Como?

3.6. Bibliografia

BODENHEIMER, Edgar. *Ciência do direito – filosofia e metodologia jurídica*. Rio de Janeiro: Forense, 1966.

DINIZ, Maria Helena. *Compêndio de introdução à ciência do direito*. São Paulo: Saraiva, 1988.

DOURADO DE GUSMÃO, Paulo. *Introdução ao estudo do direito*. Rio de Janeiro: Forense, 1995.

FERRAZ JR., Tercio Sampaio. *Introdução ao estudo do direito*. São Paulo: Atlas, 1980.

FRAGA, Mirtô. *O conflito entre tratado internacional e norma de direito interno*. Rio de Janeiro: Forense, 1997.

FRANCO MONTORO, André. *Introdução à ciência do direito*. São Paulo: Revista dos Tribunais, 1991.

MELLO, Celso Duvivier de Albuquerque. *Curso de direito internacional público*. 9. ed. Rio de Janeiro: Renovar, 1992.

NADER, Paulo. *Introdução ao estudo do direito*. Rio de Janeiro: Forense, 1995.

REALE, Miguel. *Lições preliminares de direito*. São Paulo: Saraiva, 1994.

_____. *O direito como experiência*. São Paulo: Saraiva, 1992.

RIZZATTO NUNES, Luiz Antonio. *A lei, o poder e os regimes democráticos*. São Paulo: Revista dos Tribunais, 1991.

RODAS, João Grandino. *Direito internacional privado*. São Paulo: Revista dos Tribunais.

4
O Direito Positivo

Sumário: **4.1.** O direito objetivo. **4.2.** O direito subjetivo. **4.3.** O dever subjetivo. **4.4.** A divisão no direito positivo. **4.4.1.** Divisão geral: Direito Público, Privado, difuso e coletivo. **4.4.2.** Ramos do Direito Público interno. **4.4.2.1.** O Direito Constitucional. **4.4.2.2.** O Direito Administrativo. **4.4.2.3.** O Direito Tributário. **4.4.2.4.** O Direito Processual. **4.4.2.5.** O Direito Penal. **4.4.2.6.** O Direito Eleitoral. **4.4.2.7.** O Direito Militar. **4.4.3.** O Direito Público externo. **4.4.3.1.** O Direito Internacional Público. **4.4.4.** Os ramos do Direito Privado. **4.4.4.1.** O Direito Civil. **4.4.4.2.** O Direito Empresarial. **4.4.5.** Os ramos dos Direitos difusos e coletivos. **4.4.5.1.** O Direito do Trabalho. **4.4.5.2.** O Direito Previdenciário. **4.4.5.3.** O Direito Econômico. **4.4.5.4.** O Direito do Consumidor. **4.4.5.5.** O Direito Ambiental. **4.4.6.** O Direito difuso externo. **4.4.6.1.** O Direito Internacional Privado. **4.5.** Outros elementos de direito positivo. **4.5.1.** A relação jurídica. **4.5.2.** Os sujeitos da relação jurídica. **4.5.2.1.** A pessoa física. **4.5.2.2.** A pessoa jurídica. **4.5.2.3.** Os entes "despersonalizados". **4.5.3.** O objeto da relação jurídica. **4.5.3.1.** O objeto imediato: obrigação de fazer, de dar e de não fazer. **4.5.3.2.** O objeto mediato: bens jurídicos (coisas e pessoas). **4.5.4.** A classificação fundada no objeto da relação jurídica. **4.5.4.1.** Os direitos obrigacionais. **4.5.4.2.** Os direitos reais. **4.5.4.3.** Os direitos da personalidade. **4.5.5.** O nascimento da relação jurídica. **4.5.5.1.** Os fatos naturais. **4.5.5.2.** Os atos jurídicos lícitos. **4.5.5.3.** Os atos jurídicos ilícitos. **4.5.5.4.** O abuso do direito. **4.6.** Exercícios. **4.7.** Bibliografia.

Designa-se por direito positivo o conjunto das normas jurídicas escritas e não escritas (o costume jurídico), vigentes em determinado território e, também, na órbita internacional na relação entre os Estados, sendo o direito positivo aí aquele estabelecido nos tratados e costumes internacionais.

Esse direito positivo pode ser separado em dois elementos: de um lado, o direito objetivo e, de outro, o direito e o dever subjetivos, os quais vamos examinar a seguir.

Note-se, porém, que ambos os elementos compõem um mesmo direito, de tal forma que o primeiro não pode existir sem os segundos e vice-versa.

O direito objetivo revela e faz nascer o direito e o dever subjetivos, e estes só têm sua razão de ser naquele, isto é, devem-lhe a existência.

4.1. O direito objetivo

É o conjunto, em si, das normas jurídicas escritas e não escritas, independentemente do momento do seu exercício e aplicação concreta.

Por isso, o direito objetivo acaba sendo confundido com o direito positivo. Mas a distinção deve ser feita, para um melhor entendimento.

O direito objetivo corresponde à norma jurídica em si, enquanto comando que pretende um comportamento (a respeito de norma jurídica, ver próximo capítulo, 5). É aquele objetivado independentemente do momento de uso e exercício.

O direito positivo é a soma do direito objetivo com o direito e o dever subjetivos.

A confusão estabelecida entre direito positivo e direito objetivo está ligada ao fato de que se costuma tomar o direito positivo como apenas objetivo.

Mas a verdade é que, conforme dito, o direito positivo é composto do direito objetivo de um lado e do direito e dever subjetivos de outro. O problema surge porque, tomado o direito objetivo, há sempre um dever e um direito subjetivos. Daí, quando se vai falar do primeiro, pensa-se nos outros dois. Essa classificação talvez não traga maiores implicações de ordem prática na verificação da eficácia das normas, bem assim de sua vigência. Todavia, precisa ser feita para uma completa e adequada compreensão do sistema jurídico.

4.2. O direito subjetivo

A ideia de direito subjetivo aponta para muitas alternativas de explicação, existindo mesmo uma série de teorias que disputam seu sentido.

Pode-se dizer que o direito subjetivo é a prerrogativa colocada pelo direito objetivo, à disposição do sujeito do direito.

Essa prerrogativa há de ser entendida como a possibilidade de uso e exercício efetivo do direito, posto à disposição do sujeito.

Assim, o direito subjetivo é tanto o efetivo exercício do direito objetivo quanto a potencialidade do exercício desse mesmo direito.

Por exemplo, o direito objetivado como Lei do Inquilinato, que regula o despejo do inquilino por falta de pagamento, faz nascer para o proprietário-locador o direito subjetivo de pleitear o despejo do inquilino.

Esse direito subjetivo – direito de propor ação para despejar o inquilino – é posto à disposição do locador como uma prerrogativa. Ou, em outras palavras, o locador não tem a obrigação de ingressar com ação de despejo contra o inquilino. Pode ou não ingressar. É direito subjetivo seu, e somente a ele cabe decidir se o exercita ou não.

Por isso, pode-se dizer que o direito subjetivo está já na potência – possibilidade de exercício – e está também no exercício efetivo.

A prática efetiva do direito subjetivo fez com que surgissem teorias que levantaram dois problemas relativos ao exercício:

O primeiro relacionado à ameaça feita pelo sujeito do direito, com base na possibilidade do exercício efetivo do direito subjetivo. Por exemplo: "Se você não pagar o aluguel até amanhã, vou entrar com ação para despejá-lo".

Sempre entendeu a doutrina, com fundamento no Código Civil de 1916, que a ameaça de exercício efetivo de direito subjetivo não constitui ato ilícito, sendo considerada exercício regular de direito: "Não constituem atos ilícitos: I – os praticados em legítima defesa ou no exercício regular de um direito reconhecido" (art. 160, I).

Pode-se, por isso, ampliar o conceito para dizer que o direito subjetivo é não só a potencialidade e o exercício como também o uso da ameaça deste.

O segundo problema diz respeito ao exercício efetivo do direito subjetivo e à possibilidade ou não de se abusar desse exercício. A disputa aqui gira em torno da noção de "abuso do direito".

Questiona-se em que medida o exercício de um direito subjetivo pode ser caracterizado como abusivo. A discussão envolve uma série de aspectos, que justificam tratamento em separado. Remetemos aos detalhes da discussão, que estão no Capítulo 4, *infra*, subitem 4.5.5.

De qualquer maneira, antecipemos aqui a conclusão: pode haver abuso no exercício do direito subjetivo.

Pode-se, assim, ampliar o sentido dado ao conceito de direito subjetivo para dizer que ele é não só a potencialidade e o exercício, como também o uso da ameaça do exercício, e que este tem de ser efetivado de forma não abusiva.

É preciso dizer, ainda, que alguns direitos subjetivos não precisam do exercício ou da constatação de sua potencialidade para existirem – embora para se garantirem, por vezes, precisem da utilização de outros direitos subjetivos.

É o caso dos direitos subjetivos inerentes à pessoa, tais como o direito à vida, à honra, à imagem etc. São eles subjetivos, independentemente de exercício de prerrogativa. São direitos subjetivos plenos, de fato, bastando para tanto a existência da pessoa de direito.

Daí termos de colocar, para concluir, que o direito subjetivo se caracteriza pela potencialidade e pelo exercício efetivo do direito objetivo, podendo o sujeito fazer uso da ameaça desse exercício, que ao ser efetivado não o pode ser de forma abusiva. Alguns direitos subjetivos, no entanto, sendo inatos no sujeito – por garantia e designação do direito objetivo –, independem do exercício, mesmo em potencialidade, para existirem. E, como existem já plenamente, no caso desses direitos subjetivos, não há que se falar em ameaça ou mesmo abuso do direito exercitado.

Terminando este item, diga-se que não se deve confundir direito subjetivo com o chamado direito-função, que é o exercido por um sujeito em função de outrem. Por exemplo, o pátrio poder , que é exercido pelos pais, em função do direito subjetivo dos filhos.

O direito-função é antes dever subjetivo que direito subjetivo, visto que tem de ser exercido. É antes obrigação que prerrogativa. O dever subjetivo será examinado a seguir.

4.3. O dever subjetivo

A doutrina não faz com clareza a distinção entre direito e dever subjetivos, e nem as classificações que explicitam o direito objetivo falam no surgimento de um direito e de um dever subjetivos. Contudo, entendemos que a distinção é necessária, para que se complete o quadro do exercício do direito subjetivo, bem como para o pleno entendimento do direito objetivo, estudado por meio das normas jurídicas.

Com efeito, como se verá (Cap. 5), a norma jurídica pretende obter ações e comportamentos, o que faz apontando as condutas que devem ser cumpridas, bem como fixando as sanções – punições – a serem aplicadas àqueles que não cumprem as condutas prescritas (a sanção aqui é outro tipo de conduta), ou que atingem o ato jurídico praticado de forma proibida ou não aceita pelas normas jurídicas (a sanção aqui atinge diretamente o ato e indiretamente o sujeito ou sujeitos que o praticaram) (os detalhes do tema estão no Cap. 5, item 5.3).

Juntando-se o que já se viu sobre a noção de direito subjetivo com essa noção de obrigação ou dever de cumprir certa conduta, percebe-se que, se, de um lado, tem-se o direito subjetivo, isto é, potencialidade ou exercício de um direito, de outro, tem-se um dever subjetivo, colocado em posição diametralmente oposta.

Assim, no exemplo já citado da ação de despejo por falta de pagamento de aluguel, têm-se claramente, de um lado, o direito subjetivo do locador de propor ação de despejo e de ameaçar propor a ação, e, do outro, o dever subjetivo do inquilino de pagar o aluguel, sob pena de padecer dos efeitos da sanção – que é o despejo.

Na verdade, é o princípio da alteridade, isto é, o da pluralidade de pessoas, ou, no caso, a existência de pelo menos duas pessoas, uma das características do direito subjetivo.

Não há direito subjetivo sem o outro que o tenha de respeitar.

E mesmo que estejamos falando de um direito subjetivo que independa do exercício da prerrogativa para poder existir, a exemplo do direito à vida, à honra, à imagem etc., ainda assim sempre existirá o outro. No caso, o outro são todos os outros, que devem respeitar tais direitos. É um direito que se impõe *erga omnes*, isto é, a todos.

Mas não se trata apenas disso, de um dever subjetivo que existe na contrapartida de um direito subjetivo.

A noção de dever, e, o que nos interessa, dever subjetivo, é imanente ao conjunto de normas jurídicas objetivas.

Quando aventamos, no item anterior, a hipótese de se questionar o exercício de um direito subjetivo, como sendo abusivo, já estávamos implicitamente apontando algo que não se confundia com um "direito" subjetivo apenas (repita-se que a explanação completa do tema "abuso do direito" está no subitem 4.5.5, *infra*): há algo que surge junto com o exercício do direito subjetivo, limitando-o.

Se o direito subjetivo pode ser exercido, mas não de forma ilimitada ou injustificada, sob pena de ser taxado de abusivo, então, o que existe junto desse direito subjetivo é, no exato momento em que surge o limite, um dever.

Ou, em outras palavras, o exercício desse direito está limitado por um dever subjetivo. Todo aquele que vai exercitar seu direito subjetivo só o pode fazer até certo ponto.

A exceção a esse limite talvez fique por conta dos direitos subjetivos inerentes à própria pessoa, como os exemplos que já citamos: direito à vida, à honra, à imagem etc. Neste caso, tais direitos se exercem sempre plenamente.

4.4. A divisão no direito positivo
4.4.1. Divisão geral: Direito Público, Privado, difuso e coletivo

Nunca existiu um critério de rigor lógico e satisfatório capaz de designar claramente a distinção, pretendida pela dogmática jurídica, entre Direito Público e Direito Privado.

A separação, de cunho eminentemente prático, está estabelecida desde o Direito Romano e tem por função – como também têm os outros vários conceitos, divisões e classificações – estabelecer dogmaticamente segurança e certeza para a tomada de decisão.

Mas qualquer critério que se buscasse para a divisão não conseguia apresentar de forma definitiva uma eventual linha divisória que existiria entre os dois ramos disputados.

O interessante neste assunto é que não se vislumbrava a linha divisória ao nível de realidade jurídica concreta, ao nível de aplicação real e efetiva do Direito; tampouco se conseguia fazê-lo no plano teórico e abstrato. Toda tentativa revelava-se frustrada.

Todavia, desde que se começou a tomar consciência dos novos direitos sociais que se firmaram com o desenvolvimento das sociedades de massa (especialmente o Direito do Consumidor e o Direito Ambiental), surgiu um conceito diferente que acabou possibilitando a elaboração de nova classificação, agora capaz de dar conta dos problemas que os limites entre Direito Privado e Público punham.

Com efeito, os chamados direitos difusos e coletivos vieram resolver a pendenga que existia. Temos condições agora, com a existência deles, nessa terminologia adotada, de fazer uma clara e completa classificação dos direitos.

É verdade também que ainda permanece uma dúvida, agora relativamente aos conceitos de direitos difusos e coletivos. Isso porque todo direito difuso é também coletivo, mas nem todo direito coletivo é difuso. Expliquemos.

No direito difuso, como veremos adiante, o sujeito é indeterminado, enquanto no direito coletivo ele é determinado e determinável, sendo que, numa categoria estrita de direito coletivo, a de direitos individuais homogêneos, ele é sempre determinado.

Dito de outro modo: ambos – direitos difusos e coletivos – são espécies de direito coletivo. A rigor, a clarificação poderia ser: direito coletivo, dividido em direito coletivo determinado e determinável, é direito coletivo indeterminado ou difuso. E, dentro da espécie direito coletivo determinado e determinável, entraria direito individual homogêneo.

O problema dessa classificação é que ela não cumpre o requisito da simplificação. Além disso, há certo aspecto relevante: a Constituição Federal, ao cuidar do tema, fala em "interesses difusos e coletivos"[1]. Daí parece-nos que, para evitar confusão, o ideal é adotar o modo como o texto constitucional explicitou os direitos e interesses envolvidos, chamando-os de difusos e coletivos.

Examinemos, agora, a tradicional distinção entre Direito Público e Privado.

A divisão em Público e Privado pode ser feita, como o é pela maioria da doutrina, tendo por critério os sujeitos envolvidos e a qualidade destes quando estão na relação jurídica; e o conteúdo normativo e o interesse jurídico a ele relacionado.

Disso podemos extrair uma divisão inicial que aponta o Direito Público como aquele que reúne as normas jurídicas que têm por matéria o Estado, suas funções e organização, a ordem e segurança internas, com a tutela do interesse público, tendo em vista a paz social, o que se faz com a elaboração e a distribuição dos serviços públicos, por meio dos recursos indispensáveis à sua execução. O Direito Público cuida, também, na ótica internacional, das relações entre os Estados.

O Direito Privado, por sua vez, reúne as normas jurídicas que têm por matéria os particulares e as relações entre eles estabelecidas, cujos interesses são privados, tendo por fim a perspectiva individual.

---

[1] "Art. 129. São funções constitucionais do Ministério Público: (...) III – promover o inquérito civil e a ação civil pública, para a proteção do patrimônio público e social, do meio ambiente e dos interesses difusos e coletivos."

No atual estágio do desenvolvimento do direito positivo, existe uma tendência à publicização dos atos dos particulares, senão como conteúdo efetivo a ser exercido, pelo menos como garantia posta processualmente à disposição do particular.

Ou, em outras palavras, cada vez mais o Estado intervém na órbita privada, não só para garantir os direitos ali estabelecidos, mas também para impor normas de conduta, anular pactos e contratos, rever cláusulas contratuais etc. Há, de fato, uma nova concepção social do Direito.

Tal movimento, que atingiu, por exemplo, o Direito do Trabalho, tem seu ápice no Direito do Consumidor.

Assim, vejamos uma explicação a respeito de alguns dos aspectos que norteiam, como princípios e normas, aqueles que regulam as relações de consumo, para com isso entendermos por que propomos a divisão do Direito que inclui os direitos difusos e coletivos.

Tomemos como parâmetro para nossa explanação aquilo que ocorreu com os contratos.

Os contratos celebrados a partir do século XIX sofreram fortemente a influência do liberalismo reinante. O princípio fundamental vigente, então, fundado na autonomia da vontade privada, era o *pacta sunt servanda* (o pactuado deve ser observado).

Esse regime vigorou fortemente até meados do século XX, estampado nas normas do Direito Civil e Direito Comercial[2], e vigora, ainda, atenuado pelas novas e modernas teorias dos contratos e, também, limitado pelas várias normas que regem as cláusulas contratuais.

O princípio *pacta sunt servanda* veio sendo limitado pelo trabalho da doutrina e da jurisprudência e, posteriormente, da lei.

Começou-se a perceber que certos contratos continham claramente cláusulas leoninas (um dos contratantes fica com a parte do "leão", a parte boa, ou todas as vantagens etc.).

Passaram a se tornar intoleráveis cláusulas e contratos que implicassem o desequilíbrio das partes.

Com o advento, a partir do início do século XX, das sociedades de consumo de massa, sociedades essas que cresceram rumo à produção em série, e altamente especializadas, os contratos também se alteraram.

Para facilitar e agilizar as contratações, foram criados formulários com cláusulas preestabelecidas, nos quais uma das partes apenas assinava, aderindo.

---

[2] O chamado Direito Comercial está atualmente incorporado no Direito Empresarial. Ver subitem 4.4.4.2, adiante.

Não havia, como já não há, lugar para fixação de contratos, cujas tratativas envolviam discussões prévias das cláusulas contratuais que iriam ser fixadas (e que ainda persistem, em parte, no Direito Civil e no Direito Empresarial).

Estamos falando da sociedade caracterizada por ser composta, de um lado, por produtores, fabricantes, distribuidores, construtores, comerciantes (isto é, fornecedores de produtos e serviços), e, de outro, por consumidores.

Os contratos elaborados nessa sociedade tornaram-se contratos de adesão, caracterizados como aqueles estabelecidos unilateralmente pelo fornecedor, e ao qual o consumidor "adere", sem poder discutir ou, pelo menos, modificar substancialmente seu conteúdo.

Havia necessidade, portanto, de outros princípios e normas, capazes de dar guarida às novas relações que surgiram.

O princípio da autonomia da vontade privada já não podia dar conta dos critérios que pautavam os contratos. Assim, esse princípio foi cedendo terreno a outros, como o da boa-fé nos negócios, o da proteção à parte mais fraca, o do interesse coletivo etc.

E isso foi feito gradativamente pela doutrina e jurisprudência, até chegar ao sistema legal de proteção às relações de consumo.

Com isso, elaborando normas regulatórias das cláusulas contratuais, o legislador passou a intervir em área que antes era tida como de iniciativa ou de interesse privado.

Por isso podemos dizer que alguns ramos do direito positivo são caracterizados basicamente por serem difusos e coletivos, ao contrário das outras duas espécies que se distinguem, basicamente, por estarem relacionadas ao interesse público ou privado.

E, para definir direitos difusos e coletivos, vamos aproveitar o próprio texto legal do Código de Defesa do Consumidor[3].

Os chamados direitos difusos são aqueles cujos titulares não são determináveis. Isto é, os detentores do direito subjetivo que se pretende regrar e proteger são indeterminados e indetermináveis. Isso não quer dizer que alguma pessoa em particular não esteja sofrendo a ameaça ou o dano concretamente falando, mas apenas e tão somente que se trata de uma espécie de direito que, apesar de atingir alguém em particular, merece especial guarida porque atinge simulta-

---

[3] Art. 81. A defesa dos interesses e direitos dos consumidores e das vítimas poderá ser exercida em juízo individualmente, ou a título coletivo. Parágrafo único. A defesa coletiva será exercida quando se tratar de: I – interesses ou direitos difusos, assim entendidos, para efeitos deste Código, os transindividuais, de natureza indivisível, de que sejam titulares pessoas indeterminadas e ligadas por circunstâncias de fato; II – interesses ou direitos coletivos, assim entendidos, para efeitos deste Código, os transindividuais de natureza indivisível de que seja titular grupo, categoria ou classe de pessoas ligadas entre si ou com a parte contrária por uma relação jurídica-base; III – interesses ou direitos individuais homogêneos, assim entendidos os decorrentes de origem comum."

neamente a todos. Por exemplo, se um fornecedor veicula uma publicidade enganosa na televisão, o caso é típico de direito difuso, pois o anúncio sujeita toda a população a ele submetido. De forma indiscriminada e geral, todas as pessoas são atingidas pelo anúncio enganoso.

Digamos que um vendedor de remédios anuncie um medicamento milagroso que permita que o usuário emagreça cinco quilos por dia apenas tomando um comprimido, sem nenhum comprometimento à sua saúde. Seria um caso de enganação tipicamente difusa, pois é dirigida a toda a comunidade. No entanto, é claro que uma pessoa em particular pode ser atingida e enganada pelo anúncio: ela vai à farmácia, adquire o medicamento, ingere o comprimido e não emagrece. Ou pior, toma o comprimido e fica intoxicada. Nesse caso, esse consumidor particular tem um direito individual próprio, que também, obviamente, está protegido. Ele, como titular de um direito subjetivo, poderá exercer todos aqueles direitos garantidos na Lei n. 8.078/90. Poderá, por exemplo, ingressar com ação de indenização por danos materiais e morais. Mas, o só fato de alguém em particular ter sido atingido pelo anúncio não só não elide os demais aspectos formadores do direito difuso em jogo, como, ao contrário, exige uma rápida atuação dos legitimados para a tomada de medidas capazes de impedir a violação do direito difuso (no caso, o anúncio enganoso).

Aliás, diga-se que é exatamente essa característica da indeterminabilidade da pessoa concretamente violada um dos principais aspectos dos direitos difusos. O termo "difuso" significa isso: indeterminado, indeterminável. Então, não será preciso que se encontre quem quer que seja para proteger-se um direito tido como difuso. Ou, em outros termos, ainda que não se possa encontrar um único consumidor ludibriado concretamente por uma publicidade enganosa, ela poderá ser qualificada como enganosa assim mesmo.

Já nos chamados direitos coletivos, os titulares do direito são também indeterminados, mas determináveis. Isto é, para a verificação da existência de um direito coletivo, não há necessidade de se apontar concretamente um titular específico e real. Todavia, esse titular é facilmente determinado, a partir da verificação do direito em jogo. Assim, por exemplo, a qualidade de ensino oferecido por uma escola é tipicamente direito coletivo. Ela – a qualidade – é direito de todos os alunos indistintamente, mas, claro, afeta cada aluno em particular[4].

---

[4] Há outra espécie de direito coletivo: o direito individual homogêneo. Nele, os sujeitos são sempre mais de um e determinados. Mais de um porque, se fosse um só, o direito seria individual e simples, e determinado porque, nesse caso, como o próprio nome diz, apesar de homogêneo, o direito é individual. Mas note-se: não se trata de litisconsórcio e sim de direito coletivo. Não é o caso de ajuntamento de várias pessoas, com direitos próprios e individuais no polo ativo da demanda, o que se dá no litisconsórcio ativo; quando se trata de direito individual homogêneo, a hipótese é de direito coletivo – o que permitirá, inclusive, o ingresso de ação judicial por parte dos legitimados no art. 82 da Lei Consumerista. São exemplos de direitos individuais homogê-

Dessa forma, apresentamos a seguinte divisão para o direito positivo.

DIREITO POSITIVO	Público	Interno	Direito Constitucional Direito Administrativo Direito Tributário Direito Processual Direito Penal Direito Eleitoral
		Externo	Direito Militar Direito Internacional Público
	Privado	Interno	Direito Civil Direito Empresarial
	Difusos e Coletivos	Interno	Direito do Trabalho Direito Previdenciário Direito Econômico Direito do Consumidor Direito Ambiental
		Externo	Direito Internacional Privado

4.4.2. Ramos do Direito Público interno

4.4.2.1. O Direito Constitucional

O princípio que norteia o Direito Constitucional contemporâneo é o do "Estado de Direito", isto é, do Estado que tem como princípio inspirador a subordinação de todo poder ao Direito.

Isto tem-se dado por meio de um processo de legitimação de toda ação de governo, que tem sido chamado de constitucionalismo.

Certamente, ainda que o Estado seja submetido à Constituição e às leis, como é ele que as controla, desde sua criação até sua aplicação, pode manipulá-las. Isso é um problema que interessa não só ao Direito Constitucional, como também à Teoria Geral do Direito, à Teoria Geral do Estado, à Ciência do Direito etc.

O Direito Constitucional, propriamente, engloba as normas jurídicas constitucionais, isto é, aquelas pertencentes à Constituição, em toda sua amplitude, dentre as quais se destacam as atinentes à forma e à organização do Estado, ao regime político, à competência e função dos órgãos estatais estabelecidos, aos direitos e garantias fundamentais dos cidadãos etc.

No Brasil, essas normas estão estabelecidas na atual Constituição Federal, vigente desde 5-10-1988.

---

neos: os relativos aos direitos das vítimas e de seus familiares nos casos de quedas de aviões, como o da TAM, no Jabaquara, em São Paulo, ou o do naufrágio do barco "Bateau Mouche", no Rio de Janeiro etc. Para mais elementos a respeito do conceito de direitos difusos e coletivos, consultar o meu *Comentários ao Código de Defesa do Consumidor*. 6. ed. São Paulo: Saraiva, 2011, p. 831 e s.

4.4.2.2. O Direito Administrativo

O Direito Administrativo corresponde ao conjunto de normas jurídicas que organizam administrativamente o Estado, fixando os modos, os meios e a forma de ação para a consecução de seus objetivos.

Assim, tais normas estruturam e disciplinam as atividades dos órgãos da Administração Pública direta e indireta, as autarquias, as empresas públicas, as entidades paraestatais etc.

Essas normas referem-se, ainda, ao Poder de Polícia da Administração, o que envolve não só os aspectos de segurança pública, de garantia da integridade física e moral das pessoas e das suas propriedades, mas também o de Polícia Administrativa, montado nos vários setores de fiscalização existentes, o controle e a preservação dos bens públicos e as limitações dos direitos sobre bens dos particulares etc.

Elas disciplinam também os serviços públicos e suas permissões e concessões, os critérios de oportunidade dos atos discricionários etc. Enfim, regulam todos os atos e procedimentos administrativos.

4.4.2.3. O Direito Tributário

Outrora considerado sub-ramo do Direito Financeiro, como ainda o é por parte da doutrina, o Direito Tributário ganhou suma importância, especialmente na segunda metade de nosso século, por força da intervenção cada vez maior do Estado no domínio econômico, com sua necessidade de arrecadação sempre crescente.

O Direito Tributário ganhou relevo por pautar-se no exame da legalidade e constitucionalidade dos atos do Poder Público para a criação de impostos, taxas e contribuições.

As relações entre o Fisco e os contribuintes foram, então, enquadradas, de tal forma que evitassem toda sorte de abusos por parte do Fisco.

O Direito Tributário envolve, assim, as normas jurídicas voltadas para a arrecadação de tributos, bem como as que cuidam das atividades financeiras do Estado, regulando suas receitas e despesas.

Seus principais instrumentos legais são a própria Constituição Federal, o Código Tributário Nacional (CTN) e uma série de leis esparsas.

4.4.2.4. O Direito Processual

Também conhecido como direito adjetivo, porque é instrumento do direito material – que é direito substantivo –, o Direito Processual regula o processo judicial, bem como a organização judiciária.

Assim, o Direito Processual engloba as normas jurídicas que cuidam das regras relativas à ação judicial, isto é, do direito de ver qualquer pretensão sendo analisada e julgada pelo Poder Judiciário.

O Direito Processual está dividido por áreas relativas ao direito material, com três subdivisões básicas:

a) Direito Processual Civil, que regula as situações relativas à órbita civil, comercial, fiscal, administrativa, do consumidor etc.; seu principal instrumento é o Código de Processo Civil (CPC).

b) O Direito Processual Penal, que regula as situações relativas à órbita penal; seus principais textos legais são o Código de Processo Penal (CPP), as leis das execuções penais e a Lei dos Juizados Especiais Criminais.

c) O Direito Processual do Trabalho, que regula as situações relativas à órbita trabalhista. Serve-se ele, subsidiariamente, para os casos não previstos, do Direito Processual Civil; sua principal base legal é a Consolidação das Leis do Trabalho (CLT) e o Código de Processo Civil (CPC).

4.4.2.5. O Direito Penal

O Direito Penal corresponde ao conjunto das normas jurídicas que regulam os crimes e as contravenções penais (condutas ilícitas penais de menor potencial ofensivo), com as correspondentes penas aplicáveis.

Seus principais instrumentos legais são o Código Penal e a Lei das Contravenções Penais, acrescidos de diversas leis esparsas.

Talvez o Direito Penal devesse mais tecnicamente ser intitulado Direito Criminal, uma vez que existem sistemas penais que não estão ligados àqueles do Código Penal e demais normas. Há, por exemplo, penas de natureza civil (multas), administrativa (cassação de licença, interdição de estabelecimento) etc.

De qualquer maneira o termo equivale ao uso tradicional.

4.4.2.6. O Direito Eleitoral

Compõe-se do conjunto das normas jurídicas que disciplinam a escolha dos membros do Poder Executivo e do Poder Legislativo.

Essas normas estabelecem os critérios e as condições para o eleitor votar, para alguém se candidatar, bem como a data das eleições, a forma das apurações, o número de candidatos a serem eleitos, fixando as bases para a criação e o funcionamento dos partidos políticos etc.

4.4.2.7. O Direito Militar

O Direito Militar é aquele que regula as normas que afetam os militares.

A Constituição Federal regula a questão no art. 42, e há no sistema jurídico o Código Penal Militar (Dec.-Lei n. 1.001, de 21-10-1969) e o Código de Processo Penal Militar (Dec.-Lei n. 1.002, de 21-10-1969).

4.4.3. O Direito Público externo

4.4.3.1. O Direito Internacional Público

O Direito Internacional Público compõe-se das normas convencionais (tratados internacionais, também chamados de convenções, pactos, convênios, acordos) e dos costumes jurídicos internacionais.

Tratado internacional é o acordo realizado por Estados independentes, visando à ordenação, por intermédio de cláusulas que se tornam normas jurídicas, de temas de interesse comum.

Assim, por exemplo, citemos a Convenção de Genebra de 1931, que fixou normas sobre uso de cheque, a chamada "Lei Uniforme sobre Cheque"; ou a Convenção de Varsóvia de 1929, que trata, dentre outros temas, da responsabilidade do transportador aéreo internacional relativa a atraso de embarque, extravio de bagagens etc.

As normas estabelecidas nos tratados obrigam os Estados que vierem a ratificá-los, ou que os celebrarem, ou que a eles vierem a aderir.

O Estado pode aderir a um tratado com reservas, isto é, ressalvando por escrito, expressa e especificamente, que não acata determinadas cláusulas e normas lá estabelecidas.

Pode, também, o Estado, após celebrar o tratado, aderir a ele ou ratificá-lo, desistir dele, por meio da "denúncia". Por esse instrumento, entregue a todos os outros Estados que são parte no tratado, o Estado expressa que não vai mais observar as cláusulas e normas nele contidas.

O tratado passa a ter vigência e obrigatoriedade no regime de direito interno, após celebrado pelo Presidente da República (art. 84, VIII, da CF) e aprovado pelo Congresso Nacional (art. 49, I, da CF) (ver a respeito desse assunto o subitem 3.3.2, *retro*).

Os costumes jurídicos internacionais são os usos observados e reconhecidos de forma uniforme pelos Estados soberanos, nas suas relações. Não são exatamente como os costumes jurídicos da ordem interna (que tratamos no Cap. 3, *retro*, subitem 3.4.1).

São mais usos e práticas aceitos como obrigatórios pelos Estados que assim os observarem, resultando, então, dos atos reiterados dos Estados nas relações da esfera internacional.

4.4.4. Os ramos do Direito Privado

4.4.4.1. O Direito Civil

O Direito Civil é também conhecido como direito comum. Ele engloba as normas jurídicas que regem, entre outros, a capacidade e o estado das pessoas, o nascimento, o fim, o nome, a maioridade etc.; as relações familiares – casamento, separação, divórcio, relações de parentesco, pátrio poder etc.; as relações patrimoniais e obrigacionais – direitos reais e pessoais, posse, propriedade, compra e venda, contratos etc.; a sucessão hereditária – divisão, espólio, meação, testamentos etc.

Atente-se, todavia, no que respeita a compra e venda, contratos, responsabilidade, dentre outros temas, para o que se deve seguir naquilo que é definido como relação de consumo.

Há compra e venda de um bem na ótica do Direito Privado (Direito Civil ou Comercial) e compra e venda do mesmo bem na abrangência do Direito do Consumidor. Para a distinção ficar mais clara, leia-se o subitem 4.4.5.4, *infra*.

O principal diploma legal do Direito Civil é o Código Civil brasileiro (CC), que foi editado em 11-1-2002 e entrou em vigor em 12-1-2003, tendo revogado o vetusto Código Civil de 1916.

4.4.4.2. O Direito Empresarial

O chamado Direito Comercial foi englobado pelo Direito Empresarial, que abrange, por sua vez, as normas jurídicas que regulam a atividade comercial ou empresarial, entendida esta como a de fabricação, produção, montagem, distribuição, comercialização etc. de produtos, nas relações estabelecidas entre as próprias pessoas que exercem tais atividades, bem como os serviços prestados de umas às outras.

Ou, em outras palavras, o Direito Comercial ou empresarial trata das relações entre empresários, que exercem aquelas atividades, com vistas ao lucro. Além disso, o Direito Empresarial cuida da questão do capital, da relação entre empresa e acionista, da falência e da recuperação das empresas etc.

Seus principais instrumentos legais são o Código Civil (CC), arts. 966 a 1.195, Código Comercial (CCom), arts. 457 e s.[5], editado em 1850 e alterado por inúmeras outras leis esparsas (Lei de Falências e Recuperação de Empresas, Lei das Sociedades por Cotas de Responsabilidade Limitada, Lei das Sociedades Anônimas etc.).

4.4.5. Os ramos dos Direitos difusos e coletivos

4.4.5.1. O Direito do Trabalho

O Direito do Trabalho engloba as normas jurídicas que regulam as relações entre o empregado e o empregador (patrão), compreendendo o contrato de trabalho, o registro do empregado, a rescisão, a despedida, as verbas trabalhistas, os salários e seus reajustes, a duração da jornada de trabalho etc.

---

[5] O CC de 2002 revogou os arts. 1º a 456 do CCom.

Essas normas regulam, também, o chamado Direito Coletivo do Trabalho, que trata dos acordos coletivos de trabalho, da organização sindical, do direito de greve etc.

Seu principal diploma legal é a Consolidação das Leis do Trabalho (CLT), de 1º-5-1943, acrescida e alterada por uma série de leis esparsas – leis de acidente do trabalho, do empregado doméstico, do Fundo de Garantia do Tempo de Serviço – FGTS etc.

4.4.5.2. O Direito Previdenciário

É o ramo do Direito que engloba as normas jurídicas que cuidam da Seguridade Social (compreendendo a Saúde, a Previdência Social e a Assistência Social) e atua por intermédio de seus órgãos (INSS, SUS etc.), estabelecendo os benefícios e as formas de sua obtenção – auxílio-doença, salário-maternidade, aposentadoria por tempo de contribuição e por invalidez, direito à pensão na viuvez e na orfandade.

Seus principais instrumentos legais são a Lei de Organização e Custeio da Seguridade Social (Lei n. 8.212/91); o Plano de Benefícios da Previdência Social (Lei n. 8.213/91); a Lei Orgânica da Saúde (Lei n. 8.080/90); a Lei Orgânica da Assistência Social (Lei n. 8.742/93); e o Programa do Seguro-Desemprego (Lei n. 7.998/90) (Cf. Wagner Balera, *Sistema de Seguridade Social*, 2. ed., São Paulo, LTr, 2002, p. 18 e s.).

4.4.5.3. O Direito Econômico

É o ramo do Direito que se compõe das normas jurídicas que regulam a produção e a circulação de produtos e serviços, com vistas ao desenvolvimento econômico do País, especialmente no que diz respeito ao controle do mercado interno, na luta e disputa lá estabelecida entre as empresas, bem como nos acertos e arranjos feitos por elas para explorarem o mercado.

São normas, portanto, que regulam monopólios e oligopólios, tentam impedir a concorrência desleal etc.

Tais normas estão espalhadas em leis esparsas, dentre as quais se destacam a Lei Antitruste (Lei n. 8.884/94), a Lei de Economia Popular, a Lei de Livre Concorrência etc.

4.4.5.4. O Direito do Consumidor

Importante ramo novo do Direito, já amplamente aplicado e estudado em outros países, o Direito do Consumidor chegou tarde no Brasil, mas veio muito bem elaborado, por meio do Código de Defesa do Consumidor (CDC), seu principal instrumento.

Em vigor desde 1º-3-1991 (Lei n. 8.078/90), o CDC regula as relações potenciais ou efetivas entre consumidores e fornecedores de produtos e serviços.

As normas do CDC, instituídas para a proteção e defesa do consumidor, são de ordem pública e interesse social.

Consumidor, para esse sistema legal, é "toda pessoa física ou jurídica que adquire ou utiliza produto ou serviço como destinatário final" (art. 2º do CDC), ao qual se equipara "a coletividade de pessoas, ainda que indetermináveis, que haja intervindo nas relações de consumo" (parágrafo único do art. 2º, citado).

Equiparam-se também ao consumidor todas as vítimas de evento danoso (art. 17 do CDC), bem como "todas as pessoas determináveis ou não, expostas às práticas" comerciais (art. 29 do CDC).

Fornecedor "é toda pessoa física ou jurídica, pública ou privada, nacional ou estrangeira, bem como os entes despersonalizados, que desenvolvem atividades de produção, montagem, criação, construção, transformação, importação, exportação, distribuição ou comercialização de produtos ou prestação de serviços" (art. 3º do CDC).

Produto "é qualquer bem, móvel ou imóvel, material ou imaterial" (§ 1º do art. 3º, citado), e serviço "é qualquer atividade fornecida no mercado de consumo, mediante remuneração, inclusive as de natureza bancária, financeira, de crédito e securitária" (§ 2º do mesmo art. 3º).

Está excluída da abrangência do CDC, como se viu, a prestação de serviço oferecida a título gratuito. As de caráter trabalhista também estão excluídas, e continuam regidas pela CLT e demais normas jurídicas trabalhistas.

As relações existentes entre os próprios fornecedores, isto é, de fornecedor a fornecedor, continuam regidas pela legislação já existente (civil, comercial, penal etc.).

Por essas singelas considerações relativas ao Direito do Consumidor, pode-se referir que certas operações de compra e venda de produtos e serviços estão submetidas à legislação consumerista, tendo saído da órbita das normas privativas.

Isso tem consequências importantes que devem ser lembradas. Examinemos a distinção e as consequências por meio de exemplos. Vamos supor que José da Silva adquira um automóvel em uma concessionária. Ele é consumidor e a revendedora é fornecedora. A relação é típica de consumo. Isso trará uma série de direitos a José: responsabilidade objetiva do fabricante em caso de vício e/ou defeito, declaração de nulidade das cláusulas contratuais abusivas, promessa prévia como integrante do contrato etc. Por outro lado, se José tivesse comprado o veículo de um amigo que queria vender seu automóvel antigo para adquirir um novo, essa relação estaria regulada pelo Direito Civil, já que seu amigo não é considerado fornecedor. Nessa relação as regras do CDC não incidiriam.

4.4.5.5. O Direito Ambiental

Ramo novo e também importante do direito positivo, o Direito Ambiental é composto das normas jurídicas que cuidam do meio ambiente em geral, tais como a proteção de matas, florestas e animais a serem preservados, o controle de poluição e do lixo urbano etc.

Tais normas jurídicas estão fixadas numa série de leis esparsas que seguem a diretriz básica da Constituição Federal. Esta regula a matéria em vários artigos: 198, 199, 200, 225 etc.

E, como nos diz o Professor Celso Antonio Pacheco Fiorillo, "A Constituição Federal de 1988 consagrou de forma nova e importante a existência de um bem que não possui características de bem público e, muito menos, privado, voltado à realidade do século XXI, das sociedades de massa, caracterizada por um crescimento desordenado e brutal avanço tecnológico.

Diante desse quadro, a nossa Carta Magna estruturou uma composição para a tutela dos valores ambientais, reconhecendo-lhes característicos próprios, desvinculados do instituto da posse e da propriedade, consagrando uma nova concepção ligada a direitos que muitas vezes transcendem o próprio critério das nações: os chamados direitos difusos" (*Curso de direito ambiental*, São Paulo: Saraiva, 2000, p. 10).

A base desse direito ambiental é a do art. 225 da Constituição Federal, cujo *caput* dispõe:

Com isso conclui o Professor Fiorillo:

> "Assim, temos que o art. 225 estabelece quatro concepções fundamentais no âmbito do direito ambiental: a) de que todos têm direito ao meio ambiente ecologicamente equilibrado; b) de que o direito ao meio ambiente ecologicamente equilibrado diz respeito à existência de um bem de uso comum do povo e essencial à sadia qualidade de vida, criando em nosso ordenamento o *bem ambiental*; c) de que a Carta Maior determina tanto ao Poder Público como à coletividade o dever de defender o bem ambiental, assim como o dever de preservá-lo; d) de que a defesa e a preservação do bem ambiental estão vinculadas não só às presentes como também às futuras gerações" (p. 14).

São vários os diplomas que vigem na área do Direito Ambiental, dentre os quais citamos as Leis n. 6.902, de 27-4-1981; 6.938, de 31-8-1981; 9.605, de 13-2-1998; 12.651, de 25-5-2012 (Novo Código Florestal) etc.

4.4.6. O Direito difuso externo

4.4.6.1. O Direito Internacional Privado

É o ramo composto pelas normas jurídicas que regulam as relações privadas no âmbito internacional.

Como as normas jurídicas têm vigência e eficácia apenas no território do respectivo Estado, só podem produzir efeitos em território de outro Estado se este aceitar.

Trata-se, de fato, de "conflito de leis" e por isso há que se definir qual a lei a ser aplicada: em função da nacionalidade ou domicílio da pessoa; da situação da coisa, objeto do direito; e do lugar em que foi realizado o ato.

A norma jurídica fundamental que cuida do assunto é a Lei de Introdução às Normas do Direito Brasileiro (Dec.-Lei n. 4.657, de 4-9-1942). Em verdade, esta é uma lei geral de aplicação das normas jurídicas, mas seus arts. 7º a 17 fixam as diretrizes do Direito Internacional Privado brasileiro.

A Lei de Introdução regula, então, no Direito Internacional Privado, as questões atinentes à pessoa e à família (arts. 7º e 11), aos bens (art. 8º), às obrigações (art. 9º), à sucessão por morte ou ausência (art. 10), à jurisdição – competência do Poder Judiciário brasileiro (art. 12), à produção e aceitação de provas dos fatos ocorridos em país estrangeiro (art. 13), à prova do Direito estrangeiro (art. 14), à execução da decisão judicial proferida no exterior (art. 15), aos limites de aplicação da lei estrangeira, bem como de atos e decisões judiciais de outro país no Brasil (arts. 16 e 17) (ver texto da Lei de Introdução às Normas do Direito Brasileiro no Anexo I, ao final do livro).

4.5. Outros elementos do direito positivo

4.5.1. A relação jurídica

É impossível não se comunicar. Todo aquele que pretende não se comunicar, no mínimo comunica sua negativa, isto é, ao menos anuncia que não quer comunicar-se, diz um dos axiomas da comunicação (ver Watzlawick, Beavin e Jackson, *Pragmática da comunicação humana*, São Paulo, Cultrix, 1991, p. 44 e s.).

Ou, em outras palavras, cada um de nós, porque vive em sociedade, já por isso, está o tempo todo comunicando-se, relacionando-se, num fenômeno de interação, ou de inter-relação necessária, da qual não podemos escapar.

São relações ditas intersubjetivas e que se tornam sociais. O conjunto dessas relações formam a sociedade – em termos de comunicação.

Tais relações estão submetidas a algum tipo de norma, mas não necessariamente jurídica. São ligadas à moral, às normas religiosas ou aos usos e costumes sociais (regras de etiqueta ou do trajar, por exemplo).

Relações jurídicas propriamente ditas são as ligadas às normas jurídicas – que, diga-se aqui, muitas vezes repetem normas morais, usuais e até religiosas.

Logo, percebe-se que numa relação jurídica há pelo menos duas pessoas inter-relacionando-se efetivamente, sendo que a relação é regulada pelo ordenamento jurídico.

A introdução da norma jurídica na relação vai trazer a possibilidade de exigência da ação ou comportamento para uma das partes, com o que se poderá dizer que há pelo menos um sujeito ativo na relação e pelo menos um sujeito passivo.

Como o que se exige é configurado na qualidade de objeto, pode-se dizer que a relação se dá entre pessoas, vinculadas por, pelo menos, um objeto protegido.

Assim, podemos definir a relação jurídica como o vínculo que une duas ou mais pessoas, cuja relação se estabelece por fato jurídico, cuja amplitude relacional é regulada por normas jurídicas, que operam e permitem uma série de efeitos jurídicos.

Dessa definição podemos, então, destacar os elementos que serão a seguir examinados: os sujeitos da relação: pessoa física, pessoa jurídica e os "entes despersonalizados"; o sujeito ativo e o sujeito passivo; o vínculo que une os sujeitos: fatos jurídicos; o objeto protegido: direitos reais, pessoais e da personalidade.

4.5.2. Os sujeitos da relação jurídica

Sujeitos da relação jurídica, ou sujeitos de direito, são os que estão aptos a adquirir e exercer direitos e obrigações.

Assim se denominam o sujeito ativo e o passivo da relação jurídica.

Sujeito ativo é propriamente o titular do direito subjetivo instaurado na relação jurídica, o qual pode fazer valer esse seu direito contra o sujeito passivo.

Por isso, o sujeito passivo é aquele que está obrigado diante do sujeito ativo a respeitar seu direito, praticando certo ato ou abstendo-se de qualquer prática.

Tanto aquele quanto este podem ser classificados em pessoas físicas, pessoas jurídicas e os chamados "entes despersonalizados".

4.5.2.1. A pessoa física

Pessoa física ou pessoa natural é o ser humano, considerado como sujeito de direitos e obrigações.

A pessoa física tem personalidade jurídica, que não se confunde com a personalidade natural. Esta é individual, composta pelo complexo psíquico e físico da pessoa natural. Aquela é a aptidão que todos têm para adquirir direitos e contrair obrigações.

A personalidade natural é variável, portanto, de indivíduo para indivíduo, sendo pessoal e individualizada. Ter-se-ão tantas personalidades quantos forem os seres humanos existentes.

A personalidade jurídica é igual para todos os seres humanos. Todos a têm na mesma medida.

A pessoa física tem, também, capacidade jurídica, que não se confunde com a personalidade jurídica nem com a capacidade natural.

Capacidade jurídica é a medida jurídica das atribuições da personalidade jurídica.

Enquanto todos os seres humanos têm, igualmente, personalidade jurídica, que, como vimos, é a aptidão fundamental para ser sujeito de direitos e obrigações, nem todos têm a mesma capacidade jurídica.

A capacidade jurídica é uma medida limitadora ou delineadora da possibilidade de adquirir direitos e de contrair obrigações.

Tal capacidade subdivide-se em:

a) Capacidade de fato e de direito, que é aquela exercida pessoalmente pelo titular do direito ou do dever subjetivo. Por exemplo, a capacidade plena que tem uma pessoa com mais de 18 anos para comprar um imóvel, assumindo a dívida em prestações, ou para vendê-lo, posteriormente.

b) Capacidade apenas de direito, que é aquela em que o titular não pode responder pessoalmente, necessitando ser substituído ou assistido por um terceiro. Por exemplo, o menor com 12 anos pode ser proprietário de um imóvel, mas quem irá administrá-lo de fato, alugá-lo, dar quitação dos aluguéis etc. serão os seus representantes legais, que poderão, no caso, ser seus pais. Estes o substituirão, no exercício do direito, tomando as providências jurídicas necessárias em seu nome.

A capacidade jurídica tem características próprias, ligadas aos diversos setores da vida jurídica, e variando de setor a setor. Fala-se, então, em capacidade civil, penal, política etc.

Assim, por exemplo, a capacidade civil plena é adquirida aos 18 anos de idade (CC, art. 5º, *caput*: "A menoridade cessa aos dezoito anos completos, quando a pessoa fica habilitada à prática de todos os atos da vida civil") ou pela emancipação, pelo casamento, pelo exercício de emprego público, pela colação de grau em curso superior ou pelo estabelecimento de sociedade civil ou comercial com economia própria, após os 16 anos (CC, art. 5º, parágrafo único: "Cessará, para os menores, a incapacidade: I – pela concessão dos pais, ou de um deles na falta do outro, mediante instrumento público, independentemente de homologação judicial, ou por sentença do juiz, ouvido o tutor, se o menor tiver dezesseis anos completos; II – pelo casamento; III – pelo exercício de emprego público efetivo; IV – pela colação de grau em curso de ensino superior; V – pelo estabelecimento civil ou comercial, ou pela existência de relação de emprego, desde que, em função deles, o menor com dezesseis anos completos tenha economia própria").

No Direito Civil há, ainda, os relativamente incapazes (CC, art. 4º: "São incapazes, relativamente a certos atos, ou à maneira de os exercer: I – os maiores de dezesseis e menores de dezoito anos; II – os ébrios habituais, os viciados em tóxicos, e os que, por deficiência mental, tenham o discernimento reduzido; III – os excepcionais, sem desenvolvimento mental completo; IV – os pródigos") e os absolutamente incapazes (CC, art. 3º: "São absolutamente incapazes de exercer pessoalmente os atos da vida civil: I – os menores de dezesseis anos; II – os que por enfermidade ou deficiência mental, não tiveram o necessário discernimento para a prática desses atos; III – os que, mesmo por causa transitória, não puderem exprimir sua vontade").

Há, também, a capacidade política: aos 16 anos o voto é facultativo e aos 18, obrigatório (CF, art. 14, § 1º, I e II: "A soberania popular será exercida pelo sufrágio universal e pelo voto direto e secreto, com valor igual para todos, e, nos termos da lei, mediante: (...) § 1º O alistamento eleitoral e o voto são: I – obrigatórios para os maiores de dezoito anos; II – facultativos para: (...); c) os maiores de dezesseis e menores de dezoito anos"); 35 anos é a idade mínima para concorrer ao cargo de Presidente e Vice-Presidente da República; 30 anos para Governador e Vice-Governador etc.

A capacidade tem limites, da mesma forma, no Direito Penal, no Direito do Trabalho etc.

Por fim, quanto à capacidade natural, certamente tem ela relação com a aptidão física e psíquica de cada ser humano, para o exercício da vida individual e social, e varia de pessoa para pessoa.

4.5.2.2. A pessoa jurídica

Pessoa jurídica é a entidade ou instituição que, por força das normas jurídicas criadas, tem personalidade e capacidade jurídicas para adquirir direitos e contrair obrigações.

Ela nasce de instrumento formal e escrito que a constitui, ou diretamente da lei que a institui.

No primeiro caso, temos as pessoas jurídicas de direito privado; no segundo, as pessoas jurídicas de direito público.

As pessoas jurídicas de direito privado caracterizam-se por ser constituídas por instrumento escrito, para cujo registro compareçam, pelo menos, duas pessoas (físicas ou jurídicas), que fixam as atividades e os objetivos a serem alcançados, a forma do exercício das atividades, o patrimônio de que a pessoa jurídica é constituída, o nome, a sede e o prazo de duração, dentre outras condições.

A exceção a essa regra geral fica por conta das fundações, que se distinguem por serem constituídas antes por um patrimônio (isto é, por um conjunto de bens) que por pessoas. Estas não aparecem propriamente dentro da constituição, já que o fundador, aquele que constitui a fundação, ainda que seja uma pessoa, comparece antes do ato instituidor.

Com efeito, a fundação pode ser criada por escritura pública ou testamento, nos quais o instituidor designa certos bens que sairão de seu patrimônio para fazê-la surgir. Seu objetivo será especificado pelo próprio instituidor, e certamente será administrada por pessoas. Mas, repita-se, são os bens que a constituem.

O instrumento de constituição da pessoa jurídica tem de ser registrado na repartição competente (Cartório de Registro Civil das Pessoas Jurídicas, Junta Comercial do Estado). No caso de fundação, há necessidade, também, de intervenção e participação do Ministério Público, por exigência legal.

Algumas pessoas jurídicas, tais como empresas petroquímicas, bancos, companhias de seguros etc., precisam de prévia autorização de órgãos governamentais para existir.

Uma vez constituída, a pessoa jurídica adquire personalidade jurídica, isto é, passa a ter aptidão fundamental para adquirir direitos e contrair obrigações, e tem vida própria, independente da pessoa de seus sócios, instituidores e administradores.

A capacidade jurídica da pessoa jurídica, por sua vez, decorre de sua própria natureza, isto é, tem relação com sua estrutura disposta no instrumento ou na lei que a constitui.

Dessa forma, a capacidade jurídica varia de acordo com o fim específico da atividade da pessoa jurídica, das regras e normas que a instituíram, da forma e dos limites de sua administração etc.

A personalidade e a capacidade jurídicas apresentam variações e características que permitem uma classificação das pessoas jurídicas.

Os destaques dessa classificação ficam por conta das fundações, que podem ser privadas ou públicas, estas quando instituídas por lei para o exercício de atividades públicas; e, também, para a distinção entre sociedades empresárias, empresário individual e sociedades simples. O registro na Junta Comercial dos Estados é exigência para os que exploram atividades empresariais, vale dizer, as sociedades empresárias e o empresário individual. Para explorar atividade não empresária – sociedade simples –, exige-se registro no Cartório de Registro Civil das Pessoas Jurídicas.

A associação é constituída sem finalidade lucrativa. Por exemplo, as associações esportivas (clubes), religiosas, culturais etc.

Pode-se, então, concluir com a seguinte classificação:

PESSOA JURÍDICA	De Direito público	Externo	Outros Estados Organismos internacionais	
		Interno	Administração direta	- União - Estados-Membros - Territórios - Municípios - Distrito Federal
			Administração indireta	Autarquias Fundações públicas
	De Direito privado	Associações		
		- Sociedades empresárias - Empresário individual - Sociedades simples		
		Fundações particulares		

4.5.2.3. Os entes "despersonalizados"

Ao lado das pessoas físicas e jurídicas, como sujeitos de direitos e obrigações, podem ser identificados os chamados "entes despersonalizados".

Podem ser caracterizados como aqueles que, embora possam ser capazes de adquirir direitos e de contrair obrigações, não preenchem as condições legais e formais para serem enquadrados como pessoas jurídicas, por falta de algum requisito ou pela sua situação jurídica *sui generis*.

Estão entre tais "entes despersonalizados" a pessoa jurídica "de fato", a massa falida e o espólio.

A pessoa jurídica "de fato" é figura bastante conhecida no mercado. São, geralmente, pequenos comerciantes, que compram e vendem produtos, sem ter uma sociedade regularmente constituída. Os ambulantes e os camelôs enquadram-se nessa situação; mas inclui-se, também, qualquer pessoa que exerça algum tipo de atividade industrial, comercial, de prestação de serviços etc. e que não tenha constituído adequada e legalmente seu negócio.

Atualmente, há até mesmo reconhecimento legal desses "entes despersonalizados", que estão caracterizados como sujeitos de direitos e obrigações, na figura do fornecedor, definido pelo CDC (ver art. 3º, *caput*, da Lei n. 8.078/90, transcrito no subitem 4.4.5.4, *retro*).

A massa falida, por sua vez, surge a partir da declaração judicial da insolvência (isto é, falência) de alguma sociedade. Ela é constituída do patrimônio – bens, direitos, obrigações – arrecadado pelo juízo falimentar. Tal patrimônio é administrado por um síndico, nomeado pelo juiz, para cuidar do processo de falência e responder em nome da massa falida, a qual é sujeito de direitos e obrigações.

O espólio, de sua parte, é composto do patrimônio oriundo da arrecadação dos bens, direitos e obrigações de pessoa falecida. A arrecadação é feita no processo de inventário, pelo qual responde um inventariante nomeado pelo juiz para representar o espólio. Assim, também o espólio é sujeito titular de direitos e obrigações.

4.5.3. O objeto da relação jurídica

Visto, assim, que quando se fala em direito subjetivo aponta-se para uma relação, na qual se pode identificar pelo menos um sujeito ativo e um passivo, falta, agora, apontar qual é o objeto desse direito subjetivo.

A doutrina costuma referir-se ao objeto fazendo a distinção entre objeto imediato e mediato.

4.5.3.1. O objeto imediato: obrigação de fazer, de dar e de não fazer

O objeto imediato, isto é, o que toca imediatamente o sujeito, é chamado de "prestação".

Esta consiste em certo ato, ou em sua abstenção, que o sujeito ativo da relação jurídica tem direito de exigir do sujeito passivo.

A prestação está, por isso, dividida em positiva e negativa.

A positiva consiste num ato imputado ao sujeito passivo.

Esse ato pode ser o de fazer alguma coisa. É a chamada obrigação de fazer. Por exemplo, quando um consumidor adquire carpete para sua residência e paga pelo serviço de instalação, o fornecedor do serviço (sujeito passivo) tem a obrigação de fazer a instalação do carpete, que pode ser exigida pelo consumidor (sujeito ativo). O mesmo ocorre quando se contrata um pintor para a pintura de uma casa etc.

Pode, também, esse ato consistir em dar ou entregar alguma coisa. É a chamada obrigação de dar. Por exemplo, o Banco que empresta certa quantia pode exigir (sujeito ativo) o pagamento dela, na data aprazada, do devedor (sujeito passivo). O pagamento configura a obrigação de dar ou entregar a quantia devida correspondente. O mesmo ocorre com o inquilino que tem de pagar o aluguel (dar o valor correspondente), com o contribuinte que tem de pagar o imposto etc.

A prestação negativa, por sua vez, consiste numa abstenção por parte do sujeito passivo que pode ser exigida pelo sujeito ativo. É a chamada obrigação de não fazer.

Possui ela algumas peculiaridades. Pode ser uma prestação negativa específica, localizada quanto ao objeto e sujeito ativo, como ocorre no contrato de exclusividade.

Nesse tipo de contrato, por exemplo, de uma empresa de televisão que contrata um ator com exclusividade para seu elenco, coloca-se uma cláusula contratual pela qual o ator se obriga a trabalhar por certo período de tempo apenas para aquela emissora.

Assim, por essa cláusula de exclusividade, o ator (sujeito passivo) está obrigado a uma prestação negativa ou abstenção, isto é, não pode trabalhar para as outras emissoras.

Essa abstenção tem, todavia, um caráter bastante amplo e genérico, especialmente quando se fala dos direitos que se impõem *erga omnes*, que se impõem a todos. Por exemplo, o direito à vida, à honra, à propriedade etc., que todos têm de respeitar.

Assim, quando se fala no direito à vida que, por exemplo, fulano tem, o sujeito passivo são todos os outros indivíduos; são esses outros indivíduos que devem uma prestação negativa, uma abstenção em relação ao direito à vida de fulano; um respeito integral a esse direito, representado pela não prática de qualquer ato que possa atingir tal direito.

4.5.3.2. O objeto mediato: bens jurídicos (coisas e pessoas)

Os "bens jurídicos" sobre os quais recaem e para os quais se dirigem os direitos e as obrigações são os chamados objetos mediatos, porque tocam o sujeito de maneira indireta.

O termo "bem jurídico" tem o sentido de valor, utilidade ou interesse de natureza material, econômica ou moral, ou, em outras palavras, é tudo aquilo que é protegido pelo Direito, tendo ou não conteúdo ou valorização econômica.

Dessa forma, pode-se dizer que o conceito jurídico de "bem" tem significação mais ampla do que o mero conceito econômico de bem.

"Bens jurídicos" são, então, as coisas móveis caracterizadas como aquelas que têm movimento próprio, como os animais, ou as removíveis por força alheia, tais como objetos, mercadorias, utensílios etc. (cf. art. 82 do CC: "São móveis os bens suscetíveis de movimento próprio, ou de remoção por força alheia, sem alteração da substância ou da destinação econômico-social"), bem assim as que são móveis por força de lei, como os direitos de autor, a energia elétrica etc. (cf. art. 83 do CC: "Consideram-se móveis para os efeitos legais: I – as energias que tenham valor econômico; II – os direitos reais sobre objetos móveis e as ações correspondentes; III – os direitos pessoais de caráter patrimonial e respectivas ações"; e art. 155, § 3º, do CP: "Equipara-se à coisa móvel a energia elétrica ou qualquer outra que tenha valor econômico").

São, também, os imóveis por natureza e os por destinação, como o solo, as árvores, as construções sobre o solo etc. (cf. arts. 79 do CC: "São bens imóveis o solo e tudo quanto se lhe incorporar natural ou artificialmente"; 80: "Consideram-se imóveis para os efeitos legais: I – os direitos reais sobre imóveis e as ações que os asseguram; II – o direito à sucessão aberta"; 81: "Não perdem o caráter de imóveis: I – as edificações que, separadas do solo, mas conservando a sua unidade, forem removidas para outro local; II – os materiais provisoriamente separados de um prédio, para nele se reempregarem").

As coisas móveis podem ser classificadas como fungíveis e não fungíveis, duráveis e não duráveis. As coisas podem ser, também, materiais e imateriais, públicas e privadas etc.

No conceito de "bem jurídico" inclui-se, ainda, a própria pessoa, na sua condição física (pessoa física) e espiritual ou moral (pessoa física, pessoa jurídica e "entes despersonalizados").

Os "bens jurídicos" aí são a vida, a integridade física, a liberdade, a dignidade, a honra, a imagem, o nome etc.

Consigne-se que, ainda quando uma violação a direito da pessoa – por exemplo, agressão física ou ofensa à honra – possa ser resolvida pela via indenizatória – pagamento de certo valor em dinheiro como pena pelo dano moral ocasionado –, mesmo assim essa significação econômica não transfigura nem diminui a proteção maior e primeira ao próprio Direito em si – no caso dos exemplos, a integridade física e a honra, garantidos independentemente da redução ao econômico e, de direito, mais relevantes que qualquer tipo de tangenciamento econômico.

Podemos, agora, concluir, apresentando a classificação dos objetos da relação jurídica, graficamente:

	Objeto imediato	Obrigação de fazer
OBJETO	– prestação	Obrigação de dar ou entregar
		Obrigação de não fazer
	Objeto mediato	Coisas
	– "bens jurídicos"	Pessoas

4.5.4. A classificação fundada no objeto da relação jurídica

A divisão do objeto em imediato (ações e abstenção) e mediato (coisas e pessoas) permite outra classificação, fundada exatamente nas pessoas, nas coisas e nas ações. São os chamados direitos obrigacionais, direitos reais e direitos da personalidade.

4.5.4.1. Os direitos obrigacionais

Os direitos obrigacionais são também conhecidos como direitos pessoais (não confundir com direitos da personalidade, que serão vistos adiante) ou direitos de crédito.

Constituem direitos que o titular tem em relação às prestações de outra pessoa. São as já referidas no capítulo anterior: obrigações de fazer, dar e não fazer.

4.5.4.2. Os direitos reais

Denominam-se reais os direitos que o sujeito tem sobre as coisas. Por exemplo, o direito de propriedade, na qual o sujeito tem direito real sobre a coisa, que lhe pertence.

Tal direito de propriedade pode ser sobre coisa corpórea, material, como o direito real sobre um imóvel qualquer (terreno, casa, apartamento etc.), sobre um móvel (automóvel, eletrodoméstico etc.); e pode também ser sobre coisa incorpórea ou imaterial, como os direitos de autor ou propriedade intelectual, relativos à criação da obra literária, artística e científica; ou a propriedade industrial, relativa a inventos, modelos industriais, marcas etc.

4.5.4.3. Os direitos da personalidade

Como o próprio nome indica, direitos da personalidade são aqueles ligados diretamente à personalidade jurídica do sujeito.

Quanto à pessoa física, tais direitos dizem respeito aos seus múltiplos aspectos físicos e psíquicos, tais como o direito à vida, à integridade física, à honra, à segurança, ao casamento, à constituição de família, às liberdades etc.

Quanto às pessoas em geral (física, jurídica e "entes despersonalizados"), são os relativos aos demais aspectos, tais como o direito ao nome, à imagem, à associação, à reputação etc.

Quanto às pessoas jurídicas, propriamente, existem direitos da personalidade que lhes são exclusivos, tais como o da liberdade comercial, o da clientela e do fundo de comércio etc.

4.5.5. O nascimento da relação jurídica

Após a análise dos sujeitos da relação jurídica e dos objetos nela inseridos, resta-nos estudar o nascimento da própria relação jurídica.

Costuma-se designar o elemento gerador da relação jurídica de fato jurídico.

Fatos jurídicos são os acontecimentos por meio dos quais as relações jurídicas nascem, modificam-se e extinguem-se.

Podem ser divididos em fatos naturais e atos jurídicos. Aqueles se subdividem em ordinários e extraordinários; estes, em atos lícitos, atos ilícitos e abuso do direito.

Graficamente:

NASCIMENTO DA RELAÇÃO JURÍDICA	Fatos jurídicos	Fatos naturais	Ordinários Extraordinários
		Atos jurídicos	Ato lícito Ato ilícito Abuso do direito

4.5.5.1. Os fatos naturais

Fatos naturais são os alheios à vontade e à ação humana ou a elas apenas indiretamente relacionados. Como exemplos de fatos naturais ordinários temos: o nascimento; a morte; as figuras jurídicas que dependem da passagem do tempo, como a maioridade, a aquisição da propriedade por usucapião, a perda do direito por meio da decadência ou do direito de ação pela prescrição etc.

Como exemplos dos fatos naturais extraordinários, temos o caso fortuito e a força maior: a inundação que destrói propriedades, a queda de raio que provoca incêndio etc.

4.5.5.2. Os atos jurídicos lícitos

Designam-se jurídicos, por sua vez, os atos que dependem da vontade e/ou ação humanas.

Os atos jurídicos são considerados lícitos quando, uma vez praticados, preenchem os requisitos legais exigidos pelas normas jurídicas, visando ou gerando (isto é, mesmo sem visar) a criação, a modificação ou a extinção da relação jurídica.

Como exemplos citemos a efetivação de contrato de compra e venda, a realização de casamento, a feitura de testamento, o envio de notificação etc.

4.5.5.3. Os atos jurídicos ilícitos

Consideram-se ilícitos os atos jurídicos, por evidência do nome, quando infringirem as normas legais instituídas.

Uma vez praticados, geram relação jurídica, independentemente da vontade do agente.

Assim, por exemplo, a agressão, o furto, o homicídio geram a obrigação de pagar indenização à vítima do evento danoso e ilícito ou a seus herdeiros; o excesso de velocidade na direção de veículo gera a obrigação de pagar multa ao Estado etc.

Observe-se que, quando se fala em "ação humana" para a prática de ato jurídico lícito ou ilícito, não se está aí excluindo a pessoa jurídica ou os "entes despersonalizados", que podem praticar tanto um quanto outro: por exemplo, podem assinar contrato de compra e venda (ato lícito) ou sonegar impostos (ato ilícito).

Fala-se em ação humana porque, em última instância, ainda que representando uma pessoa jurídica ou agindo em seu nome, ou mesmo praticando um ato em nome de um "ente despersonalizado", é sempre um ser humano que está a realizar a ação propriamente dita.

Mas a ação humana capaz de gerar ato jurídico ilícito é qualificável tanto subjetiva quanto objetivamente.

No primeiro caso está a teoria tradicional da responsabilidade subjetiva. No outro, a moderna teoria da responsabilidade objetiva.

A responsabilidade subjetiva nasce do dolo ou da culpa do agente causador do dano.

O dolo é um elemento psíquico, a intenção ou vontade consciente, que sustenta um ato capaz de causar dano a outrem, ou que, ao ser praticado, o seu autor o tenha feito de forma que assuma o risco de causar o dano a outrem. É exercício de ato ilícito, portanto, e, como tal, proibido pelas normas jurídicas.

A culpa é caracterizada pela execução de ato danoso por negligência, imprudência ou imperícia.

Negligente é aquele que causa dano a outrem por omissão (assim, por exemplo, o motorista que não põe óleo no freio do automóvel e provoca, por isso, um acidente ao pisar no breque que não funciona).

Imprudente é o que causa o dano por ação (quando, por exemplo, o motorista ultrapassa um sinal vermelho e causa um acidente).

Imperito é o profissional que não age com o cuidado que dele se espera; é o profissional que não trabalha usando o conhecimento necessário e exigido por sua profissão (por exemplo, o cirurgião que deixa um pedaço de gaze dentro do paciente operado).

Responsabilidade objetiva é a que gera a relação jurídica com a correspondente obrigação de indenizar, independentemente da apuração do dolo ou da culpa.

Para melhor esclarecer a questão da responsabilidade objetiva, vamos explicá-la a partir do exemplo do CDC, lei moderna que a incorporou em seu sistema.

Com efeito, a Teoria da Responsabilidade Objetiva, que já vigia para a Administração Pública, passou, com o CDC, na modalidade de Teoria do Risco do Negócio, a viger nas relações de consumo existentes no mercado.

O CDC adotou a responsabilidade objetiva como um dos princípios fundamentais de seu sistema normativo próprio e estabeleceu-o numa série de suas normas.

Assim, por exemplo, no que diz respeito à responsabilidade objetiva por danos ocasionados ao consumidor por acidente de consumo, a matéria está regulada nos arts. 12, 13 e 14 do CDC.

Tais artigos dispõem o seguinte, *in verbis*:

"Art. 12. O fabricante, o produtor, o construtor, nacional ou estrangeiro, e o importador respondem, independentemente da existência de culpa, pela reparação dos danos causados aos consumidores por defeitos decorrentes de projeto, fabricação, construção, montagem, fórmulas, manipulação, apresentação ou acondicionamento de seus produtos, bem como por informações insuficientes ou inadequadas sobre sua utilização e riscos.

§ 1º O produto é defeituoso quando não oferece a segurança que dele legitimamente se espera, levando-se em consideração as circunstâncias relevantes, entre as quais:

I – sua apresentação;

II – o uso e os riscos que razoavelmente dele se esperam;

III – a época em que foi colocado em circulação.

§ 2º O produto não é considerado defeituoso pelo fato de outro de melhor qualidade ter sido colocado no mercado.

§ 3º O fabricante, o construtor, o produtor ou importador só não será responsabilizado quando provar:

I – que não colocou o produto no mercado;

II – que, embora haja colocado o produto no mercado, o defeito inexiste;

III – a culpa exclusiva do consumidor ou de terceiro.

Art. 13. O comerciante é igualmente responsável, nos termos do artigo anterior, quando:

I – o fabricante, o construtor, o produtor ou o importador não puderem ser identificados;

II – o produto for fornecido sem identificação clara do seu fabricante, produtor, construtor ou importador;

III – não conservar adequadamente os produtos perecíveis.

Parágrafo único. Aquele que efetivar o pagamento ao prejudicado poderá exercer o direito de regresso contra os demais responsáveis, segundo sua participação na causação do evento danoso.

Art. 14. O fornecedor de serviços responde, independentemente da existência de culpa, pela reparação dos danos causados aos consumidores por defeitos relativos à prestação dos serviços, bem como por informações insuficientes ou inadequadas sobre sua fruição e riscos.

§ 1º O serviço é defeituoso quando não fornece a segurança que o consumidor dele pode esperar, levando-se em consideração as circunstâncias relevantes, entre as quais:

I – o modo de seu fornecimento;

II – o resultado e os riscos que razoavelmente dele se esperam;

III – a época em que foi fornecido.

§ 2º O serviço não é considerado defeituoso pela adoção de novas técnicas.

§ 3º O fornecedor de serviços só não será responsabilizado quando provar:

I – que, tendo prestado o serviço, o defeito inexiste;

II – a culpa exclusiva do consumidor ou de terceiro.

§ 4º A responsabilidade pessoal dos profissionais liberais será apurada mediante a verificação de culpa".

Frise-se que o CDC não adotou a teoria da responsabilidade subjetiva, à exceção do caso dos profissionais liberais (§ 4º do art. 14).

Afastou essa modalidade de responsabilidade por vários motivos. À uma porque sua apuração (a prova do dolo ou da culpa) é sempre muito difícil de ser feita, o que invariavelmente se daria em prejuízo dos direitos e interesses do consumidor, que a lei quer proteger.

À outra porque no mundo atual, de consumo de massa, o importante é o fato de que, mesmo que o fabricante não aja com culpa, ainda assim seus produtos e serviços têm defeitos e podem ocasionar danos.

O CDC trouxe a chamada "responsabilidade pelo fato do produto ou do serviço" prestado ou, em outras palavras, a preocupação com o dano que a coisa, o produto, bem como o serviço em si, possam causar ao consumidor. É a moderna teoria que coloca o próprio objeto como causa do evento danoso. São os produtos ou os serviços em si mesmos, os causadores do evento danoso.

Visto assim, não há que se cogitar mesmo se houve ou não culpa do fabricante, produtor etc. na elaboração do produto ou na realização do serviço. Uma vez que estes – os produtos e os serviços – encontram-se no mercado de consumo, podendo potencialmente ocasionar danos ao consumidor, é a eles que o Código dirige sua preocupação.

Ocorrido o dano, cabe ao consumidor indicar o nexo da causalidade entre ele (consumidor) e o dano, bem como o evento que ocasionou este, o produto ou o serviço que gerou o evento e, ainda, apontar na ação judicial o fabricante, o produtor, o construtor, o importador ou o prestador de serviço que colocou o produto ou o serviço no mercado.

Assim, graficamente, temos:

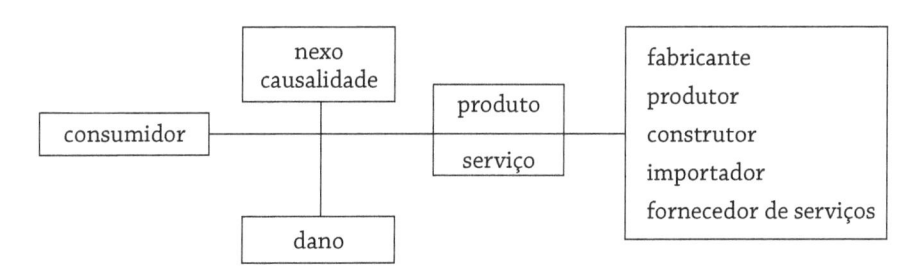

```
                    ┌─────────────┐
                    │    nexo     │
                    │ causalidade │                  ┌──────────────────────┐
                    └─────────────┘  ┌──────────┐    │ fabricante           │
┌──────────────┐           │         │ produto  │    │ produtor             │
│ consumidor   │───────────┼─────────┤          ├────│ construtor           │
└──────────────┘           │         │ serviço  │    │ importador           │
                    ┌─────────────┐  └──────────┘    │ fornecedor de serviços│
                    │    dano     │                  └──────────────────────┘
                    └─────────────┘
```

Para concluir o assunto, consigne-se que existe uma tendência no pensamento jurídico em trabalhar, cada vez mais, com a perspectiva da responsabilidade objetiva, que, ao que parece, é uma tendência em continuidade.

4.5.5.4. O abuso do direito

Preliminarmente, diga-se, a expressão é abuso "do" direito e não abuso "de" direito, porquanto abusa-se de certo direito que se tem. O uso do "do" como contração da preposição "de" e do artigo "o" é designativo do direito do qual se abusa.

Muito atacada, inclusive por juristas de renome, aos poucos a Teoria do Abuso do Direito foi-se firmando, sendo hoje aceita pela doutrina e pela jurisprudência.

Anteriormente dizia-se que a expressão "abuso do direito" era logomáquica, isto é, continha palavreado inútil, pois, se se tem direito, não se tem abuso. Este seria já o não direito, o antidireito ou o ato ilícito. Logo, abuso não seria direito e, em contrapartida, quem tem direito exerce-o, e não pode estar abusando, exercendo-o.

Acontece que a prática real do exercício dos vários direitos subjetivos acabou demonstrando que, em alguns casos, não havia ato ilícito, mas era o próprio exercício do direito em si que se caracterizava como abusivo.

A Teoria do Abuso do Direito, então, ganhou força e acabou preponderando.

Pode-se definir o abuso do direito como sendo o resultado do excesso de exercício de um direito, capaz de causar dano a outrem.

Ou, em outras palavras, o abuso do direito se caracteriza pelo uso irregular e desviante do direito em seu exercício, por parte do titular.

Na realidade, a doutrina do abuso do direito tem sido muito importante, especialmente pela influência que exerceu e exerce sobre os legisladores.

Muitas normas jurídicas acabaram incorporando em seus diplomas legais as práticas abusivas, para proibi-las.

Aliás, ainda que não abertamente, o próprio CC brasileiro, desde os idos de 1917, já admitia de forma indireta a possibilidade da existência do abuso do direito.

Isto porque no art. 160, I, há o reconhecimento de que o exercício regular de um direito não constitui ato ilícito. Leia-se seu teor: "Não constituem atos ilícitos: I – os praticados em legítima defesa ou no exercício regular de um direito reconhecido"[6]. Logo, *a contrario sensu*, o exercício irregular – isto é, abusivo – pode caracterizar-se como ilícito.

De qualquer forma, preferimos situar o "abuso do direito" numa posição ao lado do ato ilícito, mas com ele não se confundindo, porque o ato ilícito é figura típica, reconhecida pelo ordenamento jurídico como tal.

O "abuso" não é propriamente caracterizado pelo ordenamento jurídico, mas sim pelo exercício irregular de fato, concreto, de um direito, este reconhecido pelo ordenamento como direito.

É, portanto, o exercício irregular que pode caracterizar o abuso do direito, que no ordenamento é regular. No caso do ato ilícito, a ilicitude já estava antes prevista como proibida e condenável.

Assim, por exemplo, abusa do direito o patrão que ameaça mandar embora o empregado sem justa causa, caso ele não se comporte de certa forma. A jurisprudência tem, também, reconhecido o abuso do direito. Veja-se a decisão da 5ª Câmara Civil do Tribunal de Justiça do Rio Grande do Sul: "Convênio de Assistência Médico-Hospitalar – Resilição unilateral do contrato quando o segurado mais carecia da cobertura – Inadmissibilidade – Abuso de direito caracterizado – Inaplicabilidade, porém, da Lei 8.078/90, dado a avença ter sido firmada antes da sua vigência.

---

[6] O novo Código Civil repete a regra no art. 188, I.

Ementa da Redação: Constitui *abuso* do *exercício* de direito a resilição unilateral de contrato de assistência médico-hospitalar mantido por mais de 16 anos, justamente no momento em que o segurado, por sua idade avançada, mais carecia da cobertura contratual, não se aplicando à espécie a Lei 8.078/90, pois o referido dispositivo legal não se aplica às avenças celebradas anteriormente à sua vigência" (Rel. Des. Araken de Assis, j. 28-11-1996, v.u.).

A legislação brasileira, adotando a doutrina do abuso do direito, acabou regulando uma série de ações e condutas que outrora eram tidas como meras práticas abusivas, tornando-as ilícitas.

Exemplo mais atual disso são certas normas do CDC, que proíbem o abuso e nulificam cláusulas contratuais abusivas.

Assim, o art. 28 do CDC dispõe que o juiz poderá desconsiderar a personalidade jurídica da sociedade quando, em detrimento do consumidor, houver abuso do direito, entre outras circunstâncias.

Este é um caso de reconhecimento legal expresso do abuso do direito, que, uma vez identificado – pelo exercício –, dá causa a consequências jurídicas.

No CDC também há a proibição da publicidade abusiva (§ 2º do art. 37) e a imputação de nulidade das cláusulas contratuais consideradas abusivas (art. 51).

Vejamos o que dizem os artigos citados, para que possamos obter um completo esclarecimento da questão:

"Art. 37. É proibida toda publicidade enganosa ou abusiva.

§ 2º É abusiva, dentre outras, a publicidade discriminatória de qualquer natureza, a que incite à violência, explore o medo ou a superstição, se aproveite da deficiência de julgamento e experiência da criança, desrespeita valores ambientais, ou que seja capaz de induzir o consumidor a se comportar de forma prejudicial ou perigosa à sua saúde ou segurança".

"Seção II – Das Cláusulas Abusivas

Art. 51. São nulas de pleno direito, entre outras, as cláusulas contratuais relativas ao fornecimento de produtos e serviços que:

I – impossibilitem, exonerem ou atenuem a responsabilidade do fornecedor por vícios de qualquer natureza dos produtos e serviços ou impliquem renúncia ou disposição de direitos. Nas relações de consumo entre o fornecedor e o consumidor-pessoa jurídica, a indenização poderá ser limitada, em situações justificáveis;

II – subtraiam ao consumidor a opção de reembolso da quantia já paga, nos casos previstos neste Código;

III – transfiram responsabilidades a terceiros;

IV – estabeleçam obrigações consideradas iníquas, abusivas, que coloquem o consumidor em desvantagem exagerada, ou sejam incompatíveis com a boa-fé ou a equidade;

V – (*Vetado*);

VI – estabeleçam inversão do ônus da prova em prejuízo do consumidor;

VII – determinem a utilização compulsória de arbitragem;

VIII – imponham representante para concluir ou realizar outro negócio jurídico pelo consumidor;

IX – deixem ao fornecedor a opção de concluir ou não o contrato, embora obrigando o consumidor;

X – permitam ao fornecedor, direta ou indiretamente, variação do preço de maneira unilateral;

XI – autorizem o fornecedor a cancelar o contrato unilateralmente, sem que igual direito seja conferido ao consumidor;

XII – obriguem o consumidor a ressarcir os custos de cobrança de sua obrigação, sem que igual direito lhe seja conferido contra o fornecedor;

XIII – autorizem o fornecedor a modificar unilateralmente o conteúdo ou a qualidade do contrato, após sua celebração;

XIV – infrinjam ou possibilitem a violação de normas ambientais;

XV – estejam em desacordo com o sistema de proteção ao consumidor;

XVI – possibilitem a renúncia do direito de indenização por benfeitorias necessárias.

§ 1º Presume-se exagerada, entre outros casos, a vantagem que:

I – ofende os princípios fundamentais do sistema jurídico a que pertence;

II – restringe direitos ou obrigações fundamentais inerentes à natureza do contrato, de tal modo a ameaçar seu objeto ou o equilíbrio contratual;

III – se mostra excessivamente onerosa para o consumidor, considerando-se a natureza e conteúdo do contrato, o interesse das partes e outras circunstâncias peculiares ao caso.

§ 2º A nulidade de uma cláusula contratual abusiva não invalida o contrato, exceto quando de sua ausência, apesar dos esforços de integração, decorrer ônus excessivo a qualquer das partes.

§ 3º (*Vetado.*)

§ 4º É facultado a qualquer consumidor ou entidade que o represente requerer ao Ministério Público que ajuíze a competente ação para ser declarada a nulidade de cláusula contratual que contrarie o disposto neste Código ou de qualquer forma não assegure o justo equilíbrio entre direitos e obrigações das partes."

Note-se que, nesses dois últimos casos (do § 2º do art. 37 e do art. 51), não há reconhecimento de que verificado o abuso do direito *in concreto* surgirão consequências (como no caso do art. 28). Há, sim, expresso que os atos chamados de abusivos são ilícitos (proibidos e nulos).

A interpretação histórica é que mostra que, antes do CDC, aquelas práticas (agora proibidas e nulificadas) eram abusivas. Contudo, quando a lei, reconhecendo as práticas, proibiu-as, tornaram-se elas ilícitas determinadas e não mais abuso do direito típico.

Mas é exatamente nisto que reside o maior mérito da doutrina do abuso do direito: auxiliar o Legislativo para que as práticas abusivas identificadas venham no futuro a ser proibidas.

Para terminar este capítulo, é importante dizer que a doutrina por vezes coloca na classificação do direito positivo e direito subjetivo, ao lado dos sujeitos, do objeto e da relação jurídica, a chamada proteção jurídica.

É a questão da sanção, coerção e coação, que pertencem às normas jurídicas.

Como neste trabalho reservamos um capítulo para a questão da norma jurídica (Cap. 5), é lá que vamos tratar desse assunto.

4.6. Exercícios

4.6.1. Leia o Acórdão da Segunda Câmara Civil do Tribunal de Justiça de São Paulo, relativo aos EI 106.119-1 (publicado na RJTJSP, 125:390), e, após, responda as questões formuladas.

"*Indenização* – Responsabilidade civil – Ato ilícito – Empresa locadora de serviços médico-hospitalares – Lesão corporal praticada por médico por ela credenciado – Responsabilidade solidária da empresa – Legitimidade de parte passiva para responder sozinha pela ação – Carência afastada – Embargos rejeitados.

Embargos Infringentes 106.119-1 – São Bernardo do Campo – Embargante: G.C. Assistência Internacional de Saúde – Embargada: M.L.C.V.R.

ACÓRDÃO

ACORDAM, em Segunda Câmara Civil do Tribunal de Justiça, por maioria de votos, rejeitar os embargos.

Custas na forma da lei.

O venerando acórdão embargado deu provimento à apelação interposta contra respeitável sentença que julgou carecedora da ação autora que intentava contra a ré ação de responsabilidade civil por lesão corporal provocada por médico credenciado. Divergiu, no entanto, o eminente Relator sorteado, que confirmava o juízo de ilegitimidade passiva.

Para que prevaleça tal solução é o presente recurso, tempestivo, respondido e bem processado.

É o relatório.

É evidente que esta é uma ação de reparação por ato ilícito, visando a condenar em obrigação de fazer e de pagar, e que tem sede no artigo 159 do Código Civil. Se a embargante é a locadora direta de serviços médico-hospitalares à embargada, na medida em que credencia médicos e nosocômios a suprir as deficiências de seus próprios serviços (que oferece como assistência médica global), já está a compartilhar, como 'reus eligens', da responsabilidade dos profissionais e entidades que selecionou. A medida de sua culpa será avaliada no processo. Nem será lícito invadir agora matéria de mérito. Mas sua participação no litígio como ré é abundantemente legítima. Corresponsáveis pela lesão poderão entrar no reato, facultativamente. Mas ela pode responder sozinha pela ação, pois em matéria de ato ilícito, a responsabilidade dos coautores do delito é solidária. De sorte que o credor pode escolher, 'ad libitum', entre os codelinquentes, aquele que mais lhe convier.

Tenho chamado a atenção, quer na minha judicatura, quer no meu magistério, para esse fenômeno observável facilmente, das entidades de prestação de serviços médicos que, depois de conquistarem o público com a oferta de atendimento completo e a encantadora perspectiva de uma vida despreocupada quanto a essa parte, tudo fazem para esquivar-se ao seu compromisso, até nos mais miúdos pormenores; e há aquelas que mantêm um esquema advocatício especial para resistir sempre e em tudo às exigências de cumprimento da obrigação assumida. Lastimável! Mas aos Juízes cumpre não se deixarem seduzir pelos meneios da retórica insinuante que esses esquemas já têm preparados.

O julgamento teve a participação dos Senhores Desembargadores Silva Ferreira (Presidente), Munhoz Soares e Cezar Peluso, com votos vencedores, e Fortes Barbosa, vencido.

São Paulo, 6 de março de 1990.
WALTER MORAES, Relator"

Perguntas:

Parte A

1. A decisão trata de matéria de que ramo do Direito?
2. Como nasceu a relação jurídica que gerou a demanda?
3. Classifique os sujeitos da relação jurídica em ativo e passivo.
4. Qual é o objeto de relação jurídica e seu tipo: mediato/imediato?
5. Apresente a classificação fundada no objeto: trata-se de direito obrigacional, real ou da personalidade?

Parte B

Pesquise e depois responda:

1. O que são embargos infringentes?
2. O que é carência de ação?
3. O que é ilegitimidade passiva?

4.6.2. A decisão abaixo é do 2º Tribunal de Alçada Civil do Estado de São Paulo (Bol. AASP n. 1.641, de 6-6-1990). Leia-a e, após, responda às questões formuladas.

"*Despejo por falta de pagamento* – Ajuizamento no dia seguinte ao vencimento do aluguel – Ação de Consignação requerida pelo locatário após a citação para o despejo - Defesa fundada na pretendida intenção do locador de frustrar o direito à purga da mora - Artigo 36, § 2º, da Lei do Inquilinato - Apelação não provida, por maioria.

(2º TACivil - 8ª Câm.; Ap. com Rev. n. 224.930/0-SP; Rel. Cunha Cintra; j. 27.09.88; maioria de votos.)

ACÓRDÃO

Vistos, relatados e discutidos...

ACORDAM, em Oitava Câmara do Segundo Tribunal de Alçada Civil, por maioria de votos, negar provimento ao recurso.

Custas na forma de lei.

Cuida-se de recurso de apelação interposto contra sentença que julgou procedente ação de despejo por falta de pagamento e improcedente a ação de consignação em pagamento processada em apenso, diante da falta de prova de recusa da locadora em receber os aluguéis.

Apela o locatário (fls. 54/56), insistindo no argumento de que o objetivo da locadora, com a ação de despejo, era fazer incidir a regra do § 2º do artigo 36, da Lei n. 6.649/79, para impossibilitar, no futuro, a purgação da mora.

A resposta encontra-se às fls. 61/62, sustentando a decisão recorrida.

Recurso tempestivo o bem processado, sendo o recorrente beneficiário da Justiça Gratuita.

É o relatório.

A sentença merece integral confirmação, pois o Juiz bem examinou a prova dos autos.

Irrelevante, em primeiro lugar, a arguição do locatário no sentido de que a petição inicial está datada do dia 10 de dezembro de 1986, exatamente a data de vencimento do aluguel do mês de novembro, que deu causa à ação de despejo.

Isto porque a ação somente foi distribuída no dia seguinte, 11 de dezembro de 1986, e não há impedimento legal algum em tal procedimento por parte de qualquer locador. No dia seguinte ao vencimento, pode ser distribuída a ação de despejo por falta de pagamento.

E, da mesma forma, havendo recusa do locador no recebimento do aluguel, no dia seguinte já pode ser distribuída, também, ação de consignação em pagamento, para fugir aos efeitos da mora.

Todavia, esta providência não tomou o recorrente, somente ajuizando a consignatória após ser citado para o despejo e distribuindo-a no mesmo dia em que ofereceu sua defesa, ou seja, em 16 de janeiro seguinte.

A defesa do locatário é mera presunção não comprovada de que a locadora pretendia usar, no futuro, a regra do § 2º do artigo 36, da Lei do Inquilinato.

Por este dispositivo legal, somente não se admite a purgação da mora em ação de despejo por falta de pagamento, se o locatário já se houver beneficiado desta faculdade, por duas vezes, nos doze meses imediatamente anteriores à propositura da ação e se o débito, na data do ajuizamento da petição inicial, for superior a dois meses de aluguel.

Portanto, somente na terceira ação consecutiva e preenchidos os demais requisitos é que não pode haver purgação da mora.

Entretanto, a ação ajuizada era apenas a segunda ação e podia o locatário purgar a sua mora. A seguir, então, agiria diligentemente, de forma a impedir a terceira ação, para a qual a própria lei determina que o débito se refira a dois meses, justamente para impedir o ajuizamento imediato após o vencimento de um único mês.

Precipitou-se o locatário, desta forma, nos argumentos de defesa, presumindo intenção da autora.

Por outro lado, com sua única testemunha, não conseguiu provar adequadamente a recusa da locadora.

Impunha-se, portanto, a improcedência da ação de consignação e a procedência do despejo.

Pelo exposto, nega-se provimento ao recurso.

Presidiu o julgamento o Juiz Cintra Pereira e dele participou o Juiz Mello Junqueira.

São Paulo, 27 de setembro de 1988.

Cunha Cintra – Relator

Narciso Orlandi – Vencido c/ declaração de voto em separado

DECLARAÇÃO DE VOTO VENCIDO

Impressionou-me o argumento do apelante. A inicial da ação de despejo tem a data do vencimento do aluguel e seu ajuizamento ocorreu no dia seguinte.

Não se pode dizer normal o procedimento da locadora, que preferiu o litígio ao recebimento do aluguel com atraso de poucos dias. Não impressiona o fato de estar incluído no débito o consumo de água, já que este era objeto de rateio e depende de comunicação da locadora.

A recusa do recebimento pelo credor pode ser provada de qualquer forma. Entendo que o inusitado procedimento da recorrida é suficiente para a conclusão de que, na espécie, houve realmente 'mora creditoris'.

Isto posto, dava eu provimento ao recurso para julgar improcedente a ação de despejo e procedente a consignação, extinta a obrigação relativamente aos meses depositados. Em consequência, arcará a vencida com as custas dos processos e honorários advocatícios que arbitro em Cr$ 5.000,00, corrigidos até a data do pagamento.

Narciso Orlandi"

Perguntas:

Parte A

1. A que ramos do Direito está ligada a decisão?

2. Classifique o direito positivo envolvido, quanto aos sujeitos ativo e passivo.

3. Como nasceu a relação jurídica que gerou a ação judicial?

4. Qual é o objeto da relação jurídica e seu tipo: mediato/imediato?

5. Apresente a classificação fundada no objeto: trata-se de direito obrigacional, real ou da personalidade?

6. Você concorda com a decisão? Sim/não/por quê?

Parte B
Pesquise e depois responda:

1. O que é e como se dá a "purgação da mora"?

2. O que é declaração de voto vencido?

4.6.3. Exercícios de revisão

Parte A
Capítulo 4, itens 4.1 a 4.4

01. O que é o direito positivo?

02. Caracterize o chamado direito objetivo.

03. Defina direito subjetivo e relacione-o ao direito objetivo.

04. O que é o dever subjetivo?

05. Como se divide o direito positivo?

06. Explique a divisão e a relação entre Direito Público e Direito Privado.

07. Caracterize o Direito Constitucional.

08. *Idem* relação ao Direito Administrativo e Tributário.

09. Qual a função do Direito Processual e seus tipos?

10. Caracterize o Direito Penal e o Direito Eleitoral.

11. O que é o Direito Público externo?

12. Quais os ramos do Direito Privado e suas características?

13. Por que um Direito difuso?

14. Caracterize o Direito do Trabalho, o Direito Previdenciário, o Direito Econômico, o Direito do Consumidor e o Direito Ambiental.

15. O que é o Direito difuso externo e quais suas características?

Parte B
Item 4.5

01. O que é uma relação jurídica e quais são seus elementos?
02. Caracterize o sujeito ativo e o sujeito passivo da relação jurídica.
03. Defina pessoa física.
04. Quais as características da pessoa jurídica?
05. Como se relacionam pessoa física e pessoa jurídica?
06. O que são "entes despersonalizados"? Dê exemplos.
07. O que é a chamada prestação? Quais suas características?
08. O que significa um direito que se impõe *erga omnes*?
09. O que são "bens jurídicos"? Dê exemplos.
10. Caracterize direitos obrigacionais, reais e da personalidade.
11. Uma tempestade pode fazer nascer uma relação jurídica? Como?
12. E a agressão, pode?
13. O que é ato jurídico lícito?
14. O que é fato natural ordinário? Dê exemplos.

4.7. Bibliografia

DINIZ, Maria Helena. *Compêndio de introdução à ciência do direito*. São Paulo: Saraiva, 1988.

_____. *Lei de Introdução ao Código Civil brasileiro interpretada*. São Paulo: Saraiva, 1994.

DOURADO DE GUSMÃO, Paulo. *Introdução ao estudo do direito*. Rio de Janeiro: Forense, 1995.

FERRAZ JR., Tercio Sampaio. *Introdução ao estudo do direito*. São Paulo: Atlas, 1988.

FIORILLO, Celso Antonio Pacheco. *Curso de direito ambiental brasileiro*. São Paulo: Saraiva, 2000.

FRANCO MONTORO, André. *Introdução à ciência do direito*. São Paulo: Revista dos Tribunais, 1991.

NADER, Paulo. *Introdução ao estudo do direito*. Rio de Janeiro: Forense, 1995.

REALE, Miguel. *Lições preliminares de direito*. São Paulo: Saraiva, 1994.

_____. *O direito como experiência*. São Paulo: Saraiva, 1992.

RIZZATTO NUNES, Luiz Antonio. *A lei, o poder e os regimes democráticos*. São Paulo: Revista dos Tribunais, 1991.

_____. *Curso prático de direito do consumidor*. São Paulo: Revista dos Tribunais, 1992.

_____. *Compre bem – manual de compras e garantias do consumidor*. 3. ed. São Paulo: Saraiva, 2000.

_____. *Comentários ao Código de Defesa do Consumidor*. São Paulo: Saraiva, 2000.

WATZLAWICK, Paul; BEAVIN, Jean & JACKSON, Don D. *Pragmática da comunicação humana*. São Paulo: Cultrix, 1991.

5
Princípios e Normas Jurídicas

Sumário: **5.1.** Conceito. **5.1.1.** Os princípios. **5.1.1.1.** Comando maior. **5.1.1.2.** Razão ético-jurídica-universal. **5.1.1.3.** Os princípios constitucionais. **5.1.1.4.** As leis principiológicas. **5.1.2.** As normas jurídicas. **5.2.** O mundo ético: norma jurídica, norma moral e norma social. **5.2.1.** A questão ética. **5.2.2.** O que diferencia as normas jurídicas das demais normas? **5.3.** A sanção, a coerção e a coação. **5.4.** A norma jurídica e sua formulação lógica. **5.5.** As normas jurídicas sem sanção. **5.6.** O sistema jurídico – noções preliminares. **5.7.** A classificação das normas jurídicas. **5.7.1.** Quanto à hierarquia. **5.7.2.** Quanto à natureza de suas disposições. **5.7.3.** Quanto à aplicabilidade. **5.7.4.** Quanto à sistematização. **5.7.5.** Quanto à obrigatoriedade. **5.7.6.** Quanto à esfera do Poder Público de que emanam. **5.8.** A validade da norma jurídica. **5.9.** A vigência das normas jurídicas no tempo. **5.9.1.** O início da vigência. **5.9.2.** O término da vigência. **5.9.3.** A revogação das normas jurídicas. **5.10.** A vigência das normas jurídicas no espaço. **5.11.** A eficácia, a retroatividade e os problemas das normas jurídicas inválidas. **5.11.1.** A eficácia das normas jurídicas. **5.11.2.** A retroatividade das normas jurídicas. **5.11.2.1.** O direito adquirido. **5.11.2.2.** O ato jurídico perfeito. **5.11.2.3.** A coisa julgada. **5.11.2.4.** A coisa julgada em matéria criminal. **5.11.2.5.** Casos de irretroatividade e de retroatividade benéfica. **5.11.3.** A eficácia de normas jurídicas inválidas. **5.12.** Exercícios. **5.13.** Bibliografia.

5.1. Conceito
5.1.1. Os princípios
5.1.1.1. Comando maior

Os princípios são, dentre as formulações deônticas de todo sistema ético-jurídico, os mais importantes a serem considerados não só pelo aplicador do Direito, mas também por todos aqueles que, de alguma forma, ao sistema jurídico se dirijam. Assim, estudantes, professores, cientistas, operadores do Direito – advogados, juízes, promotores públicos etc. –, todos têm de, em primeiro lugar, levar em consideração os princípios norteadores de todas as demais normas jurídicas existentes.

Nenhuma interpretação será bem-feita se for desprezado um princípio. É que ele, como estrela máxima do universo ético-jurídico, vai sempre influir no conteúdo e alcance de todas as normas.

E essa influência tem eficácia efetiva, real, concreta. Não faz parte apenas do plano abstrato do sistema. É de ser levada em conta na determinação do sentido de qualquer norma, como exigência de influência plena e direta. Vale dizer: o princípio, em qualquer caso concreto de aplicação das normas jurídicas, da mais simples à mais complexa, desce das altas esferas do sistema ético-jurídico em que foi posto para imediata e concretamente ser implementado no caso real que se está a analisar.

Não é preciso, pois, nada aguardar, nada postergar, nem imaginar que o princípio fique apenas edulcorando o universo ético, como a constelação iluminando o céu. Ele é real, palpável, substancial, e por isso está presente em todas as normas do sistema jurídico, não podendo, por consequência, ser desprezado.

Aliás, destaque-se desde logo, o caráter normativo dos princípios: tanto os princípios como as normas jurídicas dizem o que deve ser.

É em função disso que, por exemplo, Carlos Maximiliano, ao cuidar dos Princípios Gerais do Direito, diz que: "todo conjunto harmônico de regras positivas é apenas o resumo, a síntese, o 'substratum' de um complexo de altos ditames, o índice materializado de um sistema orgânico, a concretização de uma doutrina, série de postulados que enfeixam princípios superiores. Constituem estes as 'diretivas', ideias do hermeneuta, os pressupostos científicos da ordem jurídica" (*Hermenêutica e aplicação do direito*, p. 295).

Os princípios situam-se no ponto mais alto de qualquer sistema jurídico, de forma genérica e abstrata, mas essa abstração não significa inincidência no plano da realidade. É que, como as normas jurídicas incidem no real e como elas devem respeitar os princípios, acabam por levá-los à concretude.

E é nesse aspecto que reside a eficácia dos princípios: como toda e qualquer norma jurídica deve respeitá-los, sua eficácia é – deve ser – plena.

Sabe-se que, muitas vezes, autores dizem que os princípios ficam situados em tal abstração que só muito longinquamente se pode buscá-los, de modo que sua influência efetiva se torna dificultosa ou rara. Não é incomum clamar pelo princípio apenas na exceção de casos concretos excepcionais.

Este último aspecto em parte se explica no caso brasileiro por um aspecto da chamada "Lei de Introdução às Normas do Direito Brasileiro".

Como se sabe, o Decreto-Lei n. 4.657, de 4 de setembro de 1942, não é somente uma lei de "Introdução às Normas do Direito Brasileiro", mas verdadeira lei geral para interpretação das demais normas. E, nela, a disposição normativa do art. 4º traz para o sistema jurídico um critério interpretativo que, aparentemente, remete o princípio para essa longínqua exceção aplicativa.

Com efeito, prescreve o referido diploma legal:

"Art. 4º Quando a lei for omissa, o juiz decidirá o caso de acordo com a analogia, os costumes e os princípios gerais de direito".

Essa regra está prevista de forma similar no Código de Processo Civil, cujo art. 140 dispõe, *verbis*:

> "Art. 140. O juiz não se exime de decidir sob a alegação de lacuna ou obscuridade do ordenamento jurídico[1].
> Parágrafo único. O juiz só decidirá por equidade nos casos previstos em lei".

Pela leitura de ambos os dispositivos percebe-se que a legislação infraconstitucional acabou por apresentar um critério que leva ao equívoco de pensar que os princípios vêm por último no ato interpretativo, quando o inverso é que é verdadeiro. Necessário, então, entender exatamente como funcionam esses dispositivos para desobscurecer a imagem que eles criaram em relação à importância dos princípios.

É que, em função do que ficou prescrito e da prática interpretativa implementada por essas regras, a doutrina e a jurisprudência ficaram com a ideia de que a aplicação do princípio é hierarquicamente inferior à analogia e aos costumes jurídicos[2], bem como que eles incidem apenas na lacuna, cuja colmatação é regulada por esses dispositivos[3].

Mas urge que se dê nova roupagem interpretativa a tais normas, sob pena de remanescerem noções equivocadas em relação aos princípios jurídicos, que são fundamentais.

Claro que no presente trabalho, como operamos em nível constitucional e tais regras pertencem ao plano hierárquico inferior, poderíamos, caso quiséssemos, nem ao menos referi-las. Contudo, o fazemos pela importância que essas normas têm no pensamento jurídico e por sabermos que no composto desse pensamento jurídico o elemento lógico por elas transmitido – hierárquico –, assim como seu sentido, acabam podendo influir no pensamento do operador do Direito – quer ele seja profissional, quer cientista ou professor –, de modo que gera uma noção equivocada dos princípios.

Por isso, somos aqui obrigados a cuidar dos aspectos vistos por essas normas, ainda que infraconstitucionais.

E a melhor interpretação – isto é, a única – a ser dada a esses dispositivos é a de que o intérprete tem sempre de constatar que o sistema jurídico legal – escrito e não escrito (costumes) – está assentado em princípios. Em última instân-

---

[1] É o princípio da indeclinabilidade da jurisdição: cabe ao magistrado sempre decidir o caso concreto. Esse princípio está também presente na Constituição Federal: art. 5º, XXXV, XXXVII e LIII.

[2] Assim, por exemplo e por todos, Nelson Nery e Rosa Maria Nery: "A regra geral hierárquica para o juiz decidir é a seguinte: em primeiro lugar deve aplicar as normas escritas (legais); não as havendo, decidirá a lide aplicando, pela ordem, a analogia, os costumes e os princípios gerais de direito" (*CPC comentado*, p. 602, nota 2).

[3] Assim, também, por exemplo e por todos, Maria Helena Diniz: "Quando a analogia e o costume falham no preenchimento da lacuna, o magistrado supre a deficiência da ordem jurídica, adotando 'princípios gerais de direito'..." (*Lei de Introdução ao Código Civil brasileiro interpretada*, p. 120).

cia, haverá um princípio a ser invocado – e em primeiro lugar, como estamos a demonstrar. É como se o sistema jurídico – que no caso brasileiro é quase completamente escrito – fosse um tecido costurado *sobre* os princípios. Ou, dizendo de outro modo, a colcha de retalhos de normas postas está assentada neles. Se essa colcha fosse, por um motivo qualquer, retirada, eles estariam lá, sob ela.

Esse é o sentido da norma da Lei de Introdução e da regra do Código de Processo Civil.

O que está disposto é que, uma vez buscada saída para o problema concreto de lacuna nas normas do sistema, e não se a encontrando, ainda que por analogia, ou reconhecimento do costume jurídico (que é norma jurídica não escrita), então se aplicam os princípios. Não porque eles são os últimos, mas pura e tão somente porque são aquilo que resta quando não há norma alguma.

E, claro, isso não implica terem as normas jurídicas a serem aplicadas vida independente dos princípios. Muito pelo contrário, elas estão totalmente ligadas a eles. Nascem atreladas a eles e não têm como se libertar.

Fica, portanto, evidente que os dispositivos citados da Lei de Introdução às Normas do Direito Brasileiro e do Código de Processo Civil são mero reforço, mera declaração. Trata-se de simples lembrança ao intérprete para que considere no ato interpretativo a base fundamental que sempre esteve presente.

Aliás, nem poderia ser de outra maneira. É que, conforme já salientamos, a chamada Lei de Introdução às Normas do Direito Brasileiro, assim como a Lei Adjetiva Civil, são normas *do* sistema jurídico situadas em posição hierárquica infraconstitucional, e, como se verá, o sistema constitucional é fundado em princípios que também têm de ser respeitados. Então, tais leis devem comando aos princípios do ápice da pirâmide jurídica, de modo que podem, quando muito, orientar o intérprete de acordo com as normas e princípios que lhes são superiores.

5.1.1.2. Razão ético-jurídica-universal

Retornando às questões anteriores, é necessário elucidar não só o sentido da eficácia dos princípios como também sua estrutura normativa genérica e abstrata, na maior altitude em que se situam.

Não se pode olvidar que o sistema normado, cuja inauguração se dá com a Carta Constitucional, não está – não pode estar – "solto no ar". E deve-se considerar também que o Texto Magno é um documento histórico, na medida em que é produzido por pessoas reais – entes políticos – em determinado contexto social de certa época[4].

---

[4] É verdade que estamos tratando dos sistemas constitucionais escritos. Naqueles, como o da Inglaterra, onde o texto supremo é não escrito a abordagem do mesmo assunto mereceria considerações a respeito da tradição. Isso não significa que os princípios não atuem, mas apenas que há elementos diversos a serem abordados, especialmente por força do caráter normativo da tradição.

Quando dizemos não está "solto no ar", estamos exatamente querendo colocar que até mesmo o texto constitucional tira sua determinação de princípios, princípios esses que são os mais abstratos e gerais de todos.

O sentido é o mesmo do que já referimos por ocasião da análise daquelas regras da Lei de Introdução às Normas do Direito Brasileiro e do Código de Processo Civil. O sistema normado pela Constituição é um tecido costurado com vistas a certos objetivos, a partir de princípios maiores[5].

Esses princípios superiores estão fincados na experiência histórica da humanidade e na sua evolução científico-filosófica. Por isso, é necessário extrair esses elementos daquilo que autenticamente a evolução humana propiciou.

Não estamos, é bem verdade, esquecendo a lentidão com que se tem operado alguma evolução na experiência histórica da humanidade. Aliás, em certo sentido, realista, digamos, é possível demonstrar que os seres humanos continuam sendo um bando de bárbaros, agora instrumentalizados pela tecnologia. De fato, atrocidades brutais continuam sendo praticadas, são milhões de pessoas – centenas de milhões – vivendo(!) na absoluta miséria, outra centena de milhões de analfabetos, outro enorme tanto sem moradia, saneamento básico, atendimento de saúde, as guerras continuam etc.

São efetivamente fatos. Mas a questão não é essa do ser, mas de identificar uma evolução de dever-ser que tem de ser respeitada.

O iluminar da razão se faz mesmo aos trancos, com lutas e solavancos. Porém, é possível identificar "por detrás" dos fatos elementos normativos do progresso e da razão humanos.

Assim, não é possível falar – não deve ser possível falar – em sistema jurídico legítimo se não estiver fundado na garantia da intangibilidade da dignidade da pessoa humana.

É que há uma evolução construtiva da razão ético-jurídica que impõe essa conduta.

Independentemente dos demais aspectos positivos alcançados por outros momentos da história, o que a experiência nos trouxe a partir da segunda metade do século XX com o genocídio nazista da 2ª Grande Guerra foi essa consciência.

É importante notar o ponto fulcral que permite fazer essa afirmação: sempre houve atrocidades na história da humanidade – ainda há, infelizmente. Podemos ficar com vários exemplos, tais como a escravidão, as torturas e mortes da Inquisição, injustiças e matanças que ocorrem a todo momento, em todos os lugares.

---

[5] No caso brasileiro há um reconhecimento expresso no Texto Constitucional do que ora estamos tratando, conforme veremos.

Acontece que, nessas ocorrências, o Direito que as acompanhava ainda as legitimava. Poderíamos dizer que o aprendizado do Direito em relação a tais ocorrências é – foi – também lento. Não só do Direito, mas do pensamento jurídico que sempre o acompanhou, assim como do pensamento filosófico que lhe era contemporâneo.

É verdade também – e esse é o ponto de costura histórica que nos interessa – que foram vários os pensadores que no transcurso da história humana foram deixando seus rastros capazes de permitir a evolução[6]. Não só aspectos da Filosofia Clássica grega de Sócrates, Platão, Aristóteles etc., passando por Santo Agostinho e São Tomás de Aquino, Descartes, Hobbes, Rousseau etc., até os pensadores contemporâneos.

Mas, do ponto de vista estritamente jurídico, muitas atrocidades eram e estavam fundadas no Direito. Lembre-se apenas do exemplo da Inquisição para nos dar sustentação.

Contudo, a experiência catastrófica do nazismo, na 2ª Guerra Mundial, gerou um "descolamento" universal do Direito. Constituiu-se, a partir daquela ocorrência, um novo modelo ético-jurídico. Foi erigida uma nova razão ético-jurídica-universal.

Não só se elaborou um "documento jurídico", que é a Declaração Universal dos Direitos do Homem, como também o pensamento jurídico mais legítimo incorporou valores para torná-los princípios universais.

Com efeito, a partir da segunda metade do século XX, a razão jurídica é uma razão ética, fundada na garantia da intangibilidade da dignidade da pessoa humana, na aquisição da igualdade entre as pessoas, na busca da efetiva liberdade, na realização da justiça e na construção de uma consciência que preserve integralmente esses princípios. Aliás, a própria tomada de consciência desses princípios é, por si só, também um princípio.

Então, não se pode permitir Textos Constitucionais que violem esses princípios, sob pena de repúdio – efetivo – universal[7]: a luta é essa e esse é o dever do estudioso do Direito e de todos os que com o Direito lidam.

Note-se que, obviamente, não fazemos essas considerações por conta de uma inocência pueril, que esquece a realidade. Esta é de ampla violação desses princípios, no mundo inteiro. Estamos, sim, tentando demonstrar que o pensamento jurídico atual não pode mais aceitar as violações reais como se fossem o Direito, ou dele decorressem ou por ele pudessem ser legitimadas.

Se algum sistema jurídico, se alguma norma permitir o abuso, ela e ele hão de ser tidos como ilegítimos e inválidos. Esse o sentido posto por esses princípios universais ético-jurídicos.

---

[6] É necessário deixar consignado que este trabalho é pautado na história do Ocidente.

[7] Lembre-se que isso fez com que a política – e o Direito – do *apartheid* da África do Sul acabasse.

Visto isso, passemos à análise dos princípios que estão contemplados no sistema constitucional.

No sistema jurídico brasileiro em particular, os princípios jurídicos fundamentais estão instituídos no sistema constitucional, isto é, firmados no texto da Constituição Federal. São os princípios constitucionais os mais importantes do arcabouço jurídico nacional.

5.1.1.3. Os princípios constitucionais

Da mesma maneira que os princípios jurídicos mais gerais, os princípios constitucionais são o ponto mais importante do sistema normativo.

Eles são verdadeiras vigas-mestras, alicerces sobre os quais se constrói o sistema jurídico.

Os princípios constitucionais dão estrutura e coesão ao *edifício jurídico*. Assim, devem ser estritamente obedecidos, sob pena de todo o ordenamento jurídico se corromper.

Da mesma maneira como vimos ao abordar os princípios mais gerais, o princípio jurídico é um enunciado lógico, implícito ou explícito, que, por sua grande generalidade, ocupa posição de preeminência nos horizontes do sistema jurídico e, por isso mesmo, vincula, de modo inexorável, o entendimento e a aplicação das normas jurídicas que com ele se conectam.

O princípio jurídico influi na interpretação até mesmo das próprias normas magnas.

É que, se um mandamento constitucional tiver pluralidade de sentidos, a interpretação deverá ser feita com vistas a fixar o sentido que possibilitar uma sintonia com o princípio que lhe for mais próximo.

Da mesma forma, se surgir uma aparente antinomia entre os textos normativos da Constituição, ela será resolvida pela aplicação do princípio mais relevante no contexto.

Na realidade o princípio funciona como um vetor para o intérprete. E o jurista, na análise de qualquer problema jurídico, por mais trivial que ele possa ser, deve, preliminarmente, alçar-se ao nível dos grandes princípios, a fim de verificar em que direção eles apontam. Nenhuma interpretação será havida por jurídica se atritar com um princípio constitucional.

Afinado no mesmo diapasão, Geraldo Ataliba leciona: "... princípios são linhas-mestras, os grandes nortes, as diretrizes magnas do sistema jurídico. Apontam os rumos a serem seguidos por toda a sociedade e obrigatoriamente perseguidos pelos órgãos do governo (poderes constituídos).

Eles expressam a substância última do querer popular, seus objetivos e desígnios, as linhas-mestras da legislação, da administração e da jurisdição. Por estas não podem ser contrariados; têm que ser prestigiados até as últimas consequências" (*República e Constituição*, São Paulo, Revista dos Tribunais, 1985, p. 6-7).

Percebe-se, assim, que os princípios exercem uma função importantíssima dentro do ordenamento jurídico-positivo, já que orientam, condicionam e iluminam a interpretação das normas jurídicas em geral. Por serem normas qualificadas, os princípios dão coesão ao sistema jurídico, exercendo excepcional fator aglutinante.

Embora os princípios e as normas tenham a mesma estrutura lógica, aqueles têm maior pujança axiológica do que estas. São, pois, normas especiais, que ocupam posição de destaque no mundo jurídico, orientando e condicionando a aplicação de todas as demais normas.

A importância do respeito aos princípios constitucionais foi anotada por Konrad Hesse com base numa lição de Walter Burckhardt: "... aquilo que é identificado como vontade da Constituição deve ser honestamente preservado, mesmo que, para isso, tenhamos de renunciar a alguns benefícios, ou até a algumas vantagens justas. Quem se mostra disposto a sacrificar um interesse em favor da preservação de um princípio constitucional fortalece o respeito à Constituição e garante um bem da vida indispensável à essência do Estado democrático. Aquele que, ao contrário, não se dispõe a esse sacrifício, malbarata, pouco a pouco, um capital que significa muito mais do que todas as vantagens angariadas, e que, desperdiçado, não mais será recuperado" (*A força normativa da Constituição*, Porto Alegre, Sérgio A. Fabris, Editor, 1991, p. 22). A obra de Walter Burckhardt citada pelo jurista alemão é *Kommentar der Schweizerichen Bundesverfassung*, de 1931.

Pode-se, portanto, dizer que os princípios são "regras-mestras dentro do sistema positivo", cabendo ao intérprete buscar identificar as estruturas básicas, os fundamentos, os alicerces do sistema em análise: "Os princípios constitucionais são aqueles que guardam os valores fundamentais da ordem jurídica. Isto só é possível na medida em que estes não objetivam regular situações específicas, mas sim desejam lançar a sua força sobre todo o mundo jurídico. Alcançam os princípios esta meta à proporção que perdem o seu caráter de precisão de conteúdo, isto é, conforme vão perdendo densidade semântica, eles ascendem a uma posição que lhes permite sobressair, pairando sobre uma área muito mais ampla do que uma norma estabelecedora de preceitos. Portanto, o que o princípio perde em carga normativa ganha como força valorativa a espraiar-se por cima de um sem-número de outras normas" (Celso Ribeiro Bastos, *Curso de direito constitucional*, 14. ed., São Paulo, Saraiva, 1992, p. 143-4).

Assim, a partir dessas considerações, percebe-se que os princípios funcionam como verdadeiras supranormas, isto é, eles, uma vez identificados, agem como regras hierarquicamente superiores às próprias normas positivadas no conjunto das proposições escritas ou mesmo às normas costumeiras.

A título de exemplo, examinemos dois princípios constitucionais fundamentais, que orientam o sistema jurídico brasileiro, devendo ser considerados em todas as questões normativas: a soberania e a dignidade da pessoa humana.

a) *Soberania*

A soberania é princípio fundamental do Estado brasileiro que aparece estampado no inciso I do art. 1º. Volta no inciso I do art. 170 e está ligado ao art. 4º. Ele nasce com a própria Constituição, que dispõe em seu preâmbulo:

> "Nós, representantes do povo brasileiro, reunidos em Assembleia Nacional Constituinte para instituir um Estado Democrático, destinado a assegurar o exercício dos direitos sociais e individuais, a liberdade, a segurança, o bem-estar, o desenvolvimento, a igualdade e a justiça como valores supremos de uma sociedade fraterna, pluralista e sem preconceitos, fundada na harmonia social e comprometida, na ordem interna e internacional, com a solução pacífica das controvérsias, promulgamos, sob a proteção de Deus, a seguinte CONSTITUIÇÃO DA REPÚBLICA FEDERATIVA DO BRASIL".

A soberania de um Estado implica a sua autodeterminação com independência territorial, de tal modo que pode, por isso, pôr e impor normas jurídicas na órbita interna e relacionar-se com os demais Estados do planeta na ordem internacional. Nesta o Brasil se posicionou a partir do estabelecido no art. 4º do texto magno, que dispõe:

> "Art. 4º A República Federativa do Brasil rege-se nas suas relações internacionais pelos seguintes princípios:
> I – independência nacional;
> II – prevalência dos direitos humanos;
> III – autodeterminação dos povos;
> IV – não intervenção;
> V – igualdade entre os Estados;
> VI – defesa da paz;
> VII – solução pacífica dos conflitos;
> VIII – repúdio ao terrorismo e ao racismo;
> IX – cooperação entre os povos para o progresso da humanidade;
> X – concessão de asilo político".

É muito importante realçar o aspecto de soberania, quanto mais quando se pretende à guisa de implementação de uma "ordem globalizada" impor uma série de condutas sem que o sistema constitucional o permita.

E isso já se faz perceber até em textos jurídicos.

Tome-se, como exemplo, a discussão que se faz em torno do § 2º do art. 5º da Constituição Federal.

Leia-mo-lo primeiramente:

"§ 2º Os direitos e garantias expressos nesta Constituição não excluem outros decorrentes do regime e dos princípios por ela adotados, ou dos tratados internacionais em que a República Federativa do Brasil seja parte".

A interpretação é singela de ser feita: o texto constitucional está dizendo que os direitos e garantias instituídos não impedem que o sistema jurídico nacional incorpore, mediante a assinatura de tratados internacionais, outros direitos não previstos, mas que, por óbvio, devem respeitar todos os princípios e normas constitucionais, dentre os quais o primeiro, que é exatamente o da soberania, que foi instaurado pelo povo em Assembleia Nacional Constituinte, como visto na leitura do preâmbulo.

Como se poderia, agora, após a instituição do texto máximo, fundamental do povo brasileiro, admitir ingresso em seus princípios fundamentais de outros advindos de meros tratados internacionais firmados sem essa participação fundamental?

Isso só serviria a interesses que não são o da população brasileira.

Mas há autores que, contrariando essa evidência, dizem que o § 2º do art. 5º trouxe um canal para a constitucionalização de direitos, via tratado "internacional".

E pior: esse tipo de mentalidade acaba exercendo influência no meio jurídico. Pode-se perceber, por exemplo, o mesmo raciocínio na defesa dos advogados de companhias aéreas acionadas por acidentes no transporte de passageiros e bagagens. O argumento é o de que as normas estabelecidas nos tratados e convenções internacionais se sobrepõem ao texto constitucional. E o fundamento apresentado é a regra do *caput* do art. 178 da Constituição Federal, que dispõe, *verbis*:

"Art. 178. A lei disporá sobre a ordenação dos transportes aéreo, aquático e terrestre, devendo, quanto à ordenação do transporte internacional, observar os acordos firmados pela União, atendido o princípio da reciprocidade".

Ora, é claro no texto dessa norma que a Constituição manda que o legislador infraconstitucional considere, ao elaborar a lei, os tratados internacionais. Nada além disso.

Os tratados internacionais, conforme demonstramos no Capítulo 3, subitem 3.3.2, ao serem internalizados no sistema jurídico brasileiro, adquirem o *status* hierárquico de norma infraconstitucional, postados ao lado da lei ordinária (ver nossos comentários completos sobre o assunto no citado subitem 3.3.2).

Assim, o princípio da soberania é o limite necessário posto ao intérprete para o exame de qualquer norma jurídica do sistema nacional.

b) A dignidade da pessoa humana

Existem autores que entendem que é a isonomia a principal garantia constitucional, como, efetivamente, ela é importante. Contudo, pensamos que o principal direito constitucionalmente garantido é o da dignidade da pessoa humana.

É ela, a dignidade, o último arcabouço da guarida dos direitos individuais e o primeiro fundamento de todo o sistema constitucional. A isonomia, essencial também, servirá para gerar equilíbrio real visando concretizar o direito à dignidade. Mas antes há que se levar em consideração o sentido de dignidade.

Coloque-se, então, desde já que, após a soberania, aparece no texto constitucional a dignidade como fundamento da República brasileira. Leiamos o art. 1º:

> "Art. 1º A República Federativa do Brasil, formada pela união indissolúvel dos Estados e Municípios e do Distrito Federal, constitui-se em Estado Democrático de Direito e tem como fundamentos:
> I – a soberania;
> II – a cidadania;
> III – a dignidade da pessoa humana".

E esse fundamento funciona como princípio maior para a interpretação de todos os direitos e garantias conferidos às pessoas no texto constitucional. (Notar que o § 7º do art. 226 da CF também se refere expressamente à dignidade.)

O Prof. Celso Antonio Pacheco Fiorillo, na sua tese de livre-docência, usou a expressão "mínimo vital" como substrato da dignidade.

Diz o ilustre e combativo jurista que para se começar a respeitar a dignidade da pessoa humana tem-se que assegurar concretamente os direitos sociais previstos no art. 6º da Carta Magna, que por sua vez está atrelado ao *caput* do art. 225.

Tais normas dispõem, *verbis*:

> "Art. 6º São direitos sociais a educação, a saúde, o trabalho, o lazer, a segurança, a previdência social, a proteção à maternidade e à infância, a assistência aos desamparados, na forma desta Constituição".
>
> "Art. 225. Todos têm direito ao meio ambiente ecologicamente equilibrado, bem de uso comum do povo e essencial à sadia qualidade de vida, impondo-se ao Poder Público e à coletividade o dever de defendê-lo e preservá-lo para as presentes e futuras gerações".

E, de fato, não há como se falar em dignidade, se esse mínimo não estiver garantido e implementado concretamente na vida das pessoas.

Como é que se poderia imaginar que qualquer pessoa teria sua dignidade garantida se não lhe fosse assegurada saúde e educação? Se não lhe fosse garantida sadia qualidade de vida, como é que se poderia afirmar sua dignidade?

A dignidade humana é um valor já preenchido *a priori*, isto é, todo ser humano tem dignidade só pelo fato de já ser pessoa.

Se – como se diz – é difícil a fixação semântica do sentido de dignidade, isto não implica que ela possa ser violada. Como dito, ela é a primeira garantia das pessoas e a última instância de guarida dos direitos fundamentais. Ainda que ela não seja definida, é visível sua violação, quando ocorre.

Ou, em outros termos, se não se define a dignidade, isso não impede que na prática social se possam apontar as violações reais que contra ela se realizem.

Lembremos agora que princípios existem também nos sistemas legais infraconstitucionais. São várias as normas jurídicas que contêm dispositivos principiológicos como, por exemplo, o Código Civil, o Código Penal, o Código de Processo Civil, o Código de Defesa do Consumidor etc.

5.1.1.4. As leis principiológicas

Da mesma forma como os princípios constitucionais, os legais são os aspectos mais importantes da lei posta, especialmente quando ela instaura um subsistema normativo próprio dentro do grande sistema constitucional, como ocorre, por exemplo, com o subsistema do Código de Defesa do Consumidor.

Tais princípios, uma vez inseridos no subsistema normativo, funcionam como verdadeiras vigas-mestras, alicerces sobre os quais as demais regras da lei se devem assentar. Eles dão estrutura e coesão ao subsistema legal, influindo diretamente no conteúdo de cada uma das demais normas estatuídas.

E, da mesma maneira, como no caso do princípio constitucional, se um ou mais artigos da lei – assim como seus incisos e parágrafos – tiver pluralidade de sentidos e/ou entrar em choque, sua necessária harmonização e equalização se fará visando colocá-los em sintonia com o comando maior do princípio legal. Por isso, tudo quanto se disse dos princípios constitucionais e que funcionam como comando necessário para o intérprete vale aqui também no que respeita ao princípio legal.

Além disso, e mais importante, as chamadas leis principiológicas são concretizações explícitas ou implícitas do próprio Texto Constitucional.

Esse modelo de lei principiológica é novo no sistema jurídico brasileiro, tendo sido inaugurado exatamente com o referido Código de Defesa do Consumidor, a Lei n. 8.078/90.

Por lei principiológica entende-se aquela que ingressa no sistema jurídico fazendo, digamos assim, um corte horizontal, vindo – como é o caso do Código de Defesa do Consumidor – a atingir toda e qualquer relação jurídica que possa ser caracterizada como de consumo e que esteja também regrada por outra norma jurídica infraconstitucional. Assim, por exemplo, um contrato de seguro de automóvel continua regulado pelo Código Civil e pelas demais normas editadas pelos órgãos governamentais que regulamentem o setor (Susep, Instituto de

Resseguros etc.), porém todos estão tangenciados pelos princípios e regras da Lei n. 8.078/90, de modo que, naquilo que com eles colidir, perdem eficácia por tornarem-se nulos de pleno direito.

E mais e principalmente: o caráter principiológico específico do CDC é apenas e tão somente um momento de concretização dos princípios e garantias constitucionais vigentes desde 5 de outubro de 1988, como cláusulas pétreas, não podendo, pois, ser alterado.

Com efeito, por causa de sua natureza principiológica, o que a lei consumerista faz é tornar explícitos para as relações de consumo os comandos constitucionais. Dentre estes se destacam os princípios fundamentais da República, que norteiam todo o regime constitucional, e os direitos e garantias fundamentais.

Assim, à frente de todos está o superprincípio da dignidade da pessoa humana (CF, art. 1º, III), como especial luz a imantar todos os demais princípios e normas constitucionais e apresentando-se a estes como limite intransponível e, claro, a toda e qualquer norma de hierarquia inferior.

A seguir, no Texto Constitucional, estão os demais princípios e garantias fundamentais que são reconhecidos no CDC: o princípio da igualdade (CF, art. 5º, *caput* e inciso I); a garantia da imagem, da honra, da privacidade, da intimidade, da propriedade e da indenização por violação a tais direitos de modo material e também por dano moral (art. 5º, V, c/c os incisos X e XXII); ligado à dignidade e demais garantias está o piso vital mínimo, insculpido como o direito à educação, à saúde, ao trabalho, ao lazer, à segurança, à previdência social, à maternidade etc. (art. 6º); unido a todos esses direitos está o da prestação de serviços públicos essenciais com eficiência, publicidade, impessoalidade e moralidade (art. 37, *caput*).

Não se pode olvidar que é também cláusula pétrea como dever absoluto para o Estado a defesa do consumidor (CF, art. 5º, XXXII).

Resta ainda lembrar que a Constituição Federal estabelece que o regime econômico brasileiro é capitalista, mas limitado (art. 1º, IV, c/c os arts. 170 e s.): são fundamentos da República os valores sociais do trabalho e da livre iniciativa (art. 1º, IV), e a defesa do consumidor é princípio fundamental da ordem econômica (art. 170, V).

Percebe-se, então, que o Código de Defesa do Consumidor, como lei de ordem principiológica que é, nada mais fez do que concretizar numa norma infraconstitucional esses princípios e garantias constitucionais. Assim está previsto expressamente em seu art. 1º.

O respeito à dignidade, à saúde, à segurança, à proteção dos interesses econômicos e à melhoria de qualidade de vida está também expressamente previsto no art. 4º, *caput*.

A característica de vulnerabilidade do consumidor, prevista no inciso I do art. 4º, decorre diretamente da aplicação do princípio de igualdade do Texto Magno.

O CDC é categórico no que respeita à prevenção e reparação dos danos patrimoniais e morais (art. 6º, VI), e o acesso à justiça e aos órgãos administrativos com vistas à prevenção e reparação de danos é também outra regra manifesta (art. 6º, VII). A adequada e eficaz prestação dos serviços públicos em geral é, da mesma forma, norma clara na lei (art. 6º, X) etc.

Por serem novas nos modelos de normas jurídicas conhecidas, as leis principiológicas são ainda pouco estudadas e conhecidas.

Talvez por isso os advogados do Governo Federal tivessem orientado o Senhor Presidente da República a baixar aquela medida provisória que pretendia afastar a incidência de artigos da lei consumerista relativos ao fornecimento do serviço essencial de energia elétrica (em maio de 2001).

A reação social foi tamanha na ocasião que o Governo Federal voltou atrás, revogando a medida. Mas, ainda que não o tivesse feito, diga-se desde já que medida provisória não pode revogar lei de natureza principiológica, como é o caso do Código de Defesa do Consumidor.

5.1.2. As normas jurídicas

A norma jurídica é um comando, um imperativo dirigido às ações dos indivíduos – e das pessoas jurídicas e demais entes. É uma regra de conduta social; sua finalidade é regular as atividades dos sujeitos em suas relações sociais. A norma jurídica imputa certa ação ou comportamento a alguém, que é seu destinatário.

Pertencendo ao mundo da ética, daquilo que "deve ser" – o mundo das normas –, a norma jurídica opera com modais deônticos.

Tais modais são basicamente três: de proibição, de obrigatoriedade e de permissão.

Dessa forma, a norma jurídica, ao se dirigir ao destinatário, proíbe e obriga, isto é, aquele que deve cumprir seu comando estará diante de uma proibição ("É proibido fumar neste estabelecimento") ou de uma obrigação ("É obrigatório o uso de crachá de identificação para a entrada neste setor").

O modal de permissão não gera um comando que deve ser obedecido (é proibido! é obrigatório!). Ele dá uma prerrogativa ou faculdade ao destinatário, para que este dela se utilize quando quiser. Por exemplo: "É permitido o uso de traje de banho neste *shopping center*". Não é obrigatório ir em traje de banho, nem é proibido; é possível ir; basta que o indivíduo queira.

Muitas vezes, tais modais surgem misturados, no amplo complexo de normas jurídicas que compõe o ordenamento. Por exemplo: é permitido casar, mas é obrigatório que os nubentes sejam maiores ou, nos limites legais, tenham autorização dos pais ou responsáveis, sendo proibido o casamento entre menores absolutamente incapazes, entre irmãos etc.

Veja-se, pelo exemplo, que a permissão para casar (isto é, faculdade de casar) surge se não estiver dentro das proibições e após supridas as obrigações.

Aliás, muitas permissões pressupõem cumprimento anterior ou simultâneo de obrigações. No exemplo: pode-se casar, mas deve-se cumprir uma série de formalidades (obrigações) legais; ou, noutro exemplo, pode-se comprar um imóvel e tornar-se dele proprietário, mas deve-se passar escritura pública etc.

5.2. O mundo ético: norma jurídica, norma moral e norma social
5.2.1. A questão ética

> "Tenho certeza de ter sido sempre um homem ético ou, pelo menos, acho que fui... Iria mesmo mais longe e diria que esperar uma recompensa ou temer um castigo é imoral. Se uma pessoa age bem para ser recompensada ou por medo da punição, é difícil dizer até que ponto se pode considerar que ela esteja propriamente agindo bem; até que ponto seu comportamento é ético. Eu diria mesmo que não: se temermos o castigo ou esperamos recompensa, não somos homens éticos" (Jorge Luis Borges).

Uma das grandes preocupações do Direito tem sido sempre a questão ética.

No Capítulo 2, *retro*, tivemos a oportunidade de perceber como a Ciência do Direito, que deve ser uma ciência ética por excelência, foi pouco a pouco tornando-se enfaticamente técnica, vindo a eclodir, no final deste século, como tecnologia instrumentalizada pelo pensamento reinante.

E, com isso, a Ciência do Direito instrumentalizou seus próprios investigadores. Estes, por sua vez, fechados nos métodos da escola jurídica, que, além da técnica, parte de dogmas indiscutíveis, postos como ponto de partida, ao qual o investigador deve retornar, passaram a não mais se preocupar com a questão ética.

Este parece ser o grande desafio no momento da Ciência do Direito: resgatar para dentro de si a tão importante discussão da ética na ciência.

Tanto mais quanto já se viu, e agora se verá mais de perto, que o mundo das normas jurídicas é basicamente um mundo ético.

É verdade que, especificamente em nosso país, a expressão "ética" sofreu grande desgaste, principalmente porque dela se apoderaram os políticos, o que, sem dúvida, enfraqueceu sua significação, uma vez que ela passou a receber influxos de incredulidade por conta desses usuários: os políticos não gozam de prestígio no que diz respeito à verdade.

De qualquer forma, a reflexão sobre a ética é necessária, e, ainda que o estímulo à reflexão sobre o tema não tenha o porte que este merece, deixamos aqui estas linhas, finalizando com um fato verídico que nos foi narrado.

A história a seguir contada a nós parece ilustrar bem como a questão ética pode ser tratada e resgatada do fundo da alma dos indivíduos. Eis o modesto caso verídico:

Um professor universitário não muito ligado às práticas esportivas, em especial a corridas de automóvel, certa vez ultrapassou a velocidade permitida na estrada.

O fato ocorreu há alguns anos (em 1991). O professor fora convidado a dar uma palestra numa convenção de gerentes que se realizava num hotel em Itu. Sua participação estava marcada para as 14 horas, após o almoço.

No dia do evento, quando o professor adentrou a rodovia dos Bandeirantes, saindo de São Paulo em direção a Itu, estava bastante atrasado; perdera muito tempo num engarrafamento na marginal, ocasionado por um acidente.

O professor raramente ultrapassava o limite de velocidade permitido – como, aliás, ocorre com muitos motoristas. Naquele dia, atrasado que estava, atingiu velocidade superior ao permitido, logo após fazer uma ultrapassagem. Era sua sina: nunca correu; quando teve de fazê-lo, um guarda rodoviário o interceptou.

O professor parou o carro e iniciou-se o seguinte diálogo entre ele e o policial:

– *O senhor estava em excesso de velocidade* – disse, educadamente, o guarda.

– *Sim, eu estava, mas foi mais em função de uma ultrapassagem* – respondeu o professor.

– *É, mas o senhor estava em excesso de velocidade!* – retrucou o policial.

– *Sim, estava. Eu estou atrasado para uma convenção.*

– *Então, terei de multá-lo.*

– *Tudo bem* – respondeu, singelamente o professor.

– *Bem... Então... vou multá-lo* – respondeu de forma reticente o policial.

– *O.K., por favor, multe logo, que estou atrasado para um compromisso* – disse, não só afoito, mas, também, com certo ar pueril, o professor.

– *Então... vou multá-lo* – disse novamente o policial, sem, contudo, mostrar muita convicção.

– *Por favor, peço que o senhor lavre logo a multa, que estou atrasado* – disse, já aflito, o professor.

A multa foi lavrada e assim tudo resolvido. O professor e o policial cumpriram seu papel. Um reconheceu o erro; o outro agiu corretamente. Não se falou em propina. Para se falar em propina, isto é, para violar a ética, quem deveria ter começado?

5.2.2. O que diferencia as normas jurídicas das demais normas?

Existem vários caminhos doutrinários para fazer a distinção entre as normas jurídicas e as demais normas.

Dentre as alternativas, tomemos uma, a proposta por Nicolas Timascheff (O direito, a ética, o poder, in *O direito e a vida social*, de Zahide e A. L. Machado Neto, São Paulo, Ed. Nacional, 1966, p. 161 e s.).

Diz esse autor que, no gênero ético, encontram-se três espécies de normas: as de direito, as da moral e as dos costumes (o autor refere-se ao costume social, não ao jurídico. Acompanhe a explicação). O Direito exerce sua *pressão social* a partir do centro ativo do Poder. Na moral e nos costumes sociais a *pressão social* é exercida pelo grupo social não organizado.

Daí por que, diz ele, no caso de violação às regras morais ou costumeiras, é a reação social sempre fortuita e dependente de circunstâncias imprevisíveis. O mesmo não ocorre com o Direito, que tem previamente estipulada a pena contra a violação.

A moral, contudo, difere do costume em outro aspecto. A regra moral exige não só uma conduta conforme o seu conteúdo, mas também simultaneamente uma *intenção* conforme o mesmo conteúdo, isto é, o indivíduo só cumpre o imperativo moral se o fizer a partir de uma aceitação interior, íntima.

Não se reconhece a regra moral apenas por circunstâncias exteriores: se alguém, por exemplo, dá esmola ao pobre não porque considere dever moral, mas apenas porque quer passar por caridoso aos olhos dos outros – *para os outros verem* –, por vaidade ou para auferir qualquer vantagem, nada *ganhou* do ponto de vista moral.

Quanto aos costumes sociais, o mesmo não ocorre: "aquele que adotou o traje a rigor para um espetáculo de gala está quite do ponto de vista dos costumes, mesmo se considera o traje a rigor insípido".

A importância da existência e do cumprimento de imperativos morais está relacionada a duas questões: *a)* a de que tais imperativos buscam sempre a realização do Bem – ou da Justiça, da Verdade etc., enfim valores positivos; *b)* a possibilidade de transformação do *ser* – comportamento repetido e durável, aceito amplamente por todos (consenso) – em *dever ser*, pela verificação de certa tendência normativa do real. Ou, nas palavras de Nicolas Timascheff, "o homem médio inclina-se a acreditar que aquilo que é, sobretudo se é de maneira durável, deve ser; um julgamento ontológico, referindo-se à conduta humana, torna-se à força de repetições um julgamento deontológico".

A exposição do autor, todavia, não oferece um referencial capaz de permitir que possamos distinguir as normas jurídicas das demais normas.

Percebe-se a aproximação das três espécies de normas, e até compreende-se a distinção entre a norma moral e a norma estritamente social (a preponderância do elemento interno da primeira, diferente do significado meramente formal e externo da outra).

Mas a norma jurídica pode enquadrar-se, em termos de cumprimento ou violação, tendo em vista o elemento interno ("cumpro a norma jurídica e a ela adiro porque concordo internamente, entendo-a legítima"), o elemento externo ("o contribuinte paga o imposto porque é obrigado e, assim, está quite com o direito, pouco importando se ele gosta ou não, concorda ou não com a cobrança do imposto, aceite-o ou não como legítimo") ou ambos.

Afinal, qual é o traço distintivo?

O traço distintivo está em que na norma jurídica existe a possibilidade de aplicação forçada da sanção ou o uso da força para obrigar alguém ao cumprimento da norma ou à reparação do dano e pagamento de certa pena.

Vejamos, a seguir, em que consiste a sanção, sua execução forçada e sua influência psicológica.

5.3. A sanção, a coerção e a coação

Como já se viu (item 5.1), a norma jurídica tem por característica imputar determinada ação ou comportamento a alguém.

A sanção faz parte da estrutura da norma jurídica, imputando outra ação ou comportamento (em forma de pena, punição) àquele que descumpre o comando primário da norma jurídica.

Ou, em outras palavras, o aspecto principal das normas jurídicas é impor certa ação ou comportamento, dirigindo a conduta dos indivíduos.

Tais normas fazem isso operando principalmente com aqueles dois modais deônticos citados: proibição e obrigação.

Assim, as normas jurídicas regulam e dirigem ações e comportamentos proibindo e obrigando.

Simultaneamente, para tentar garantir que as proibições e obrigações sejam cumpridas, as normas jurídicas fixam sanções, que implicam nova ação ou comportamento ou, ainda, certo efeito jurídico em forma de punição, imposta aos que descumprirem suas determinações.

Pode-se dizer, portanto, que as normas jurídicas fixam uma ação ou comportamento primeiramente queridos: uma prestação; e, também, ao mesmo tempo, outra ação, comportamento ou efeito jurídico imputados aos que não cumprirem a prestação: a sanção.

Vejamos exemplos: 1º) A norma jurídica proíbe fumar em certo estabelecimento, e fixa que aquele que violar a proibição – isto é, aquele que fumar – será multado em determinado montante.

A prestação, portanto, é uma abstenção de fumar – é proibido fumar. Aquele que violar tal prestação sofrerá uma sanção: a imposição da multa pecuniária.

2º) Duas pessoas firmam contrato de locação de imóvel. Nele fica estipulado que o aluguel será pago pelo locatário (inquilino) todo dia 10 do mês seguinte ao vencido.

O contrato é lícito, pois está feito de acordo com a lei do inquilinato e, portanto, o locatário tem a obrigação de pagar o aluguel até o dia 10 do mês seguinte ao mês que terminou.

Dispõe a lei das locações que o locatário que não pagar o aluguel no prazo estipulado poderá sofrer ação de despejo por falta de pagamento.

A prestação do locatário é, no exemplo, assim, a da obrigatoriedade de pagar aluguel na data aprazada. Caso não o faça, poderá sofrer uma sanção: o seu despejo do imóvel que está ocupando.

3º) A norma jurídica estabelece que certos atos jurídicos são proibidos e, se forem praticados, estarão eivados de nulidade: o art. 51, X, do Código de Defesa do Consumidor (CDC), que dispõe ser nula de pleno direito a cláusula contratual que permita ao fornecedor, direta ou indiretamente, variar (claro que aumentando-o) o preço de maneira unilateral.

Tem-se, dessa forma, que a sanção tanto pode atingir a ação das pessoas e seus bens (prisão, pagamento de multa, penhora dos bens do devedor na ação para cobrança da dívida etc.) quanto, em conjunto ou separadamente, pode atingir o ato jurídico praticado (tornando nula a cláusula contratual, anulando um casamento etc.).

Quanto ao modo permissivo das normas jurídicas, só terá relação com a sanção na medida em que aquele que for exercer a prerrogativa dada e garantida pela norma jurídica – isto é, aquele que for usufruir da permissão – for impedido de fazê-lo. Uma sanção, então, deverá atingir o outro que buscou obstar ou obstou de fato o exercício da prerrogativa dada pela permissão.

Vejamos, para elucidação, um exemplo extraído também do CDC. O CDC permite que o consumidor desista de qualquer compra que tenha efetuado fora do estabelecimento comercial, especialmente por telefone ou em domicílio. O prazo para o consumidor exercer essa prerrogativa é de sete dias a contar do recebimento do produto ou do serviço (art. 49, *caput*, da Lei n. 8.078/90).

O consumidor não pode ser impedido de exercer esse direito de arrependimento e devolução. Caso ele o exerça, o vendedor tem de devolver os valores eventualmente pagos pelo preço do produto ou do serviço, monetariamente atualizados (parágrafo único do citado art. 49).

A negativa do vendedor em receber de volta o produto e devolver a importância recebida pode acarretar-lhe sanções administrativas aplicáveis pelos órgãos que cuidam da Defesa do Consumidor (Procon, Sunab etc.), bem como o pagamento de indenização por perdas e danos ao consumidor.

Quanto à coerção e à coação, destaque-se que elas não se confundem com a sanção.

A sanção é a consequência jurídica – imputação de certa ação, comportamento ou efeito jurídico – que atinge o destinatário da norma jurídica, ou o ato jurídico praticado, quando ele descumpre a prestação prevista.

O destinatário não precisa necessariamente ser forçado a cumprir a determinação da sanção. Pode, por exemplo, espontaneamente acatá-la, pagando a multa, desocupando o imóvel etc.

A coerção e a coação são dois termos que têm sido utilizados praticamente como sinônimos. Coerção, do latim *coertione*, tem estreita relação com a lei em si, com o poder legal da autoridade estatal de coagir, de reprimir. Coação, do latim *coactione*, tem o sentido amplo da ação de compelir alguém a fazer ou não fazer alguma coisa. É o constrangimento direto ou indireto, mas eficiente, exercido sobre uma pessoa com o escopo de lhe impedir a livre manifestação de vontade. Pode, pois, ser física ou psíquica e moral.

Tanto a coação como a coerção são, assim, elementos intrínsecos da sanção e agem em momentos diferentes.

Há uma função preventiva, a de agir sobre o destinatário como um aviso: se ele não cumprir a norma jurídica, poderá sofrer os efeitos concretos da sanção.

Note-se que o elemento coercitivo exerce influência psicológica admoestadora em relação à sanção, mas também em relação à execução concreta da sanção, que é o último estágio de aplicação da sanção prevista na norma: trata-se da aplicação forçada, contra a vontade do agente que descumpriu o comando normativo.

Assim, por exemplo, o inquilino é despejado "de fato" por ordem do Poder Judiciário; o homicida é preso e vai cumprir pena na penitenciária; o devedor tem seus bens penhorados e vendidos em hasta pública (leilão), para que o produto da venda sirva para pagar sua dívida etc.

A doutrina costuma apresentar várias espécies de sanções, classificadas por vários critérios.

São muitos os tipos de sanção, que estão de acordo com as várias espécies de normas jurídicas existentes no ordenamento jurídico.

Por exemplo, no Direito Civil, as sanções são de nulidade, perda de direitos etc.; no Direito Penal, as sanções são as próprias penas: detenção, reclusão, multa etc.; no Direito Administrativo, são multas, penas disciplinares, como suspensão, perda de cargo etc.; no Direito do Consumidor, são nulidades, multas, apreensão de mercadorias, inutilização de produtos, interdição de estabelecimento etc.

As sanções em sua múltipla variedade muitas vezes são aplicadas concomitantemente: multa mais indenização; apreensão de mercadoria mais interdição do estabelecimento e multa etc.; e estão presentes em todos os setores do Direito.

Para concluir, então, consigne-se e repita-se que a nota distintiva da norma jurídica em relação às outras normas é a sanção e a sua possibilidade de exigência e execução forçada, quer pelo Estado, por meio de seus órgãos, quer pelo particular interessado, que buscará sua satisfação por intermédio dos órgãos do Estado, em especial o Poder Judiciário.

5.4. A norma jurídica e sua formulação lógica

Não se deve confundir a "norma jurídica em si" com sua "formulação lógica".

A norma jurídica em si constitui sempre um comando, ordem, prescrição. A natureza da norma jurídica é um "dever-ser", um mandamento dirigido a certo destinatário, proibindo, impondo ou permitindo determinada ação ou conduta.

Pode ocorrer, contudo, que a "formulação lógica" da norma jurídica não tenha características de "dever-ser". Tal fato tem levado estudiosos a confundir a natureza da norma jurídica com a maneira como ela está expressa. Assim, quando uma norma enuncia: "É proibido fumar", ninguém duvida que está diante de uma ordem, de um "dever-ser" negativo, de uma norma proibitiva, portanto.

Porém, quando se examina, por exemplo, o art. 121 do Código Penal (CP), a prescrição não surge na expressão lógica. Diz o citado artigo: "Matar alguém: Pena – reclusão, de 6 (seis) a 20 (vinte) anos". Como não está escrito logicamente, numa ordem direta, que "é proibido matar alguém", alguns autores chegam a afirmar que normas jurídicas como estas não prescrevem condutas, mas sim são hipóteses que, uma vez ocorridas, geram a punição.

Mas essa posição não é a mais correta. Não importa a formulação lógica da norma jurídica elaborada pela autoridade competente, que a aprovou. O que vale é o conteúdo intrínseco da norma, a sua natureza; o que a norma é em si mesma. E, nesse sentido, é claro que toda norma jurídica é uma ordem, uma prescrição.

A norma jurídica em si é sempre prescritiva; a sua essência é sempre um "dever-ser". Não importa que, ao ser transposta para uma organização linguística e lógica, tal como escrita num Código ou numa lei qualquer, a forma apresentada como resultado final não mostre nitidamente esse "dever-ser".

Qualquer que seja a forma pela qual uma norma jurídica se mostre, guarda ela em sua natureza intrínseca, em sua essência, uma ordem que "deve ser" cumprida, sob pena de aplicação de uma sanção.

Assim, por exemplo, a apresentação da norma do CP citada "Matar alguém: Pena – reclusão, de 6 (seis) a 20 (vinte) anos" não se confunde com a norma jurídica em sua essência, que diz: "É proibido matar".

5.5. As normas jurídicas sem sanção

Dissemos que a norma jurídica em essência é uma ordem – um "dever-ser" – que conta com um elemento coercitivo – a sanção – como instrumento de pressão – psicológica – para que a ordem seja cumprida, sob pena de aplicação da punição concretamente – coação.

Em função disso, duas questões se colocam: existirão normas jurídicas desprovidas de sanção? E, se sim, como é que isso se explica, já que a sanção parece fundamental para que a norma jurídica seja respeitada e cumprida?

A doutrina reconhece a existência de normas jurídicas sem sanção. São normas que cumprem uma função "não estritamente normativa", consideradas meramente formais, cuja finalidade é orientar ou dificultar certos atos; são, por exemplo, normas que fixam critérios de classificação, como o Código Civil (CC) faz ao estabelecer as classificações legais das coisas. Vejam-se, também, no CDC as definições de consumidor e fornecedor, contidas, respectivamente, nos arts. 2º, *caput*, e 3º, *caput*: "Consumidor é toda pessoa física ou jurídica que adquire ou utiliza produto ou serviço como destinatário final"; "Fornecedor é toda pessoa física ou jurídica, pública ou privada, nacional ou estrangeira, bem como os entes despersonalizados, que desenvolvem atividades de produção, montagem, criação, construção, transformação, importação, exportação, distribuição ou comercialização de produtos ou prestação de serviços".

Não há dúvida que normas jurídicas desprovidas de sanção existem. Trata-se agora de explicar como é que isso pode acontecer.

A explicação não está diretamente ligada a aspectos da própria norma jurídica, mas ao âmbito em que ela está inserida. Em outras palavras, a norma jurídica não existe isoladamente: convive de forma complexa, conectada a outras normas, naquilo que a doutrina chama de "ordenamento jurídico". Este é, portanto, o conjunto das normas jurídicas.

É no contexto do ordenamento jurídico que se pode entender a existência de normas jurídicas sem sanção.

É ele, por sua vez, estudado e interpretado num formato que permite seu funcionamento e que dá sentido a si mesmo, como um todo complexo de normas que se inter-relacionam.

Tendo em vista sua estrutura é que se poderá dizer, por exemplo, que tal norma deve ser cumprida, e outra não deve, porque é inconstitucional.

A compreensão não só do motivo pelo qual existem normas jurídicas sem sanção, mas até, principalmente, de como todas as normas jurídicas se inter-relacionam, se dá a partir da concepção do ordenamento jurídico como um sistema, num sistema jurídico. É o que investigaremos na sequência, num apanhado preliminar, que será complementado no Capítulo 6, *infra*, item 6.5.

5.6. O sistema jurídico – noções preliminares

Dissemos que o ordenamento jurídico é estudado como um sistema. Mas o que vem a ser um sistema?

Sistema é uma construção científica composta por um conjunto de elementos. Estes se inter-relacionam mediante regras. Tais regras, que determinam as relações entre os elementos do sistema, formam sua estrutura.

Vejamos o exemplo dado pelo Prof. Tercio Sampaio Ferraz Jr. para entendermos o que é um sistema:

> "Note-se bem a diferença: uma sala de aula é um conjunto de elementos, as carteiras, a mesa do professor, o quadro-negro, o giz, o apagador, a porta etc.; mas estes elementos, todos juntos, não formam uma sala de aula, pois pode tratar-se de um depósito da escola; é a disposição deles, uns em relação aos outros, que nos permite identificar a sala de aula; esta disposição depende de regras de relacionamento; o conjunto destas regras e das relações por elas estabelecidas é a estrutura. O conjunto dos elementos é apenas o repertório. Assim, quando dizemos que a sala de aula é um conjunto de relações (estruturas) e de elementos (repertório), nela pensamos como um sistema. O sistema é um complexo que se compõe de uma estrutura e um repertório" (*Introdução ao estudo do direito*, São Paulo, Atlas, 1988, p. 165).

Então, quais são os elementos (o repertório) do sistema jurídico? E quais as regras que regem o relacionamento desses elementos, isto é, qual é sua estrutura?

Os elementos são as normas jurídicas, e a estrutura do sistema jurídico é formada pela hierarquia, pela coesão e pela unidade, de tal sorte que, por exemplo, a norma jurídica fundamental (a Constituição Federal) determina a validade de todas as outras normas jurídicas de hierarquia inferior.

No próximo capítulo, voltaremos ao assunto do sistema jurídico, que é modelo da hermenêutica jurídica. Por ora, expliquemos a questão das normas jurídicas sem sanção, a partir da concepção do sistema jurídico.

Pois bem, olhando-se para o ordenamento jurídico como um sistema, temos condições de perceber que ele, enquanto um todo sistemático, é sempre normativo; é invariavelmente um conjunto de normas que prescrevem regras de conduta.

Acontece que na construção de um sistema complexo, como é o do ordenamento jurídico, muitas vezes alguns de seus elementos diferem dos demais no ponto de vista da essência, mas são tão necessários quanto os outros. É o caso das normas jurídicas desprovidas de sanção.

Elas são diferentes das outras, porém constituem condição necessária para que o sistema todo possa funcionar. Não seria possível construir o sistema jurídico sem a utilização de normas formais que orientassem certos atos, definissem questões e fatos ainda não definidos, dessem nomes aos conceitos jurídicos criados; enfim, que, mesmo sem estabelecerem regra de conduta a ser cumprida pelos destinatários das normas no meio social, não estivessem presentes no sistema.

Por isso, deve-se dizer que o sistema jurídico tem como elementos normas jurídicas providas ou desprovidas de sanção. Ou, em outros termos, os elementos do sistema jurídico são normativos e não normativos e todos se relacionam entre si.

Mas falta ainda um complemento: o fato de que uma norma jurídica não seja acompanhada imediatamente da sanção que lhe assegura o cumprimento não significa por si só que ela especificamente seja desprovida de sanção.

Não é regra necessária que a sanção acompanhe sempre a norma jurídica; a sanção pode – como de fato ocorre – estar em outra norma. Nas codificadas, por exemplo, às vezes existem capítulos próprios que tratam das sanções, ou artigos próprios, dentro dos capítulos, que delas se ocupam.

Nem todos os Códigos ou demais normas jurídicas são dispostos como o CP, em que a conduta proibida é descrita e logo a seguir aparece a sanção. Na maior parte das vezes, encontrar a sanção exige um trabalho de interpretação (interpretação sistemática, como veremos no próximo capítulo).

Assim, por exemplo, o art. 39, III, do CDC diz que é "vedado ao fornecedor de produtos ou serviços: (...) enviar ou entregar ao consumidor, sem solicitação prévia, qualquer produto, ou fornecer qualquer serviço".

Pergunta-se: e se o fornecedor enviar, qual é a sanção? A resposta está no parágrafo único do mesmo artigo: o produto enviado ou o serviço feito equipara-se à amostra grátis, inexistindo obrigação de pagamento por parte do consumidor.

O mesmo ocorre com a proibição da publicidade enganosa ou abusiva pelo CDC. O art. 37 define o que seja publicidade enganosa ou abusiva e proíbe sua prática. As sanções pelo descumprimento do art. 37 estão nos arts. 67, 68, 60 etc.

Enfim, é preciso tomar cuidado antes de afirmar que tal ou qual norma não tem sanção, pois uma investigação bem-feita do sistema pode fazê-la aparecer.

5.7. A classificação das normas jurídicas

Dentre as várias classificações apresentadas pela doutrina, eis uma possível.

5.7.1. Quanto à hierarquia

a) Normas constitucionais.

b) Leis complementares, leis ordinárias, leis delegadas, decretos legislativos e resoluções, medidas provisórias.

c) Decretos regulamentares.

d) Outras normas de hierarquia inferior, tais como portarias, circulares etc.

A explicação completa sobre todas essas normas já foi dada no Capítulo 3, que tratou das "Fontes do Direito", subitem 3.3.1, ao qual nos reportamos.

5.7.2. Quanto à natureza de suas disposições

a) Normas jurídicas substantivas.

b) Normas jurídicas adjetivas.

As primeiras, as substantivas ou materiais, são as que criam, declaram e definem direitos, deveres e relações jurídicas. São, por exemplo, as normas do Código Civil, Código Penal, Código Comercial, Código de Defesa do Consumidor etc.

As outras, as adjetivas ou processuais, são as que regulam o modo e o processo, para o acesso ao Poder Judiciário. São, por exemplo, as normas do Código de Processo Civil, do Código de Processo Penal, as normas processuais da Lei do Inquilinato, as normas processuais da Consolidação das Leis do Trabalho etc.

5.7.3. Quanto à aplicabilidade

a) Normas jurídicas autoaplicáveis.

b) Normas jurídicas dependentes de complementação.

c) Normas jurídicas dependentes de regulamentação.

Denominam-se autoaplicáveis as normas que entram em vigor independentemente de qualquer outra norma posterior.

Apresentam todos os requisitos necessários, entrando em vigor na data de sua publicação ou dentro dos prazos estabelecidos. A maior parte das normas jurídicas aqui se enquadra.

Normas jurídicas dependentes de complementação são as que expressamente declaram sua necessidade de complementação por outra norma; assim se denominam, ainda, aquelas cujo complemento normativo decorra inequivocamente do sentido de suas disposições. Como exemplo, temos várias normas constitucionais que dispõem a regulamentação de uma série de assuntos por leis ordinárias e complementares. Assim, a participação dos trabalhadores no lucro das empresas (art. 7º, XI: "São direitos dos trabalhadores urbanos e rurais, além de outros que visem à melhoria de sua condição social: (...) XI – participação nos lucros, ou resultados, desvinculada da remuneração, e, excepcionalmente, participação na gestão da empresa, conforme definido em lei"), a estruturação do sistema financeiro nacional (art. 192: "O sistema financeiro nacional, estruturado de forma a promover o desenvolvimento equilibrado do País e a servir aos interesses da coletividade, será regulado em lei complementar, que disporá, inclusive, sobre: (...)"), o financiamento da seguridade social (art. 195:

"A seguridade social será financiada por toda a sociedade, de forma direta e indireta, nos termos da lei, mediante recursos provenientes dos orçamentos da União, dos Estados, do Distrito Federal e dos Municípios, e das seguintes contribuições sociais: (...)"), a defesa do consumidor (art. 5º, XXXII: "Todos são iguais perante a lei (...) garantindo-se aos brasileiros e aos estrangeiros residentes no País (...) XXXII – o Estado promoverá, na forma da lei, a defesa do consumidor"; art. 48 do Ato das Disposições Constitucionais Transitórias: "O Congresso Nacional, dentro de cento e vinte dias da promulgação da Constituição, elaborará código de defesa do consumidor") etc.

As últimas, as dependentes de regulamentação, designam geralmente que órgãos do Poder Executivo definirão e detalharão sua aplicação e executoriedade. Elas surgem em forma de decreto regulamentar.

Por exemplo, o Decreto n. 99.684, de 8-11-1990, que regulamentou a Lei n. 8.036, de 11-5-1990, explicitando, detalhando, tratando de infrações e da fiscalização etc. do Fundo de Garantia do Tempo de Serviço (FGTS), ou o Decreto n. 86.649, de 25-11-1981, que, ao regulamentar a Lei n. 6.899, de 8-4-1981 (ver subitem 3.3.1, *retro*), a qual determina a aplicação de correção monetária nos débitos oriundos de decisão judicial, estipulou como o cálculo matemático deveria ser feito.

5.7.4. Quanto à sistematização

a) Constitucionais.

b) Codificadas.

c) Esparsas.

d) Consolidadas.

Essa divisão baseia-se na origem, na forma e no conteúdo da matéria jurídica regulada.

Definem-se como normas constitucionais as que, dispostas num único corpo legislado, são postas por um poder constituinte para controlar e validar todas as outras normas do sistema. Elas reúnem, assim, normas de todos os ramos do Direito.

Normas codificadas são as que constituem um todo orgânico de normas relativas a certo ramo do Direito e são fixadas numa única lei. Citem-se como exemplos o Código Civil (CC), o Código Penal (CP), o Código de Processo Civil (CPC), o Código Tributário Nacional (CTN), o Código Comercial (CCom) etc.

Esparsas ou extravagantes são aquelas editadas isoladamente para tratar de temas específicos. Por exemplo, a Lei do Inquilinato, a lei que criou o FGTS, a que instituiu o salário-família etc.

Consolidadas são as que resultaram da reunião de uma série de leis esparsas que tratavam de determinado assunto, o qual era por elas amplamente regulado. Como exemplos temos a Consolidação das Leis do Trabalho (CLT) e a Consolidação das Leis da Previdência Social (CLPS).

Há uma tendência atual no sentido de se buscar produzir cada vez mais leis específicas para certos setores, em vez de grandes codificações. De fato, levando-se em consideração as características da sociedade contemporânea, altamente complexa e, simultaneamente, estratificada, partida em diversos ramos de especialização, parece mais adequado o surgimento de leis esparsas que de codificações. Os códigos, se postos, talvez devessem ser mais genéricos, cuidando de princípios e normas gerais, deixando as especificidades para leis setorizadas. Veja-se que isso já está ocorrendo no âmbito dos direitos do consumidor. O CDC, lei geral, bastante abrangente e, em boa medida, estabelecedora de princípios, tem na Lei n. 9.656/98, que regulamenta o setor de planos e seguros de saúde, uma situação exatamente desse tipo. É uma lei feita para controlar um setor específico da realidade e que foi baixada seguindo as determinações do CDC.

5.7.5. Quanto à obrigatoriedade

a) Normas de ordem pública.

b) Normas de ordem privada.

A doutrina costuma distinguir normas de ordem pública de normas de ordem privada, designando aquelas como as que não podem ser modificadas por convenção dos particulares, e estas como as que permitem aos particulares estabelecerem regras por ato de vontade.

Costuma-se, também, chamar as normas de ordem pública de imperativas e as de ordem privada de permissivas. Como imperativas, aparecem as normas proibitivas e obrigatórias.

Diga-se, para deixar consignado, que em rigor toda norma jurídica é de "ordem pública", porque emana do Estado, com suporte no sistema jurídico constitucionalmente estabelecido. Preferimos chamar tais normas de "cogentes", para deixar patente sua necessária incidência, em oposição àquelas permissivas, cuja prerrogativa de exercício repousa na pessoa que tem o direito subjetivo.

A distinção entre uma e outra deve ser feita pelos modais deônticos envolvidos: quando se tratar de norma proibitiva ou obrigatória, ela se impõe como de ordem pública ou cogente; e, quando se tratar de norma permissiva, será de ordem privada.

Mas acrescente-se algo à característica da norma de ordem pública: ela se impõe, mesmo contra a vontade de quem tem o direito e a garantia a seu favor.

Por exemplo, a norma que garante o pagamento do salário do empregado. Se este assinar documento, dizendo que abre mão do salário em certo mês, mesmo que queira, o documento é nulo.

Consigne-se, ainda, que não se deve confundir norma de ordem pública ou privada com o chamado ramo do Direito Público ou Privado (que tratamos no item 4.4, *retro*).

Os modos proibitivo e obrigatório, que são características marcantes dos ramos do Direito Público, estão presentes, também, em normas do Direito Privado e do Direito difuso, e, quando lá estão, são, também, normas de ordem pública, mesmo que incluídas em outros ramos do Direito que não os do Direito Público.

5.7.6. Quanto à esfera do Poder Público de que emanam
   a) Federais.
   b) Estaduais.
   c) Municipais.

Como os próprios nomes dizem, as normas jurídicas serão federais, estaduais ou municipais, na medida em que sejam instituídas pela União, pelos Estados-Membros e pelos Municípios.

5.8. A validade da norma jurídica

A questão da validade da norma jurídica tem sido motivo de profundas controvérsias na doutrina.

Ela tanto pode referir-se ao aspecto técnico-jurídico ou formal quanto ao aspecto da legitimidade.

No primeiro caso, fala-se de a norma jurídica ser válida quando criada segundo os critérios já estabelecidos no sistema jurídico: respeito à hierarquia, que tem como ponto hierárquico superior a Constituição Federal; aprovação e promulgação pela autoridade competente; respeito a prazos e *quorum*; conteúdo de acordo com as designações de competências para legislar.

No outro, fala-se do fundamento axiológico, cuja incidência ética seria a condição que daria legitimidade à norma jurídica, tornando-a válida.

Aqui vamos abordar a questão da validade, no aspecto formal ou técnico-jurídico, situando-a nos âmbitos da vigência da norma jurídica no tempo e no espaço.

A norma válida, isto é, aprovada e promulgada segundo os ditames do sistema jurídico, vige no tempo e em certo território (no espaço).

A outra questão, a da legitimidade, em parte a abordaremos, na sequência, ao cuidarmos do problema da eficácia. Dizemos *em parte* porque entendemos que, num sistema como o nosso, cujo ponto de partida de sua estrutura piramidal é a Constituição Federal, a questão básica – e que é fundamental – da legitimidade há de ser investigada no aspecto do Poder em geral, no do Poder Constituinte em particular, bem como no aspecto da aplicação e cumprimento das normas constitucionais.

A Constituição Federal, como marco inicial do sistema, há de ser legítima, instaurando o Estado Democrático de Direito, mas só isso não basta: a aplicação concreta de seus preceitos, o exercício dos poderes por ela outorgados, a plenitude das garantias fundamentais dos cidadãos por ela constituídos são pontos fundamentais, dentre outros, a serem investigados.

Claro que a questão ética, além da questão do poder, a nós é cara, na medida em que ambos os temas se inter-relacionam com a Ciência do Direito, conforme já tivemos oportunidade de demonstrar.

Contudo, a questão do poder legítimo, das normas constitucionais legítimas, do Estado de Direito Democrático etc., tem de ser abordada em outros espaços, como o do Direito Constitucional e o da Teoria Geral do Estado, de forma que possibilite à Ciência do Direito como um todo – e nesse aspecto auxiliada e iluminada pela Filosofia do Direito – alcançar seu fundamento ético último, propiciado, também, pela ampliação da consciência de seus investigadores.

5.9. A vigência das normas jurídicas no tempo

As normas jurídicas têm "vida" própria, nascendo, existindo, alterando-se parcialmente e morrendo.

A vigência temporal é uma qualidade da norma, relativa ao tempo de sua atuação. Está ligada à validade, mas com ela não se confunde, porque uma norma válida pode ser promulgada, porém não estar ainda em vigor, conforme se verá a seguir.

A vigência implica que a norma jurídica seja obrigatória, e isso só se dá com a publicação oficial. A promulgação torna a lei existente, mas não ainda obrigatória.

Assim, por exemplo, o Presidente da República pode promulgar uma lei no dia 20 de novembro de certo ano, e com isso ela se torna aprovada e existente; apesar de existir, falta-lhe, ainda, a condição da publicidade, para que se torne obrigatória aos destinatários.

Com a publicação oficial, supre-se a condição da publicidade e conclui-se o ciclo para que a norma jurídica entre em vigor.

Uma vez posta em vigor, a norma jurídica passa a viger. Portanto, ela age do presente em direção ao futuro. Mas não se deve confundir a vigência com a eficácia, pois esta, como se verá no item próprio, atua tanto do presente em direção ao futuro como pode atingir o passado.

5.9.1. O início da vigência

Mas quando, então, a norma jurídica entra em vigor?

A norma jurídica entra em vigor após a publicação oficial, que no plano federal se dá no *Diário Oficial da União – DOU*, e no estadual no *Diário Oficial do Estado – DOE*.

Pode entrar em vigor imediatamente após a publicação, isto é, no mesmo dia desta ou na data em que ela própria o determinar.

Por exemplo, o CPC de 1973 já revogado (Lei n. 5.869, de 11-1-1973) entrou em vigor na data de sua publicação, em 17-1-1973; e o CDC (Lei n. 8.078, de 11-9-1990, publicada no *DOU* em 12-9-1990) só entrou em vigor no dia 11-3-1991 (180 dias após sua publicação).

A decisão sobre se a norma jurídica principia a viger na data da publicação ou em data posterior é do órgão que a elaborou. Como regra, o critério para essa determinação é o da necessidade e urgência para a entrada em vigor imediatamente após a publicação, ou o oposto, aguardando-se certo período de tempo, em especial quando a importância do tema e a extensão e a abrangência de seu conteúdo exijam amplo conhecimento prévio dos destinatários.

Veja-se o exemplo do Código de Trânsito Brasileiro. Como ele exigia um prévio conhecimento de suas novas regras, foi determinado que sua vigência se daria 120 dias após a data da publicação (que ocorreu em 24-9-1997). Nesse período, foi desenvolvida ampla campanha institucional, com o auxílio da imprensa, para informar e esclarecer os pontos mais importantes, antes de sua entrada em vigor.

Se, de toda forma, a própria norma jurídica não designar a data de sua entrada em vigor, considerar-se-á vigente 45 dias após sua publicação oficial, por disposição do art. 1º, *caput*, da Lei de Introdução às Normas do Direito Brasileiro – LINDB ("Salvo disposição contrária, a lei começa a vigorar em todo o País 45 (quarenta e cinco) dias depois de oficialmente publicada").

A LINDB, apesar do antigo nome – LICC –, nunca foi propriamente de introdução ao CC, mas sim uma lei geral de aplicação das normas jurídicas, contendo regras sobre a vigência das normas no tempo e no espaço, cuidando de questões, inclusive, de aplicação do Direito estrangeiro no País, apresentando critérios de hermenêutica jurídica etc.[8]

Nos Estados estrangeiros que admitem a norma jurídica brasileira como obrigatória, sua vigência se dá 3 meses após publicada oficialmente (§ 1º do art. 1º da LINDB: "Nos Estados estrangeiros, a obrigatoriedade da lei brasileira, quando admitida, se inicia 3 (três) meses depois de oficialmente publicada").

O período de tempo existente entre a publicação oficial da norma jurídica e sua entrada em vigor é denominado *vacatio legis*.

Se durante a *vacatio legis* ocorrer nova publicação oficial da norma jurídica visando unicamente a corrigir erros materiais e falhas de ortografia, os prazos de 45 dias (do art. 1º, *caput*) e de 3 meses (do § 1º do art. 1º) começam a contar-se novamente, por disposição do § 3º do art. 1º da LINDB: "Se, antes de entrar

---

[8] Por isso é que, finalmente, sua ementa foi alterada, conforme já visto.

a lei em vigor, ocorrer nova publicação de seu texto, destinada a correção, o prazo deste artigo e dos parágrafos anteriores começará a correr da nova publicação".

Por extensão, deve-se entender que, se houver nova publicação em período da *vacatio legis* diverso dos 45 dias ou dos 3 meses já referidos (art. 1º, *caput* e § 1º), por exemplo, no período fixado pelo CDC – 180 dias –, para o fim de corrigir erros materiais e falhas de ortografia, começa-se a contar o prazo novamente.

Quando a publicação com a finalidade de correção é feita relativamente à norma jurídica já em vigor, esta é considerada como norma nova (§ 4º do art. 1º da LINDB: "As correções a texto de lei já em vigor consideram-se lei nova"), sujeita, naturalmente, aos prazos por ela própria determinados ou aos do *caput* do art. 1º, bem como do seu § 1º.

A contagem dos prazos para a entrada em vigor, quando a norma jurídica não determinar vigência imediata, far-se-á incluindo-se o dia da publicação, iniciando-se a contagem por esse dia, e incluindo-se o último dia do prazo, sendo o dia seguinte a este o primeiro de vigência da norma jurídica.

O fato de o dia seguinte à publicação, bem como de o último dia da contagem do prazo, cair num domingo ou feriado é irrelevante para a contagem. Contam-se todos os dias, e a norma jurídica entra em vigor mesmo em domingo ou feriado.

Quanto às normas jurídicas de natureza tributária, existem disposições especiais para sua vigência, aplicando-se a LINDB supletivamente.

A norma jurídica que institui ou aumenta tributos somente pode ter vigência no exercício financeiro seguinte àquele em que tenha sido publicada, ou seja, em 1º de janeiro do ano seguinte ao da publicação (CF, art. 150, III, *b*: "Sem prejuízo de outras garantias asseguradas ao contribuinte, é vedado à União, aos Estados, ao Distrito Federal e aos Municípios: (...) III – cobrar tributos: (...) b) no mesmo exercício financeiro em que haja sido publicada a lei que os instituiu ou aumentou").

O CTN, na esteira do fixado na Constituição, também afirma essa limitação para o início da vigência da norma tributária. Porém, este pode ser imediato se a norma for baixada para extinguir impostos ou diminuir as alíquotas (percentuais) cobradas (o que é raro!), assim como se a norma vier para criar isenções de impostos ou ampliá-las. É o que dispõe o art. 104 do CTN: "Entram em vigor no primeiro dia do exercício seguinte àquele em que ocorra a sua publicação os dispositivos de lei, referentes a impostos sobre o patrimônio ou a renda: I – que instituem ou majoram tais impostos; II – que definem novas hipóteses de incidência; III – que extinguem ou reduzem isenções, salvo se a lei dispuser de maneira mais favorável ao contribuinte, e observado o disposto no art. 178". E o art. 178, por sua vez, preceitua que: "A isenção, salvo se concedida por prazo certo e em função de determinadas condições, pode ser revogada ou modificada por lei, a qualquer tempo, observado o disposto no inciso III do art. 104".

A exceção a essa regra fica por conta dos impostos previstos no art. 153, I, II, IV e V, da Constituição Federal (impostos sobre: importação de produtos estrangeiros; exportação de produtos nacionais e nacionalizados; produtos industrializados; operações de crédito, câmbio, seguro e relativas a títulos ou valores mobiliários), e também no art. 154, II (impostos extraordinários na iminência ou caso de guerra externa). A exceção está prevista no § 1º do art. 150 da Carta Magna.

Ainda na área administrativo-tributária, os atos normativos expedidos pelas autoridades administrativas entram em vigor na data de sua publicação, salvo disposição própria estabelecendo outra data (art. 103, I, do CTN: "Salvo disposição em contrário, entram em vigor: I – os atos administrativos a que se refere o inciso I do art. 100, na data da sua publicação"); as decisões dos órgãos da jurisdição administrativa (Conselho de Contribuintes, Tribunais de Impostos e Taxas etc.), que têm eficácia normativa por força de lei, no que se refere aos efeitos normativos, entram em vigor 30 dias após a sua publicação (art. 103, II, do CTN: "Salvo disposição em contrário, entram em vigor: (...) II – as decisões a que se refere o inciso II do art. 100 quanto a seus efeitos normativos, 30 (trinta) dias após a data da sua publicação"); os convênios firmados entre si, pela União, Estados, Distrito Federal e Municípios, visando a coordenar programas de investimento, serviços públicos e no campo da política tributária, entram em vigor na data neles prevista (art. 103, III, do CTN: "Salvo disposição em contrário, entram em vigor: (...) III – os convênios a que se refere o inciso IV do art. 100 na data neles prevista").

Problema interessante ocorre quando uma norma jurídica, uma lei ordinária, por exemplo, determina que será, em certo prazo, regulamentada por decreto. Pode acontecer que o decreto regulamentar não seja expedido no prazo fixado.

Surge, então, uma série de dúvidas relativamente ao cumprimento da lei: estaria ela já em vigor? Poderia ou não ser aplicada sem regulamentação? Se a lei determina o prazo para a edição do decreto regulamentar – por exemplo, 60 dias – e este não é baixado nesse período, após ter expirado o prazo, a lei já pode ser aplicada? Quem, então, a regulamenta: um juiz num caso concreto em que se coloque o problema?

Tomemos o exemplo trazido no subitem 3.3.1, *retro*, da lei que determinou a aplicação da correção monetária no cálculo dos débitos judiciais (Lei n. 6.899, de 8-4-1981).

Naquela época – início de 1981 – o Brasil já embarcara na escalada inflacionária, e a sociedade clamava por uma lei que, de forma definitiva, determinasse o pagamento da correção monetária, uma vez que sem ela um bom negócio no

País era ser devedor. A inflação corroía a dívida de tal maneira que os valores referentes a ela, decorrido algum tempo, nada significavam.

É verdade que na atualidade o uso da correção monetária para atualização de débitos é aceito sem oposições. Porém, não ainda naquela época. Imperava, na oportunidade, uma série de disputas sobre cabimento ou não da correção monetária; distinguia-se dívida de dinheiro de dívida de valor; enfim, disputas que ora permitiam que o credor recebesse sua dívida atualizada, ora não.

Do ponto de vista do devedor, que pagava sem correção monetária, era, de fato, um locupletamento ilícito flagrante.

Aos poucos, o Poder Judiciário vinha determinando em ações judiciais a correção monetária das dívidas, mas era necessário lei que pusesse fim aos abusos. E foi o que aconteceu em 8-4-1981, com a edição da Lei ordinária federal n. 6.899.

Contudo, o art. 2º daquela lei determinou que o Poder Executivo a regulamentasse no prazo de 60 dias, explicitando a forma de cálculo. Note-se que a lei tinha só 5 artigos!

O Poder Executivo, porém, demorou mais de 7 meses para baixar o decreto regulamentar, o que foi feito em 25 de novembro daquele ano pelo Decreto n. 86.649. O decreto também tinha apenas 5 artigos!

Na oportunidade, até que o decreto fosse baixado surgiram muitas dúvidas sobre o que fazer com lei tão esperada, que acabou vindo, mas tinha problemas para ser aplicada.

O Poder Judiciário, com base na lei não regulamentada, passou a designar a forma de cálculo e o índice a ser adotado, o que, aliás – dizem –, serviu de base para a edição posterior do decreto regulamentar, que se teria baseado nas próprias decisões judiciais.

O que se pode dizer, tomando esse caso como guia, é que a lei não regulamentada pelo decreto específico não é automaticamente aplicável.

Todavia, como a não expedição do decreto regulamentar caracteriza a desídia do órgão público que estava obrigado a elaborá-lo, todo aquele que se sentir prejudicado com sua ausência pode socorrer-se do Poder Judiciário, requerendo o suprimento, pelo menos na situação específica e concreta.

5.9.2. O término da vigência

A norma jurídica normalmente tem caráter permanente, só perdendo sua vigência quando é revogada (conforme se verá no próximo item).

Mas há normas jurídicas cujo fim é predeterminado, tendo, então, vigência temporária.

O término da norma jurídica temporariamente vigente ocorre quando seu próprio texto dispõe a data de seu fim (por exemplo, as leis de incentivos fiscais que vigoram por certo período de anos, ou por um exercício etc.).

Ocorre também quando a lei é posta em vigor e sua vigência está subordinada a um fato ou situação jurídica, como ao estado de guerra, de sítio, de calamidade pública etc.

A vigência termina, ainda, no caso das medidas provisórias baixadas pelo Presidente da República (art. 62, *caput*, da CF). Na verdade, o que ocorre com a medida provisória é *sui generis*, pois ela não perde vigência. Por disposição constitucional, ela perde eficácia, desde a data da publicação, se não for transformada em lei no prazo de 60 dias a partir de sua edição (publicação oficial), prazo esse prorrogável por uma única vez por igual período (conforme §§ 3º e 7º do art. 62).

Nessa hipótese de a medida provisória – que entrou em vigor na data da publicação – não ser transformada em lei naqueles 60 ou 120 dias, cabe ao Congresso Nacional disciplinar, por decreto legislativo, as relações jurídicas ocorridas durante o período em que ela vigorou (conforme § 3º do art. 62).

A outra maneira de término de vigência da norma jurídica é a revogação, que veremos a seguir.

5.9.3. A revogação das normas jurídicas

Há normas jurídicas que não podem ser revogadas, conforme veremos ao final deste capítulo. Mas a regra é de que as normas podem ser revogadas, isto é, podem deixar de ter vigência quando substituídas por outras.

Ou, em outros termos, revogar significa tirar de vigor uma norma jurídica, mediante a colocação em vigor de outra mais nova. Temos no Brasil regulação específica sobre o assunto no art. 2º da LINDB: "Não se destinando à vigência temporária, a lei terá vigor até que outra a modifique ou revogue".

A revogação está dividida em:

a) "ab-rogação", que é a supressão total da norma jurídica anterior;

b) "derrogação", que torna fora de vigência apenas parte da norma jurídica anterior – um só capítulo, uma só seção, um só artigo, um único inciso, apenas um parágrafo, ou mesmo parte deles.

Apesar dessa distinção doutrinária dividindo revogação em "ab-rogação" e "derrogação", a técnica legislativa utiliza-se do termo genérico "revogação".

São dois os critérios que conduzem à revogação:

a) o hierárquico;

b) o cronológico.

Antes de ingressarmos na análise desses dois critérios, é necessário colocar que há um outro, impropriamente chamado de critério de revogação, que é o da especialização. Na verdade, a especialização não implica exatamente revogação, mas normatização nova de certo setor, que passa a ser regulado por norma jurídica específica. Às vezes, há, simultaneamente, revogação da lei anterior. Mas nesse caso comparecem os outros critérios. A explicação completa virá abaixo.

O primeiro aspecto quanto à revogação é o do critério hierárquico: uma norma jurídica somente pode revogar outra se pertencer ao mesmo plano hierárquico ou for de plano hierárquico superior à norma jurídica a ser revogada.

O segundo é o cronológico: a norma jurídica nova revoga a antiga.

Quando surge uma nova Constituição – como a nossa, de 5-10-1988 –, pode ocorrer uma série de revogações automáticas das demais normas de hierarquia inferior que já estavam em vigor (além da revogação integral da Constituição anterior, que no nosso caso era a EC n. 1/69).

Diz-se, nesse caso, que as normas então revogadas não foram *recepcionadas* pelo novo texto constitucional.

A revogação pode ser expressa ou tácita.

É expressa quando a nova norma jurídica, revogadora, declara qual ou quais normas jurídicas anteriores ou, ainda, quais aspectos – capítulos, artigos etc. – de normas jurídicas anteriores estão sendo revogados.

Essa, na verdade, é a melhor técnica legislativa, pois não deixa qualquer margem à dúvida sobre a vigência ou revogação de norma jurídica anterior. Bom exemplo dessa técnica está no Decreto n. 99.684/90, que consolida as normas relativas ao FGTS: ele expressamente declara revogados nada menos do que vinte outros decretos anteriores.

Tome-se como outro bom exemplo o novo Código de Trânsito Brasileiro (Lei n. 9.503, de 23-9-1997). Ele revogou expressamente algumas leis: "Art. 341. Ficam revogadas as Leis n. 5.108, de 21 de setembro de 1966, 5.693, de 16 de agosto de 1971, 5.820, de 10 de novembro de 1972, 6.124, de 25 de outubro de 1974, 6.308, de 15 de dezembro de 1975, 6.369, de 27 de outubro de 1976, 6.731, de 4 de dezembro de 1979, 7.031, de 20 de setembro de 1982, 7.052, de 2 de dezembro de 1982, 8.102, de 10 de dezembro de 1990, os arts. 1º a 6º e 11 do Decreto-Lei n. 237, de 28 de fevereiro de 1967, e os Decretos-Leis n. 584, de 16 de maio de 1969, 912, de 2 de outubro de 1969, e 2.448, de 21 de julho de 1988".

A revogação será tácita ou indireta, em contrapartida, quando não declarar quais as específicas normas jurídicas revogadas, tornando todas aquelas – ou parte delas – que forem incompatíveis com a nova norma jurídica revogadas ou quando a nova norma regular inteiramente a matéria de que tratava a norma anterior.

Via de regra, o último artigo das normas jurídicas traz a expressão: "revogam-se as disposições em contrário". Mas, havendo essa expressão ou não, o fato é que a revogação se dará pela incompatibilidade ou regulação total da matéria. Em rigor, tal expressão fica apenas como reforço, em virtude da lógica revogação das normas jurídicas anteriores incompatíveis.

Quanto à especialização, diga-se que ela regula a não revogação de certas normas jurídicas entre si (cf. § 2º do art. 2º da LINDB).

Explique-se: se for aprovada uma norma jurídica nova, estabelecendo disposições gerais ou especiais, e já existirem normas jurídicas anteriores sobre o mesmo assunto, de maneira geral ou especial, estas não são revogadas. (Só o serão se se enquadrarem nas três hipóteses anteriores: revogação expressa, tácita por incompatibilidade e regulação total da matéria.)

A norma é geral quando aborda todo um ramo específico do Direito: por exemplo, o CC. É especial quando se atém a setor especializado, dentro de certo ramo: por exemplo, as leis do inquilinato, que se desvinculam do CC.

A questão dessa revogação tem de ser entendida nas seguintes dicotomias: a norma geral não revoga a especial, e a norma especial não revoga a geral. Isto porque, é claro, a norma geral revoga a geral e a especial revoga a especial.

Resta, ainda, tratarmos de um instituto de nome estranho: a repristinação (que significa restituir-se ou retornar ao valor ou estado primitivo).

Repristinação da norma jurídica seria, então, fazer retornar à vida uma norma já revogada, pelo fato de a norma revogadora ter perdido a sua vigência.

Dizendo de outra maneira: suponhamos que a lei 1 esteja em vigor. Surge a lei 2, que expressamente a revoga. Logo, a lei 1 deixa de existir e viger por ter sido revogada. Daí surge a lei 3, que revoga a lei 2 e não coloca nada em seu lugar. Com isso, a lei 2 também perde vigência. Todavia, a lei 1, que havia sido revogada pela lei 2 (que acabou também sendo revogada), não volta a viger.

Esse instituto não é aceito em nosso sistema (§ 3º do art. 2º da LINDB), pelo menos não de forma automática.

Como a repristinação põe em risco a segurança jurídica, ela está vedada. Quando uma norma jurídica – ou parte dela – é revogada, ela não voltará a viger, ainda que a norma revogadora perca, por qualquer motivo, sua própria vigência.

Para que a norma revogada volte a ter vigência, será preciso que a norma jurídica revogadora ou outra mais nova assim o declare (por permissão do § 3º do citado art. 2º da LINDB: "Salvo disposição em contrário, a lei revogada não se restaura por ter a lei revogadora perdido a vigência").

Por fim, para encerrar este item, tratemos agora das normas jurídicas que não podem ser revogadas. São as inseridas na Constituição Federal como "cláusulas pétreas", isto é, que são definitivas, não podendo ser alteradas – ou seja, revogadas – de forma alguma.

Na realidade, a única alternativa para revogá-las é elaborar por inteiro nova Constituição Federal.

A proibição de revogação está prevista no § 4º do art. 60 da Constituição Federal e inclui: a forma federativa de Estado; o voto direto, secreto, universal e periódico; a separação dos Poderes; e os direitos e garantias individuais. Eis a redação da norma constitucional: "Art. 60. A Constituição poderá ser emendada mediante proposta: (...) § 4º Não será objeto de deliberação a proposta de emenda tendente a abolir: I – a forma federativa de Estado; II – o voto direto, secreto, universal e periódico; III – a separação dos Poderes; IV – os direitos e garantias individuais".

5.10. A vigência das normas jurídicas no espaço

As normas jurídicas têm seu campo de abrangência limitado por espaços territoriais, em nível nacional, pelas fronteiras do Estado, o que inclui sua extensão de águas territoriais e as ilhas aí localizadas, os aviões, os navios e as embarcações nacionais, as áreas das embaixadas e consulados etc., bem como o subsolo e a atmosfera.

Essa delimitação é conhecida como "princípio da territorialidade" das normas jurídicas.

Com o avanço das relações internacionais, os Estados modernos passaram a admitir, em determinadas circunstâncias, a aplicação de leis estrangeiras em seu território. Isso serve à melhora das relações internacionais, especialmente baseada nos vários fluxos migratórios que existiam e ainda existem pelo mundo afora.

O estudo da matéria atinente a esse outro aspecto é da competência do Direito Internacional Privado, que a designa "princípio da extraterritorialidade".

A utilização por um Estado de qualquer dos dois princípios, isoladamente, criaria sérios embaraços ao relacionamento entre os Estados. Por isso, tem-se adotado, como o faz o Brasil, o "princípio da territorialidade moderada".

A matéria está regulada na já citada Lei de Introdução (LINDB), que dispõe que, para qualificar os bens e regular as relações a eles concernentes, aplicar-se-ão as normas jurídicas do país em que estiverem situados (art. 8º da LINDB).

Quanto às obrigações, valem as normas jurídicas do país em que elas forem constituídas (art. 9º da LINDB).

Em relação ao começo e ao fim da personalidade, ao nome e à capacidade das pessoas, aos direitos de família e de sucessão (direitos hereditários), aplicam-se as normas jurídicas do país em que a pessoa envolvida for domiciliada. No caso da sucessão hereditária, vale o domicílio do falecido ou do desaparecido. Quanto a este último, a regra aplica-se no caso de sucessão por ausência (arts. 7º e 10 da LINDB).

Essa regra do domicílio vale, também, para fixar a autoridade brasileira como competente para julgar questões, quando o réu tiver domicílio no Brasil ou quando aqui tiver de ser cumprida a obrigação (art. 12 da LINDB).

De qualquer forma, ainda que se aceite, em parte, a incidência de normas jurídicas estrangeiras (por exemplo, se alguém domiciliado no exterior morre, tendo bens e herdeiros no Brasil, a sucessão se fará pela lei alienígena), nenhuma norma jurídica estrangeira nem atos jurídicos ou sentenças de outro país terão eficácia no Brasil se ofenderem a soberania nacional, a ordem pública interna e os bons costumes nacionais (art. 17 da LINDB), além, é claro, de qualquer norma estabelecida no texto constitucional (para consulta, examine-se o texto integral da LINDB no Anexo I ao final deste livro).

5.11. A eficácia, a retroatividade e os problemas das normas jurídicas inválidas

Já tivemos oportunidade de dizer que eficácia tem relação com vigência, mas com ela não se confunde (no início do item 5.9, *retro*). A norma jurídica é posta no presente, passando a viger para o futuro.

Já a eficácia atua tanto do presente para o futuro quanto para o passado. Isso traz à tona o problema da retroatividade das normas jurídicas.

Abordamos também a norma válida, como aquela que é aprovada e promulgada segundo os ditames do sistema jurídico e que, após publicada oficialmente, passa a ter vigência (item 5.8, *retro*).

Ao tratarmos, porém, a questão da eficácia na correlação com a validade, vai surgir outro problema, que é o de saber se uma norma jurídica inválida (por exemplo, uma norma inconstitucional) pode ser eficaz.

Examinemos essas questões, estudando primeiramente o conceito de eficácia.

5.11.1. A eficácia das normas jurídicas

Tradicionalmente, a doutrina jurídica liga a ideia de eficácia à de aplicação concreta da norma jurídica. Eficácia é, pois, a relação entre a ocorrência concreta, real, fatual no mundo do ser e o que está prescrito pela norma jurídica (e que está no mundo do "dever-ser").

Entenda-se bem. Ocorrência concreta não significa só obediência à prestação imputada pela norma jurídica (proibição, obrigação ou permissão), mas, também, violação.

Havendo cumprimento da prestação, fala-se que a norma é eficaz. Porém, havendo descumprimento, ela também o será, porquanto outro aspecto da norma (outra imputação) entra em funcionamento: a sanção.

Logo, eficácia tem relação com a ocorrência concreta do prescrito pela norma jurídica no duplo aspecto da prestação e da sanção.

Examine-se um exemplo: a lei manda que o comerciante emita nota fiscal e pague o ICMS quando vende seu produto. Feita a venda, emitida a nota e pago o imposto, a norma jurídica foi efetivamente cumprida. É plenamente eficaz. Mas, se o comerciante não emite a nota fiscal ou a emite e não paga o imposto, será autuado e pagará o ICMS acrescido de multa. A norma jurídica foi, então, também nesse caso efetivamente eficaz. E assim o será, quer o comerciante pague o imposto com a multa espontaneamente, quer pague porque foi autuado e/ou processado.

Mas há normas que, mesmo vigentes, acabam não sendo aplicadas concretamente no plano da realidade social ou o são apenas em parte.

Por exemplo, as normas que não são autoaplicáveis, porque dependem de complementação. Nesses casos pode-se falar em eficácia?

A doutrina costuma tratar a questão ampliando e modificando o conceito de eficácia.

Para dar conta desse problema, define-se, então, eficácia como a *possibilidade* de produção de efeitos concretos; e "incidência" como o caso do efeito concreto já produzido.

Quanto ao fato de certas normas não terem incidência, isto é, não serem concretamente aplicadas, identificar-se-ão como de eficácia jurídica completável, em especial porque produzem pelo menos o efeito de revogar normas anteriores. É efeito jurídico – diz-se – e não social.

Essas normas, que têm apenas eficácia jurídica – como as dependentes de complementação –, são também classificadas como completáveis.

Resumindo, temos: eficácia é a possibilidade de produção de efeitos; incidência é a concreta produção dos efeitos criados na realidade social; norma de eficácia jurídica completável é a que gera apenas efeitos no ordenamento jurídico – como revogar norma anterior –, sem incidir sobre a realidade.

Há, também, uma posição doutrinária que chama de norma jurídica de eficácia limitada aquelas que são identificadas como "normas programáticas" na Constituição Federal.

Essas normas programáticas, dizem, têm apenas eficácia jurídica, sendo classificadas como de eficácia limitada, porque estabelecem metas, objetivos ou programas para o Estado alcançar ou cumprir. Essa doutrina cita como exemplos de normas programáticas a que garante assistência social para todos os que necessitarem (art. 203 da CF), as que fixam como dever do Estado o ensino fundamental gratuito para todos (art. 208, I, da CF) etc.

Mas essa posição doutrinária é ultrapassada.

Não há mais que se falar na existência de normas programáticas. Todo e qualquer princípio e norma constitucional – excetuando-se as dependentes de complementação – está em vigor, é eficaz e incide na realidade.

Se o Estado não as cumpre, trata-se de simples violação do regime constitucional.

Na realidade, a doutrina das normas programáticas responde por uma posição ideológica de manipulação e ocultação que não pode mais ser aceita pelo pensamento jurídico. Ela se presta a permitir que o Estado sempre adie o cumprimento de seus deveres instituídos na Constituição Federal.

5.11.2. A retroatividade das normas jurídicas

Dissemos anteriormente que a norma jurídica vige do presente em direção ao futuro, mas que a eficácia e especialmente a incidência concreta podem ir para o passado.

Eficácia ou incidência para o passado é o que se chama retroatividade, isto é, a possibilidade de a norma jurídica atingir situação pretérita, ter efeitos sobre o passado.

Claro que, se as normas jurídicas pudessem ter eficácia e incidência de forma ilimitada sobre o passado, um dos alicerces básicos do sistema jurídico e do Estado de Direito Democrático, que é a segurança jurídica, ruiria.

Por isso, tanto a doutrina quanto a legislação não admitem que as normas jurídicas retroajam ilimitadamente. A norma pode retroagir, mas não atinge certas garantias.

As normas jurídicas não podem retroagir atingindo o direito adquirido, o ato jurídico perfeito e a coisa julgada. No Brasil, tal garantia é constitucional (inc. XXXVI do art. 5º da CF) e já estava prevista no art. 6º da Lei de Introdução (LINDB), que em seus três parágrafos define tais institutos jurídicos.

Por outro lado, em alguns casos do Direito Penal e Tributário a norma jurídica retroage sempre.

Vejamos.

5.11.2.1. O direito adquirido

Direito adquirido, como o nome sugere, é o que já se incorporou definitivamente ao patrimônio e/ou à personalidade do sujeito de direito.

Em outros termos, o direito torna-se adquirido por consequência concreta e direta da norma jurídica ou pela ocorrência, em conexão com a imputação normativa, de fato idôneo, que gera a incorporação ao patrimônio e/ou à personalidade do sujeito.

Diz respeito, portanto, a certa ocorrência real e concreta, diante de norma jurídica vigente em certo momento histórico.

Tal direito adquirido, uma vez incorporado ao patrimônio e/ou à personalidade, não pode ser atingido pela norma jurídica nova.

Por exemplo, uma lei garante aposentadoria por tempo de serviço ao trabalhador após 35 anos de serviços. Certo cidadão trabalhou 36 anos e ainda não se aposentou. Requerendo ou não a aposentadoria, ele já tem direito adquirido de se aposentar, pois já se verificou concretamente a hipótese legal para a aquisição do direito: o trabalho por 35 anos.

Suponhamos que, após esse trabalhador ter adquirido o direito de se aposentar (que se incorporou à sua personalidade aos 35 anos de serviços), surja nova lei dizendo que a aposentadoria só será possível aos 40 anos de serviço efetivo.

Nesse caso, ele não seria atingido pela lei nova: pode simplesmente aposentar-se.

Não se deve confundir direito adquirido com expectativa de direito. Esta é a mera possibilidade de aquisição de direito, que, dependendo da implementação de certas circunstâncias, ainda não se consumou.

A expectativa, por mais legítima que possa ser, não tem garantia contra a lei nova.

Tomemos o exemplo já citado, com a lei permitindo que o trabalhador se aposente após 35 anos de serviços.

Suponhamos, agora, diferente: que o empregado tenha prestado serviços por 34 anos.

Dir-se-á: ele ainda não pode aposentar-se, pois só terá direito (adquirido) de fazê-lo um ano depois (com 35 anos de trabalho).

Surge nesse interregno de um ano que lhe falta uma nova lei que estipula a concessão da aposentadoria após 40 anos de serviço efetivo.

Nesse caso, tal trabalhador não poderá aposentar-se. Ele ainda não tinha direito adquirido quando surgiu a lei nova, mas tão somente expectativa de direito.

O evento pode ser doloroso, mas não tem proteção contra a lei nova (é por isso que em casos de alterações de leis desse tipo – aposentadoria adquirida por tempo de serviço – a boa técnica manda que se coloque a lei nova em vigor somente após alguns anos ou que a lei nova assegure certos direitos – proporcionais, por exemplo – para aqueles que ainda estavam na expectativa).

5.11.2.2. O ato jurídico perfeito

Ato jurídico perfeito é o ato praticado em certo momento histórico, em consonância com as normas jurídicas vigentes naquela ocasião.

Em outras palavras, é o ato já consumado, pelo exercício do direito estabelecido segundo a norma vigente ao tempo em que ele foi exercido.

Note-se: é o ato consumado e não o ato que ainda está em curso. Se, por exemplo, as partes estão prestes a assinar um contrato, e, antes de fazê-lo, sobrevém nova lei, alterando e proibindo certas condições que estavam previstas para vigorar no contrato não assinado, o ato jurídico só será perfeito, isto é, só estará de acordo com a lei, se for alterado para adequar-se ao novo regramento.

O ato jurídico perfeito pode levar a alguma ideia de vinculação com o direito adquirido, mas com ele não se confunde.

Na verdade, o ato jurídico perfeito diz respeito ao exercício do direito de praticar atos jurídicos, que só tem força garantidora e limitadora contra a lei nova se tiver sido, de fato, exercido pela exteriorização do ato jurídico em si (o contrato, os atos unilaterais de vontade como o testamento, a promessa, a notificação etc.).

Ele pressupõe um direito adquirido que só se garante após ser exteriorizado por ato jurídico. É um caso especial de direito adquirido, mas, em relação a este, é um *minus*, pois necessita não só do direito garantido, mas também do seu exercício de fato.

Por exemplo, antes de 1977, o regime legal de bens no casamento, no Brasil, era o da comunhão universal. Quem se casou até aquele período, sem qualquer ressalva, o fez no regime legal de comunhão universal.

Após 1977, com a mudança na lei, o regime legal passou a ser o da comunhão parcial.

Quem se casou antes, praticou ato jurídico perfeito. A lei nova não atinge aquela situação jurídica.

Quem podia casar-se antes de 1977, mas não o fez – isto é, não exteriorizou num ato jurídico aquela prerrogativa, não exerceu aquela permissão –, ao fazê-lo depois, teve como regime legal de bens de seu casamento o da comunhão parcial (para casar-se no regime de comunhão universal tem de seguir as exigências formais e legais estabelecidas).

Concluindo: quem não se casou antes de 1977 não tinha direito adquirido a casar depois pelo regime da lei anterior. É um caso que depende do exercício efetivo, para se tornar direito adquirido e pela concretização do ato jurídico perfeito.

5.11.2.3. A coisa julgada

A coisa julgada ou caso julgado é a qualidade atribuída aos efeitos da decisão judicial definitiva, considerada esta a decisão de que já não cabe recurso.

Não caber mais recursos significa que já se percorreram todas as instâncias recursais possíveis dos tribunais superiores ou que já não pode ser apresentado recurso, porque o prazo para seu ingresso transcorreu sem que houvesse sido interposto.

Por exemplo: "A" ingressa com ação judicial contra "B" pleiteando indenização pelos danos que este causou em seu veículo num acidente de trânsito. "B" contesta a ação, dizendo que não teve culpa pelo acidente. Na instrução do feito (fase processual da colheita de provas), "A" prova por testemunha que "B" foi o responsável pela colisão, e, em contrapartida, "B" não consegue demonstrar o contrário. O juiz julga a ação procedente, isto é, dá ganho de causa a "A" e manda "B" pagar o valor correspondente aos danos ocasionados no automóvel.

A sentença do juiz tornar-se-á coisa julgada se "B" não entrar com o recurso cabível (o de apelação). Se ingressar com o apelo, o tribunal superior irá julgar o caso novamente e, caso exista no feito possibilidade jurídica, poderá haver depois desse julgamento recurso à Superior Instância (STJ e/ou STF). Após esgotados todos os recursos, a decisão judicial fará coisa julgada.

A coisa julgada é, também, um caso especial de direito adquirido. É já um caso coroado pelo exame definitivo efetuado pelo órgão máximo nesse assunto, o Poder Judiciário, em relação a uma controvérsia.

Elucidemos com um exemplo: digamos que um indivíduo tivesse seu pedido de aposentadoria negado pela Previdência, sob a alegação de que ele não tinha ainda completado os 35 anos exigidos, pois o documento por ele apresentado não servia à finalidade da prova do tempo de serviço (era, por exemplo, livro de registro de empregado antigo, manuscrito, sem o carimbo e o visto de autoridade fiscal e que pertenceu a empresa que faliu, com o que o trabalhador pretendia provar um ano de serviços).

E o trabalhador, visando à obtenção da aposentadoria, ingressasse com ação judicial contra a Previdência Social, juntando o livro, com o que pretendia comprovar o tempo de serviço faltante.

Supondo mais: se, instaurado o processo, o juiz examinasse o livro e o aceitasse como bom para a prova pretendida, e com isso a ação fosse julgada procedente, isto é, o trabalhador tivesse ganho de causa, determinando o Judiciário que a Previdência Social acatasse seu pedido de aposentadoria.

E, ainda, que tal decisão transitasse em julgado, tornando-se definitiva pela falta de interposição de recurso ou pela confirmação definitiva nos tribunais superiores.

Se, após o trânsito em julgado, surgisse nova lei que estipulasse não poder aquele tipo de prova ser aceita (o que se coloca aqui, no exemplo, apenas para argumentar), ainda assim, para aquele caso transitado em julgado, a prova teve validade definitiva.

A lei nova não atingiria os direitos do trabalhador garantidos na decisão judicial.

Convém, ainda, lembrar que a coisa julgada pode vir a ser questionada por meio de ação rescisória, nos termos e pelas causas legais taxativamente (exclusivamente) arroladas no art. 966 do CPC, que dispõe:

"Art. 966. A decisão de mérito, transitada em julgado, pode ser rescindida quando:
I – se verificar que foi proferida por força de prevaricação, concussão ou corrupção do juiz;
II – for proferida por juiz impedido ou por juízo absolutamente incompetente;
III – resultar de dolo ou coação da parte vencedora em detrimento da parte vencida ou, ainda, de simulação ou colusão entre as partes, a fim de fraudar a lei;

IV – ofender a coisa julgada;
V – violar manifestamente norma jurídica;
VI – for fundada em prova cuja falsidade tenha sido apurada em processo criminal ou venha a ser demonstrada na própria ação rescisória;
VII – obtiver o autor, posteriormente ao trânsito em julgado, prova nova cuja existência ignorava ou de que não pôde fazer uso, capaz, por si só, de lhe assegurar pronunciamento favorável;
VIII – for fundada em erro de fato verificável do exame dos autos".

Note-se que, inclusive, uma das alternativas para pleitear a rescisão da decisão é o fato de esta ter – ela própria – ofendido a coisa julgada.

A ação rescisória não é um recurso, mas, como o nome diz, uma nova ação judicial, que pretende rescindir a decisão judicial transitada em julgado.

O objeto dessa nova ação é a própria decisão judicial: é ela a atacada. O que se pretende é demonstrar que ela foi proferida de forma ilegal, dentro das hipóteses elencadas no citado art. 966.

Quando uma decisão é proferida pelo tribunal, por meio do instrumento recursal, o que ocorre é uma reforma da decisão. O julgamento proferido pelo tribunal tem o efeito de substituir a sentença dada pelo juízo inferior, naquilo que tiver sido objeto do recurso. Quando é reformada pela via da rescisória, o que ocorre é uma decisão nova que rescinde, desconstituindo, a decisão atacada e, com isso, elide os efeitos da coisa julgada.

Mas o prazo para ingresso com a ação rescisória é de dois anos, por estipulação do art. 975 do CPC.

As hipóteses para requerer a rescisão da decisão judicial são restritas e de difícil averiguação. Contudo, pode-se dizer que sempre há certeza em relação ao trânsito em julgado quando transcorridos os dois anos previstos para o ingresso da ação rescisória.

Mas isso para os casos delineados pelo art. 966 para ingresso da ação. Se não há enquadramento da decisão judicial naquelas hipóteses, pode-se, então, dizer que ela é já definitiva e absoluta, logo após o trânsito em julgado.

De qualquer forma, atente-se para o seguinte: a força da coisa julgada, diante de todos e da lei nova, faz-se desde o trânsito em julgado.

Mesmo que exista ação rescisória ajuizada, tal ação, pelo simples fato de ter sido ajuizada, não elide os efeitos da coisa julgada, conforme estipulado pelo art. 969 do CPC[9].

---

[9] "Art. 969. A propositura da ação rescisória não impede o cumprimento da decisão rescindenda, ressalvada a concessão de tutela provisória." Vê-se, pois, que a regra é que haja cumprimento da decisão que se pretende rescindir. Todavia, em circunstâncias especiais, pode o Magistrado conceder tutela provisória. Esta é regulada nos artigos 294 e seguintes do CPC e pode ser concedida em caráter liminar. Neste caso, então, o cumprimento de decisão rescindenda ficaria suspenso.

Logo, até que surja nova decisão judicial definitiva (isto é, transitada em julgado), rescindindo a coisa julgada atacada, esta permanece como garantia contra a nova lei (havendo rescisão da coisa julgada, poder-se-ão recompor eventuais perdas e danos ocasionados pelos seus efeitos).

5.11.2.4. A coisa julgada em matéria criminal

O inciso LVII do artigo 5º da Constituição Federal dispõe: "ninguém será considerado culpado até o trânsito em julgado de sentença penal condenatória;"

Apesar do disposto no texto magno, a partir da condenação em segunda instância, passou-se a permitir a prisão do condenado mesmo na pendência de recurso perante o Superior Tribunal de Justiça (STJ) e Supremo Tribunal Federal (STF). Esse entendimento foi decidido por maioria de votos (7 × 4) pelo STF em fevereiro de 2016 e mantido em uma nova decisão na Corte, em outubro de 2016, desta feita por maioria mais apertada (6 × 5).

Destaco aqui um trecho do voto do Relator, Ministro Teori Zavascki, no julgamento de fevereiro de 2016. Disse ele que o cumprimento da pena após a decisão em segundo grau seria uma forma de harmonizar o princípio da presunção de inocência com a efetividade da justiça: "Não se mostra arbitrária, mas inteiramente justificável, a possibilidade de o julgador determinar o imediato início do cumprimento da pena, inclusive com restrição da liberdade do condenado, após firmada a responsabilidade criminal pelas instâncias ordinárias".

No momento em que atualizo a edição deste livro (outubro de 2017), existe uma expectativa em relação a uma possível mudança de posição no STF. De todo modo, é importante consignar que essa decisão não é categórica no sentido de que o condenado *deve* cumprir a pena, mas que *pode* cumpri-la. Quem decide é o próprio Tribunal que julgar o caso em segunda instância.

Ademais, é importante anotar que a decisão se deu no âmbito de Ações Declaratórias de Constitucionalidade que pretendiam dar validade clara ao artigo 283 do Código de Processo Penal, para impedir a prisão antes do trânsito em julgado. O Partido Nacional Ecológico (PEN) e o Conselho Federal da Ordem dos Advogados do Brasil (OAB), autores das ações, pediam a concessão de medida cautelar para suspender a execução antecipada da pena de todos os acórdãos prolatados em segunda instância. Alegavam que o julgamento do *habeas corpus* (HC) n. 126.292, no qual o STF entendeu possível a execução provisória da pena, vinha gerando grande controvérsia jurisprudencial acerca do princípio constitucional da presunção de inocência, porque, mesmo sem força vinculante, Tribunais de todo o país passaram a adotar idêntico posicionamento, produzindo uma série de decisões que ignoravam o disposto no citado artigo 283.

Eis o que dispõe o artigo 283 do CPP:

"Art. 283. Ninguém poderá ser preso senão em flagrante delito ou por ordem escrita e fundamentada da autoridade judiciária competente, em decorrência de sentença condenatória transitada em julgado ou, no curso da investigação ou do processo, em virtude de prisão temporária ou prisão preventiva".

Mas, como referi, o Plenário do STF, por maioria, entendeu que o artigo 283 do CPP não impede o início da execução da pena após condenação em segunda instância.

Por fim, anoto que o acusado de crime pode cumprir pena durante a própria apuração processual do delito praticado, por decretação de prisão provisória ou temporária, esta que pode, inclusive, ter longa duração, como, aliás, já é de conhecimento comum por conta dos conhecidos casos da Operação Lava Jato.

5.11.2.5. Casos de irretroatividade e de retroatividade benéfica

No Direito Penal a irretroatividade é plena e está garantida pelo inciso XXXIX do art. 5º da Constituição Federal ("não há crime sem lei anterior que o defina, nem pena sem prévia cominação legal") e pelo art. 1º do CP ("Não há crime sem lei anterior que o defina. Não há pena sem prévia cominação legal"), que adotam o princípio *nullum crimen, nulla poena sine lege*: não há crime sem lei anterior que o defina, nem pena sem prévia cominação legal. É, também, chamado de princípio da reserva legal.

Em outros termos, ninguém poderá ser condenado ou punido criminalmente por qualquer fato que tenha praticado, se este fato não tiver sido "antes" tipificado como crime em lei.

A tipificação posterior não atinge, de forma alguma, o fato existente anteriormente.

Mas, *a contrario sensu*, no Direito Penal a lei sempre retroage para beneficiar o réu.

Tal benefício é, também, no Brasil, garantia constitucional (inc. XL do art. 5º da CF: "a lei penal não retroagirá, salvo para beneficiar o réu") e previsão do CP (art. 2º e seu parágrafo único: "Ninguém pode ser punido por fato que lei posterior deixa de considerar crime, cessando em virtude dela a execução e os efeitos penais da sentença condenatória. Parágrafo único. A lei posterior, que de qualquer modo favorecer o agente, aplica-se aos fatos anteriores, ainda que decididos por sentença condenatória transitada em julgado").

Isto significa que, se alguém for processado ou condenado por crime, mas posteriormente nova lei destipificar o fato que era considerado crime, o réu ou condenado usufruirão o benefício imediatamente.

No Direito Tributário, além das disposições quanto à irretroatividade, às quais estão submetidas todas as normas jurídicas, por força da garantia constitucional, no que respeita ao direito adquirido, ao ato jurídico perfeito e à coisa julgada, vigem, também, princípios similares aos do Direito Penal.

Já comentamos um aspecto no que diz respeito à vigência de certas normas tributárias (subitem 5.9.1, *retro*): a norma jurídica que institui ou aumenta tributos somente passa a ter vigência no exercício financeiro seguinte àquele em que tenha sido publicada, por força do estatuído no art. 150, III, *b*, da Constituição Federal, com exceção dos impostos previstos nos arts. 153, I, II, IV e V, e 154, II, ambos da Carta Constitucional.

Logo, tendo em vista que em alguns casos do Direito Tributário a lei só entra em vigor em certo dia futuro (1º de janeiro do exercício financeiro seguinte), temos de assinalar que nesses casos não haverá irretroatividade, ainda que para fatos geradores (isto é, fatos que dão origem à obrigatoriedade do pagamento do imposto) ocorridos após a publicação da lei, mas antes de 1º de janeiro do exercício financeiro seguinte.

Além disso, e em complemento, há expressa vedação na Constituição Federal (art. 150, III, *a*) de que sejam cobrados tributos em relação a fatos geradores ocorridos antes do início da vigência de qualquer lei que os houver instituído ou aumentado.

Quanto à existência de aplicação retroativa de norma mais benéfica, existe no Direito Tributário norma jurídica admitindo-a expressamente. É o art. 106, II, do CTN, que dispõe:

"Art. 106. A lei aplica-se a ato ou fato pretérito:

(...)

II – tratando-se de ato não definitivamente julgado:

a) quando deixe de defini-lo como infração;

b) quando deixe de tratá-lo como contrário a qualquer exigência de ação ou omissão, desde que não tenha sido fraudulento e não tenha implicado em falta de pagamento de tributo;

c) quando lhe comine penalidade menos severa que a prevista na lei vigente ao tempo da sua prática".

No que respeita às regras processuais, elas entram em vigor atingindo os processos em andamento. Assim, por exemplo, a Lei n. 9.139, de 30-11-1995, que deu nova redação ao art. 522 do CPC de 1973, aumentou o prazo para interposição do recurso de agravo para 10 dias. O prazo anterior era de cinco dias. Como a incidência da lei nova fez-se imediatamente nos processos em andamento, a parte, que antes tinha cinco dias para recorrer das decisões interlocutórias (contra as quais cabe esse tipo de recurso de agravo), passou a ter 10, isto é, o tempo para apresentação do agravo aumentou mesmo para os processos iniciados em época anterior.

Por fim, diga-se que tem havido certa confusão, relativamente ao aspecto da retroatividade da norma jurídica, pelo fato de ela ser pública ou privada.

Mas acontece que não é a qualidade da lei que faz com que ela possa ou não retroagir. A Constituição Federal não deixa margem a dúvidas: as garantias estabelecidas contra a retroatividade das leis (o direito adquirido, o ato jurídico perfeito e a coisa julgada), no inciso XXXVI do art. 5º da Constituição Federal, aplicam-se indistintamente contra qualquer espécie de lei. Leia-se o texto constitucional: "a lei não prejudicará o direito adquirido, o ato jurídico perfeito e a coisa julgada".

Não é porque uma lei é de ordem pública que ela pode retroagir, ferindo aquelas garantias.

A Carta Constitucional fala apenas em "lei", donde se deve inferir que está tratando de "toda espécie de lei".

5.11.3. A eficácia de normas jurídicas inválidas

Resta agora tratarmos da questão relativa à possibilidade ou não de uma norma jurídica inválida produzir efeitos no aspecto da eficácia em geral (eficácia e incidência).

Já vimos que norma válida é aquela aprovada e promulgada segundo os ditames estabelecidos no sistema jurídico, gerido pelo princípio constitucional (item 5.8, *retro*).

A pergunta inicial, portanto, é a da possibilidade de se aprovar norma inválida: é possível que o Poder Legislativo e/ou o Executivo aprovem norma jurídica que esteja em desacordo com o sistema jurídico?

É possível que o Poder Executivo baixe um decreto regulamentar ilegal?

É possível que o Poder Legislativo aprove uma lei inconstitucional? E que é publicada oficialmente (posta em vigor) após o sancionamento (aprovação) do Poder Executivo?

A resposta a todas essas questões é afirmativa. Não só é possível como, no Brasil, já foram aprovadas e postas em vigor várias normas jurídicas ilegais e inconstitucionais.

Um exemplo muito conhecido de todos: as normas jurídicas do Plano Collor, que, aliás, é um caso lapidar de hipótese de invalidade.

O plano econômico implantado no início do governo do ex-Presidente Collor praticamente percorreu todas as esferas hierárquicas em termos de invalidade: começou como medida provisória (logo, do Poder Executivo), transformou-se em lei ordinária aprovada pelo Legislativo, percorreu o âmbito dos decretos regulamentares e das demais normas de hierarquia inferior (circulares, portarias etc.). Tudo inconstitucional e ilegal.

O motivo da invalidade era simples: a Constituição foi violada em vários artigos. Posteriormente, o Poder Judiciário federal declarou inconstitucionais as normas jurídicas do Plano Collor.

O principal aspecto nesse caso foi o aprisionamento dos ativos financeiros de todas as pessoas (físicas e jurídicas): os que tinham dinheiro em banco (depósito em conta corrente, poupança e aplicações diversas: CDB, RDB etc.) ficaram com as importâncias bloqueadas, sujeitas a limites mínimos e algumas parcas exceções.

Aliás, assistiu-se, por conta disso, no País, um dos maiores movimentos de exercício de cidadania por meio do Judiciário, senão o maior já visto: foram centenas de milhares de ações, que ocasionaram o fato inédito de longas filas de advogados e estagiários na porta dos Fóruns Federais de todo o Brasil, por vários dias, visando ao ajuizamento das ações judiciais.

Mas a questão que nos interessa aqui é: as normas jurídicas eram e foram declaradas inválidas. Foram eficazes? Produziram efeitos jurídicos? Incidiram concretamente?

A resposta evidente é sim. Ainda que inválida, a norma é eficaz e incide na realidade concretamente, pelo menos até que o Poder Judiciário possa impedir ou eliminar seus efeitos.

No exemplo do Plano Collor, a eficácia e a incidência foram plenas por determinado período de tempo (meses): o dinheiro de todos foi de fato bloqueado; as pessoas não puderam dele usufruir como bem entendiam, por garantia constitucional (propriedade, uso, gozo, fruição); oportunidades foram perdidas; negócios foram abandonados; planos pessoais, adiados; houve dificuldades para resolver até problemas graves com saúde. Enfim, eficácia e incidência plena por certo período de tempo.

A conclusão, portanto, é a de que, apesar de inválida, a norma jurídica pode ser eficaz e incidir concretamente, pelo menos até que o Poder Judiciário impeça sua eficácia ou mesmo até que o Poder Legislativo a revogue.

A declaração de inconstitucionalidade de norma jurídica pode ser feita pelo juiz singular, num caso judicial particular e concreto.

A retirada da eficácia da lei declarada inconstitucional, de forma genérica, para todos, é feita pelo Senado Federal, após decisão do Supremo Tribunal Federal, conforme estabelecido pelo art. 52, X, c/c o art. 102 da Constituição Federal (a matéria é estudada pela cadeira de Direito Constitucional).

Infelizmente, temos de concluir este item deixando consignado que são já muitas as leis inconstitucionais aprovadas e postas em vigor no Brasil.

5.12. Exercícios

5.12.1. Leia a matéria abaixo, publicada pelo jornal Gazeta Mercantil de São Paulo (em 5-2-1993), e depois responda às questões formuladas.

"JUIZ NÃO AUTORIZA TRANSPLANTE DE RIM E PACIENTE MORRE

O comerciante C.A.F. precisava de um transplante de rim. O Juiz R.B.O. não autorizou o pedido, alegando falta de regulamentação de uma lei federal. O comerciante morreu. O fato foi comunicado pelo advogado A.M.J., que no dia 11 de dezembro último ingressou na 28ª Vara Cível da capital com um pedido de autorização judicial para retirada e transplante de um dos rins do garçom F.C.S., amigo do comerciante. Agora, o advogado prepara-se para fazer uma representação junto ao Conselho Superior da Magistratura contra o juiz.

M.J. explicou que pela Lei n. 8.489, de 18 de novembro de 1992, a retirada e transplante de órgãos de pessoas vivas que não possuem parentesco entre si só pode ser realizada mediante autorização judicial.

Publicada no dia 20 de novembro, a lei deveria ser regulamentada no prazo máximo de sessenta dias, contados a partir daquela data. A petição, apesar de acompanhada de documentação do Hospital F.R. informando que só faria o transplante com a autorização, foi negada pelo juiz, exatamente sob o argumento de que a lei ainda dependia de regulamentação.

De acordo com o advogado, ao apresentar a petição, ele tentou despachar diretamente com o juiz, em virtude da urgência do caso. Esse teria afirmado não poder decidir no momento por desconhecer os detalhes da nova legislação. 'Ele demorou quatro dias para decidir. Então procurei-o novamente para tentar sensibilizá-lo da gravidade da situação, mas ele alegou estar agindo de acordo com sua consciência e, se eu quisesse, deveria interpor o recurso cabível', afirmou o advogado.

Segundo ele, no dia 21 de dezembro foi interposto o recurso de apelação e estava sendo reunida a documentação para ingresso com medida cautelar inominada junto ao Tribunal de Alçada, mas o paciente morreu em 18 de janeiro, um dia antes de esgotado o prazo para regulamentação da lei.

O juiz da 28ª Vara Cível confirma que indeferiu a petição inicial por falta de regulamentação da lei e assegura que tomaria novamente esta decisão. 'Eu não posso legislar e não havia lei regulamentada. Cabe ao juiz despachar. Ele não é obrigado a deferir ou não deferir um pedido', argumentou ele, garantindo apenas que fez o despacho no mesmo dia em que deu entrada a petição. B.O. ressaltou, ainda, que o advogado podia ter entrado imediatamente com um mandado de segurança no Tribunal de Justiça ou no Tribunal de Alçada, com decisão em no máximo 24 horas. 'Os tribunais existem exatamente para modificar uma decisão do juiz, caso julguem que ele cometeu um erro.' Quanto à posição do hospital, ele observou que 'não se precisa de lei especial para salvar vidas'."

Perguntas:

1. Classifique a Lei n. 8.489, citada, quanto à hierarquia, natureza de suas disposições, aplicabilidade, sistematização, obrigatoriedade e esfera do Poder Público de que emanou.

2. A Lei n. 8.489 estava em vigor quando o pedido foi feito ao juiz?

3. Era uma lei eficaz na época?

4. O juiz negou-se a aplicá-la? Sim/Não/Por quê?

5. Você concorda com a decisão do juiz? Sim/Não/Por quê?

6. A decisão foi justa?

7. Havia, em sua opinião, outra maneira de decidir?

8. E o hospital precisaria, em sua opinião, de autorização judicial para fazer o transplante, sabedor de que o paciente corria risco de vida?

5.12.2. Transcrevem-se, a seguir, trechos de decisão do Superior Tribunal de Justiça, publicada no Boletim da Associação dos Advogados de São Paulo (Bol. AASP n. 1.836, 8-3-1994). Leia-os e responda às questões formuladas.

"*Administrativo conceito de advocacia – Procuratório extrajudicial (Lei n. 4.215/63, artigo 71) – Patrocínio junto ao INPI (Lei n. 5.772/71, artigo 115)*. I – A advocacia judicial ou extrajudicial é privilégio dos inscritos na OAB (Lei n. 4.215/63, artigo 67). II – A circunstância de a lei permitir o patrocínio de interesses de terceiros por pessoas sem inscrição na OAB não retira de tal patrocínio o 'status' de advocacia. III – O patrocínio de interesses de terceiros constitui advocacia, apenas permitida aos inscritos na OAB. IV – O patrocínio de interesses de terceiros junto ao INPI, constituindo advocacia, somente é permitido aos inscritos nos quadros da OAB. (STJ – 1ª T.; Rec. Esp. n. 35.248-7-RJ; rel. Min. Garcia Vieira; j. 23.06.93; v.u.)

ACÓRDÃO
VOTO

O Exmo. Sr. Ministro Humberto Gomes de Barros (Relator): – O v. acórdão negou à recorrente o 'status' de 'sociedade uniprofissional', porque:

'Com o advento da Lei n. 5.772, de 21 de dezembro de 1971 (Código de Propriedade Industrial), qualquer pessoa pode receber procuração para atuar junto ao Instituto Nacional da Propriedade Industrial, cujo artigo 115 dispensou a intermediação restrita, prevista na legislação anterior.

Assim, qualquer pessoa pode ali atuar como intermediária, podendo ser ou não advogado.

A tese da apelante estaria correta se somente aos advogados fosse atribuída a possibilidade de atuar junto àquele Instituto.

A atividade, a todas as luzes, é diversa da habilitação do advogado, tanto que pode ser exercida por qualquer pessoa.

A impetrante parte da afirmação de que o Estatuto da Ordem dos Advogados do Brasil permite aos advogados exercerem, no âmbito da advocacia, o procuratório extrajudicial e que a legislação da propriedade industrial permite que até os próprios interessados em marcas e patentes possam agir perante o INPI, para concluir que os advogados também ali podem agir, no exercício da advocacia extrajudicial.

Não há dúvida que a interpretação é correta, fora do âmbito tributário, que possui lei específica a regular a matéria relativa ao recolhimento do ISS.

Assim, o procuratório extrajudicial pode ser exercido por advogados, inclusive junto ao INPI, porém forçoso concluir-se que tal atividade não é exclusiva de advogados, ficando estes, portanto, sujeitos às Normas Tributárias específicas' (fls. 35/36).

Nesta passagem, a decisão foi vítima de evidentes enganos.

O primeiro deles relaciona-se com o art. 71 do Estatuto da Lei n. 4.215/63 (Estatuto da OAB).

Em rigor, o 'caput' do art. 71 não encerra uma simples permissão. Seu texto ministra um conceito: o conceito legal de advocacia, no ordenamento jurídico brasileiro. Vejamos, pois, 'in verbis':

> 'Artigo 71. A advocacia compreende, além da representação em qualquer Juízo ou Tribunal mesmo administrativo, o procuratório extrajudicial, assim como os trabalhos jurídicos de consultoria e assessoria e as funções de diretoria jurídica'.

Estas atividades são, em regra, privativas dos inscritos nos quadros da OAB (Lei n. 4.215/63, artigo 67).

No entanto, há hipótese em que se permite o exercício da advocacia (mesmo judicial) a pessoas não inscritas na Ordem.

Tais hipóteses, por serem excepcionais, devem ser previstas em lei.

O Estatuto da Ordem explicita alguns casos em que a advocacia é permitida a não inscritos nos quadros da Entidade. O próprio artigo 71 admite que qualquer pessoa requeira 'Habeas Corpus' (§ 1º) ou que o réu exercite sua própria defesa (§ 2º).

Nestas duas hipóteses, o requerimento de 'Habeas Corpus' e a autodefesa não perdem a natureza de advocacia. Ambas as atividades continuam a corresponder ao conceito do artigo 71. Ocorre, somente, que a lei, excepcionalmente, autoriza seu exercício por pessoas não inscritas nos quadros da OAB.

Negar ao procuratório extrajudicial o 'status' de advocacia é desconhecer o artigo 71 da Lei n. 4.215/63.

Outro engano cometido pelo acórdão recorrido prende-se à avaliação do artigo 115 do Código de Propriedade Industrial (Lei n. 5.772, de 21.12.71). Aquele dispositivo legal diz, 'in verbis':

> 'Quando o interessado não requerer pessoalmente, a petição ou o processo será instruído com procuração contendo os poderes necessários, traslado, certidão ou fotocópia autenticada do instrumento, dispensada a legalização da procuração.

5 • Princípios e Normas Jurídicas

§ 1º Quando a procuração não for apresentada inicialmente, poderá ser concedido o prazo de 60 (sessenta) dias para a sua apresentação, sob pena de arquivamento definitivo.

§ 2º Salvo o disposto no artigo 116, depois de concedido o registro ou a patente, decorridos 2 (dois) anos da outorga do mandato, o procurador somente poderá proceder mediante novo instrumento, traslado ou certidão atualizados.

§ 3º No caso de fotocópia, o Instituto Nacional da Propriedade Industrial poderá exigir a apresentação do original'.

Não existe no artigo 115 qualquer permissão no sentido de que pessoas não inscritas na OAB pratiquem advocacia junto ao INPI.

Isto significa: o patrocínio de interesses de terceiros, junto ao INPI, constitui advocacia e somente é permitido aos inscritos nos quadros da Ordem dos Advogados do Brasil.

Dou provimento ao Recurso Especial, para conceder a Segurança.

Vistos, relatados e discutidos estes autos, acordam os Ministros da Primeira Turma do Superior Tribunal de Justiça, na conformidade dos votos e das notas taquigráficas a seguir, por unanimidade, dar provimento ao recurso. Votaram com o Sr. Ministro-Relator os Srs. Ministros: Milton Pereira, César Rocha, Garcia Vieira e Demócrito Reinaldo.

Brasília, 23 de julho de 1993 (data do julgamento).
Ministro GARCIA VIEIRA – Presidente
Ministro HUMBERTO GOMES DE BARROS – Relator"

Perguntas:
1. Com base na decisão, defina "advocacia".
2. Relativamente a esse conceito (advocacia), existe contradição entre a Lei n. 4.215/63 (antigo Estatuto da OAB) e a Lei n. 5.772/71 (CPI)?
3. Há revogação de uma lei por outra? Se não, por quê? Se sim, como se operou a revogação?

5.12.3. Exercícios de revisão

Parte A
Capítulo 5, itens 5.1 a 5.7

01. O que é a norma jurídica?
02. Quais os modais deônticos com os quais a norma jurídica opera?
03. Analise a seguinte proposição: "Tudo o que não está proibido ou determinado como obrigatório, está permitido".
04. Teça comentários sobre a ética.
05. Qual ou quais os traços distintivos da norma jurídica em relação às demais normas?

06. Como se cumpre uma norma moral?
07. O costume social tem quais características?
08. Defina sanção e apresente sua função.
09. Quais as diferenças entre coerção e coação?
10. O que se quer dizer com "formulação lógica da norma jurídica"?
11. Como explicar as normas jurídicas sem sanção?
12. Como é composto o sistema jurídico?
13. Qual a diferença entre normas jurídicas substantivas e normas jurídicas adjetivas?
14. Quando uma norma jurídica depende de regulamentação?
15. O que é um Código?

Parte B
Itens 5.8 a 5.11

01. Quando se pode dizer que surge uma norma válida?
02. Compare vigência com validade, apontando as diferenças.
03. O início da vigência de uma lei coincide com a data da publicação oficial? Sim/Não/Por quê?
04. O que é a *vacatio legis*?
05. Como se corrigem erros de ortografia numa lei?
06. A norma jurídica tem tempo de vigência? Quando? Como ocorre?
07. Que significa revogar uma norma jurídica?
08. Pode uma norma jurídica revogar outra apenas parcialmente?
09. Compare duas normas jurídicas de mesmo plano hierárquico, tratando do mesmo ramo do Direito, sendo a mais antiga "geral" e a mais recente "especial": o que ocorre no conflito entre ambas? Explique.
10. Pode haver revogação tácita? Como ocorre? Dê exemplo.
11. O que é a repristinação?
12. O que é a "cláusula pétrea"? Como revogar uma norma jurídica que contenha uma "cláusula pétrea"?
13. Descreva o "princípio da territorialidade".
14. O que são eficácia e incidência?
15. Pode a norma jurídica retroagir? Se sim, em que hipóteses? Se não, por quê?
16. O que é o direito adquirido?
17. O que são o ato jurídico perfeito e a coisa julgada?
18. O que é a retroatividade benéfica? Dê exemplos.
19. Podem ser aprovadas e publicadas normas inválidas?
20. Norma inválida produz efeito? Como? Dê exemplo.

5.13. Bibliografia

ATALIBA, Geraldo. *República e Constituição*. São Paulo: Revista dos Tribunais, 1985.

BASTOS, Celso Ribeiro. *Curso de direito constitucional*. 14. ed. São Paulo: Saraiva, 1992.

BOBBIO, Norberto. *Teoria do ordenamento jurídico*. Brasília: Ed. UnB, 1994.

BODENHEIMER, Edgar. *Ciência do direito – filosofia e metodologia jurídica*. Rio de Janeiro: Forense, 1966.

DINIZ, Maria Helena. *Compêndio de introdução à ciência do direito*. São Paulo: Saraiva, 1988.

_____. *Lei de Introdução ao Código Civil brasileiro interpretada*. São Paulo: Saraiva, 1994.

_____. *Conflito de normas*. São Paulo: Saraiva, 1987.

_____. *Conceito de norma jurídica como problema de essência*. São Paulo: Revista dos Tribunais, 1985.

DOURADO de GUSMÃO, Paulo. *Introdução ao estudo do direito*. Rio de Janeiro: Forense, 1995.

FERRAZ JR., Tercio Sampaio. *Introdução ao estudo do direito*. São Paulo: Atlas, 1988.

_____. *Conceito de sistema no direito*. São Paulo: EDUSP/Revista dos Tribunais, 1976.

_____. *Teoria da norma jurídica*. Rio de Janeiro: Forense, 1986.

FERRAZ JR., Tercio Sampaio; DINIZ, Maria Helena & GEORGAKILAS, Ritinha A. Stevenson. *Constituição de 1988 – legitimidade, vigência e eficácia – supremacia*. São Paulo: Atlas, 1989.

FIORILLO, Celso Antonio Pacheco. *O direito de antena em face do direito ambiental no Brasil*. São Paulo: Saraiva, 2000.

FRANCO MONTORO, André. *Introdução à ciência do direito*. São Paulo: Revista dos Tribunais, 1991.

_____. *Estudos de filosofia do direito*. São Paulo: Saraiva, 1995.

GRAU, Eros Roberto. *Direito, conceitos e normas jurídicas*. São Paulo: Revista dos Tribunais, 1988.

HART, Herbert L. A. *O conceito de direito*. Lisboa: Fundação Calouste Gulbenkian, 1986.

_____. *Direito, liberdade, moralidade*. Porto Alegre: Sérgio A. Fabris, Editor, 1987.

HESSE, Konrad. *A força normativa da Constituição*. Porto Alegre: Sérgio A. Fabris, Editor, 1991.

MACHADO NETO, A. L. & ZAHIDÉ. *O direito e a vida social*. São Paulo: Ed. Nacional, 1966.

MAXIMILIANO, Carlos. *Hermenêutica e aplicação do direito*. Rio de Janeiro: Forense, 1988.

NADER, Paulo. *Introdução ao estudo do direito*. Rio de Janeiro: Forense, 1995.

NERY JUNIOR, Nelson & NERY, Rosa Maria. *Código de Processo Civil comentado*. 4. ed. São Paulo: Revista dos Tribunais, 2000.

REALE, Miguel. *Lições preliminares de direito*. São Paulo: Saraiva, 1994.

_____. *O direito como experiência*. São Paulo: Saraiva, 1992.

RIZZATTO NUNES, Luiz Antonio. *A lei, o poder e os regimes democráticos*. São Paulo: Revista dos Tribunais, 1991.

_____. *Liberdade – norma, consciência, existência*. São Paulo: Revista dos Tribunais, 1995.

_____. O Poder Judiciário, a ética e o papel do empresariado nacional. In: *Uma nova ética para o juiz*. São Paulo: Revista dos Tribunais, 1994.

TIMASCHEFF, Nicolas. O direito, a ética, o poder. In: *O direito e a vida social*, de A. L. e Zahidé Machado Neto. São Paulo: Ed. Nacional, 1966.

6
A Interpretação Jurídica

Sumário: **6.1.** Conceito. **6.2.** O problema da linguagem. **6.3.** *In claris cessat interpretatio?* **6.4.** *Mens legis* ou *mens legislatoris*? **6.5.** O sistema jurídico. **6.6.** As regras de interpretação. **6.6.1.** A interpretação gramatical. **6.6.2.** A interpretação lógica. **6.6.3.** A interpretação sistemática. **6.6.4.** A interpretação teleológica. **6.6.5.** A interpretação histórica. **6.6.6.** A interpretação quanto aos efeitos. **6.6.6.1.** A interpretação declarativa ou especificadora. **6.6.6.2.** A interpretação restritiva. **6.6.6.3.** A interpretação extensiva. **6.7.** O problema das lacunas e os meios de integração. **6.7.1.** A completude do sistema jurídico. **6.7.2.** As lacunas nas normas jurídicas. **6.7.3.** Os meios de integração. A constatação e o preenchimento das lacunas. **6.8.** A boa-fé objetiva como paradigma da conduta, na sociedade contemporânea, a ser considerada pelo intérprete. **6.8.1.** O comportamento humano previsto na norma. **6.8.2.** O modelo da boa-fé objetiva. **6.8.3.** A operação feita pelo intérprete. **6.8.4.** Conclusão. **6.9.** O problema da segurança jurídica e sua base de confiabilidade. **6.10.** Exercícios. **6.11.** Bibliografia.

6.1. Conceito

A doutrina corrente diz que interpretar significa fixar o sentido de alguma coisa. Quem interpreta busca captar do objeto de interpretação sua essência e colocá-la de forma traduzida como um novo plano de entendimento. Em outras palavras, interpretar é extrair do objeto tudo aquilo que ele tem de essencial.

Quando se fala em interpretar a norma jurídica, vale a mesma afirmação de "fixação do sentido" e deve ser acrescida a "fixação do alcance" da norma jurídica, isto é, quando o objeto de interpretação é a norma jurídica, é preciso, além do sentido, fixar seu alcance, de modo que se deixe patente a que situações ou pessoas a norma jurídica interpretada se aplica.

Alguns autores afirmam que a parte essencial do conceito de interpretação é a da fixação do sentido; o alcance é importante apenas para esclarecer e colaborar na fixação desse sentido. Outros dizem que ambos são importantes. O debate chega até à clássica questão relativa à ideia da existência de uma norma jurídica "clara": ela necessita de interpretação? A resposta examinaremos mais à frente.

Como também se verá, a ideia de fixação de sentido e alcance não envolve apenas a norma jurídica em si, mas todo o contexto normativo no qual ela está inserida.

Ou, em outras palavras, no ato da interpretação leva-se em conta a norma jurídica e também todo o sistema jurídico ao qual ela pertence.

E o sistema jurídico, por sua vez, é examinado em outro contexto que lhe é inerente e que vai influir no ato interpretativo.

A questão da interpretação nem é nova, nem está ligada apenas à temática do sistema jurídico, mas também à do sistema político que o engendra. Contudo, o que se pretende, no fundo, é atingir uma essência por essa via da interpretação.

Só que o intérprete, para fazer seu trabalho, lança mão de regras técnicas – que lhe são ensinadas pelas escolas de Direito –, que, conforme já dissemos, dão um cunho eminentemente tecnológico à Ciência do Direito.

Ele, intérprete, domina técnicas aprendidas na Ciência do Direito para, aplicando-as ao sistema jurídico, extrair deste o melhor resultado – técnico – possível.

Submetendo o sistema à sua forma prévia de vê-lo, o intérprete elege uma série de premissas possíveis e que surgem pela melhor ou pior manipulação de sua técnica, para, depois, por força de uma decisão, escolher a que lhe parece mais adequada, a que lhe surge como mais eficaz.

Há, de fato, uma aproximação entre Interpretação Jurídica e Hermenêutica, sendo certo que ambas são utilizadas muitas vezes como sinônimas, como adverte Carlos Maximiliano (*Hermenêutica e aplicação do direito*, Rio de Janeiro, Forense, 1988, p. 2).

Mas a doutrina em geral insiste em separá-las e, quando o faz, acaba trazendo à tona a questão típica de ocultação propiciada pelo uso efetivo da linguagem do jurista, que lança mão de um modo descritivo, escondendo, porém, uma função prescritiva (já examinamos essa questão no âmbito da Ciência Dogmática do Direito, no subitem 2.5.4.2, *retro*).

A distinção da tradição jurídica consiste no seguinte:

a) A interpretação é um trabalho prático elaborado pelo operador do Direito, por meio do qual ele busca fixar o sentido e o alcance das normas jurídicas ou das "expressões do Direito".

Nesse sentido ele se utilizaria dos princípios descobertos e fixados pela Hermenêutica.

b) A Hermenêutica é a Teoria Científica da Interpretação, que busca construir um sistema que propicie a fixação do sentido e alcance das normas jurídicas.

O objeto da Hermenêutica é, então, o próprio ato interpretativo, a interpretação em si.

Na verdade, tendo em vista as observações que tivemos oportunidade de fazer, no que diz respeito à possibilidade de se produzir uma Ciência do Direito (item 2, *retro*), e a conclusão a que chegamos de que a Ciência do Direito atualmente praticada é, de fato, uma Ciência Dogmática do Direito (item 2.5, *retro*), temos de confirmar que a possibilidade de produzir uma hermenêutica, no sentido querido pela doutrina tradicional, é tão restrita quanto a de se produzir Ciência do Direito não dogmática.

Há, é certo, a alternativa zetética, conforme também vimos (subitem 2.5.4.1, *retro*), e é possível encaminhar uma investigação nesse sentido (como o faz, por exemplo, o Prof. Tercio Sampaio Ferraz Jr., *Introdução ao estudo do direito*, São Paulo, Atlas, 1988, especialmente Cap. 5.1, p. 231 e s.).

Contudo, a realidade acadêmica demonstra que a Ciência Dogmática do Direito praticada nas escolas serve-se, em larga medida, diretamente dos métodos de interpretação, como se eles pertencessem a ela própria e não à Hermenêutica. De tal forma que a Ciência Dogmática do Direito se aproxime da Hermenêutica.

E a Hermenêutica, por sua vez, não é estudada como uma ciência autônoma, como quer a tradição, mas apenas fornece instrumentos (já preparados), que são impostos de forma dogmática pela escola de Direito.

O intérprete, então, confunde-se com o cientista. E o resultado é que o estudante acaba apreendendo o Direito, manipulando o instrumental hermenêutico: regras de interpretação, que ele usa para conhecer e aplicar o Direito e para orientar aqueles que do Direito se servem.

Vejamos, então, para elucidar bem essa questão, como a interpretação jurídica ocorre: quais são seus pressupostos, os princípios que a norteiam, as técnicas que ela fornece etc.

6.2. O problema da linguagem

No Direito, a linguagem tem merecido cada vez mais a atenção dos estudiosos, dada sua importância para o conhecimento jurídico. A linguagem, na realidade, impõe-se de maneira necessária para o investigador do Direito, uma vez que, olhados de perto, Direito e linguagem se confundem: é pela linguagem escrita que a doutrina se põe, que a jurisprudência se torna conhecida etc.; é pela linguagem escrita e falada que os advogados, os procuradores, os promotores defendem e debatem causas e os juízes as decidem; é pela linguagem escrita e falada que os professores ensinam o Direito e os estudantes o aprendem. Acima de tudo, é pela linguagem que se conhecem as normas jurídicas.

Vejamos um simples exemplo: a norma jurídica escrita (o objeto mais importante da Ciência Dogmática do Direito) nada mais é do que um conjunto de conceitos, justapostos em proposições, que se interligam em contextos sintáticos, semânticos e pragmáticos.

Isto é, a norma jurídica contém: palavras, termos, expressões, proposições etc. que se inter-relacionam (função sintática); palavras, termos, expressões, proposições etc. que apontam significados (função semântica); tais termos, proposições etc. são usados por pessoas e para pessoas num contexto social (função pragmática).

Por isso é preciso que se digam algumas palavras sobre a questão da linguagem no Direito.

Pode-se dizer ao aluno iniciante na escola de Direito que ele acaba de entrar num curso parecido com o de línguas, pois vai aprender uma nova linguagem, da qual no futuro será o intérprete: encarregar-se-á de traduzir a linguagem jurídica para a sociedade.

A linguagem é um componente importante de qualquer escola ou ciência. Quando se examina a linguagem utilizada pelas várias ciências, percebe-se que existe uma tentativa de postular para cada ramo científico uma linguagem própria, técnica, construída com o propósito de eliminar as ambiguidades que tem a linguagem natural, de uso comum da sociedade.

A linguagem natural, como o próprio nome diz, nasce espontaneamente no seio da sociedade, e por isso traz dela todos os problemas de ambiguidade, incerteza, vagueza, indeterminação etc. que ali estão presentes.

É fruto da formação histórica de cada povo, como, por exemplo, o português, o inglês, o francês etc.

Para escapar desses problemas linguísticos, os cientistas buscam construir para suas ciências uma linguagem artificial, técnica, mantida em forte rigor conceitual. Pode-se, inclusive, dizer que não se constrói uma ciência sem rigor terminológico.

Assim, a busca de termos claros, precisos e que não deixem margem a dúvidas é meta prioritária de qualquer ciência.

É por intermédio da linguagem precisa que a ciência constrói suas leis, verifica suas hipóteses, elabora seus sistemas. O cientista, para alcançar o conhecimento, deve adquirir o domínio da terminologia científica. A transmissão do conhecimento de cientista para cientista se dá nessa esfera de linguagem exata. Pode-se, por isso, dizer que o bom cientista tem forte domínio da linguagem própria de sua ciência.

Transportadas essas considerações para o âmbito da Ciência Dogmática do Direito e para o campo da interpretação jurídica, poderemos ampliar nosso entendimento tanto do aspecto funcional da dogmática jurídica quanto da importância da interpretação jurídica e seus limites.

Com efeito, vimos que o estudo das normas jurídicas é fundamental no estudo do Direito. Acontece que as normas jurídicas são feitas para serem cumpridas por todo o corpo social e não apenas pelos cientistas do Direito. Uma norma jurídica, o Código Civil, por exemplo, é escrita para que os cidadãos o entendam e cumpram seus comandos.

Ora, como pode a norma jurídica ser escrita de forma inacessível à população?

É certo que uma coisa é a "linguagem da Ciência Dogmática do Direito" e outra diferente é a "linguagem do Direito", e não se deve nem se pode confundir a Ciência Dogmática do Direito com o Direito em si.

Porém, tendo em vista as características especiais do Direito e de sua ciência, duas constatações surgem:

a) O objeto da Ciência do Direito é basicamente a norma jurídica e esta é essencialmente norma jurídica escrita, produzida pelo Estado, guardando aí, nessa produção, forte influência da terminologia técnica da Ciência Dogmática do Direito.

b) A Ciência do Direito, que se utiliza dos métodos de interpretação, por sua vez, guarda algo de normativo: seus conteúdos e formas, tais como suas análises, descobertas, demonstrações, e a fixação dos vários sentidos e alcances oriundos do processo de interpretação são postos socialmente como direções para a ação e o comportamento; como regras de conduta a serem seguidas como adequadas.

Esse intercâmbio é ocasionado, em boa parte, pela particularidade linguística do Direito, que em si é prescritivo. O Direito é "dever ser" criado, imposto e aplicado, por meio da linguagem; e a Ciência Dogmática do Direito, no estudo dessa linguagem, acaba por construir e oferecer ao meio social em que está inserida verdadeiros "modelos" de conduta.

A Ciência Dogmática do Direito, lançando mão do instrumental fornecido pelos métodos de interpretação, ao estudar as normas jurídicas acaba por optar, decidir por este ou aquele comportamento, fazendo com que o resultado desse estudo se torne o padrão a ser seguido pelo corpo social.

Aliás, tais padrões ou modelos são seguidos não só pelo corpo social em geral, mas também pelos órgãos públicos incumbidos de criar, aplicar e julgar as normas, tais como os Poderes Legislativo, Executivo e Judiciário.

Os técnicos dessas entidades públicas – isto é, os parlamentares e seus assistentes; os administradores públicos, os fiscais etc.; os juízes e os que exercem funções auxiliares da justiça, como promotores de justiça, procuradores, advogados, delegados etc. – sofrem influência e utilizam-se dos resultados obtidos pela Ciência Dogmática do Direito e dos métodos de interpretação como fonte para tomada de decisão.

Assim, não resta dúvida que a Ciência Dogmática do Direito e seus métodos de interpretação não só descrevem as normas jurídicas como prescrevem ações e condutas, influindo no meio social.

Agora, podemos, então, voltar à indagação de como as normas jurídicas são escritas em linguagem não acessível à população. A explicação está dada. Em função do contato direto dos que elaboram normas com a Ciência Dogmática do Direito, que tem linguagem técnica, ou até porque o criador da norma é, ele próprio, um cientista do Direito, o texto final acaba tendo forte componente técnico, inteligível muito mais pelos especialistas – que, mesmo assim, muitas vezes, divergem sobre o que está prescrito nas normas – do que pela sociedade à qual a lei é dirigida.

Muitas vezes, acabamos percebendo que certas normas são escritas apenas para que os especialistas as entendam. Algumas realmente o são, a exemplo das normas processuais, uma vez que somente o especialista é que delas se utiliza. O cidadão comum não tem necessariamente de conhecer o funcionamento do processo, porquanto quem o comanda submete-se a ele e nele milita diretamente é um técnico especializado, um profissional do Direito – advogado, juiz, promotor etc.

Em função do que se disse, é comum o público leigo (inclusive a grande imprensa escrita) estabelecer confusão entre os usos e os significados dos conceitos jurídicos: por exemplo, troca-se frequentemente "sequestro" por "rapto"; "furto" por "roubo"; "decisão judicial" por "parecer" etc. E um conhecedor do Direito não pode cometer tais equívocos.

Apesar disso tudo, muitas normas jurídicas tornam-se amplamente conhecidas da população, especialmente as bastante antigas e largamente aplicadas, das quais são exemplos os vários institutos do CC, as leis do inquilinato etc.

Há, também, esforços legislativos sinceros de levar à população normas jurídicas em linguagem mais acessível, como é o caso do Código de Defesa do Consumidor (CDC), que, apesar da tentativa, contém forte rigor terminológico do mundo técnico-jurídico.

6.3. "In claris cessat interpretatio"?

Dispõe o brocardo latino do título que não há necessidade de interpretação quando a norma jurídica é clara.

Contra isso insurge-se a maior parte da doutrina jurídica, afirmando que a interpretação é sempre necessária, ainda que as palavras da norma jurídica, seu conteúdo, sua intenção, sua finalidade sejam claras.

Mas não é bem isso o que ocorre. Em muitos casos não há trabalho típico de interpretação.

Com efeito, para a doutrina corrente, interpretar é fixar o sentido e o alcance da norma jurídica.

A interpretação seria – fazendo-se uma analogia – uma espécie de tradução, por intermédio da qual o intérprete colocaria em nova roupagem aquilo que já estava escrito na norma jurídica.

Nesse trabalho de interpretação, ele fixa o sentido e o alcance da norma jurídica, isto é, ele traduz a norma jurídica apresentando seu sentido e alcance.

Ora, pode suceder que o intérprete nada tenha para interpretar relativamente à fixação de sentido e alcance, como ocorre quando não se precisa traduzir algo.

Vamos desta feita primeiramente colocar um exemplo (existem centenas deles), para depois completar a explicação.

A norma jurídica diz: "O locador poderá propor ação de despejo por falta de pagamento do aluguel".

Qual o sentido e o alcance dessa norma jurídica?

Qualquer fixação de sentido e alcance nesse caso será tautológica: trocar-se-ão as palavras, mas dir-se-á exatamente a mesma coisa: aquele que locou (o locador), se quiser (poderá) ajuizar (propor) ação de despejo por não pagamento do (falta de) aluguel.

Aliás, às vezes é isso o que se vê e o que se lê do resultado do trabalho do intérprete: troca de palavras, para dizer a mesma coisa.

Na verdade, no exemplo dado, não é preciso sequer ser jurisconsulto para entender o sentido da norma jurídica; qualquer pessoa sabe o que ela está dizendo e em bom português: se o inquilino não pagar o aluguel, poderá vir a ser despejado.

E essa situação é mais comum do que se possa pensar, visto que muitas vezes a norma jurídica é formada por conceitos "evidentes" somados a outros que podem – caso queira ou necessite o intérprete – ser explicitados.

Em outro exemplo: a norma processual diz: "O prazo para apresentar recurso de apelação é de 15 (quinze) dias".

Há o que discutir e que pode precisar de fixação de sentido e alcance, mas o fundamental não se discute: trata-se da fixação de um período de tempo de 15 dias para a prática de algo.

Pode-se ter de fixar o sentido de "prazo", "recurso", "apelação"; perguntar quando o prazo se inicia; se os "dias" são úteis ou não; o que é dia útil; se sábado é considerado dia útil para essa finalidade; se pode o prazo começar no domingo ou feriado; se ele se prorroga, quando o último dia cai no domingo ou feriado; se se deve contar o domingo ou feriado interposto etc.

Perguntas várias, contudo, cujas respostas qualquer jurista sabe imediatamente, porque para ele são evidentes.

Mesmo assim, há uma evidência maior, repita-se, que salta aos olhos e penetra na consciência do intérprete, pondo-o sem alternativa de fala – exceto tautológica: trata-se de período de tempo de 15 dias para se fazer algo.

A questão se resolve no aspecto linguístico.

Pode-se dizer, *grosso modo*, que a função do intérprete é trazer para outra linguagem aquela linguagem da norma jurídica que não está muito clara (o que, diríamos, ocorre o tempo todo).

Mas, por vezes, a linguagem à disposição do intérprete – isto é, a sua linguagem, a linguagem da Ciência Dogmática do Direito etc. – coincide já com a linguagem da norma jurídica: ela é clara. Podemos dizer que o fenômeno é o da evidência.

Quando o texto é claro, não necessita de tradução ou interpretação: se estamos no uso de nossa língua pátria, natural, o português, e deparamo-nos com termos – em português mesmo – desconhecidos, necessitamos do recurso de uma "tradução" para entender o texto. Vamos, por exemplo, ao dicionário.

Mas, se as palavras e suas junções proposicionais são evidentes, simplesmente entendemos o contexto; não precisamos "traduzir" (há, é claro, todo um tema de estudo científico e filosófico a ser investigado no campo da linguagem em geral, da interpretação dos textos, da fenomenologia, da natureza comunicacional do ser humano feita por meio da linguagem etc.; temas que não se enquadram no conteúdo deste trabalho, mas que têm de ficar consignados, para que não se pense que estamos reduzindo as várias teorias da tradução e da interpretação ao que ora estamos apresentando).

O que ocorre, de fato, não é que *in claris cessat interpretatio*, mas sim que, quando a norma jurídica é clara, não há necessidade de interpretação, porque ela é pressuposta, firmada com condição *a priori* do mero ato de ler, porquanto está evidente na linguagem que se tornou natural. A norma jurídica, nesses casos, faz parte daquilo que se chama entendimento. É tão simples quanto ler e entender.

Em outras palavras, quanto mais o estudioso assimila e utiliza a linguagem do Direito, mais e mais vai tendo para si os termos jurídicos como evidentes. O que é linguagem técnica, para ele torna-se natural.

E quanto mais a norma jurídica se utiliza de linguagem natural, mais ela se torna acessível, e menos necessita de interpretação (com todos os riscos que a ambiguidade e outros vícios que os termos comuns comportam, vícios esses dos quais os termos técnicos também não se libertam).

E ainda: quanto mais se fizerem interpretações, fixando sentidos e alcances, mais claras vão ficando as normas jurídicas, que tendem a tornar-se compreensíveis prontamente aos olhos dos indivíduos, técnicos e leigos, fazendo com que a interpretação vá deixando de ser necessária.

Em suma: normas jurídicas claras são compreendidas como linguagem natural, que, pela evidência, dispensam fixação de sentido e alcance.

As que não são claras naturalmente precisam do trabalho de interpretação.

6.4. "Mens legis" ou "mens legislatoris"?

Outra dúvida na área da interpretação jurídica, na busca da fixação do sentido e do alcance da norma jurídica: é a relacionada a saber se o intérprete deve buscar o sentido do prescrito pela lei (*mens legis*) ou o sentido querido pelo legislador, seu pensamento (*mens legislatoris*).

Para responder a essa questão, comecemos por examinar outra clássica: qual o melhor governo, o das leis ou o dos seres humanos?

A resposta a essa outra nos dará subsídios importantes para a resposta à primeira.

Antes de qualquer consideração sobre o assunto, é preciso que se deixe consignado que a questão "qual o melhor governo, o das leis ou dos seres humanos?" encerra, do ponto de vista lógico, um dilema: saber quem veio primeiro (o ser humano ou a lei).

Para uma resposta simples de que é o ser humano quem produz as leis, basta lembrar de toda a tradição religiosa da origem divina das leis fundamentais da natureza humana – e do subsequente Direito – ou do racionalismo jusnaturalista que apresenta o Direito fundamentado na natureza das coisas, conhecida pela razão, para verificarmos a grandiloquência do tema e que o que temos em mãos é efetivamente um dilema. Já não há condições de saber tão facilmente quem veio primeiro.

Além disso, a questão clássica, governo dos seres humanos ou das leis, está mal formulada, uma vez que nos leva a acreditar, em rápida medida, que devemos optar por um ou outro tipo, quando em realidade um não exclui o outro.

De qualquer maneira, essa disposição anteposta ser humano/lei tem sido colocada, estudada e debatida através da história, quer seja sob o aspecto filosófico, político, sociológico, quer sob o jurídico. Da mesma forma, sucedem-se na história da humanidade exemplos de bons e maus governos de seres humanos e de leis.

A doutrina de Maquiavel em *O príncipe*, por exemplo, está repleta de casos em que aparecem bons e maus modos de exercício de governo – além da necessária lição de como evitar problemas e manter o poder. Homens extraordinários, por sua vez, foram grandes legisladores: Minosse em Creta, Licurgo em Esparta, Sólon em Atenas (cf. Norberto Bobbio, *O futuro da democracia*, 3. ed., Rio de Janeiro, Ed. Paz e Terra, 1987, p. 164).

E, na mesma linha de pensamento, é possível encontrar defensores de um e outro tipo de governo. Platão na Carta VII dispõe claramente: "Os males não cessarão para os humanos antes que a raça dos puros e autênticos filósofos chegue ao poder, ou antes que os chefes das cidades, por uma divina graça, ponham-se a filosofar verdadeiramente" (trata-se de Platão falando de seu Rei-Filósofo e assumindo a defesa do governo dos seres humanos).

Os que defendem o governo dos seres humanos rechaçam o das leis, dizendo que estas, por serem genéricas, não têm o condão de abarcar todos os casos possíveis, exigindo que intervenha um sábio governante para resolver cada caso, dando a cada um aquilo que lhe é devido.

E Platão toca exatamente nesse ponto. No "Político", o interlocutor de Sócrates propõe a discussão para descobrir se é legítimo um governo sem leis e assevera: "Ora, é claro que, de certo modo, a legislação é função real; entretanto o mais importante não é dar força às leis, mas ao homem real, dotado de prudência... A lei jamais seria capaz de estabelecer, ao mesmo tempo, o melhor e o mais justo para todos, de modo a ordenar as prescrições mais convenientes. A diversidade que há entre os homens e as ações, e, por assim dizer, a permanente instabilidade das coisas humanas, não admite em nenhuma arte, e em assunto algum, um absoluto que valha para todos os casos e para todos os tempos..." (*Os pensadores*, São Paulo, Nova Cultural, p. 242-3 – Coleção).

Mesmo Rousseau, ao tratar do problema da ditadura necessária em época de crise, reconhece outro ponto negativo nas leis: a inflexibilidade, que as impede de se ajustar aos acontecimentos, podendo, com isso, em determinados casos, torná-los perniciosos e causar a perda do Estado num momento de crise: "A ordem e a lentidão das formas requerem um espaço de tempo que as circunstâncias muitas vezes recusam. Podem apresentar-se mil casos não esperados pelo legislador, e constitui necessária providência perceber que não é possível tudo prever" (*O contrato social*, São Paulo, Cultrix, s.d., p. 121).

É, portanto, possível identificar, aqui, também, outro elemento negativo na lei – sua inflexibilidade quanto ao tempo –, a qual necessita do ser humano para socorrê-la.

Rousseau, todavia, deixa claro que somente se deve esmagar o sagrado poder proveniente das leis quando se tratar de salvar a pátria e que a instauração da ditadura – com a suspensão da autoridade legislativa – nunca deve ser por prazo longo, mas apenas no período de crise que logo define a salvação ou destruição do Estado.

Quem propugna por um governo de seres humanos apresenta ao indivíduo, portanto, a possibilidade de que ele se subtraia aos aspectos negativos da generalidade da prescrição normativa da lei, bem como de sua inflexibilidade temporal.

Mas, além disso, quem propõe um governo de seres humanos o faz sob a condição e suposição de que os governantes sejam justos ou sábios, sendo capazes de interpretar as carências de sua comunidade e tendo, portanto, discernimento, inteligência e capacidade para gerir a sociedade que comandam.

Por outro lado, os que defendem o governo das leis tomam exatamente o aspecto "generalidade" como o positivo de suas características, uma vez que torna o governo impessoal, protegendo o indivíduo e mantendo-o livre de decisões arbitrárias, já que, agindo segundo as leis, o governante age sem paixões, de forma imparcial.

É de Aristóteles essa lição: "... aos governantes é necessária também a lei que fornece prescrições universais, pois melhor é o elemento que não pode estar submetido a paixões que o elemento em que as paixões são naturais. Ora, a lei não tem paixões, que ao contrário se encontram necessariamente em cada alma humana" (*Política,* 1286 a.). Ou, nas palavras de Bobbio, "o respeito à lei impede o governante de exercer o próprio poder parcialmente, em defesa de interesses privados, assim como as regras da arte médica, bem aplicadas, impedem o médico de tratar os seus doentes conforme sejam eles amigos ou inimigos" (*O futuro da democracia,* cit., p. 152).

Naturalmente vê-se pela exposição acima que nossa preocupação com essa questão clássica estava direcionada para a questão do "modo" de governar: governar a partir de e por leis, ou governar por vontade de seres humanos (ou ser humano).

Essa forma de análise oferece boa indicação para buscar resposta à questão proposta: na interpretação procura-se fixar a *mens legis* ou a *mens legislatoris* ou, ainda, na fixação do sentido da norma jurídica o intérprete deve tentar compreender a "vontade da lei ou a vontade do legislador" (*voluntas legis* ou *voluntas legislatoris*)?

Ora, o fato conclusivo – e com o qual concorda grande parte da doutrina – é que o melhor governo é o das leis. Essa é, portanto, a pista a ser seguida.

Além disso, hodiernamente, existe uma série de fatos reais que se colocam como obstáculos à busca do sentido do que quis o legislador (*mens legislatoris*). Não se pode pensar no legislador isolado – a não ser nos decretos, mas também com a exceção que a seguir colocaremos –, uma vez que as normas jurídicas emanam dos parlamentos, em qualquer esfera – municipal, estadual, federal.

A composição dos parlamentos é absolutamente heterogênea e mesmo a vinculação partidária é incapaz de dar caráter homogêneo à vontade ou ao pensamento parlamentar (no Brasil, com a agravante de que, como não existem partidos fortes agindo com programas a serem cumpridos, bem como não há, ainda, fidelidade partidária, a fluidez e mudança de ideias é enorme, sendo que para a sociedade é mais difícil identificar, no mínimo, as correntes de pensamento).

Ademais, quando os projetos são votados, a aprovação raramente se dá por aclamação – unanimidade. O normal é a aprovação por maioria, o que torna mais difícil detectar a vontade ou a intenção do parlamento como um todo (já que ele é o legislador).

Acresça-se a isso o fato de que as leis são feitas para durar muito tempo, enquanto os parlamentares mudam, bem como mudam as composições partidárias nos parlamentos.

Esse fato é, também, ilustrativo da dificuldade de descobrir a vontade do legislador por decreto – nessa hipótese um só homem –, já que ele também muda.

De fato, não se pode propriamente falar em "seres humanos" legisladores, uma vez que eles lá estão para preencher um cargo. Apenas cumprem um "papel" constitucional. O cargo público, antes de ser um direito, é uma obrigação. E uma função.

A vontade dos homens nesses cargos públicos somente tem validade jurídica – aprovando leis, por exemplo – enquanto eles estão exercendo as funções que o "papel" de legislador lhes confere. Fora dessa circunstância, a vontade e o pensamento desses homens é apenas mais uma opinião, tal qual a de qualquer um.

A norma jurídica sim; ela tem vida. Uma vez editada, ganha seu poder de império e passa a submeter a todos – governantes e governados. Este é um fato de suma importância para o deslinde dessa questão. A norma não tem dono. Não pertence a ninguém, mesmo que ganhe apelidos – Lei Fleury, Lei Sarney, a Lei Sherman nos EUA. A norma jurídica pertence a todos, à comunidade.

Após editada, colocada em vigor, a opinião do legislador já não tem importância "real", pois a norma, ganhando vida própria, submete o próprio legislador, que também está obrigado a cumprir suas determinações. Ninguém pode estar acima dela.

Mesmo que se possa admitir – ao menos para argumentar – que os legisladores, todos, tenham claramente definido em suas mentes o que pretendem com certa norma, pode acontecer que, ao editá-la, ela gere consequências inesperadas e imprevistas por eles.

Além disso – e esse fato é algo comum –, acontece que as circunstâncias sociais para as quais a norma foi criada se alteram com o passar do tempo, em função do dinamismo social, sem que os legisladores possam prever tais alterações. E a norma, estando em vigor, deve ser analisada em função das mudanças sociais ocorridas (por isso, a boa técnica de elaboração legislativa manda que se escrevam normas com abrangência o mais ampla, abstrata e genérica possível).

Outro argumento contra a busca da vontade do legislador: as vontades dos homens são difíceis de ser captadas. São obscuras; mudam com facilidade; mesmo após terem sido traduzidas no pensamento, são dúbias e se alteram com rapidez. Como buscar a certeza e a segurança jurídicas necessárias ao Direito, em terreno tão hostil?

Por tudo o que se disse, percebe-se que não há justificativa para o intérprete tentar buscar o sentido pretendido pelo legislador (*mens legislatoris*), mas sim o sentido querido pela lei (*mens legis*).

É certo que algumas vezes o intérprete pode socorrer-se de documentos que embasaram o projeto da norma interpretanda, bem como examinar o próprio projeto, os argumentos a favor e contra sua aprovação, as circunstâncias sociais da época etc. Isso pode ser fonte de subsídio muitas vezes valiosa para o intérprete.

Contudo, essa pesquisa só tem razão de ser como fonte de subsídio secundária ao entendimento do intérprete, pois a fonte primária e essencial é o próprio texto da norma jurídica.

Pode acontecer, inclusive, que o texto da norma seja expressamente contrário a todas as evidências que esse material secundário mostre como resultado da análise; pode acontecer até que, uma vez inquiridos os legisladores originais, eles opinem em sentido inverso ao expressado pela lei. Nesses casos, não há com o que titubear: vale o querido pela norma e ponto final.

Não resta dúvida, portanto, que cabe ao intérprete buscar fixar o sentido pretendido pela norma jurídica e não o querido pelo legislador: a *mens legis* e não a *mens legislatoris*.

6.5. O sistema jurídico

Tivemos já oportunidade de tecer algumas considerações preliminares sobre a noção de sistema jurídico, visando a justificar a existência das normas jurídicas sem sanção (item 5.6, *retro*).

Passemos agora a uma explicação completa dessa noção, que é tão importante para a interpretação jurídica.

Na verdade, é da noção de sistema que depende grandemente o sucesso do ato interpretativo. A maneira pela qual o sistema jurídico é encarado, suas qualidades, suas características são fundamentais para a elaboração do trabalho de interpretação.

A ideia de sistema, como se verá, está presente em todo o pensamento jurídico dogmático, nos princípios e valores dos quais ele parte e na gênese do processo interpretativo, quer o argumento da utilização do sistema seja apresentado, quer não.

Sua influência é tão profunda e constante que muitas vezes não aparece explicitamente no trabalho do operador do Direito – qualquer que seja o trabalho e o operador –, mas está, pelo menos, sempre subentendido.

Diríamos também, aqui, que a noção de sistema é uma condição *a priori* do trabalho intelectual do operador do Direito.

O sistema não é um dado real, concreto, encontrado na realidade empírica. É uma construção científica que tem como função explicar a realidade a que ele se refere. (A questão de saber se essa realidade é, de fato, empírica ou racional remete à discussão para os métodos científicos. Ver a respeito o Cap. 2, *retro*, em especial itens 2.1 e 2.2.)

Além de ser um objeto construído, o sistema é um objeto-modelo que funciona como intermediário entre o intérprete e o objeto científico que pertence à sua área de investigação. É uma espécie de tipo ideal, para usar uma expressão cunhada por Max Weber (*Economía y sociedad*, México, Fondo de Cultura Económica, 1944, p. 706 e 1057).

O tipo ideal é construído a partir da concepção de sentido, sendo "sentido" aquilo que faz sentido, como se, de repente, todas as conexões causais fossem uma totalidade.

O sentido não surge como significação de acontecimentos particulares, mas como um conjunto percebido em bloco: unidades que não se articulam são captadas em conjunto.

O tipo ideal é um construído racional que seleciona as conexões causais, removendo o que há de alheio. É uma espécie de modelo; o que não se encaixa não serve e é deixado de lado. Construído o modelo, capta-se o sentido.

O sistema, como construído, tipo-ideal, objeto-modelo, é uma espécie de mapa que reduz a complexidade do mundo real, à qual se refere, mas é o objeto por meio do qual se pode compreender a realidade.

Tomemos um exemplo, ainda fora do Direito: o do estudante de geografia que vai conhecer os rios brasileiros e seus afluentes.

Ele toma um mapa, produzido em escala reduzida, onde aparecem os principais rios e afluentes.

O mapa fluvial é o objeto-modelo pelo qual o estudante vai conhecer os rios e seus afluentes e compreender seu funcionamento.

Num só golpe, o mapa apresenta em conjunto a realidade fluvial. Só que esta não se confunde com ele.

Se o aluno for ver de perto, por exemplo, o rio Amazonas, verá que ele é muito diferente do que está no mapa: apresenta curvas que lá não estão; espessura que varia continuamente, enquanto no mapa não há variação; descobre afluentes que não constam do mapa etc.

O mapa é, por isso, um redutor em relação à realidade, o qual permite que o investigador compreenda e capte o sentido da realidade que ele está a investigar.

E, no Direito, como esse objeto-modelo funciona?

Lembremos, primeiramente, quais são as características de um sistema: é uma construção científica composta por um conjunto de elementos que se inter-relacionam mediante regras. Essas regras, que determinam as relações entre os elementos do sistema, formam sua estrutura.

No sistema jurídico, os elementos são as normas jurídicas, e sua estrutura é formada pela hierarquia, pela coesão e pela unidade.

A hierarquia vai permitir que a norma jurídica fundamental (a Constituição Federal) determine a validade de todas as demais normas jurídicas de hierarquia inferior.

A coesão demonstra a união íntima dos elementos (normas jurídicas) com o todo (o sistema jurídico), apontando, por conexão, para ampla harmonia e importando em coerência.

A unidade dá um fechamento no sistema jurídico como um todo que não pode ser dividido: qualquer elemento interno (norma jurídica) é sempre conhecido por referência ao todo unitário (o sistema jurídico).

Mas a construção do sistema jurídico, como objeto-modelo, que possibilite a compreensão do ordenamento jurídico e seu funcionamento, ainda não está completa (na verdade, a história mostra que o objeto-modelo "sistema jurídico" está sempre sendo aperfeiçoado pelo pensamento jurídico como um todo).

É preciso, ainda, apresentar a ideia de completude, o que faremos, a seguir, pelo estudo do conceito de lacuna.

Acrescente-se que a ideia de completude e o conceito de lacuna encaminham-nos primeiramente ao estudo das regras de interpretação jurídica, uma vez que é no seio delas que surge o problema das lacunas. Comecemos, então, por elas.

6.6. As regras de interpretação

As chamadas regras técnicas de interpretação são não só o instrumental por meio do qual o estudioso do Direito põe em funcionamento seu trabalho de intérprete, mas também – conforme já dissemos – o meio mediante o qual ele apreende e compreende o sistema jurídico e seu funcionamento.

Pode-se por isso afirmar que o bom intérprete é bom conhecedor e aplicador dessas regras, ou seja, é bom cumpridor das regras de interpretação.

Vejamos quais são essas regras.

6.6.1. A interpretação gramatical

É por intermédio das palavras da norma jurídica, nas suas funções sintática e semântica, que o intérprete mantém o primeiro contato com o texto posto.

A interpretação gramatical tem importância por uma série de aspectos.

O primeiro está relacionado à própria redação dos textos normativos. Como estes são basicamente escritos e comportam não só uma terminologia técnica, mas também contêm palavras oriundas da linguagem natural, tais textos normativos podem apresentar toda sorte de ambiguidades, equivocidades, imprecisão etc., que cabe ao intérprete buscar eliminar.

Além disso, diga-se que até os próprios termos técnicos guardam os mesmos vícios, que, uma vez identificados, necessitam ser estirpados pelo intérprete.

Some-se a isso o fato de que algumas vezes, na elaboração do texto normativo, lança-se mão de conceitos jurídicos indeterminados ou abertos.

Esse tipo de conceito é posto para que o intérprete, no momento histórico de seu mister, adapte-o à situação concretamente vivida, eliminando a indeterminação, preenchendo o vazio existente.

Por exemplo, o art. 374, I, do Código de Processo Civil (CPC) dispõe que não dependem de prova os fatos notórios. A noção de fato notório, ou de notoriedade do fato, é um problema para o intérprete resolver (com grande dificuldade no exemplo: notório é o conhecido por todos? Por certo grupo social? Pelos especialistas em Direito? Como é que se descobre? Como se apura? Como se demonstra?).

A interpretação gramatical serve também para corrigir erros de redação, encontrados no texto normativo.

E, claro, ela é fundamental para fixar a significação das palavras contidas nos textos, não só do termo isoladamente, mas no contexto em que ele está inserido, relacionado com os demais.

Examine-se um exemplo de interpretação gramatical extraído da jurisprudência. Num caso submetido em grau de recurso ao 1º Tribunal de Alçada Civil do Estado de São Paulo, na 4ª Câmara, discutiu-se o sentido da expressão "conhecerá" contida no *caput* do art. 330 do CPC de 1973[1].

Leia-se, primeiramente, o artigo inteiro: "Art. 330. O juiz conhecerá diretamente do pedido, proferindo sentença: I – quando a questão de mérito for unicamente de direito, ou, sendo de direito e de fato, não houver necessidade de produzir prova em audiência; II – quando ocorrer a revelia (art. 319)".

Eis a decisão:

"... A razão não está com o apelante.

Primeiramente, quanto à preliminar de nulidade da sentença baseada no cerceamento de defesa, a mesma não merece acolhida.

Verifica-se dos autos ter o Magistrado *a quo*, em obediência às regras procedimentais, dado às partes oportunidade para dilação probatória, sendo que o próprio réu, ora apelante, foi quem desistiu da produção da prova testemunhal, única protestada quando da apresentação de sua defesa, insistindo, na audiência, apenas pelo depoimento pessoal do autor, que restou dispensado pelo Juízo.

Ademais, a tomada do depoimento pessoal do autor não seria cabível, vez que designada audiência de instrução e julgamento o réu-apelante não requereu a realização de tal prova, nos expressos termos do artigo 343 do Código de Processo Civil. Não o fazendo, não pode agora alegar cerceamento de defesa.

Assim, ao julgar a lide antecipadamente, nos termos do inciso I do artigo 330, agiu o MM. Juiz *a quo* com inteiro acerto, já que de tal norma extrai-se ser dever e não faculdade do julgador a apreciação antecipada da lide, quando presentes as condições necessárias para tanto.

Essa é a posição pacífica da jurisprudência:

'Presentes as condições que ensejam o julgamento antecipado da causa, é dever do juiz, e não mera faculdade, assim proceder' (STJ, 4ª Turma, REsp 2.832-RJ, rel. Min.

---

[1] As referências da decisão são ao CPC de 1973.

Sálvio de Figueiredo, j. 14-8-90, negaram provimento, v.u., *DJU* 17-9-90, p. 9513, 2ª col., em.).

'O preceito é cogente: *conhecerá*, e não *poderá conhecer* (*v.* nota ao art. 330): se a questão for exclusivamente de direito, o julgamento antecipado da lide é obrigatório. Não pode o juiz, por sua mera conveniência, relegar para fase ulterior a prolação da sentença, se houver absoluta desnecessidade de ser produzida prova em audiência (cf. tb. art. 130). Neste sentido: RT 621/166' (Theotonio Negrão, in *Código de Processo Civil e legislação processual civil em vigor*, 28. ed., Saraiva, 1997, p. 294).

Quanto ao mérito, as razões de apelo também não merecem acolhida.

Como bem frisado pelo MM. Juiz *a quo*, 'Em sua contestação não negou o débito nem o fato de lhe ter sido alienado o negócio pelo valor ora cobrado pelo autor. Portanto, é de se frisar que, se se presumem verdadeiros os fatos não impugnados pelo réu, assim o são aqueles por ele admitidos'.

É que, da leitura da peça de fls. 17, apresentada como contestação, extrai-se ter o réu confessado os fatos alegados pelo autor, deixando de apresentar resistência ao pedido.

Se a ausência de impugnação específica gera a presunção de veracidade dos fatos alegados pelo autor, a admissão destes, mais do que nunca, também levará a tal consequência.

E mais, a única prova que aparentemente pudesse infirmar as alegações do autor, o depoimento das testemunhas arroladas, restou prejudicada em face da desistência formulada pelo próprio apelante.

Diante do exposto, nega-se provimento ao apelo, merecendo ser mantida a decisão proferida pelo MM. Juiz *a quo*" (Ap. 775.445-4, de nossa relatoria).

6.6.2. A interpretação lógica

A interpretação lógica leva em consideração os instrumentos fornecidos pela lógica para o ato de intelecção, que, naturalmente, estão presentes no trabalho interpretativo.

Além disso, o intérprete usa tais instrumentos para verificar a adequação e o conflito dos textos normativos, buscando com sua utilização resposta ao problema encontrado.

Assim, usando-se pressupostos lógicos, por exemplo, "quem pode o mais, pode o menos", resolvem-se problemas surgidos com a interpretação das normas jurídicas.

Tomemos uma norma jurídica que diz que o devedor tem a obrigação de pagar sua dívida na data contratada com o credor.

Pode o devedor pagar a dívida antes da data marcada, mesmo que a norma jurídica não tenha disposição nesse sentido ou que no contrato firmado não haja cláusula na mesma direção?

Fazendo-se uma interpretação, utilizando-se o princípio lógico citado, pode-se responder que o devedor pode pagar sua dívida antes, pois se ele deve pagar em data futura (deve o mais), pode pagar antes (pode o menos).

A lógica comparece também por meio dos raciocínios, como o indutivo e o dedutivo.

Por exemplo, a interpretação processual corrente diz que as disposições contidas no art. 319 do CPC, que regulam a forma da apresentação da petição inicial levada a juízo, são lógico-dedutivas, sendo tal petição um verdadeiro silogismo, contendo premissa maior, premissa menor e conclusão.

Aliás, a petição inicial pode ser indeferida por inepta, por exemplo, se da narração dos fatos não decorrer logicamente a conclusão, por disposição expressa do inciso III do § 1º do art. 319 do CPC.

Examine-se a hipótese das normas processuais acima enunciadas. Dispõe o art. 319 do CPC, *in verbis*:

"Art. 319. A petição inicial indicará:

I – o juízo a que é dirigida;

II – os nomes, os prenomes, o estado civil, a existência de união estável, a profissão, o número de inscrição no Cadastro de Pessoas Físicas ou no Cadastro Nacional da Pessoa Jurídica, o endereço eletrônico, o domicílio e a residência do autor e do réu;

III – o fato e os fundamentos jurídicos do pedido;

IV – o pedido com as suas especificações;

V – o valor da causa;

VI – as provas com que o autor pretende demonstrar a verdade dos fatos alegados;

VII – a opção do autor pela realização ou não de audiência de conciliação ou de mediação".

Extrai-se dos dispositivos contidos no art. 319 que a peça processual que inaugura o processo (a petição inicial) apresenta-se com forma de silogismo ou argumento dedutivo não só pelo estabelecido nele mesmo, mas também levando em consideração o contido no art. 330, I e § 1º, que dispõem:

"Art. 330. A petição inicial será indeferida quando:

I – for inepta;

(...)

§ 1º Considera-se inepta a petição inicial quando:

I – lhe faltar pedido ou causa de pedir;

II – o pedido for indeterminado, ressalvadas as hipóteses legais em que se permite o pedido genérico;

III – da narração dos fatos não decorrer logicamente a conclusão;

IV – contiver pedidos incompatíveis entre si".

A norma contida no art. 330 diz, então, que o juiz irá indeferir a petição inicial (isto é, negar seguimento ao processo que se inaugurou com aquela peça processual e dar uma sentença extinguindo-o) no caso de inépcia.

A inépcia do inciso III do § 1º trata exatamente do raciocínio dedutivo, que deve organizar a peça inaugural, nos termos previstos no art. 319.

Aqui o raciocínio lógico é simples e utiliza silogismo do tipo:

A. Todo homem é mortal.

B. João é homem.

C. Logo, João é mortal.

São três proposições, sendo que "A" é chamada premissa maior, "B", premissa menor, e "C", conclusão.

Como regra, o pedido tem que apresentá-las para estar logicamente adequado, com a obrigação de que a conclusão decorra das proposições postas.

E, para aproveitar o § 1º do art. 330 citado, veja-se que seu inciso IV finda também com uma questão lógica: não é aceito que se façam pedidos incompatíveis.

6.6.3. A interpretação sistemática

Por essa regra cabe ao intérprete levar em conta a norma jurídica inserida no contexto maior de ordenamento ou sistema jurídico.

Avaliando a norma dentro do sistema, o intérprete observa todas as concatenações que ela estabelece com as demais normas inseridas no mesmo sistema.

O intérprete, em função disso, deve dar atenção à estrutura do sistema, isto é, aos comandos hierárquicos, à coerência das combinações entre as normas e à unidade enquanto conjunto normativo global.

Assim, por exemplo, duas normas de mesma hierarquia podem ser contraditórias entre si. O recurso à avaliação das normas dentro do sistema pode permitir que se chegue à conclusão de qual deve ser aplicada apontando a revogação de uma delas ou, então, apontando a eficácia de ambas, mas com alcances diversos – atingem pessoas diferentes –, ou, ainda, que cada uma tem seu sentido próprio.

Além disso, não basta a verificação da norma na conexão com outras, dentro do sistema. É preciso analisá-la, também, em sua própria ordenação interna. Muitas vezes o intérprete está avaliando apenas certo aspecto de uma lei – um artigo ou um capítulo, por exemplo –, e assim é importante que se utilize da interpretação sistemática no "sistema menor interno" dessa própria lei.

Por isso, é possível dirigir o trabalho do intérprete, apontando como ele deve servir-se da interpretação sistemática. Eis uma maneira de fazê-lo:

a) Em primeiro lugar, ele não deve ler um artigo da norma jurídica de forma isolada do conjunto de artigos. Assim, os incisos (I, II, III etc.) e parágrafos (§§) devem ser lidos em consonância com o que está dito no corpo principal do artigo (*caput*).

Por exemplo, o § 2º do art. 52 do CDC, que dispõe: "É assegurada ao consumidor a liquidação antecipada do débito, total ou parcialmente, mediante redução proporcional dos juros e demais acréscimos", deve ser lido com o *caput* do art. 52, que diz: "No fornecimento de produtos ou serviços que envolva outorga de crédito ou concessão de financiamento ao consumidor, o fornecedor deverá, entre outros requisitos, informá-lo prévia e adequadamente sobre: I – preço do produto ou serviço em moeda corrente nacional; II – montante dos juros de mora e da taxa efetiva anual de juros; III – acréscimos legalmente previstos; IV – número e periodicidade das prestações; V – soma total a pagar, com e sem financiamento".

Dessa forma, lendo-se o § 2º em consonância com o *caput* do art. 52 e seus cinco incisos (I a V), percebe-se facilmente que a lei estipula que o consumidor pode pagar antecipadamente seu débito, obtendo redução proporcional de juros, quando a operação envolver concessão de um crédito ou financiamento ao consumidor.

b) Da mesma forma que os parágrafos e incisos não devem ser lidos isoladamente, também os artigos não devem ser lidos sem que se leve em consideração a seção ou capítulo em que todos estão inseridos.

Assim, por exemplo, quando o art. 42 do CDC diz que, "na cobrança de débitos, o consumidor inadimplente não será exposto a ridículo, nem será submetido a qualquer tipo de constrangimento ou ameaça", não é possível afirmar que as cobranças estão proibidas.

Isto porque, dentre outros motivos, o art. 42 pertence à Seção V do Capítulo V (Das Práticas Comerciais) do Título I (Dos Direitos do Consumidor) e trata exatamente da "cobrança de dívidas". Em outras palavras, o que está dito no art. 42 tem como pressuposto a cobrança de dívidas e não a impossibilidade de cobrança.

c) Aumentando um pouco a complexidade da leitura, os artigos da norma e de seus incisos e parágrafos devem ser interpretados de forma "sistemática". Isto significa que, algumas vezes, quando se lê um artigo, é preciso levar em conta outros de determinados setores do ordenamento jurídico.

A interpretação sistemática leva em conta, também, a estrutura do sistema jurídico: a hierarquia, a coesão e a unidade.

Por exemplo, na hipótese de um artigo do CDC desrespeitar a Constituição Federal, será inconstitucional, por conta da interpretação sistemática.

Observe-se que, a título de exemplo, no item anterior, para encontrar exatamente a obrigatoriedade da apresentação da petição de forma lógica, recorremos à interpretação sistemática do CPC: examinamos o art. 319 na relação com o art. 330, I e seu § 1º.

6.6.4. A interpretação teleológica

A interpretação é teleológica quando considera os fins aos quais a norma jurídica se dirige (*telos* = fim).

Na verdade, qualquer interpretação deve levar em conta a finalidade para a qual a norma foi criada.

Nem sempre é fácil identificar a finalidade de uma norma, mas, uma vez que ela seja determinada, constrói-se um parâmetro, no qual a interpretação deve enquadrar-se.

Muitas vezes o intérprete tem de escolher uma dentre duas ou mais alternativas para seu trabalho de interpretação. A finalidade da norma pode ser o ponto de apoio para a escolha que ele tiver de fazer.

Quando o intérprete determina os fins de uma norma, faz uma opção que balizará a interpretação de todas as estipulações internas da norma – artigos, capítulos etc.

Assim, por exemplo, quando se interpreta qualquer artigo do CDC, não se pode esquecer das finalidades daquela lei, quais sejam: a proteção ampla do consumidor; a presença, no mercado de consumo, da verdade e da transparência no que se refere à qualidade dos produtos e serviços, bem como ao arquivo de dados do consumidor; informações claras e ostensivas que integrem todas as relações instauradas; respeito à dignidade do consumidor no trato pessoal; oportunidade de escolha, ao consumidor, de fornecedores de produtos e serviços, devendo para isso o consumidor atuar de forma racional e crítica diante daquilo que lhe é oferecido no mercado; etc.

A interpretação de qualquer artigo não pode desconsiderar tais fins prescritos pela lei.

É preciso levar em consideração, também, o fato de que, além da finalidade específica de cada norma jurídica, todas elas estão submetidas a fins maiores e irrenunciáveis.

Esses fins são amplos e genéricos, postos como princípios que norteiam todo o sistema jurídico, tais como o princípio fundamental de se fazer justiça, respeitar a dignidade do homem, atender ao bem comum etc.

Aliás, no sistema brasileiro o reconhecimento de alguns desses princípios gerou a exigência legal expressa de interpretação teleológica. A Lei de Introdução às Normas do Direito Brasileiro, em seu art. 5º, estabelece que, "na aplicação da lei, o juiz atenderá aos fins sociais a que ela se dirige e às exigências do bem comum", princípios obrigatórios na interpretação e aplicação de qualquer norma jurídica.

Essa regra de interpretação teleológica, quando trata do encontro dos princípios maiores, que são fins inalienáveis de qualquer norma, constitui de fato indicação de que o intérprete deve valer-se de valores no ato de interpretar. A fixação do sentido de "justiça", "bem comum", "fim social" depende de apreciação valorativa do fim da norma jurídica e do meio social a que ela se dirige. Por isso, costuma-se chamar esse tipo de interpretação, também, de "axiológica", em função dos valores que leva em consideração, ou "sociológica", porque tenta pensar e adaptar a norma às necessidades sociais vigentes à época da interpretação.

Vejamos um exemplo que envolve as várias regras de interpretação. O da cobrança de débitos do consumidor inadimplente.

Dispõe o art. 42 do CDC, *in verbis*:

> "Na cobrança de débitos, o consumidor inadimplente não será exposto a ridículo, nem será submetido a qualquer tipo de constrangimento ou ameaça".

Pergunta-se: como fazer a cobrança do devedor sem submetê-lo a constrangimento? Qualquer ação de cobrar constrange?

Ora, o ato de cobrar um débito constitui exercício regular de um direito do credor, garantido enquanto exercício regular pelo CC (art. 160, I: "Não constituem atos ilícitos: I – os praticados em legítima defesa ou no exercício regular de um direito reconhecido"[2]).

O credor tem o direito garantido de cobrar o consumidor inadimplente. Pode protestar o título por ele emitido e não pago, ou ingressar com ação de cobrança judicial; tal ação pode ser a de execução com a penhora de seus bens, que posteriormente serão leiloados judicialmente etc.

Ora, se o credor pode o mais (protestar títulos, ingressar com ação judicial, penhorar bens etc.), pode o menos, que é cobrar o devedor por telefone, por carta, por notificação etc.

No entanto, a figura do ridículo e do constrangimento permanecem, pois ser cobrado é constrangedor.

Como resolver a questão?

A resolução vem da leitura do art. 71 do CDC, que tipifica o crime de cobrança ilegal.

Tal artigo dispõe, *in verbis*:

> "Utilizar, na cobrança de dívidas, de ameaça, coação, constrangimento físico ou moral, afirmações falsas, incorretas ou enganosas ou de qualquer outro procedimento que exponha o consumidor, injustificadamente, a ridículo ou interfira com seu trabalho, descanso ou lazer:
> Pena – Detenção de três meses a um ano e multa".

O uso do termo "injustificadamente" é que aponta o caminho da resposta.

---

[2] O novo Código Civil repete a regra no art. 188, I.

A existência do constrangimento e do ridículo é aceita pelo CDC. O que não se admite é que haja abuso do direito (ameaça ilegal, coação ilegal, constrangimento físico ou moral ilegais – por exemplo, colocar cartaz com o nome do devedor no seu local de trabalho), ou uso de afirmações falsas, incorretas ou enganosas, ou procedimento que "injustificadamente" exponha a ridículo o consumidor; ou, ainda, que interfira "injustificadamente" com seu trabalho, descanso ou lazer.

Assim, havendo "justificativa" regular e legal, não há problema em constranger ou expor a ridículo o consumidor.

Remeter avisos de cobrança, dar telefonemas, enviar notificação, protestar títulos, ingressar com ação judicial etc. são ações e procedimentos que justificam o constrangimento e o ridículo que eventualmente o consumidor venha a sentir. E, portanto, não configuram cobrança ilegal.

Temos aí, portanto, o uso de várias regras de interpretação: a gramatical (qual o sentido de constrangimento ilegal?); a lógica (quem pode o mais pode o menos); a sistemática (uso de mais de um artigo do mesmo subsistema legal – o CDC – em combinação com outro artigo de outra norma jurídica – art. 160, I, do CC[3]); a teleológica (encontrar o fim da norma, que é cobrar sem excessos, falando a verdade etc.).

6.6.5. A interpretação histórica

Dentre as várias regras técnicas de interpretação, vale a pena ainda citarmos a histórica, que é a que se preocupa em investigar os antecedentes da norma: como ela surgiu; por que surgiu; quais eram as condições sociais do momento em que ela foi criada; quais eram as justificativas do projeto; que motivos políticos levaram à sua aprovação etc.

Enfim, o intérprete tenta verificar historicamente o nascimento da norma, bem como acompanhar seu desenrolar até o dia presente. Muitas vezes a norma permanece a mesma, mas a interpretação e a aplicação que lhe são dadas alteram-se com o passar do tempo. Por exemplo, uma lei que punia o atentado ao pudor em 1940 e que esteja em vigor até hoje deve ter tido seu sentido alterado em muito até chegar em nossos dias.

Esse tipo de interpretação pode ser útil para a compreensão das condições de nascimento e continuidade de aplicação da norma, em especial se se descobrir, por exemplo, que a norma foi feita em período de emergência ou de exceção que justificava sua edição. Pode acontecer, nesse caso, que, dadas as circunstâncias sociais atuais, a norma já não tenha razão de existir, por completa inadequação à realidade.

---
[3] Código Civil de 1916.

6.6.6. A interpretação quanto aos efeitos

Há uma classificação de regras, métodos ou tipos de interpretação quanto aos efeitos que, de fato, não reflete o instrumental do intérprete, mas o resultado do ato interpretado. É usualmente dividida em interpretação meramente declarativa ou declarativa (especificadora), restritiva e extensiva.

6.6.6.1. A interpretação declarativa ou especificadora

A doutrina corrente apresenta a interpretação meramente declarativa como aquela em que o intérprete se limita a "declarar" o sentido da norma jurídica interpretada, sem ampliá-la nem restringi-la.

De nossa parte, temos de remeter esse tema ao item 6.3, *retro*, no qual demonstramos que a questão da interpretação de texto claro e literal é tautológica, como, aliás, a própria definição de interpretação meramente declarativa enuncia: "meramente declarativa é declarativa".

O resultado do trabalho do intérprete, isto é, o texto por ele elaborado, quando a norma jurídica é clara, confunde-se com o texto da própria norma (ver a análise completa no item 6.3, *retro*).

Na verdade, se se pretender qualificar, ou melhor, nominar o resultado do trabalho do intérprete, temos de distinguir a declarativa da meramente declarativa (além dos outros dois tipos – restritiva e extensiva).

A meramente declarativa é simplesmente tautológica.

A declarativa, que pode ser chamada também de especificadora, seria o resultado normal e rotineiro do trabalho do intérprete na fixação do sentido e alcance da norma jurídica.

Desenvolve ele esse trabalho utilizando-se do instrumental à sua disposição, que são as regras de interpretação.

Os casos especiais ou excepcionais, que resultam de seu trabalho – portanto, fora da normalidade e rotina –, estão nominados nos outros dois tipos: a interpretação restritiva e a extensiva.

6.6.6.2. A interpretação restritiva

Interpretação restritiva, como o nome sugere, é a que restringe o sentido e o alcance apresentado pela expressão literal da norma jurídica.

Tal ocorre quando o texto da norma diz mais – literalmente – do que é razoável e concreto aceitar.

Claro que o resultado restritivo não ocorre por mero capricho do intérprete. Ao contrário, para chegar a ele, usualmente o intérprete se vale das regras de interpretação à sua disposição, especialmente a teleológica.

O resultado, ainda que conhecido como restritivo, de fato, fixa o sentido e o alcance da norma jurídica, nos limites exatos em que ela deveria já estar.

Vejamos um exemplo conhecido: a norma jurídica dispõe: "O proprietário pode pedir o prédio para uso próprio".

Pergunta-se: o nu-proprietário, isto é, aquele que detém apenas a nua propriedade e não o direito de uso e gozo do prédio (o que ocorre quando, por exemplo, os pais doam um imóvel para os filhos, reservando o usufruto – uso e gozo – para si até a morte), pode pedi-lo para uso próprio?

A interpretação restritiva dirá que não, uma vez que, apesar de proprietário (nu), só pode pedir o prédio para uso próprio aquele que detém o uso e o gozo.

Restringe-se, portanto, a amplitude do termo "proprietário" contido na norma.

Mas veja-se que nada foi diminuído na norma, porquanto só poderia ser aquela a intenção (finalidade) da norma jurídica.

6.6.6.3. A interpretação extensiva

Ao contrário da anterior, a interpretação extensiva amplia o sentido e o alcance apresentado pelo que dispõe literalmente o texto da norma jurídica.

Na realidade, temos de colocar que, apesar do paralelismo (restritivo, em oposição a extensivo), a interpretação extensiva não tem somente relação com o mero significado dos termos contidos na norma; ela às vezes é mais ampla ainda.

Num primeiro sentido, quando se diz que o caráter da extensão é o de ir até o sentido literal possível da norma (aquilo que ela deveria dizer, mas não disse), então pode-se entendê-la como apenas interpretação extensiva, pelo paralelismo do que se diz em relação à restritiva.

Mas, quando se fala em interpretação extensiva, como aquela que amplia o significado da norma para além do sentido literal, está-se tratando já de um método de preenchimento de lacunas, por falta de significado no texto normativo, capaz de fazer surgir um resultado satisfatório, pela utilização das regras de interpretação.

O exemplo conhecido da interpretação meramente extensiva é o relacionado à mesma norma citada anteriormente: "o proprietário pode pedir o prédio para uso próprio".

Pergunta-se: o usufrutuário, que detém apenas o direito de uso e gozo (logo, não é proprietário), pode pedir o imóvel para uso próprio?

A interpretação extensiva dirá que sim, uma vez que, mesmo não sendo proprietário, a finalidade do preceito é beneficiar o sujeito que detém o uso e o gozo do prédio.

Amplia-se, portanto, o significado do termo "proprietário" contido na norma.

Contudo, veja-se que nada foi ampliado na norma, pois o que se fez, de fato, foi desvendar o real fim (intenção) ao qual se destinava a norma jurídica.

Quanto à interpretação extensiva, no que diz respeito a ser ela método de preenchimento de lacunas, ver o próximo item, que trata do assunto.

6.7. O problema das lacunas e os meios de integração

6.7.1. A completude do sistema jurídico

Já tivemos oportunidade de mostrar que o ordenamento jurídico é visto como um sistema.

Esse sistema jurídico é um verdadeiro cipoal de normas, que não param de ser criadas.

O Estado contemporâneo, na ânsia de a tudo controlar, serve-se das normas jurídicas escritas, como meio para saciar tal volúpia.

Com isso, acabamos sendo envolvidos num mundo monstruoso de normas, do qual parece que não podemos escapar de modo algum.

Qualquer ação ou comportamento que procuremos empreender já está lá, de um jeito ou de outro, previsto no sistema jurídico.

Esse sistema se caracteriza – além de tudo o que já dissemos – pela onipresença e pela completude.

Nem nos damos conta de como as normas jurídicas estão presentes em nossas vidas. Nos momentos públicos e nos mais privados elas sempre comparecem. Por exemplo, num sistema como o nosso, em que o aborto é proibido, a norma jurídica está presente no próprio ato da concepção: quando um óvulo é fecundado, surge a norma jurídica para proteger a fecundação.

Já vimos que a norma jurídica regula as ações e comportamentos dos indivíduos, mediante proibições e obrigações, além das permissões. Em todos os setores e nos mais íntimos redutos a norma jurídica aparece: se não pode proibir ou obrigar, ela ao menos permite ou garante, como o faz, por exemplo, protegendo a intimidade do indivíduo (CF, art. 5º, X: "são invioláveis a intimidade, a vida privada, a honra e a imagem das pessoas, assegurado o direito a indenização pelo dano material ou moral decorrente de sua violação").

É a isso que se intitula completude do sistema jurídico: uma onipresença das normas, regulando todas as ações e comportamentos.

Mas, então, existirão lacunas no sistema jurídico? É possível detectar vazios não preenchidos?

Passemos à resposta.

6.7.2. As lacunas nas normas jurídicas

Na realidade, por mais que as normas jurídicas – e os legisladores – queiram, elas não conseguem acompanhar a dinâmica de transformações da realidade social. E, até ao contrário, a norma tem entre suas funções a de ser estabilizadora da sociedade, o que contrasta com movimentos contínuos de mudança.

No mundo contemporâneo, o alto grau de complexidade oferece ao indivíduo muitas possibilidades de ação (aliás, mais do que as que ele pode realizar). Com isso, as normas não conseguem dar conta de todo o volume de situações que emergem diuturnamente no meio social.

Dessa forma, haverá casos que não foram previstos pelas normas jurídicas, e nessa hipótese podemos falar que estamos diante de "vazios" ou "lacunas" nas normas jurídicas.

Todavia, frise-se, as lacunas não estão no sistema jurídico, mas nas normas jurídicas. Isto porque, pelos meios de integração, o intérprete colmata as lacunas, preenche os vazios.

Pode existir falha na norma jurídica, mas, observando-se e interpretando-se o sistema jurídico, consegue-se suprir tal falha, de modo que o sistema se apresente preenchido.

No sistema jurídico brasileiro a própria LINDB, em seu art. 4º, dispõe que, "quando a lei for omissa, o juiz decidirá o caso de acordo com a analogia, os costumes e os princípios gerais de direito", isto é, no Brasil o próprio ordenamento jurídico, já antevendo sua eventual omissão, estipulou regra visando a saná-la.

E como se opera a integração?

6.7.3.   Os meios de integração. A constatação e o preenchimento das lacunas

A chamada integração é o meio pelo qual o intérprete colmata a lacuna encontrada. Ela pressupõe, portanto, que o intérprete haja lançado mão de todas as regras de interpretação à sua disposição, e ainda assim não tenha conseguido detectar norma jurídica aplicável ao caso que ele está examinando.

Como trabalha o intérprete?

Ele faz um exame do sistema jurídico, como um todo. E, naturalmente, quando o faz, vai interpretando as normas jurídicas que encontra, com base nas regras técnicas conhecidas. É ao final desse trabalho que ele pode chegar à conclusão de que existe lacuna. Constatada esta, parte para colmatá-la pela analogia ou pelos princípios gerais do Direito.

Quanto ao costume jurídico, muito embora o art. 4º da LINDB a ele se refira como método integrativo, na verdade não é bem assim.

O costume jurídico, como vimos (subitem 3.4.1, *retro*), é uma norma jurídica típica, só que não escrita. Desse modo, quando o intérprete, ao procurar no sistema jurídico a norma a ser aplicada, encontra apenas o costume jurídico, não há lacuna, pois o costume é norma própria do ordenamento jurídico e, como tal, um elemento que faz parte do sistema. Se não há lei, mas há costume jurídico, não há lacuna.

Quanto à analogia, ela está indicada como modelo a ser utilizado pelo intérprete no preenchimento da lacuna, com base em outra norma jurídica que não foi feita para o caso examinado.

Assim, esse meio de integração consistiria na aplicação da norma feita para um caso em outro semelhante, que não tenha previsão nomeada no sistema.

Mas sua utilização não é simples, pois há grande dificuldade em fixar o que vem a ser "caso semelhante". Semelhante com base em quê? Quais os parâmetros para a fixação da semelhança? Espécie? Gênero?

A analogia é tratada, geralmente, pelos lógicos, dentro do campo do raciocínio indutivo. A indução, como se sabe, é o raciocínio que, partindo de casos particulares, chega a uma conclusão geral (ao contrário da dedução, que, partindo do geral, chega a um particular).

Por exemplo: a galinha *a* tem penas, a galinha *b* tem penas, a galinha *c* tem penas... a galinha *z* tem penas; logo, todas as galinhas têm penas.

Na indução a conclusão geral é sempre provável, sendo certo que a probabilidade maior ou menor de a conclusão geral ser verdadeira depende do número de amostras particulares semelhantes.

A analogia é, por sua vez, a passagem de um caso particular para outro particular, sem a necessidade de generalização.

Quando um caso particular não está previsto no sistema jurídico por uma de suas normas escritas ou não escritas (costume jurídico), para preencher a lacuna por analogia o intérprete tem de descobrir um caso semelhante. Do contrário, não é possível lançar mão da analogia, que necessita de situações particulares semelhantes em termos característicos, para ser utilizada como método de integração.

Se o intérprete não conseguir preencher a lacuna pelo uso da analogia, por ausência de casos semelhantes normatizados, deve, então, servir-se dos "princípios gerais do Direito" para a colmatação.

Há muita divergência na doutrina sobre o que e quais seriam os "princípios gerais do Direito". Sem entrar na controvérsia, podemos afirmar serem os que inspiram e dão embasamento à criação de toda e qualquer norma, inclusive e especialmente a Constituição, bem como os valores sociais que afetam o sistema e dirigem sua finalidade.

São exemplos dos princípios gerais do Direito no Brasil: a justiça, a dignidade do homem, a isonomia, a anterioridade para fins de cobrança de impostos, o sistema republicano etc.

Os princípios gerais do Direito são o penúltimo reduto de onde o intérprete deve retirar a resposta para o problema da lacuna.

Caso ele aí não a encontre, cabe-lhe, então, recorrer à equidade, como forma última de preenchimento da lacuna.

A equidade implica um modo de avaliação do ato interpretativo mais amplo do que apenas o de ser a última alternativa para a colmatação (conforme o demonstraremos no próximo capítulo, item 7.2).

Mas, no que diz respeito à lacuna, deve ser utilizada pelo intérprete por exigência de uma aplicação justa no caso concreto, tendo em vista a falta de norma jurídica e dos outros meios de integração.

Equidade é, assim, uma colmatação justa da falha do ordenamento jurídico.

Quanto à interpretação extensiva, no caso das lacunas, conforme aventamos no subitem anterior, pode-se dizer que quando o intérprete chega a ela, ampliando o sentido e o alcance do texto expresso na norma jurídica, pode estar propriamente preenchendo uma lacuna.

Com efeito, pode ocorrer que a norma jurídica, por seu texto, não previsse a situação que surge examinada na interpretação extensiva. E o intérprete, para chegar a ela, buscou fixá-la com base em outra norma do sistema para caso similar (analogia).

Tome-se o exemplo dado no subitem 6.6.6.3, *retro*. A norma dizia: "o proprietário pode pedir o prédio para uso próprio". O problema concreto estava relacionado ao usufrutuário, aquele que, não sendo proprietário, desfruta o direito de uso e gozo do imóvel: ele podia pedir o imóvel para uso próprio sem ser proprietário?

Fazendo interpretação de forma extensiva, responde-se que sim, uma vez que, mesmo não sendo proprietário, a finalidade do preceito era beneficiar a pessoa que detinha o uso e o gozo do prédio.

Tecnicamente, o que o caso revela é ausência de norma jurídica regulando a situação do usufrutuário. Havia lacuna, portanto. Com a interpretação extensiva, no entanto, ela foi suprida.

6.8. A boa-fé objetiva como paradigma da conduta, na sociedade contemporânea, a ser considerada pelo intérprete

6.8.1. O comportamento humano previsto na norma

A hermenêutica jurídica tem apontado no transcurso da história os vários problemas com os quais se depara o intérprete, não só na análise da norma e seu drama no que diz respeito à eficácia, mas também na do problema da compreensão do comportamento humano. Deste, dependendo da ideologia ou da escola à qual pertença o hermeneuta, há sempre uma maior ou menor tendência de se buscar uma adequação/inadequação no quesito da incidência normativa: há os que atribuem o comportamento à incidência direta da norma jurídica; os que alegam que a norma jurídica é produzida por conta da pressão que o comportamento humano exerce sobre o legislador e logo sobre o sistema jurídico produzido; os que dizem que a norma tem caráter educador junto com os outros sistemas sociais de educação; os que atestam que, simplesmente, a norma jurídica é superestrutura de manutenção do *status quo*; os que veem na norma o instrumento de controle político e social; enfim, é possível detectar tantas variações das implicações existentes entre sistema jurídico e sociedade (ou norma jurídica e comportamento humano) quantas escolas puderem ser investigadas.

Realmente, são várias as teorias que pretendem dar conta do fenômeno produzido no seio social enquanto ação humana ou comportamento humano na sua correlação com as normas em geral e jurídica em particular. Pois bem. Acontece que, independentemente da escola, existem algumas fórmulas gerais que sempre se repetem como *topoi*, isto é, como fórmulas de procura ou operações estruturantes a serem utilizadas pelo intérprete para resolver um problema de aplicação/interpretação normativa, no que diz respeito ao caso concreto[4]. Vale dizer, esse elemento tópico acaba por ser utilizado pelo intérprete com o intuito de persuadir o receptor de sua mensagem, o que deve ser feito, portanto, de tal modo que cause uma impressão convincente no destinatário[5].

6.8.2. O modelo da boa-fé objetiva

Ora, a decisão jurídica decorrente do ato interpretativo surge linguisticamente num texto (numa obra doutrinária, numa decisão judicial, num parecer e, num certo sentido, na própria norma jurídica escrita) como uma argumentação racional, advinda de uma discussão também racional, fruto de um sujeito pensante racional, que, por sua vez, conseguiu articular proposições racionais. O ciclo surge fechado num sistema racional. Acontece que, muitas vezes, fica difícil para o intérprete resolver o problema, de modo racional, lançando mão do repertório linguístico do sistema normativo escrito. Por vezes, faltam palavras capazes de dar conta dos fatos, dos valores, das disputas reais envolvidas, das justaposições de normas, dos conflitos de interesses, das contradições normativas, de suas antinomias, e até de seus paradoxos. Nesse momento, então, para resolver racionalmente o problema estudado, ele utiliza dessas fórmulas, verdadeiros modelos capazes de apresentar um caminho para a solução do problema. Dentre as várias alternativas, chamamos atenção aqui para *standarts*, tais como "fato notório", "regras ordinárias da experiência", "homem comum", "pensamento médio", "razoabilidade", "parcimônia", "equilíbrio", "justiça" (no sentido de equilíbrio), "bom senso", "senso comum" etc.

---

[4] Ver a respeito da tópica em Theodor Viehweg, *Tópica e jurisprudência*, Brasília, UnB, 1980, *passim*.

[5] Como diz Tercio Sampaio Ferraz Jr. ao apresentar o funcionamento da tópica material: A tópica material, diz ele, proporciona, às partes, "um repertório de 'pontos de vista' que elas podem assumir (ou criar), no intuito de persuadir (ou dissuadir) o receptor da sua ação linguística. Os partícipes do discurso judicial, ao desejar influenciar o decurso do diálogo-contra (persuasivo), precisam produzir uma impressão convincente e confiante; as suas ações linguísticas devem ser dignas de crédito" (São Paulo: Saraiva, 1973, p. 87).

É importante notar que essas fórmulas funcionam em sua capacidade de persuasão e convencimento, porque, de algum modo, elas, muitas vezes, apontam para verdades objetivas, traduzidas aqui como fatos concretos verificáveis. O destinatário do discurso racional preenchido com essas fórmulas o acata como verdadeiro, porque sabe, intuitivamente, que eles, em algum momento, corresponderam à realidade. Ou, em outras palavras, aceita o argumento estandartizado, porque reconhecem nele, de forma inconsciente – intuitiva – um foro de legitimidade, pois produzidos na realidade como um fato inexorável.

Falemos, pois, de um *topos* fundamental que, inserido no contexto linguístico dos operadores do Direito, estudiosos da sociedade capitalista contemporânea, acabou, no Brasil, por ser erigido a princípio na Lei n. 8.078/90, foi adotado pelo Novo Código Civil e vem sendo reconhecido como elemento da base do próprio sistema jurídico constitucional. Referimo-nos ao já, agora, conhecido *standart* da boa-fé objetiva.

É necessário deixar-se claro que, quando se fala em boa-fé objetiva, tem-se de afastar o conteúdo da conhecida boa-fé subjetiva. Esta diz respeito à ignorância de uma pessoa acerca de um fato modificador, impeditivo ou violador de seu direito. É, pois, a falsa crença sobre determinada situação pela qual o detentor do direito acredita em sua legitimidade, porque desconhece a verdadeira situação. Lembremos os exemplos encontrados no Direito Civil pátrio, tais como o do art. 1.561[6], que cuida dos efeitos do casamento putativo; dos arts. 1.201[7] e 1.202[8], que regulam a posse de boa-fé; do art. 879[9], que se refere à boa-fé do alienante do imóvel indevidamente recebido etc. Sendo assim, a boa-fé subjetiva admite sua oposta: a má-fé subjetiva. Vale dizer, é possível verificarem-se determinadas situações em que a pessoa age de modo subjetivamente mal-intencionado, exatamente visando iludir a outra parte que, com ela, se relaciona. Fala-se, assim, em má-fé no sentido subjetivo, o dolo de violar o direito da outra pessoa envolvida.

Desse modo, pode-se, então, constatar que a boa-fé subjetiva e a má-fé subjetiva são elementos que compõem a conduta da pessoa e que podem ser verifi-

---

[6] "Art. 1.561. Embora anulável ou mesmo nulo, se contraído de boa-fé por ambos os cônjuges, o casamento, em relação a estes como aos filhos, produz todos os efeitos até o dia da sentença anulatória. § 1º Se um dos cônjuges estava de boa-fé ao celebrar o casamento, os seus efeitos civis só a ele e aos filhos aproveitarão.§ 2º Se ambos os cônjuges estavam de má-fé ao celebrar o casamento, os seus efeitos civis só aos filhos aproveitarão."

[7] "Art. 1.201. É de boa-fé a posse, se o possuidor ignora o vício, ou o obstáculo que impede a aquisição da coisa. Parágrafo único. O possuidor com justo título tem por si a presunção de boa-fé, salvo prova em contrário, ou quando a lei expressamente não admite esta presunção."

[8] "Art. 1.202. A posse de boa-fé só perde este caráter no caso e desde o momento em que as circunstâncias façam presumir que o possuidor não ignora que possui indevidamente."

[9] "Art. 879. Se aquele que indevidamente recebeu um imóvel o tiver alienado em boa-fé, por título oneroso, responde somente pela quantia recebida; mas, se agiu de má-fé, além do valor do imóvel, responde por perdas e danos. Parágrafo único. Se o imóvel foi alienado por título gratuito, ou se, alienado por título oneroso, o terceiro adquirente agiu de má-fé, cabe ao que pagou por erro o direito de reivindicação."

cadas, mas com toda sorte de dificuldade, uma vez que demanda uma apuração interna (subjetiva) da pessoa que pratica o ato (tanto a lesada como a causadora da lesão). Já a boa-fé objetiva independe de constatação ou apuração do aspecto subjetivo (ignorância ou intenção), vez que erigida à verdadeira fórmula de conduta, capaz de, por si só, apontar o caminho para solução da pendência.

Pode-se, *grosso modo*, definir a boa-fé objetiva como uma regra de conduta a ser observada pelas partes envolvidas numa relação jurídica. Essa regra de conduta é composta basicamente pelo dever fundamental de agir em conformidade com os parâmetros de lealdade e honestidade. Anote-se bem, a boa-fé objetiva é fundamento de todo sistema jurídico, de modo que ela pode e deve ser observada em todo tipo de relação existente, é por ela que se estabelece um equilíbrio esperado para a relação, qualquer que seja esta. Esse equilíbrio – tipicamente caracterizado com um dos critérios de aferição de justiça no caso concreto –, é verdade, não se apresenta como uma espécie de tipo ideal ou posição abstrata, mas, ao contrário, deve ser concretamente verificável em cada relação jurídica (contratos, atos, práticas etc.).

6.8.3. A operação feita pelo intérprete

Examine-se, pois, o funcionamento da boa-fé objetiva: o intérprete lança mão dela, utilizando-a como um modelo, um *standart* (um *topos*) a ser adotado na verificação do caso em si. Isto é, qualquer situação jurídica estabelecida para ser validamente legítima, de acordo com o sistema jurídico, deve poder ser submetida à verificação da boa-fé objetiva que lhe é subjacente, de maneira que todas as partes envolvidas (quer seja credora, devedora, interveniente, ofertante, adquirente, estipulante etc.) devem-na respeitar. A boa-fé objetiva é, assim, uma espécie de pré-condição abstrata de uma relação ideal (justa), disposta como um tipo ao qual o caso concreto deve se amoldar. Ela aponta, pois, para um comportamento fiel, leal, na atuação de cada uma das partes contratantes, a fim de garantir o respeito ao direito da outra. Ela é um modelo principiológico que visa garantir a ação e/ou conduta sem qualquer abuso ou nenhum tipo de obstrução ou, ainda, lesão à outra parte ou partes envolvidas na relação, tudo de modo a gerar uma atitude cooperativa que seja capaz de realizar o intento da relação jurídica legitimamente estabelecida.

Desse modo, pode-se afirmar que, na eventualidade de lide, sempre que o magistrado encontrar alguma dificuldade para analisar o caso concreto na verificação de algum tipo de abuso, deve levar em consideração essa condição ideal apriorística, pela qual as partes deveriam, desde logo, ter pautado suas ações e condutas de forma adequada e justa. Ele deve, então, num esforço de construção, buscar identificar qual o modelo previsto para aquele caso concreto, qual seria o tipo ideal esperado para que aquele caso concreto pudesse estar adequado, pudesse fazer justiça às partes e, a partir desse *standart*, verificar se o caso concreto nele se enquadra, para daí extrair as consequências jurídicas exigidas.

6.8.4. Conclusão

Não resta dúvida: a boa-fé objetiva é o atual paradigma da conduta na sociedade contemporânea. O intérprete não pode desconsiderá-la.

6.9. O problema da segurança jurídica e sua base de confiabilidade

No Brasil, infelizmente, ainda se diz que há leis que pegam e leis que não pegam, como se as pessoas pudessem escolher qual norma respeitar ou não. Pior: em termos de segurança jurídica caminhamos muito lentamente na direção almejada. Isso envolve, naturalmente, todo o tipo de norma jurídica estabelecida no país.

Para que o leitor entenda o que iremos tratar, deixaremos nosso amigo Outrem Ego, companheiro de todas as horas na coluna que escrevemos há muitos anos[10], contar uma história por ele vivida: um episódio dos anos noventa do século passado, que envolveu sua mulher e o tio dela, um Juiz do Tribunal austríaco, morador da cidade de Innsbruck, na região do Tirol na Áustria. Ele conta o seguinte:

> "Estávamos minha mulher, o tio dela e eu andando pelas ruas da charmosa cidade de Innsbruck. Era janeiro, inverno e havia nevado muito. Enquanto caminhávamos pela calçada, um pedaço de gelo caiu de cima de um prédio quase me atingindo na cabeça. Imediatamente, pedi a minha mulher, que fala alemão, que perguntasse ao tio dela de quem era a responsabilidade pelos danos acaso houvesse um acidente e eu me ferisse. Ele respondeu que a responsabilidade era do dono do imóvel e também da Prefeitura Municipal, que tem o dever de fiscalizar para que esse tipo de acidente não aconteça".

> "Em função da resposta, resolvi perguntar quanto tempo demoraria uma ação judicial contra a Prefeitura de Innsbruck para que a pessoa pudesse ser indenizada (quero dizer, minha mulher falou com ele em alemão). Ele não entendeu a pergunta. Minha mulher reformulou e fez o questionamento novamente e, daí, ele disse que não havia necessidade de propositura de ação judicial. Bastava um pedido administrativo junto à Prefeitura. Perguntamos, então, quanto tempo demorava para que a pessoa recebesse o reembolso dos valores dispendidos. Ele disse, um pouco constrangido: 'Infelizmente, nos dias atuais, o serviço não anda muito bom. Eles demoram três ou quatro dias para pagar'".

Toda vez que penso em precatórios, lembro-me dessa história contada por meu amigo há muitos anos. Por nossas terrinhas, não só a administração pública não cumpre suas obrigações pagando suas dívidas, como luta incessantemente na Justiça para não fazê-lo. E quando condenada, com trânsito em julgado, o credor é obrigado a ficar na fila dos precatórios na expectativa de rece-

---

[10] Este subitem é inspirado no artigo publicado em 1º-10-2015 em nossa coluna ABC do CDC no portal Migalhas: <http://www.migalhas.com.br/ABCdoCDC/92,MI227739,71043-O+problema+da+seguranca+juridica+e+sua+base+de+confiabilidade>.

ber aquilo a que tem direito de longa data. Lamentavelmente, mesmo com a edição de nossa democrática Constituição Federal (CF) de 1988, essa questão não foi bem cuidada. Veja-se que o art. 33 do Ato das Disposições Constitucionais Transitórias (ADCT) diz que: "Ressalvados os créditos de natureza alimentar, o valor dos precatórios judiciais pendentes de pagamento na data da promulgação da Constituição, incluído o remanescente de juros e correção monetária, poderá ser pago em moeda corrente, com atualização, em prestações anuais, iguais e sucessivas, no prazo máximo de oito anos, a partir de 1º de julho de 1989, por decisão editada pelo Poder Executivo até cento e oitenta dias da promulgação da Constituição".

E mais: por intermédio da Emenda Constitucional n. 30, de 13 de setembro de 2000, foi acrescentado o art. 78 ao ADCT, que dispõe: "Ressalvados os créditos definidos em lei como de pequeno valor, os de natureza alimentícia, os de que trata o art. 33 deste Ato das Disposições Constitucionais Transitórias e suas complementações e os que já tiverem os seus respectivos recursos liberados ou depositados em juízo, os precatórios pendentes na data de promulgação desta Emenda e os que decorram de ações iniciais ajuizadas até 31 de dezembro de 1999 serão liquidados pelo seu valor real, em moeda corrente, acrescido de juros legais, em prestações anuais, iguais e sucessivas, no prazo máximo de dez anos, permitida a cessão dos créditos".

Isso tudo, sem falar no imbróglio da correção monetária e dos índices aplicáveis envolvidos numa discussão judicial sem fim, como, por exemplo, foi apresentado pelo portal Migalhas em matéria publicada em 27-2-2015 intitulada: "Precatórios federais: um calote judicial"[11].

Bem, não precisamos mais prosseguir neste assunto. Falar em segurança jurídica diante de um quadro desses é muito difícil mesmo.

A questão da segurança tem relação com a confiança que as pessoas podem ou devem ter nas instituições, nas leis, nas demais pessoas etc., e até em si mesmas. Confiança é, pois, um substantivo que funciona como um sentimento que gera segurança. Essa segurança, por sua vez, se estabelece como uma base de convicção que alguém pode ter em relação à atitude de outrem (os cônjuges e namorados, reciprocamente, os amigos entre si, pais e filhos etc.) e em relação às leis e instituições (leis devem ser cumpridas; a Justiça deve ser feita, a democracia é o regime da participação popular etc.).

O inverso é verdadeiro: a falta de confiança gera insegurança e enfraquece as convicções que as pessoas possam ter: "Ele ou ela traiu minha confiança"; "Como confiar na lei que nunca é cumprida?".

---

[11] Disponível em: <http://www.migalhas.com.br/Quentes/17,MI216296,81042-Precatorios+federais+um+-calote+judicial>.

Um aspecto importante em relação à confiança é que ela se projeta para o futuro: a pessoa acredita que o outro em que ela confia se comportará de certo modo previsível em alto grau: "Tenho certeza de que terei o apoio de meu pai"; "Certamente meu marido endossará minha decisão"; "Estou convicto que ele fará o que combinamos". Confiança e previsibilidade andam juntas, portanto.

O problema é que essa segurança se estabelece pelas relações que advêm do passado: alguém só confia em alguém ou em alguma instituição se a experiência pregressa mostra que é possível confiar (e que vale a pena confiar).

Este é, pois, o nosso drama: como será possível estabelecer segurança jurídica na sociedade, se nosso passado não é lá dos mais confiáveis? Pois, como dizia o impagável Nelson Rodrigues, "no Brasil, até o passado é imprevisível".

6.10. Exercícios

6.10.1. Transcreve-se a seguir decisão do 2º Tribunal de Alçada Civil do Estado de São Paulo publicada no Boletim da Associação dos Advogados de São Paulo (Bol. AASP n. 150, de 21-10-1987). Leia-a e, após, responda às questões formuladas.

"*Locação* – Escola de inglês – Não adequação ao conceito de estabelecimento de ensino para os efeitos da Lei n. 6.239/75 – Apelação não provida.

Não pode o conceito de estabelecimento de ensino ser dilargado a ponto de proteger cursos livres não enquadrados no sistema nacional de ensino, que compreende o primeiro grau, o segundo grau, o profissionalizante e o superior. Nesse sentido, propõe a doutrina que, 'em se tratando de direito singular ou anômalo, a interpretação extensiva não é de se admitir'. Inaplicável, pois, ao caso da Lei n. 6.239/75 (2º TACivil – 2ª Câm.; Ap. n. 195.794-0-Franca; rel. Juiz Batista Lopes; j. 7-10-86; v.u.).

ACÓRDÃO

Vistos, relatados e discutidos...

ACORDAM, em Segunda Câmara do Segundo Tribunal de Alçada Civil, por votação unânime, adotado o relatório de fls. 81, negar provimento ao recurso.

Custas na forma da lei.

O fundamento básico do apelo reside na alegação de que a recorrente, sociedade civil destinada a ministrar cursos de inglês, é estabelecimento de ensino para os fins da Lei n. 6.239/75.

Não havendo o legislador esclarecido o conceito de estabelecimento de ensino, cabe a tarefa à doutrina e à jurisprudência, que deverão desempenhá-la à luz do art. 5º da Lei de Introdução ao Código Civil.

Se, de um lado, a tutela especial concedida pelo legislador aos hospitais e estabelecimentos de ensino encontra justificativa no inquestionável interesse social perseguido, de outro lado, há que ressaltar a grave restrição ao direito de propriedade representada pelo diploma legal em que se apoia a apelante.

Presente tal ordem de considerações, não pode o conceito de estabelecimento de ensino ser dilargado a ponto de proteger cursos livres não enquadrados no sistema nacional de ensino, que compreende o primeiro grau, o segundo grau, o profissionalizante e o superior.

Nesse sentido, propõe a doutrina que, 'em se tratando de direito singular ou anômalo, a interpretação extensiva não é de se admitir' (Agostinho Alvim, *Comentários à Lei do Inquilinato*, n. 274 e 459; Rogério Lauria Tucci e Álvaro Villaça Azevedo, *Tratado da Locação Predial Urbana*, Saraiva, 1980, p. 513; Oswaldo Opitz, *Novas diretrizes da Lei do Inquilinato*, p. 193).

Inaplicável, pois, ao caso a Lei n. 6.239/75.

No que respeita às benfeitorias introduzidas no imóvel, o réu se limitou a descrevê-las a fls. 28, sem comprovar as despesas eventualmente efetuadas.

Além disso, não demonstrou haver recebido autorização do locador para realizá-las, razão por que deve prevalecer, a esse respeito, a cláusula 4ª do contrato que exclui o pretendido direito de retenção e indenização.

De resto, a descrição das benfeitorias revela que as mesmas foram executadas no exclusivo interesse das atividades didáticas exercidas pela ré.

Por tais razões, nega-se provimento ao apelo.

Presidiu o julgamento, com voto, o Juiz Walter Moraes e dele participou o Juiz Debatin Cardoso.

São Paulo, 7 de outubro de 1986.

BATISTA LOPES – Relator"

Obs.: Lei de Introdução às Normas do Direito Brasileiro, art. 5º: Na aplicação da lei, o juiz atenderá aos fins sociais a que ela se dirige e às exigências do bem comum.

Perguntas:
1. Por que a decisão não efetuou uma interpretação extensiva?
2. De quais regras de interpretação serviu-se a decisão?

6.10.2. A seguir transcrevem-se trechos de decisão publicada no Boletim da Associação dos Advogados de São Paulo (Bol. AASP n. 1.890, de 21-3-1995). Leia-os e, após, responda às questões formuladas.

"RELATÓRIO

Ação de abstenção de ato ilícito, com preceito cominatório, cumulada com perdas e danos, em procedimento ordinário, ajuizada por empresária estabelecida no ramo de pizzaria, visando assegurar para si direito exclusivo ao uso de expressão de propaganda 'Em São Paulo tudo acaba em pizza', registrada no

Instituto Nacional da Propriedade Industrial. A ré denunciou à lide a responsável pela publicidade.

Por r. sentença, houve por bem o MM. Juiz de Direito julgar improcedente a ação, restando prejudicada a denunciação da lide.

Apelaram reciprocamente as partes, e adesivamente a ré-denunciada (fls. 236-251, 253-61 e 263-4).

VOTO

Não ocorre nulidade, ante a invocada divergência existente na sentença.

Já de início se observa que, se tal divergência existisse, poderia a ora apelante ter oposto Embargos de Declaração. Embora estes, expressamente, não se refiram à divergência, mas à contradição (artigo 535, inciso I, última hipótese, do Código de Processo Civil), em realidade a apelante sustentou, nessa preliminar, a existência de contradição no julgado de primeiro grau, visto o MM. Juiz ter reconhecido a obtenção, por ela, autora, do registro da expressão de propaganda 'Em São Paulo tudo acaba em pizza', ao mesmo tempo em que permitiu o uso parcial dessa expressão por terceiros não autorizados, violando a exclusividade em favor da apelante, negando-lhe os direitos que lhe foram assegurados, isto é, o próprio registro (fl. 240). É certo que contradição é ação de contradizer, é fazer afirmação contrária ao que se disse, é princípio segundo o qual uma coisa não pode ao mesmo tempo ser e não ser, enquanto que divergência pode ter o sentido de discordância, desacordo, sem efetiva e integral contradição. Contudo, têm sido tratadas como semelhantes.

Não se conformou a autora-apelante com a afirmação do MM. Juiz sentenciante de ter ela obtido o registro daquela expressão de propaganda (fls. 231), e depois, que a proteção dada àquele registro não tem o alcance por ela pretendido (fls. 232).

Não existe contradição, na medida em que não deixou o MM. Juiz de reconhecer a existência do registro, mas não lhe deu sentido absoluto, para proibir a ré de usar a expressão 'No final tudo acaba em pizza', diferente de 'Em São Paulo tudo acaba em pizza'. Nem divergência, por não se tratar, em princípio, da mesma expressão.

No mérito, impõe-se manter a r. sentença.

A expressão 'Em São Paulo tudo acaba em pizza' contém duas partes, a primeira, 'Em São Paulo', indicativa de lugar, adjunto adverbial de lugar onde, a indicar a segunda parte, 'tudo acaba em pizza'.

Diversamente, a expressão de propaganda 'No final tudo acaba em pizza' contém, na primeira parte, o adjunto adverbial de tempo 'No final', seguido de 'tudo acaba em pizza'.

Assim, 'tudo acaba em pizza', ora ocorre num local onde isso se verifica, isto é, 'em São Paulo', ora num determinado tempo, ou seja, 'no final', independentemente de ser em São Paulo ou em qualquer outro lugar.

No primeiro caso, a construção tem lógica, na medida em que 'tudo acaba em pizza' especificamente em São Paulo (lugar onde isso ocorre).

No outro, a construção indica o termo de valor adverbial que denota uma circunstância de tempo ('No final') justapondo-a a 'tudo acaba em pizza', que já contém em si um verbo (acabar), com o significado de terminar, concluir, finalizar, chegar ao fim. Ou seja, à afirmação que tudo termina em pizza, chega ao fim em pizza, se prepôs um adjunto adverbial de tempo (momento) 'No final'.

Certo é que não se confundem as expressões de propaganda, a da autora, especificamente relacionada com o lugar, São Paulo, onde 'tudo acaba em pizza', e da ré, a dizer que no final, isto é, no fim, 'tudo acaba em pizza', tudo tem fim em pizza, parecendo inócuo o adjunto adverbial de tempo 'No final'.

Ademais, a expressão 'tudo acaba em pizza', como acentuou o digno Magistrado sentenciante, é de uso corrente.

Assim, nego provimento ao Recurso da autora.

Osvaldo Caron"

Perguntas:

Parte A

1. Quais foram as regras de interpretação utilizadas na decisão? Fundamente e dê exemplos.

Parte B
Pesquise e depois responda:

1. O que são embargos de declaração?
2. O que é denunciação da lide?

6.10.3. Leia a decisão a seguir transcrita, da 4ª Câmara do 1º Tribunal de Alçada Civil do Estado de São Paulo (AgI 821.589.2, Rel. Juiz Rizzatto Nunes, j. 4-11-1998, v.u.). Após, responda à questão formulada.

"Impenhorabilidade – Bem de família – Penhora de parte ideal de imóvel pertencente a outras pessoas da família da recorrente – Imóvel típico de entidade familiar – Inadmissibilidade – Art. 1º da Lei 8.009/90 – Interpretação gramatical como meio suficiente para se extrair o alcance da norma – Bem imóvel indivisível concretamente – Eventual penhora sobre parte ideal do bem a violar a proteção querida pela Lei 8.009/90 em face de futuro praceamento e aquisição da parte ideal por terceiro – Impenhorabilidade – Recurso provido para este fim.

Trata-se de recurso de agravo de instrumento interposto contra o despacho de fls. 36 que, em ação de execução, indeferiu pedido de impenhorabilidade, sob o fundamento de que a executada não reside no imóvel constritado, não preenchendo os requisitos determinados pela Lei 8.009/90.

Foram prestadas as informações pelo Magistrado de 1ª Instância e contra-arrazoado o recurso.

Determinada a juntada da cópia da matrícula do imóvel, foi a mesma entranhada às fls. 69/70.

É o relatório.

Inobstante o entendimento divergente que envolve a questão do chamado 'bem de família', criado pela Lei 8.009/90, o presente caso é daqueles de fácil solução, a partir da interpretação singela do texto legal. Embora seja correto afirmar que a hermenêutica deve sempre se inspirar no *télos* da norma, para a solução do problema ora examinado, o exame do art. 1º da Lei 8.009/90 com o uso de mero instrumento gramatical já faz surgir o sentido fundamental da norma protecionista em tela.

Assim, basta, *in casu*, lançar mão da interpretação estrita e gramatical para se chegar à conclusão diversa daquela esposada na r. decisão recorrida.

Com efeito, dispõe o art. 1º da Lei 8.009/90, *in verbis*:

'O imóvel residencial próprio do casal, ou da entidade familiar, é impenhorável e não responderá por qualquer tipo de dívida civil, comercial, fiscal, previdenciária ou de outra natureza, contraída pelos cônjuges ou pelos pais ou filhos que sejam seus proprietários e nele residam, salvo nas hipóteses previstas nesta Lei'.

Como se pode ver do requerimento do credor para a realização da penhora, trata-se de bem que pertence a outras pessoas da família da recorrente (fls. 27). A penhora é de parte ideal e no deferimento da penhora ficou consignado que o imóvel pertence a outras pessoas (fls. 28).

É incontroverso que referido bem, cuja parte ideal se pretende penhorar, pertence em copropriedade à mãe e irmãs da recorrente.

Tanto o agravado quanto a própria r. decisão *a quo* insistem num outro aspecto para justificar a penhora: o de que a agravante não reside no bem penhorado. É este o único fundamento apresentado pelo agravado em sua contraminuta (fls. 46/48).

Nas informações fornecidas pela I. Magistrada, o mesmo argumento de que a penhora foi deferida porque a agravante não reside no imóvel aparece (fls. 51, item 5).

Acontece que a penhora não pode ser feita, não porque não se trata de residência da agravante, por força de interpretação possível e incidência do art. 5º da lei citada, mas por outro fundamento que, com a *devida venia*, não foi observado. É o do art. 1º acima transcrito.

O imóvel que se pretende penhorar é típico de entidade familiar, pertencendo à agravante, sua mãe e suas irmãs em condomínio.

Ora, a proteção legal do art. 1º é expressa: o imóvel é impenhorável se for residencial próprio do casal ou da entidade familiar, não respondendo por dívida contraída pelos cônjuges ou pelos *pais* ou *filhos* que sejam seus proprietários e nele residam.

No caso, trata-se de bem indivisível concretamente. Tal natureza impede, via de consequência, seu fracionamento para efeito de penhorabilidade de parte real pertencente a um dos coproprietários, sob pena de se tornar imprestável para o fim pretendido pela Lei 8.009/90.

Muito embora o imóvel seja divisível intelectual ou juridicamente, o que se dá quando o bem possa ser dividido em partes ideais, tal natureza não pode sobrepor-se à proteção conferida expressamente pela lei da impenhorabilidade. É que se fosse aceita a penhora da parte ideal do bem indivisível de forma real, o resultado concreto violaria a proteção querida pela Lei 8.009/90.

O raciocínio é simples: penhorado o bem, o resultado seria seu praceamento; adquirida a parte ideal por terceiro forçar-se-ia a venda amigável ou judicial do imóvel, já que, obviamente, o terceiro não iria coabitar com estranhos. Ou, quando muito, o terceiro teria direito a uma renda, mas sempre poderia requerer a venda do bem. Em qualquer situação estar-se-ia infringindo exatamente a garantia estipulada no art. 1º da lei em tela.

Logo, não é possível penhorar-se o imóvel nas condições do presente caso.

Diante do exposto, dá-se provimento ao recurso para considerar impenhorável a parte ideal pertencente à agravante."

Pergunta:
    1.   Quais foram os métodos de interpretação utilizados no caso? Fundamente a resposta.

6.10.4. Exercícios de revisão

Parte A
Capítulo 6, itens 6.1 a 6.5

01. Defina "interpretação jurídica".

02. Compare Hermenêutica e interpretação, destacando suas semelhanças e diferenças.

03. Como se apresenta a norma jurídica ao nível da linguagem?

04. Qual o significado do brocardo latino *In claris cessat interpretatio*?

05. Ele é aplicado ou não? Dê sua opinião a respeito.

06. Em sua opinião, qual o melhor governo: o das leis ou o dos seres humanos?

07. Em seu trabalho de interpretação, o intérprete deve buscar o sentido da lei ou o sentido do que quis o legislador ao editar a lei? Fundamente.

08. O sistema jurídico é uma ficção ou uma realidade? Explique.

09. Explique o que é e como funciona um objeto-modelo.

10. Como está caracterizada a estrutura do sistema jurídico?

Parte B
Itens 6.6 a 6.9

01. O que são as regras de interpretação?

02. Defina interpretação gramatical, lógica e sistemática, dando exemplos.

03. O que é e quando o intérprete deve utilizar a interpretação teleológica?

04. Fale sobre a interpretação histórica.

05. Descreva os três tipos de interpretação quanto aos efeitos.

06. Existem lacunas no sistema jurídico? Sim? Não? Fundamente.

07. É possível afirmar que qualquer ação ou comportamento humano está regulado pelo sistema jurídico?

08. O que é a integração?

09. Existe diferença entre interpretação e integração? Fundamente.

10. Descreva os meios para a colmatação das lacunas.

11. Qual é o principal aspecto da segurança jurídica tratada no subitem 6.9?

6.11. Bibliografia

BOBBIO, Norberto. *Teoria do ordenamento jurídico*. Brasília: Ed. UnB, 1994.

_____. *O futuro da democracia – uma defesa das regras do jogo*. Rio de Janeiro-São Paulo: Paz e Terra, 1987.

BODENHEIMER, Edgar. *Ciência do direito – filosofia e metodologia jurídica*. Rio de Janeiro: Forense, 1966.

CARRIÓ, Genaro R. *Notas sobre derecho y lenguage*. Buenos Aires: Abeledo-Perrot, 1972.

COELHO, L. Fernando. *Lógica jurídica e interpretação das leis*. Rio de Janeiro: Forense, 1981.

DINIZ, Maria Helena. *Compêndio de introdução à ciência do direito*. São Paulo: Saraiva, 1988.

_____. *Lei de introdução ao Código Civil brasileiro interpretada*. São Paulo: Saraiva, 1994.

_____. *Conflito de normas*. São Paulo: Saraiva, 1987.

_____. *Conceito de norma jurídica como problema de essência*. São Paulo: Revista dos Tribunais, 1985.

DOURADO de GUSMÃO, Paulo. *Introdução ao estudo do direito*. Rio de Janeiro: Forense, 1995.

FERNANDES de SOUZA, Luiz Sergio. *O papel da ideologia no preenchimento das lacunas no direito*. São Paulo: Revista dos Tribunais, 1993.

FERRARA, Francesco. *Interpretação e aplicação das leis*. Coimbra: Arménio Amado Ed., 1978.

FERRAZ JR., Tercio Sampaio. *Introdução ao estudo do direito*. São Paulo: Atlas, 1988.

_____. *Conceito de sistema no direito*. São Paulo: EDUSP/Revista dos Tribunais, 1976.

_____. *Teoria da norma jurídica*. Rio de Janeiro: Forense, 1986.

_____. *Função social da dogmática jurídica*. São Paulo: Revista dos Tribunais, 1980.

FRANCO MONTORO, André. *Introdução à ciência do direito*. São Paulo: Revista dos Tribunais, 1991.

_____. *Estudos de filosofia do direito*. São Paulo: Saraiva, 1995.

_____. *Dados preliminares de lógica jurídica*. Apostila do Curso de Pós-Graduação da PUC-SP, 1995.

GRAU, Eros Roberto. *Direito, conceitos e normas jurídicas*. São Paulo: Revista dos Tribunais, 1988.

KELSEN, Hans. *Teoria pura do direito*. São Paulo: Martins Fontes, 1987.

MAXIMILIANO, Carlos. *Hermenêutica e aplicação do direito*. Rio de Janeiro: Forense, 1988.

NADER, Paulo. *Introdução ao estudo do direito*. Rio de Janeiro: Forense, 1995.

PLATÃO. O político. In: *Os pensadores*. São Paulo: Nova Cultural, 1987. Coleção.

REALE, Miguel. *Lições preliminares de direito*. São Paulo: Saraiva, 1994.

_____. *O direito como experiência*. São Paulo: Saraiva, 1992.

RIZZATTO NUNES, Luiz Antonio. *A lei, o poder e os regimes democráticos*. São Paulo: Revista dos Tribunais, 1991.

_____. *Intuição e direito*. Belo Horizonte: Del Rey, 1997.

ROUSSEAU, Jean-Jacques. *O contrato social*. São Paulo: Cultrix, s.d.

SILVEIRA, Alípio. *Hermenêutica no direito brasileiro*. São Paulo: Revista dos Tribunais, 1968. 2 v.

VERNENGO, Roberto José. *Curso de teoría general del derecho*. Buenos Aires: Ed. Cooperadora de Derecho y Ciencias Sociales, 1972.

WARAT, Luis Alberto. *O direito e sua linguagem*. Porto Alegre: Sérgio A. Fabris, Editor, 1984.

WEBER, Max. *Economía y sociedad*. México: Fondo de Cultura Económica, 1944.

7
Anotações sobre a Justiça

Sumário: **7.1.** Considerações em torno do conceito. **7.1.1.** Justiça, Direito, harmonia e paz social. **7.1.2.** Justiça como fundamento do ordenamento jurídico. **7.1.3.** Justiça entre os indivíduos. **7.1.4.** A justiça na sociedade capitalista atual. **7.1.5.** O peso dos preços, os consumidores pobres e ricos e a injustiça do mercado. **7.2.** O problema da justiça e os operadores do direito no Brasil. **7.3.** Justiça como virtude. **7.4.** Justiça e igualdade no sistema jurídico brasileiro. **7.5.** O problema da lei justa. **7.6.** Justiça e vontade. **7.7.** Justiça real e equidade. **7.8.** A interpretação do sistema jurídico. **7.9.** Provas da equidade. **7.9.1.** Caso n. 1. **7.9.2.** Caso n. 2. **7.9.3.** Caso n. 3. **7.9.4.** Caso n. 4. **7.10.** Um método para fazer justiça no caso concreto. **7.10.1.** Qualquer método. **7.10.2.** O método intitulado "princípio da proporcionalidade". **7.10.3.** O método "intuitivo". **7.11.** Técnicas para aplicação da justiça: opções para o julgador agir visando a uma decisão justa. **7.12.** Exercícios. **7.13.** Bibliografia.

Sem querer apresentar um trabalho aprofundado sobre assunto tão complexo e relevante, muito menos esgotar as várias posições e estudos que envolvem a matéria, sentimos ser necessário que o estudante de Direito tenha contato, pelo menos, com algumas questões que envolvem o conceito de justiça.

O tema é relevante e pode, como deve, ser estudado pela Filosofia do Direito, mas nada impede – ao contrário, se pede – que façamos desde já alguns comentários, numa introdução ao estudo do Direito.

É o que faremos neste capítulo.

7.1. Considerações em torno do conceito

7.1.1. Justiça, Direito, harmonia e paz social

> "Teu dever é lutar pelo direito, mas no dia em que encontrares o direito em conflito com a justiça, luta pela justiça", diz Eduardo Couture no seu "Mandamento dos Advogados".

Já nessa afirmação percebe-se todo o caráter conflituoso que pode advir de um embate entre Direito e justiça, como se aquele não devesse sempre respeitar e visar a esta.

O "Mandamento" citado é interessante porque propicia ao leitor uma intuição, capaz de realçar a importância do significado de justiça, ainda que – aparentemente de forma paradoxal – ela se apresente em contraposição ao conceito de Direito.

Dada a "natureza social" do ser humano, sua vivência em grupos fez com que certos conflitos nascessem da natural relação surgida no agrupamento social.

O ajuntamento gerava conflitos interpessoais em função das capacidades, possibilidades e exigências próprias de cada indivíduo, como, também, por sua vez, necessidades próprias à sociedade que surgia, quer em relação a seus componentes, quer em relação a outras sociedades.

Em função da complexidade das relações nascentes, tornou-se necessário, então, que se estabelecessem normas para que, atendendo-as, os indivíduos e a própria sociedade pudessem caminhar rumo àquilo a que se haviam proposto: busca de harmonia e paz social.

Esse aspecto de normas sociais válidas, visando a encontrar harmonia e paz social, impõe-se, na verdade, a qualquer sociedade, desde a pequena sociedade comercial até à sociedade de consumo contemporânea, ainda que o objetivo da primeira seja apenas econômico ou financeiro.

Assim, numa sociedade comercial, o objetivo pretendido é, naturalmente, a obtenção do lucro, por meio do cumprimento de determinados requisitos preestabelecidos. Acreditam os componentes dessa sociedade que, cumpridas as normas fixadas, satisfeitas suas exigências, o objetivo será alcançado. Essas normas, por sua vez, podem e devem ir-se modificando na medida em que a sociedade se aproxime ou se afaste de sua finalidade, pois é próprio a qualquer sociedade o movimento contínuo, uniforme ou não, com a modificação de suas normas, visando ao atingimento do fim estabelecido.

Numa macrossociedade moderna, como as atuais, esses conceitos se aplicam da mesma forma. É sabido que o objetivo da sociedade, entendida como uma nação ou comunidade, é a busca da paz e harmonia social. As normas jurídicas são o instrumento para que tal fim seja atingido. E esse objetivo só será alcançado numa sociedade justa.

Pode-se aqui, a título de ilustração, apresentar uma dentre as várias posições doutrinárias que pretendem construir uma Teoria da Justiça.

Vejam-se os dois princípios da justiça na teoria de base contratualista de John Rawls (*Uma teoria da justiça*, Lisboa, Ed. Presença, 1993). Diz o autor, desenvolvendo sua estratégia contratualista, que as partes, estando numa posição original do contrato, perguntar-se-iam o que iriam escolher. A resposta estaria coberta por um véu de ignorância que as impediria de ver os próprios interesses.

E assim, dentre várias concepções de justiça postas à sua disposição, as partes na posição original escolheriam os seguintes dois princípios de justiça:

1) cada pessoa deve ter um direito igual ao mais amplo sistema total de liberdades básicas iguais, que seja compatível com um sistema semelhante de liberdade para todos;

2) as desigualdades econômicas e sociais devem ser distribuídas de forma que, simultaneamente:

a) redundem nos maiores benefícios possíveis para os menos beneficiados, de forma compatível com o princípio da poupança justa;

b) sejam a consequência do exercício de cargos e funções abertos a todos, em circunstâncias de igualdade de oportunidades.

Não resta dúvida que tais princípios abstratos são interessantes, mas necessitam de toda uma história real para se realizar, pois a justiça se faz concretamente.

7.1.2. Justiça como fundamento do ordenamento jurídico

As normas jurídicas, diz o Prof. Miguel Reale, estão fundadas numa pluralidade de valores, tais como liberdade, igualdade, ordem e segurança. Mas a justiça, diz ele, não se identifica com nenhum deles; é, antes, a condição primeira de todos eles, a condição transcendental de sua possibilidade como atualização histórica. Ela vale para que todos os valores valham (*Lições preliminares de direito*, São Paulo, Saraiva, 1994, p. 371).

Diríamos que, como a justiça é fundamento do ordenamento jurídico e o fim buscado de harmonia e paz social, só se concretiza numa sociedade justa. Por isso a Ciência do Direito, o trabalho do intérprete e de todos os que militam no e com o Direito devem pautar-se na justiça.

O intérprete, por exemplo, deve orientar sua conduta e ação por aquilo que é justo ou, pelo menos, o que é razoável, de "bom senso".

7.1.3. Justiça entre os indivíduos

A justiça pode ser descrita como uma qualidade subjetiva do indivíduo, uma virtude, mas virtude especial traduzida na fórmula: vontade constante de dar a cada um o que é seu.

Como diz Aristóteles, somente a justiça, dentre todas as virtudes, diz respeito a um "bem alheio", porque ela promove o que é vantajoso para outrem[1].

Logo, o indivíduo justo é o oposto do egoísta, pois este reivindica direitos para si e apenas para si, sem considerar os direitos dos outros, bem como suas razoáveis reivindicações.

A justiça é, também, vista de forma objetiva, como realização de uma ordem social justa, isto é, como uma qualidade da ordem social.

As concepções subjetiva e objetiva, na verdade, devem complementar-se, porquanto o direito de cada um dentro da sociedade (dar a cada um o que é seu) há de ser garantido pela ordem social (pelo ordenamento jurídico).

---

[1] Ética a *Nicômaco*, Livro V, 1.

E, como dito pelo Prof. Miguel Reale, a justiça deve ser, complementarmente, subjetiva e objetiva, envolvendo em sua dialeticidade o homem e a ordem justa que ele instaura, porque esta ordem não é senão uma projeção constante da pessoa humana, valor-fonte de todos os valores através do tempo (*Lições preliminares de direito*, cit., p. 371).

Ao ensejo disso citemos Platão: "Não pode haver justiça sem homens justos".

7.1.4. A justiça na sociedade capitalista atual

No Ocidente, as primeiras abordagens a respeito da justiça surgiram na Grécia antiga; ela era vista como uma entidade capaz de fixar uma integridade moral relacionada ao Estado e aos governos. Platão dizia que a justiça era a base de sustentação do Estado, que devia cuidar de estabelecer e mantê-la entre as pessoas. Sem essas relações estabelecidas por ela, não haveria possibilidade de harmonia e estruturação do Estado em si mesmo. É a justiça que garante a participação de todos no processo social e político da cidade[2].

Aristóteles, que foi aluno de Platão (que, por sua vez, foi aluno de Sócrates), pensava a justiça na relação com a igualdade entre as pessoas, uma igualdade proporcional. Para ele, fazer justiça era gerar um tratamento igual entre os iguais, e desigual entre os desiguais, na proporção de sua desigualdade.

Ademais, dizia o estagirita que, como o conceito de justiça é impreciso, muitas vezes estudá-lo "*a contrario sensu*" possibilita sua compreensão, isto é, com esse método poderemos reconhecer com maior facilidade uma situação como sendo injusta do que uma situação como justa[3].

Aristóteles diz que a justiça é uma virtude que leva o indivíduo a desejar o que é justo. E percebe que o termo grego para justiça abrange uma dicotomia que envolve tanto o legal quanto o igual. Daí conclui que a distinção designa dois tipos de justiça, dois modos de estabelecer o que é devido a outrem: pela lei ou pela igualdade.

No primeiro caso, está a justiça geral, pela qual se pode definir que um ato é justo porque foi praticado de acordo com a lei. Ela é geral porque diz respeito a todos os atos, independentemente de sua natureza: pode ser um ato de bravura ou coragem de um soldado ou a prática do comércio ou qualquer outro ato, pois todos são devidos à comunidade para o atingimento de seu bem. Assim, como as leis estabelecem direitos, garantias e deveres em relação à comunidade, para que esta possa alcançar o bem comum, o justo é aquilo que permite e possibilita atingir esse objetivo: "As leis se referem a todas as coisas, visando o inte-

---

[2] *A República*, Livro 3.
[3] Ética a *Nicômaco*, V.

resse comum (...). Assim, neste primeiro sentido, chamamos justo aquilo que produz e conserva a vida boa (...) para a comunidade política"[4].

Por isso é que pode-se dizer, nesse sentido, que as ações legais são ações justas, pois elas atribuem à comunidade aquilo que lhe é devido.

Aristóteles diz também que, além da justiça geral (que se orienta pela ideia de legalidade), existe a justiça particular. Nesta, aquilo que é devido tem relação com a noção de igualdade. Essa justiça particular subdivide-se em justiça distributiva e justiça corretiva.

A distributiva é a exercida na entrega de honras, dinheiro e de tudo quanto possa ser repartido entre os membros da comunidade. Aqui é levada em consideração a qualidade pessoal do destinatário do bem ou encargo, apreciável segundo o regime adotado pela comunidade. Aplica-se a essa distribuição uma igualdade proporcional: as relações que existem entre as pessoas são as mesmas que devem existir entre as coisas.

A justiça corretiva, por sua vez, é aquela que visa restabelecer o equilíbrio nas relações privadas voluntárias (contratuais) e involuntárias (advindas dos ilícitos civis e penais). É "aquela que exerce uma função corretiva nas relações entre os indivíduos"[5]. Aqui, a igualdade almejada é absoluta: busca-se uma equivalência entre o dano e a indenização. É, então, o juiz que deve restabelecer essa igualdade: "Segue-se da ação cumprida por um e sofrida por outro, uma divisão desigual. O juiz tenta restabelecer a igualdade, concedendo algo à vítima (aquele que perdeu algo), e tirando alguma coisa do agressor (aquele que ganhou algo)"[6].

Haveria muito a dizer ainda. Por exemplo, São Tomás de Aquino, com sua *Suma Teológica*, escrita entre 1265 e 1273, seguindo a tradição aristotélica, consolidou a definição de que a justiça consiste em dar a cada um o que lhe é devido. O fato é que, de um modo ou de outro, todas essas discussões e explanações exerceram e exercem influência na forma como atualmente pensamos a justiça. Por ora, é o que basta para darmos um salto para a sociedade em que vivemos e fazermos uma reflexão sobre aquilo que nos rodeia.

De lá até aqui muita coisa mudou, mas ainda é possível pensar a justiça e a injustiça, a igualdade e a desigualdade, a relação entre indivíduos e o Estado, entre direitos individuais e bem comum, em leis equânimes e na distribuição de riquezas etc., enfim, em questões que sempre importaram e interessaram àqueles que estudam o conceito de justiça. Pensemos, pois, um pouco mais, enfocando agora alguns dos pontos da sociedade capitalista de consumo massificado em que vivemos.

---

[4] Ética a *Nicômaco*, V, 1, 1129b.
[5] Ética a *Nicômaco*, V, 2, 1131a.
[6] Ética a *Nicômaco*, V, 4, 1132a.

A sociedade capitalista vive uma tremenda crise. O planeta está sendo destruído pelo sistema de exploração das reservas naturais por ela inventado. Com o modelo de fusões abertamente implantado a partir do final do século XX, milhões de pessoas perderam empregos no mundo todo. Até os Estados Unidos da América, a nação mais poderosa do mundo, assiste a um forte empobrecimento de parte de sua população, algo que não se via desde os anos trinta do século XX, após a quebra da Bolsa de Nova York. Na Europa, os países estão à beira da falência e o desemprego é brutal. Os governos estão todos envolvidos e perdidos no meio da crise: afinal, onde está o progresso prometido? O fim da pobreza? Da miséria? Os empregos? Ora, se vivemos numa sociedade de consumidores, há de haver trabalhadores. Caso contrário, como ganhar para consumir? Claro, há o endividamento, outra doença, mas ele não é ilimitado no tempo e, mais cedo ou mais tarde, faz o consumo decair, além de gerar outras mazelas sociais. Esse modelo de produção e consumo é enganoso até a medula: promete, promete, mas, na realidade, cumpre pouco do que prometeu. Naturalmente, há muitos defensores do modelo: em geral, os que estão em posição privilegiada e com capacidade de comando.

Quando olhamos o debate em torno da justiça e da possibilidade de se obter uma sociedade justa, encontramos pela frente muitas promessas feitas e não cumpridas, mas acabamos por aceitá-las como possíveis, porque nossa natureza humana é repleta de esperança, e – digamos assim – numa sociedade de consumo, a prosperidade está naturalmente ligada à aquisição de bens (produtos e serviços). Em tese, numa sociedade próspera as pessoas gozam de bem-estar e, assim, podem ser felizes. Infelizmente, esse bem-estar, cada vez mais, tem se localizado muito no alto da pirâmide social, de tal modo que a produção de uma sociedade justa (ou mais justa do que outrora) começa a ficar muito distante.

Para deixar mais claro o que queremos mostrar, examinemos apenas um dos vários aspectos que comprovam esse estado de coisas: o que envolve os salários dos trabalhadores nos vários escalões. Em 1980 os Diretores-Presidentes das grandes companhias americanas (os CEOs) recebiam salários 42 vezes mais altos que os demais empregados[7]. Você, leitor, acha que é muito? Então, espere um pouco e veja.

Apenas 27 anos depois, em 2007, esses mesmos executivos ganhavam 344 vezes mais que os trabalhadores médios[8].

---

[7] Conf. David R. Francis, "Should CEO pay restrictions spread to all corporations?", Christian Science Monitor, 9 de março de 2009, *apud* Michael J. Sandel, *Justiça – o que é fazer a coisa certa*. Rio de Janeiro: Civilização Brasileira, 8. ed., 2012, p. 27.

[8] Idem, ibidem, mesma página.

Vou aqui transcrever a pergunta feita por Michael Sandel no livro citado: "Com base em que argumento, se é que existe algum, os executivos merecem remuneração tão maior do que a de seus empregados?".

Procuremos dimensionar esses números para ficarmos com uma ideia mais próxima dos fatos. Suponhamos que você, leitor, seja o executivo. Vamos comparar seu salário com o de seu motorista particular. Digamos que seu empregado tenha um salário razoável: por exemplo, R$ 2.200,00 por mês. Se você ganhasse 10 vezes mais que ele, seu salário seria de R$ 22.000,00, o que é muito bom. Se ganhasse 20 vezes mais, seria de R$ 44.000,00 mensais, algo excelente. Se estivesse no patamar de 1980 (42 vezes mais), então ganharia R$ 92.400,00, o que é sensacional. Mas, se fosse em 2007 (ou atualmente), faturaria algo como R$ 756.800,00 por mês, o que, convenhamos, é escandaloso![9]

Voltando a Sandel, para com ele concordar em mais uma pergunta, comparando esses dois períodos (anos oitenta do século XX e início do século XXI): "A maioria deles [dos executivos] trabalha muito e empresta seu talento às funções que executa (...). Eles tinham menos talento e trabalhavam menos em 1980 do que hoje? Ou essas disparidades salariais refletem contingências não relacionadas com talento e capacidade?"[10].

Esse tema serve para pensarmos num dos aspectos da justiça, o social: para saber se uma sociedade é justa, basta examinar como ela distribui os bens que produz, tais como renda, riqueza, pobreza, direitos, deveres, oportunidades, cargos, salários, honrarias etc. Como diria São Tomás de Aquino, numa sociedade justa a distribuição de bens é feita pela fórmula "dar a cada um o que lhe é devido".

O problema está em como definir o significado de "o que lhe é devido". O cálculo, se possível, há de ser complexo e envolver todas as pessoas simultaneamente: quando um recebe algo é porque outro não recebe, mas essa ausência não pode implicar que haja injustiça na distribuição. Esta há de respeitar todos ao mesmo tempo. Por isso, a fórmula aristotélica aqui cai bem: dar tratamento igual entre os iguais, e desigual entre os desiguais, na proporção de sua desigualdade.

Mas, vê-se que não é fácil descobrir quando está sendo feita justiça. Muitas vezes é a injustiça que chama a atenção, para ficar com mais uma afirmação do aluno de Platão. Não se sabe definir se é justo que alguém ganhe muitos milhares de reais por mês, mas comparando-se o que ele ganha sozinho com o que

---

[9] Estou fazendo esses cálculos apenas para podermos ter uma noção mais, digamos, concreta da desproporção. Não há qualquer caráter científico aqui, pois, para tanto, teria de utilizar salários médios e não apenas o fictício de um motorista. Mas, de todo modo, serve de parâmetro para vermos o quanto desmedido está o mercado. Até porque, se o salário médio for mais de R$ 2.200,00 mensais, o ganho do patrão referido será ainda mais extraordinário!

[10] Idem ibidem, mesma página.

ganham milhares de trabalhadores ao mesmo tempo, percebe-se a injustiça na distribuição: um ganha o que 300 ganham!

Apesar dessa disparidade, você, leitor, pode achar justo que os executivos ganhem tanto. Afinal, eles podem ter feito por merecer. São as regras do jogo e eles sabem jogá-lo. É um argumento. Mas, veja isto.

Boa parte desses mesmos executivos milionários foram os responsáveis diretos pela crise financeira de 2008-2009 que causou danos no mundo todo. Milhares de pessoas perderam seus bens, seus empregos, os fundos de aposentadoria sofreram perdas expressivas afetando centenas de milhares de aposentados etc.

TINA é uma sigla em inglês que significa: *There is no alternative* (Não há alternativa). É nome de um livro que explica bem o que aconteceu na crise de 2008-2009 no mundo e cuja leitura indico[11]. A sigla segue outra expressão, umbilicalmente ligada a ela: *Too big to fail* (Grande demais para falir).

Quando a jogatina em que se meteram os bancos e demais instituições financeiras de Wall Street chegou ao estágio de explosão, ficou claro que as manobras perpetradas pelos executivos gananciosos haviam criado um mecanismo tão monstruoso e que envolvia tantas pessoas e empresas dentro e fora dos Estados Unidos da América, que pareceu inevitável que TINA fosse utilizada: não havia alternativa – as companhias eram grandes demais para falir e o governo teria necessariamente que colocar dinheiro público no negócio.

Antes de prosseguir, façamos um resumo dos acontecimentos.

O problema iniciou-se no mercado de hipotecas dos EUA, que, num efeito dominó, gerou uma crise mais ampla, atingindo todo o mercado de crédito interno e também no exterior, especialmente nos países cujos bancos e empresas também haviam feito apostas no mercado norte-americano.

O segmento desencadeador da crise foi o de hipotecas chamadas de *subprime*, que embutem um risco maior de inadimplência. Na verdade, como se verá a seguir, esse mercado financeiro se utilizou de um modo de especulação conhecido como pirâmide.

O mercado imobiliário americano passou por uma fase de expansão acelerada a partir de 2001, com a participação ativa dos marqueteiros e vendedores dos bancos e financeiras e a ajuda do Federal Reserve (o Fed, Banco Central norte-americano), que baixou os juros para que a economia, que estava estagnada, se recuperasse. O setor imobiliário se aproveitou desse momento de juros baixos. Em 2003, por exemplo, os juros do Fed chegaram ao patamar de 1% ao ano. A demanda por imóveis cresceu, estimulada pelos bancos e agentes hipotecários e pelos juros baixos.

---

[11] Bertrand Rothé e Gérard Mordillat, *Não há alternativa – trinta anos de propaganda econômica*". Lisboa: Nova Vega, 2011.

Em 2005, o crescimento do mercado imobiliário estava bastante avançado. Os vendedores de ilusões conseguiram convencer os consumidores de que comprar uma ou mais casas era um negócio muito bom. Muitos consumidores vendiam suas casas, quitadas há muitos anos, para se endividar numa hipoteca de uma moradia maior e mais cara. Vendia-se a expectativa de que a valorização dos imóveis continuaria, como, de fato, por algum tempo continuou. Outras pessoas compraram casas novas hipotecadas e, por causa da valorização posterior e rápida, venderam-na para adquirir uma maior e mais cara (endividando-se novamente em maiores valores). Enfim, uma pirâmide crescente.

Claro que, com os juros baixos, milhares de consumidores foram levados a adquirir muitos outros bens, tais como automóveis, eletroeletrônicos, viagens de turismo etc. Sempre levados a acreditar pela publicidade e pelos vendedores que o paraíso de consumo havia chegado e estava à disposição deles.

E, como a classe média estava praticamente dominada, as empresas financeiras foram atrás de novos mercados, mais para baixo: passaram a atender o segmento chamado de *subprime*. Trata-se de um setor com clientes de renda muito baixa, por vezes com histórico de inadimplência e/ou com dificuldade de comprovar a renda. Tais empréstimos tinham, como têm, assim, uma baixa qualidade: o risco de não pagamento da dívida era grande; todavia, como as taxas de juros cobradas eram também maiores, o lucro era maior: faz-se isso, como se diz, para compensar o risco.

Duas eram, pois, as pirâmides: uma que ia na direção do alto, com compra e venda de bens, embolsando-se lucros ou reinvestindo-os em bens mais caros e outra que ia na direção da base na busca de consumidores, com menor poder aquisitivo e capacidade de pagamento.

Examinando o panorama dessa forma de atuação, num primeiro momento, parece não haver nenhum problema de gestão, pois os bancos e financeiras sempre fizeram isso e quase sempre conseguiram calcular muito bem os riscos de suas transações. De modo que, apesar da evidente especulação do mercado ocasionada pelos agentes e pelas circunstâncias, nada indicaria que uma catástrofe pudesse ocorrer.

Na verdade, o problema havia começado muito antes; ele se instalara como um vírus ou uma bactéria desconhecida e escondida, esperando para agir, assim que as condições permitissem. Falo da regra dos "3 Ds" do mercado financeiro: a desintermediação, a descompartimentalização e a desregulamentação[12], que permitiram que – quase literalmente – uma grande jogatina inconsequente se instalasse no mercado mundial. A partir dos anos oitenta do século XX, os bancos e instituições financeiras passam a assumir muitas novas funções e passam

---
[12] Conf. Bertrand Rothé e Gérard Mordillat, ob. e ed. citadas, p. 98 e s.

a atuar em muitos segmentos em que antes não atuavam; a atividade bancária torna-se muito mais complexa.

Como dizem Rothé e Mordillat, "Acabou-se o sistema 3-6-3. Pedir empréstimos a 3 por cento, emprestar a 6 e ir jogar golfo às 3 da tarde. Graças à desintermediação, os bancos passam a ter acesso directo aos mercados de valores mobiliários (acções, obrigações...). Um trabalho que até aí estivera reservado aos corretores. Depois, a descompartimentalização: os bancos reagrupam-se para integrarem competências complementares (...) Todos os estabelecimentos bancários se expandem pelo mundo inteiro e instalam as equipas em Nova Iorque, Londres ou Singapura... A desregulamentação, o último dos três D, dá seus primeiros passos. Os bancos passam a dominar novas funções como a dos seguros"[13]. Os bancos estavam, então, instrumentalizados, para alargar e aprofundar suas áreas de atuação.

Ademais, a partir dos anos noventa do século XX, os bancos já haviam ampliado sua área de atuação. Começaram, por exemplo, a vender (transferir) seus riscos para outras empresas, fundos de investimentos e investidores em geral. Era o fenômeno da titularização, com a criação e oferta de produtos financeiros os mais diversos: "para todos os gostos e para toda a gente, desde o bom pai de família até aos jogadores de roleta russa. Aos primeiros propõem um pacote de obrigações do tesouro de diferentes países industrializados; aos segundos apostam na duplicação das cotações do petróleo em vinte e quatro horas. O resto, ou seja, a maioria dos produtos, fica entre estes dois extremos"[14].

E foi exatamente aí, nessa enorme oferta de títulos que podiam ser adquiridos por todo tipo de investidor, que foram oferecidos os *subprimes*. Esses títulos, lastreados em hipotecas oferecidas sem muito critério, são vendidos para outros gestores, que, por sua vez, passam-nos para terceiros gerando uma cadeia de compra e venda.

Acontece que, se o tomador não consegue pagar sua dívida inicial, ele pode dar início a um ciclo de não recebimento por parte dos compradores dos títulos. E foi isso o que aconteceu. Após atingir o auge em 2006, os preços dos imóveis passaram a cair; além disso, os juros do Fed, que vinham subindo desde 2004, encareceram o crédito; as fusões de empresas vinham crescendo e continuaram no ritmo, sempre ocasionando enxugamento de postos de trabalho (leia-se: aumento do desemprego); continuavam as "deslocalizações", isto é, a transferência de fábricas e prestadores de serviços para o exterior dos EUA (em busca de menor custo de mão de obra e produção), o que gerou mais desemprego; o con-

---

[13] Idem, ibidem, p. 99. Anoto que algumas palavras têm grafia diferente da nossa, pois trata-se de edição portuguesa.
[14] Rothé e Mordillat, ob. cit., p. 100.

sumo caiu, inclusive na compra de imóveis. A soma disso tudo causou uma ampla inadimplência no setor imobiliário.

Deu-se, então, uma crise de confiança. Normalmente, os bancos fazem empréstimos de dinheiro entre si. Mas como o mercado estava inundado com os *subprimes*, passou-se a desconfiar que muitos bancos e instituições financeiras estivessem lastreados nesses títulos, agora, podres. Com isso, o valor desses títulos baseados em hipotecas despencou e os juros no empréstimo interbancário aumentaram. Essa situação se agravou a ponto de muitos bancos e instituições financeiras perderem sua liquidez e não poderem garantir se teriam como pagar suas dívidas nem mesmo dinheiro para entregar a seus clientes depositantes e investidores (pessoas físicas e jurídicas).

No mundo atual da ampla globalização financeira, o calote que fosse dado nos EUA afetaria muitas corporações, bancos, instituições financeiras e governos de várias partes do mundo, pois eles investiram e investem maciçamente no mercado norte-americano.

Este o resumo. Voltemos, na sequência, à questão da ajuda do governo ao setor financeiro: "Em outubro de 2008, o presidente George W. Bush pediu 700 bilhões de dólares ao Congresso para socorrer os maiores bancos e instituições financeiras do país. A muitos não pareceu justo que Wall Street tivesse usufruído de enormes lucros nos bons tempos e agora, quando a situação estava ruim, pedisse aos contribuintes que assumissem a conta. *Mas parecia não haver alternativa*. Os bancos e as financeiras tinham crescido tanto e estavam de tal forma envolvidos com cada aspecto da economia que seu colapso poderia provocar a quebra de todo o sistema financeiro. Eles eram '*grandes demais para falir*'"[15].

Parece justo a você, meu caro leitor? Talvez, na medida em que o sistema estava aprisionado ao modelo de especulação e jogatina do mercado financeiro e, realmente, poderia sucumbir junto. Mas, veja o que aconteceu depois.

O nome dado a esse socorro financeiro pelo Estado norte-americano foi "*bailout*". Pouco depois que ele foi concedido, isto é, após a ingestão de bilhões de dólares advindos dos recursos públicos, foi descoberto que as companhias beneficiadas estavam agraciando seus executivos com milhões de dólares em bônus. "O caso mais ultrajante envolveu o American International Group (AIG), um gigante dentre as companhias de seguros levado à ruína pelos investimentos de risco feitos por sua unidade de produtos financeiros. Apesar de ter sido resgatada com vultosas injeções de fundos governamentais (totalizando 173 bilhões de dólares), a companhia pagou 165 milhões de dólares em bônus a executivos da própria divisão que havia precipitado a crise; 73 funcionários receberam bônus de 1 milhão de dólares ou mais"[16]. Posteriormente, após o furor pú-

---
[15] Michael J. Sandel, ob. cit., p. 21. *Grifamos*.
[16] Idem, ibidem, p. 21-22.

blico contra a espúria distribuição, uma parte do dinheiro (50 milhões de dólares) foi devolvida[17].

O que pretendi mostrar com isso?

Simplesmente, que a justiça nem de longe é uma base da sociedade capitalista em que vivemos. Ao contrário, uma das características mais marcantes desses novos tempos de domínio financeiro do capitalismo é a ganância, esta que, como diz Michael Sandel, "é um defeito moral, uma atitude má, um desejo excessivo e egoísta de obter ganhos"[18].

Percebe-se também nessa história da crise de 2008-2009 um elemento de manipulação muito importante de nossa sociedade: o desvio da responsabilidade. Coloca-se na empresa a decisão de oferecer produtos, fazer investimentos, distribuir dividendos e bônus, como se a pessoa jurídica, de per si, pudesse, de fato, praticar esses atos. Ora, a pessoa jurídica, como todo estudante de direito sabe, é uma ficção; ela não anda, não come, não dorme, não viaja. Tudo o que dela vem é feito por pessoas físicas, seus dirigentes. Eles é que tomam as decisões e, naturalmente, eles próprios é que resolvem distribuir dividendos e bônus (em causa própria!). O que se vê, pois, é que um vício humano (a ganância) acaba sendo transmitido para as empresas, que com seus atos geram injustiça na ordem social.

Eis, assim, uma pequena amostragem do problema da justiça na sociedade capitalista contemporânea. Algo que exige reflexão e mudança de atitude por parte dos cidadãos-consumidores, em suas práticas sociais e políticas e também tomada de decisões pelas autoridades visando diminuir as diferenças existentes entre as pessoas; é preciso mudar a distribuição de riquezas, regular mais os mercados, em especial, o financeiro, e melhorar a qualidade dos serviços públicos, principalmente para os menos favorecidos, tudo visando gerar uma sociedade mais justa.

E, para concluir esse tema da injustiça na sociedade de consumo, apresentamos no próximo subitem mais uma das mazelas vividas por milhares de pessoas, vista sob uma ótica um pouco diferente.

7.1.5. O peso dos preços, os consumidores pobres e ricos e a injustiça do mercado[19]

Para pensarmos a injustiça real e saindo do lugar-comum (isto é, o de que, evidentemente, a distribuição de bem-estar em nossa sociedade é abertamente injusta), proponho que examinemos um aspecto pouco comentado: o do poder

---

[17] Idem, ibidem, p. 22.
[18] Ob. cit., p. 23-24.
[19] Parte do texto deste subitem foi publicado em minha coluna semanal ABC do CDC: www.migalhas.com.br, em 11-4-2013.

relativo do dinheiro na relação com o preço dos produtos e serviços, especialmente os de primeira necessidade e/ou essenciais.

Falemos primeiramente dos privilegiados – porque precisaremos deles para entender a questão relativa – e a incrível e distorcida distribuição de renda existente nos países capitalistas.

No mês de março de 2013, a revista *Forbes* publicou novamente sua famosa lista dos bilionários. Nela, o brasileiro Eike Batista despencou de sua alta posição anterior. No ano de 2012 ele era o 7º mais rico do planeta. Agora é "apenas" o 100º. Sua fortuna está avaliada em 10,6 bilhões de dólares. Ele deixou de ser o brasileiro mais rico. Este posto ficou com Jorge Paulo Lemann, que aparece na posição de número 33, dono de empresas como Ambev e Burger King, e com uma fortuna estimada em 15,8 bilhões de dólares[20].

Michael Sandel faz um comentário sobre os americanos mais ricos que frequentam as listas da *Forbes*[21]. O primeiro na lista de 2008 era Bill Gates, com uma fortuna estimada em 57 bilhões de dólares (na deste ano ele está em segundo lugar. O topo é ocupado pelo mexicano Carlos Slim, dono da Claro, entre outras empresas, mas Bill Gates já está com 67 bilhões de dólares).

Sandel mostra que 1% dos americanos mais ricos (o ápice da pirâmide capitalista) detém mais de um terço das riquezas do país. Se descermos um pouco do cume da montanha e ficarmos com os 10% mais ricos, veremos que eles representam 42% de toda a renda e 71% de toda a riqueza[22].

Em escala mundial, diz Ignacio Ramonet, as 225 maiores fortunas do mundo representam um total de mais de um trilhão de euros ou o equivalente à renda anual de 47% das pessoas mais pobres (isto é, cerca de 3 bilhões de pessoas). É realmente impressionante a proporção: pessoas que caberiam numa sala de cinema detêm uma renda anual superior àquela que envolve mais de 3 bilhões de seres humanos[23].

Ramonet também mostra que, em função das fusões e concentrações, algumas grandes empresas detêm receita maior que o PIB de robustos países. Por exemplo, a receita da General Motors é superior ao PIB da Dinamarca, a da Exxon Mobil supera o PIB da Áustria[24].

---

[20] No momento em que escrevemos este texto (outubro de 2013), as empresas de Eike Batista sofriam forte desvalorização no mercado, assim como seu patrimônio pessoal.

[21] Ob. cit., p. 77 e s.

[22] Idem, ibidem, p. 77.

[23] *Guerras do século XXI – novo temores e novas ameaças*. Petrópolis: RJ, 2003, págs. 13 e 14. Os dados são de antes da crise mundial de 2008, mas pode-se aceitar que eles não tenham se alterado tão drasticamente. Basta ver que Bill Gates em 2008 tinha uma fortuna estimada em 57 bilhões de dólares e atualmente ela está em 67 bilhões.

[24] Idem, ibidem, p. 16.

Mas, deixe-me voltar ao chão, à dura realidade dos assalariados e consumidores de baixa renda. Perguntamos: qual o *peso* do preço das coisas no bolso dessas e demais pessoas?

Um pão doce vendido a R$ 2,00 numa padaria significa que esses dois reais têm o mesmo "valor" para todos os compradores? Ou, dizendo de outro modo: aparentemente, um produto de consumo oferecido no mercado tem um preço "objetivo". Parece que a quantidade de moeda nele estampada – no exemplo, dois reais – é "absoluta", vale de *"per si"* – pão doce igual a R$ 2,00 – e afeta a todos os consumidores que o queiram adquirir do mesmo modo. No entanto, não é bem assim.

Os preços estampados nos produtos e serviços são "relativos". O mesmo produto com certo preço fixado pesa de forma diferente no bolso de cada consumidor com poder aquisitivo diferente. O preço, antes de ser objetivo e absoluto, tem peso relativo para a pessoa que o adquire (ou, por isso mesmo, para aquela que não o pode adquirir). Examinemos alguns exemplos.

Peguemos um pãozinho francês. Ele custa em média R$ 0,60. Agora, pensemos no empresário Eike Batista, frequentador das listas da *Forbes*. Quando ele adquire um pãozinho desses, seu preço para ele (logo, relativo) é não só irrisório: é insignificante, um sem sentido, um inexistente. Se ele comprar seis pãezinhos para comer com o filho Thor e a namorada no café da manhã (dois para cada um), a insignificância continuará. E eles estarão bem alimentados.

Agora, pensemos em José da Silva, cujo salário é de apenas R$ 1.200,00 por mês[25]. Quando ele compra seis pãezinhos para ele, sua mulher e seu filho comerem certamente o preço pago terá peso considerável em seu orçamento doméstico. Lembre-se que ele tem apenas R$ 40,00 por dia para gastar com tudo o que necessita. Somente os R$ 3,60 gastos nos pãezinhos representam 9% dessa importância diária. Apenas os pãezinhos! Afora leite, açúcar, café, água, energia elétrica e um longo etc. de produtos e serviços essenciais, que, para quem está no topo da pirâmide, é irrelevante. Não só no topo, abaixo também: para uma boa parcela de abastados, esses produtos e serviços básicos de consumo têm muito pouco peso.

Se colocarmos entre José da Silva e Eike Batista toda a gama de pessoas com poderes aquisitivos diferentes, veremos que, na escala decrescente, quando mais perto de José, mais pesa o preço dos produtos essenciais e, subindo, quanto mais perto de Eike, menos importância ou nenhuma importância tem o preço. Basta o exemplo do pãozinho estender aos demais produtos necessários diariamente com higiene e alimentação para ver como o "preço", apesar de ser "fixo", estampado em cada produto, pesa de forma diferente no bolso das pesso-

---

[25] Para que o exemplo fique menos complicado, deixaremos de lado os descontos legais que incidem sobre o salário.

as e varia com a posição delas nessa pirâmide imaginária (aliás, a situação pode ser bem pior que a de José: há milhões de pessoas que têm uma renda menor que a dele ou, simplesmente, não têm renda alguma).

Essa hipótese de relatividade do preço vale para todos os produtos e serviços necessários e essenciais para a manutenção do mínimo de uma vida digna. Os serviços públicos essenciais, por exemplo. O preço estipulado, em sua grande maioria, é o mesmo para os vários tipos de bolso. São ainda poucos os casos de gratuidade. Ora, serviços de energia elétrica, abastecimento de água e esgoto, transporte, telefonia etc. pesam muito para alguns e quase nada para outros. É profundamente injusto algumas pessoas ficarem sem o fornecimento de água ou energia elétrica porque não conseguem pagar contas de pequenos valores (é também ilegal, conforme já mostrei em outras oportunidades[26]). Veja que o preço relativo desses serviços essenciais oprime alguns e fazem cócegas em outros. Gera uma sociedade realmente muito injusta. O problema da distribuição de renda não é só, pois, de ganhos totais ou *per capita* e sim de quanto cada preço pesa no bolso das pessoas de baixa renda.

Algumas vezes, parece que essa relatividade é levada em consideração. Veja, por exemplo, a divulgação de índices de inflação feita no mês de abril de 2013 pela Fundação Getulio Vargas[27]. Os percentuais publicados mostram que, para o público de baixa renda (que para a pesquisa são as famílias com renda de até 2,5 salários mínimos – R$ 1.695,00), a inflação foi de 6,94% nos últimos doze meses. E a inflação para a média dos brasileiros, no mesmo período, ficou em 6,04%. É maior para os de baixa renda, mas a diferença não é tão grande. Já a inflação em relação aos preços dos alimentos ficou em 13,94% para os de baixa renda e 12,29% para a média dos brasileiros.

Ora, índices têm sempre uma tendência a enganar porque feitos por média e, no caso, como adicional, não levam em consideração o peso relativo do poder aquisitivo de cada pessoa.

Para cuidar de renda *per capita*, meu amigo Outrem Ego[28] costuma dizer o seguinte: "Se saímos para jantar, você e eu e, no restaurante, eu como dois frangos e você não come nenhum, então, em média comemos um frango cada um. Mas eu estarei explodindo de tanta comida e você estará passando fome". Ou, dizendo de outro modo, a média desconsidera a realidade concreta de cada pessoa e até do grupo de pessoas, gerando uma ilusão em relação à renda e, naquilo que interessa nessa análise, ao poder aquisitivo de cada um na relação com o

---

[26] Por exemplo, em meu *Comentários ao Código de Defesa do Consumidor*, São Paulo: Saraiva, 7. ed., 2012: comentários ao art. 22.

[27] Minha fonte é o jornal *O Estado de S. Paulo* de 1º-4-2013, p. B1.

[28] Para o leitor que não está acostumado com minha coluna, Outrem Ego é um personagem fictício que eu criei para poder com ele dialogar, deixando o texto mais agradável e, quiçá, leve e bem-humorado.

preço das coisas, especialmente os produtos e serviços essenciais. De fato, se uma pessoa ganha R$ 15.000.000,00 por ano e mil pessoas faturam R$ 14.400,00 por ano cada uma, em média todas embolsam R$ 24.500,00 anuais. Mas, na realidade, a primeira nadará em dinheiro sem preocupação com o preço das coisas, e as demais continuarão fazendo contas e se apertando para conseguir comer dois pãezinhos por dia no seu orçamento diário de R$ 40,00 (R$ 1.200,00 por mês ou R$ 14.400,00 por ano).

7.2. O problema da Justiça e os operadores do direito no Brasil

A justiça como conceito, virtude, função etc. é – e sempre foi – um problema para o estudioso. Poder-se-ia aqui abordar o tema de forma abstrata, visando apresentar suas várias facetas. Poder-se-ia, também, demonstrar a universalidade da discussão, apresentando um panorama da disputa doutrinária advinda de longo período histórico, desde a antiguidade até nossos dias, bem como passando por várias nações e culturas diferentes.

Contudo, optamos por pensar a questão da justiça aqui e agora, e no Brasil. É isso que nos interessa e, seguindo nossa proposta metodológica inicial, devemos sugerir algo para quiçá possibilitar um debate que gere transformações. Mas não um mero estudo e/ou reflexão mais ou menos crítica sobre temas batidos, que nunca – jamais, infelizmente, entre nós! – foi capaz de auxiliar na mudança do chamado quadro de injustiças reinante no país[29]. Pensamos, ao contrário, que é possível, sim, um estudo da justiça que possibilite uma tomada de posição favorável à sua realização.

E à guisa de introduzir o aluno no assunto, somos obrigados a, primeiramente, apontar o grave problema da alienação na qual estão inseridos os operadores do Direito no Brasil.

Comecemos, portanto, com a ferida: os vários operadores jurídicos brasileiros – e, também, claro, de outros lugares do mundo – não estão preparados para fazer justiça no desempenho de suas funções. Mas anotamos que essa afirmação não tem cunho científico de pesquisa objetiva. Logo, não se deve tomá-la como generalização: não nos referimos a todos os operadores; porém os exemplos reais que vivenciamos em nossa experiência prática e os casos que iremos narrar permitem que não só façamo-la, como nos preocupemos. Realmente, a situação é dramática; a ferida é profunda.

Para não parecer que nossa afirmação é desfundamentada, iniciemos apresentando o relato indignado de Lenio Luiz Streck. Assombrado com o escândalo do que ele chama de "baixa constitucionalidade" e a ineficiência do texto consti-

---

[29] Anote-se que não há nessa posição nenhuma pretensão pessoal, no sentido de sermos nós que possibilitaremos alguma mudança nas coisas. Trata-se apenas de uma proposta, ou antes uma "torcida" para que algo melhore no país, ao menos, no que clama pela justiça!

tucional brasileiro, especialmente no que respeita às garantias individuais e sociais, ele percebe que a hermenêutica jurídica "não convive pacificamente com princípios constitucionais como o da proporcionalidade, razoabilidade etc."[30], ao que nós acrescentamos que também não "convive bem" com o princípio da dignidade da pessoa humana e com o da equidade, como justiça no caso concreto[31].

Conta o jurista gaúcho os seguintes casos infelizmente verdadeiros[32] (desculpe-nos o leitor por nossa ironia nos comentários, mas isso é o mínimo que temos a dizer):

a) Um indivíduo foi processado criminalmente porque, na noite de Natal, foi a um baile e pagou o ingresso que custava R$ 6,00 (seis reais) com um cheque de R$ 60,00 (sessenta reais), que teria sido objeto de furto (essa a acusação).

O Promotor de Justiça – pasmem! – pediu ao Juiz do feito a decretação da prisão preventiva (sic) do acusado. Fazendo voz com Lenio, pedimos ao estudante-leitor para imaginar o "grau de periculosidade" daquela pessoa.

Deveríamos, inclusive, perceber o claro interesse público em proteger bailes de Natal contra criminosos desse quilate – e valor: R$ 6,00!

Por sorte o Juiz não decretou a prisão preventiva, mas condenou o réu a 2 anos de reclusão; sentença reformada no Tribunal por falta de provas.

b) Uma pessoa foi presa preventivamente sob a acusação de ter furtado uma garrafa de vinho, alguns metros de mangueira plástica e um facão.

Foi preso e ficou recolhido ao xadrez por mais de 6 meses. Foi absolvido em grau de recurso por falta de provas.

Ficamos assim, nós brasileiros, livres preventivamente, por 6 meses, desse cidadão de tremenda periculosidade. Ainda bem...

c) Outro foi processado pelo crime de estelionato por ter comprado um limpador de para-brisas, pago com cheque de R$ 130,00 e recebido o troco de R$ 80,00. Segundo a acusação o cheque seria furtado.

Ficou, também, preso preventivamente. Este por dez meses. Foi condenado a 1 ano e 10 meses de reclusão e não pôde recorrer em liberdade. Por isso, como continuava preso, ficou no total encarcerado por 14 meses.

Conclusão: absolvido no Tribunal, por falta de provas.

Como é que essas coisas podem acontecer, sem qualquer responsabilidade aos causadores do dano à pessoa?

---

[30] *A Hermenêutica e o acontecer da Constituição: a tarefa de uma nova crítica do Direito*, p. 585.
[31] À frente iremos exatamente propor como um caminho para fazer justiça no caso concreto (equidade) a utilização do "método da proporcionalidade" (explicaremos por que chamamos de método), assim como o método da razoabilidade, com vistas e tendo por base a dignidade da pessoa humana.
[32] Nas fls. 585/586, notas 9 e 10.

d) Dois cidadãos foram condenados a 2 anos de reclusão por terem "subtraído", das águas de um bucólico açude no interior do Estado do Rio Grande do Sul, nove peixes tipo "traíra", avaliados em – espantem-se – R$ 7,50!

e) Uma pessoa ficou presa por ordem da Justiça de Tubarão, Santa Catarina, pelo período de 60 dias, pela acusação de tentativa de furto de uma cédula de R$ 10,00, que nunca foi encontrada.

Bela decisão esta, a favor da economia e finanças nacionais. Seria cômico se não fosse tão trágica.

f) O ex-Governador do Rio de Janeiro, Anthony Garotinho, em visita a uma Delegacia de Polícia de seu Estado, flagrou um indivíduo preso sob acusação de ter tentado furtar um aparelho de barbear descartável.

Acrescentamos que devia estar com a barba feita com aparelhos fornecidos pelo Estado...

g) Jaider Lopes dos Reis Lemes, inválido, por intermédio de sua mãe, requereu o benefício que lhe assegura a Constituição Federal (art. 203, V[33]), de um salário mínimo mensal, que à época era de R$ 120,00.

A lei referida no Texto Constitucional diz que a pessoa inválida pode receber o benefício, desde que a renda *per capita* da família não exceda 25% do salário mínimo, ou, no caso, R$ 30,00.

Quando teve início o processo administrativo de Jaider junto ao INSS, seu pai recebia a "polpuda soma" de R$ 169,20 mensais. Com esses R$ 169,20 o pai de Jaider "sustentava" cinco pessoas, incluindo ele próprio, inválido.

O posto do INSS, tão cioso de suas obrigações e prestador de serviço público essencial, negou o pleito, pois efetuado o cálculo previsto na lei descobriu que 25% do salário do pai de Jaider montavam a – assombrosos – R$ 33,84, acima, portanto, do teto legal. Aliás, muito acima: R$ 3,84!

A mãe de Jaider recorreu junto à 5ª Junta de Recursos do Distrito Federal e ganhou o benefício.

Contudo, a Divisão de Recursos e Benefícios do Ministério da Previdência – olha aí nosso cioso serviço público... – recorreu a outra superior instância. A 2ª Coordenadoria de Consultoria Jurídica, por incrível que isso possa parecer, entendeu que: "a família do Autor (...) não é uma família miserável, ou seja, incapaz de prover a manutenção de pessoa portadora de deficiência..." (sic!).

Os casos acima relatados, apesar da flagrante injustiça perpetuada contra as pessoas, refletem condutas ilegais e/ou fundadas em textos que violam a

---

[33] CF, art. 203: "A assistência social será prestada a quem dela necessitar, independentemente de contribuição à seguridade social, e tem objetivos:(...) V – a garantia de um salário mínimo de benefício mensal à pessoa portadora de deficiência e ao idoso que comprovem não possuir meios de prover à própria manutenção ou de tê-la provida por sua família, conforme dispuser a lei".

Constituição Federal, se não em abstrato, com certeza, *in concreto*, cuja solução tinha de ter sido outra, conforme iremos demonstrar e propor.

7.3. Justiça como virtude

Aristóteles também apresenta a justiça como uma virtude humana. Diz:

> "Vemos que todos os homens entendem por justiça aquela disposição de caráter que torna as pessoas propensas a fazer o que é justo, que as faz agir justamente e desejar o que é justo"[34].

A virtude aqui aparece como um elemento intrínseco do ser humano, que naturalmente busca o bem que lhe é próprio. A virtude está nessa busca. Logo, ela é ação; é por essa ação que se vê a virtude humana de fazer o bem.

Para o Filósofo, essa ação é atributiva e distributiva, na qual o excesso tem de ser evitado. O indivíduo justo é ponderado, sendo capaz de agir entre o mais e o menos: a justiça surge daí como um equilíbrio.

O ser humano justo, então, pode ser enxergado por sua conduta, suas ações, suas atitudes. Dizemos, nesse sentido, que alguém é justo porque age com justiça. Analisando-o, dizemos que ele é ponderado, que delibera de forma equilibrada, agindo a partir dessa deliberação racional.

Surge aqui um problema: se a pessoa justa é aquela que age com justiça, apresentando, portanto, de modo objetivo – ação social – seu caráter de sujeito ponderado, equilibrado, perguntamos: ela poderia ao mesmo tempo agir também de forma não justa, desequilibrada?

Pensemos nos tristes exemplos apresentados acima: pode um operador jurídico, nos exemplos um promotor de justiça ou um magistrado, ser justo – agir, fazendo uma acusação ou tomando uma decisão – num caso e não ser em outro?

Somos obrigados a levantar esse problema porque, como virtude, se o indivíduo a tem, não deveria – nem poderia – parti-la. Ou o indivíduo tem a virtude do justo ou não tem; tem caráter ou não tem.

Como é que ele poderia ser justo num caso e injusto no outro (enquanto virtude)?

O problema se amplia quando estendemos a questão para além da figura do operador jurídico, tomando-a também nos outros papéis sociais. Perguntamos: pode um Juiz justo ser um pai injusto?

Pode um promotor de justiça injusto ser um professor justo?

---

[34] *Ética a Nicômaco*, V, 1, 1129-10.

Ou, ainda, caso queiramos ampliar mais o âmbito da avaliação da virtude, perguntaremos: pode um filho injusto ser um marido justo? Ou um amigo injusto ser um inimigo justo?

Vê-se que o problema apresentado aponta para o caráter das pessoas, impondo um comportamento coerente. Pergunta-se: qual o denominador comum que, então, dirigiria a conduta do indivíduo justo, sempre?

Já na *República*[35], Platão mostra que a ação do homem justo só pode ser para fazer o bem. E Sócrates, inclusive, propõe que se deve lutar para isso:

Sócrates: "Então, Polemarcos, não é a função de uma pessoa justa machucar um amigo ou qualquer outra pessoa, mas sim é função do seu oposto, uma pessoa injusta?".

Polemarcos: "Na minha visão isso é completamente verdade, Sócrates".

Sócrates: "Se qualquer um nos disser que é justo dar a cada um aquilo que lhe é devido e entende por isso que um homem justo deve machucar seus inimigos e beneficiar seus amigos, ele não é sábio em dizê-lo, pois aquilo que ele diz não é verdade, pois se tornou claro para nós que nunca é justo fazer mal a ninguém?".

Polemarcos: "Eu concordo".

Sócrates: "Você e eu deveremos lutar como parceiros, então, contra qualquer um que nos disser que Simonides, Bias, Pittacus ou qualquer de nossos outros sábios e abençoados disseram isso"[36].

Polemarcos: "Eu, de qualquer maneira, estou disposto a ser parceiro na batalha".

A questão da virtude, então, toma um caráter também objetivo: fazer o bem. O indivíduo justo deve ser equilibrado, ponderado e sua ação deve isso refletir – seu caráter de justo – e, simultaneamente, essa mesma ação – fundada, pois, no elemento subjetivo (caráter) – deve buscar fazer o bem para o outro, qualquer que seja esse outro (elemento objetivo).

Desse modo, o bem é colocado como projeto, finalidade de qualquer ação justa.

É verdade que esse duplo enfoque da ação justa não resolve alguns problemas. Permanece em aberto a questão de saber se uma pessoa má ou injusta (elemento subjetivo) pode praticar o bem (elemento objetivo); ou se, em outras palavras, pode um criminoso contumaz fazer justiça, isto é, agir fazendo o bem.

Essa discussão, para aquilo que nos interessa, pode ser deixada de lado. Preocupamo-nos especialmente com a ação do indivíduo que devendo ser justo, não o é. E, bem especificamente, esse ponto envolve o operador do Direito: ele

---

[35] I, 335c, traduzido do grego por Rodrigo Ferrari Nunes, gentilmente, a nosso pedido.
[36] Que era justo fazer mal aos inimigos e bem aos amigos.

tem o dever ético – e jurídico! – de ser justo. No entanto, como a ação do indivíduo justo (virtude) envolve sua própria disposição de caráter (formação pessoal, educação, cultura etc.), devemos centrar nosso foco mais no elemento externo – resultado da ação – que no aspecto subjetivo. Para o comando normativo dos dias que correm, num sistema constitucional, que se pressupõe justo – porque condicionado, especialmente o nosso, pelo superprincípio do respeito à dignidade da pessoa humana – importa mais saber se o resultado da ação do operador do Direito foi justo – e logo fez o bem –, que se ele, indivíduo, é justo.

Não que nós não consideremos o aspecto ideal do justo: quanto mais pessoas justas – como caráter – pudessem ser selecionadas, escolhidas, jungidas às funções jurídicas tanto melhor; mas temos urgência em resolver de modo objetivo o problema do mal e, infelizmente, o que temos à mão é o que está aí. No máximo podemos propor um caminho – como faremos – capaz de obter soluções mais justas, principalmente se o operador jurídico permitir-se espiritualizar-se, abrindo seu consciente e espírito para a entrada dos princípios mais universais de respeito à pessoa humana.

7.4. Justiça e igualdade no sistema jurídico brasileiro

A doutrina, desde Platão e Aristóteles, como adiantado, relaciona justiça e igualdade, o que aqui apenas iremos referir sistematicamente, porque parece-nos que a solução para o problema da justiça se faz pela via da equidade, no necessário respeito à dignidade da pessoa humana.

É preciso que coloquemos, então, o que todos sabem: o respeito ao princípio da igualdade impõe dois comandos. O primeiro, de que a lei não pode fazer distinções entre as pessoas que ela considera iguais – deve tratar todos do mesmo modo; o segundo, de que a lei pode – ou melhor, deve – fazer distinções para buscar igualar a desigualdade real existente no meio social, o que ela faz, por exemplo, isentando certas pessoas de pagar tributos; protegendo os idosos e menores de idade; criando regras de proteção ao consumidor por ser ele vulnerável diante do fornecedor etc.

É nada mais que a antiga fórmula: tratar os iguais com igualdade e os desiguais desigualmente.

Por essa fórmula já se pode desde logo, em abstrato, perceber falhas no sistema jurídico nacional, que, por isso, tornam-o injusto (o que será um problema, pois, como veremos, a suposição é a de que o sistema legal é justo).

Voltemos ao texto de Lenio Streck. Ele nos dá exemplos[37]. Lembra que a pena por furto qualificado por concurso de pessoas é o dobro da pena do crime de sonegação de tributos, de corrupção ou de "lavagem de dinheiro"; e que o

---
[37] *A Hermenêutica*, cit., p. 585, nota 9.

homicídio praticado no trânsito é apenado com 2 a 4 anos, enquanto o de adulteração de chassi tem pena de 3 a 8 anos.

A esses exemplos podemos acrescer outros diversos. Recordemos alguns. O novo Código de Trânsito Brasileiro pune, com a perda da carteira de habilitação, o motorista que acumule 24 pontos no período de 1 ano se, por exemplo, trafegar por 6 vezes no horário proibido do rodízio de carros (que existe na capital paulista). São 4 pontos cada vez. Todavia, não pune com nenhuma pena o motorista que, colocando em risco a vida das pessoas, corra pelas ruas da capital, se fizer isso duas vezes (7 pontos para excesso de velocidade). Para ser punido o motorista deve atingir mais de 20 pontos[38].

Num outro exemplo, uma pessoa que sofra uma ação judicial de execução por título executivo extrajudicial, digamos, uma nota promissória no valor de R$ 10.000,00, se não tiver bens para garantir o juízo, não poderá exercer seu direito de defesa pela via dos embargos à execução. Sem patrimônio, não pode recorrer ao Juiz.

Mais à frente iremos demonstrar que esse tipo de definição injusta das regras legais do sistema acabou por transformar-se em reais situações de injustiças praticadas contra as pessoas.

7.5. O problema da lei justa

Os estudiosos que têm trazido a lume a discussão sobre a justiça, em especial aqueles que se baseiam em Aristóteles, apresentam a ideia de que a lei tem como pressuposto ser justa. Ou, como diz Aristóteles: "Como vimos, que o homem sem lei é injusto e o respeitador da lei é justo, evidentemente todos os atos legítimos são, em certo sentido, atos justos; porque os atos prescritos pela arte do legislador são legítimos, e cada um deles, dizemos nós, é justo"[39].

Vê-se, portanto, que para o Filósofo o justo é aquilo que está de acordo com a lei, e o injusto o que contraria a ordem legal.

Todavia, qualquer análise da apresentação aristotélica demanda um exame prévio do que os gregos entendiam pelo vocábulo "lei". Se não se faz isso, acaba-se acreditando que, de fato, a lei só pelo fato de ser lei é justa, e isso não tem mais cabimento, pelo menos desde o surgimento do Estado Moderno, no qual a lei passou a ser produto criado pelo Estado como instrumento da direção e controle da sociedade.

Não só por aquilo que já apontamos nos itens anteriores, mas quase como uma evidência clara das condições da era contemporânea: a lei como resultado do jogo de interesses dos políticos, da pressão mais ou menos democrática, exercida

---

[38] A respeito dessa equivocada e injusta norma, consulte-se nosso artigo intitulado "Aspectos draconianos e inconstitucionais do Código de Trânsito Brasileiro", publicado no jornal *Tribuna do Direito* de março/2001.
[39] *Ética a Nicômaco*, cit., V, 1, 1129b-15.

pelos vários setores da sociedade – com relevo para o *lobby* econômico – pode ser, desde logo e, de per si, injusta, mais ainda no atual estágio do capitalismo. Isso exige nova postura do estudioso, como aqui tentaremos demonstrar.

Lembre-se, num outro exemplo, que para Platão a lei tem um caráter de norma divina, de natureza superior e imutável[40]. Esse sentido não pode ser levado em consideração como pressuposto absoluto para a análise da justiça de nosso tempo. Aliás, a questão da lei justa ou da lei injusta coloca-se – ou pelo menos assim deveria ser tratada – no plano da constitucionalidade, conforme demonstraremos nos itens 7.7 a 7.11, *infra*. Ou, em outros termos, será possível identificar uma lei constitucional justa, outra lei constitucional injusta. Do mesmo modo uma lei inconstitucional justa e outra inconstitucional injusta.

O importante, conforme iremos demonstrar, é evitar a lei injusta, assim como o resultado injusto da aplicação de qualquer lei – seja justa ou injusta.

A justiça, portanto, será verificável sempre que estiver presente esse complexo de situações principiológicas, legais e factuais. A justiça deve ser um fenômeno constatável *in concreto*. Do que decorre que a injustiça também será verificável *in concreto* quando não estiverem presentes todos os pressupostos e condições da realização da justiça.

A justiça, portanto, deve surgir como um fenômeno que abarque simultaneamente a garantia da inviolabilidade da dignidade da pessoa humana e a realização dessa pessoa como sujeito social, cujos direitos sejam concretamente assegurados.

De todo modo, a solução deste e de outros problemas de fazimento da justiça resolver-se-á pelo exame e aplicação da equidade.

7.6. Justiça e Vontade

Falar da justiça no século XXI impõe ao estudioso uma completa atualização dos conceitos, tendo em vista a hipercomplexidade das sociedades contemporâneas e as reais implicações existentes entre as pessoas.

O caráter de ato livre como manifestação da vontade precisa ser compreendido dentro do meio sociocultural vivido pelas pessoas, com toda sorte de controle, não só pela via da educação como também pela via do mercado. Veja-se que aquela questão tradicional do ato de contratar – como representação formal decorrente de um ato de vontade – sofreu sérias modificações desde o século XIX.

Referimo-nos aos tipos de avaliação da justiça ligada ao particular, tanto no que diz respeito à "vontade de contratar" em sua gênese – momento antes do fechamento do contrato – como nas possíveis violações, após firmado o contrato.

---

[40] *Leis*, I, 630c.

O mínimo que se deve considerar é que se vive numa sociedade de consumo de massa, na qual o ato de contratar claramente prescinde de manifestação de vontade: há mera imposição econômica de um sobre o outro, fazendo com que a parte forte imponha as condições de contratar, assim como as cláusulas contratuais, à parte fraca[41]. Além disso, vivemos na sociedade da mídia, cujo controle do comportamento humano se dá pelos veículos de comunicação, que por um processo de alto desenvolvimento tecnológico de *marketing* impõem o que e como fazer praticamente tudo: para se adquirir qualquer produto ou serviço, tal como o alimento, a educação, ou mesmo diversão, tem de se ir ao mercado, controlado pelo produtor. Esse modelo, inclusive, cria novas necessidades, impondo às pessoas um modo de ser muitas vezes artificial e desnecessário[42]. Mas, há mais: a cultura se alterou pelo contato e pela imposição dos meios de produção e do controle de massa: mudou o casamento; a procriação; a vida doméstica; o modo de morar; mudou o amor; a arte; isto é, praticamente tudo que se conhece[43].

Ao se buscar, por exemplo, mais uma vez em Aristóteles a questão do ato voluntário com relação ao justo, encontrar-se-á uma interessante base para avaliação.

Diz o Filósofo:

> "Por voluntário entendo, como já lhe disse antes, tudo aquilo que um homem tem o poder de fazer e que faz com conhecimento de causa, isto é, sem ignorar nem a pessoa atingida pelo ato, nem o instrumento usado, nem o fim que há de alcançar (por exemplo, em quem bate, com que e com que fim); além disso, cada um desses atos não deve ser acidental nem forçado (se, por exemplo, A toma a mão de B e com ela bate em C, B não agiu voluntariamente, pois o ato não dependia dele)"[44].

> "Dos atos voluntários, praticamos alguns por escolha e outros não; por escolha, os que praticamos após deliberar, e por não escolha os que praticamos sem deliberação prévia"[45].

O problema está em que, no estágio atual das sociedades de consumo, as pessoas podem muito pouco deliberar para agir, vez que estão em larga medida

---

[41] Ver, a respeito da questão da massificação e da imposição do contrato e suas cláusulas por parte do fornecedor ao consumidor-cidadão, nosso *Comentários ao Código de Defesa do Consumidor*, especialmente o Capítulo VI – Da Proteção Contratual.

[42] "Por um lado, boa parte desse consumo é induzida artificialmente, nada tem a ver com as necessidades e os desejos reais da população. As pessoas provavelmente se sentiriam melhor e seriam mais felizes se não tivessem muitas dessas coisas. (...) Uma avalanche de propaganda comercial, produzida pela indústria da publicidade e das relações públicas, consiste simplesmente em um esforço para criar necessidades. Há muito tempo que isso é compreendido perfeitamente; na verdade, é um processo que teve início nos primeiros dias da Revolução Industrial" (Noam Chomsky, *Segredos, mentiras e democracia*, p. 127).

[43] Claro que esses dados reais põem um problema para a liberdade.

[44] *Ética a Nicômaco*, cit., V, 8, 25.

[45] *Ética a Nicômaco*, cit., V, 8, 10.

submetidas à necessidade: são obrigadas a agir de certo modo. Por exemplo, quem precisa de um remédio específico, produzido com monopólio por um único fabricante, *tem* que dele adquirir, pagando o preço imposto unilateralmente. Ora, nesse caso o consumidor não pode deliberar em sentido oposto; logo, não pode praticar um ato voluntário.

Claro que não se podia exigir de Aristóteles algo em relação a isso. Dele não, mas de nós. Ele vivia numa sociedade dominada pelos homens *stricto sensu*: machos que se moviam entre si na pólis (cidade grega) como iguais, participando do poder. Agiam, portanto, entre iguais participando da coisa pública. Os demais (mulheres, crianças e escravos) eram não livres e subordinados aos homens.

Ora, o estudioso do Direito tem o dever de examinar não só a questão da justiça, mas todo e qualquer outro tema relevante para a compreensão do fenômeno jurídico, dentro dos quadros postos pela realidade concreta do século XXI, que não tem relação com aquele modelo de sociedade.

Claro que aquelas sociedades podem e devem ser estudadas até para determinar o grau de influência que exerceram até aqui em nosso meio. No entanto, sempre que avaliar um conceito de períodos históricos diversos, deve-se inseri-lo no contexto em que vivido, pensado e apresentado, sob pena de gerar profunda e indevida distorção na investigação.

É verdade, também, que não estamos querendo dizer – e gostaríamos de enfatizar este ponto – que somos contra a abstração e o idealismo. Aliás, muito ao contrário. Enquanto alguns pensadores remanescem alienados das reais relações econômicas que gerem a sociedade – alguns conscientes do que falam; outros perdidos pela própria condição de reprodutores da alienação –, é obrigação de todos lutar para que o ideal de justiça e de respeito à dignidade de cada indivíduo seja um dia atingido.

Digamos com todas as letras: a questão é simplesmente ideológica. Há a tentativa daqueles que representam o *status quo* de, a todo modo, criar uma linguagem que mantenha o sistema de controle vigente, sem que se realizem concretamente os princípios fundamentais da justiça; e há de existir os que os combatam, para que um dia tenhamos uma sociedade e um mundo melhores.

7.7. Justiça Real e Equidade

É costume apontar-se o aspecto de generalidade da lei como característica a permitir que, no caso concreto, corrija-se o desvio do alto grau de abstração do texto normativo, pela aplicação dos princípios da justiça, especialmente a equidade. E, claro, essa forma de abordar a questão remonta a Aristóteles.

Na sequência, exporemos esse ponto de vista, mas em continuidade às objeções que já fizemos nos itens anteriores, temos de fazer outra para atualizar e corrigir o ensinamento aristotélico, a fim de evitar certos paradoxos que aparecem na doutrina que cuida da questão.

Com efeito, o estagirita percebeu a dificuldade da aplicação de leis muito gerais diante de fatos bem específicos. Diz ele que estabeleceu uma espécie de justiça capaz de corrigir a natural vagueza da lei geral: a equidade. Esta é sempre dependente da hipótese real, concreta e utilizada como remédio para solução do problema posto.

Vê-se, então, que a equidade é dependente do caso real analisado e julgado, funcionando como um corretivo da lei, que acabou não estatuída de forma adequada em função de sua alta generalidade. Fixemos melhor ainda, então, o sentido semântico do termo. Vamos nos pautar na exposição de Alípio Silveira sobre o assunto[46].

Diz o jusfilósofo que há três acepções para o conceito de equidade. A primeira, de sentido amplíssimo, representa o princípio universal de ordem normativa relacionado a toda conduta humana, do ponto de vista religioso, moral, social e jurídico, que todos devem obedecer porque se constitui em suprema regra de justiça. A segunda, de sentido amplo, leva ao conceito de justiça absoluta ou ideal relacionado à ideia de Direito Natural. E a terceira, em sentido estrito, é a justiça no caso concreto.

É desse último sentido que nos ocuparemos. Importa-nos aqui estudar a aplicação da justiça no caso concreto.

Note-se que a aplicação por equidade de modo algum está fora do sistema jurídico, assim como também não afasta a lei. Aliás, não se deve confundir aplicação justa por equidade com o chamado "direito alternativo", essa corrente política que se afasta do sistema jurídico posto, nem com inaplicação da norma, quer por desprezo ou por inconstitucionalidade.

E anote-se, desde já, que uma norma jurídica, uma lei ordinária, por exemplo, pode ter sua incidência bastante alterada ou afastada para fazimento de justiça equitativa, com pleno respeito aos ditames constitucionais, assim como uma norma jurídica de hierarquia inferior pode, também, ser afastada para que se concretizem os ditames da justiça, sem violação às normas jurídicas infraconstitucionais.

Não se pode olvidar que o comando constitucional determina a implementação de uma ordem jurídica justa, não só como decorrência lógica de seus fundamentos, uma vez que não se poderia – ou, ao menos, deveria – conceber um sistema constitucional democrático que não fosse justo, mas também porque, no caso da Constituição Federal brasileira, a construção de uma sociedade justa está estabelecida como um objetivo fundamental da República (art. 3º, I).

---

[46] *Conceito e funções da equidade em face do Direito Positivo*, 1993, p. 60-2.

Lembre-se, também, para confirmar essa posição, que o Texto Magno, nascido de processo constituinte democrático, traz no seu preâmbulo a justiça como um dos valores supremos da sociedade. Leiamos o preâmbulo:

> "Nós, representantes do povo brasileiro, reunidos em Assembleia Nacional Constituinte para instituir um Estado Democrático, destinado a assegurar o exercício dos direitos sociais e individuais, a liberdade, a segurança, o bem-estar, o desenvolvimento, a igualdade e a justiça como valores supremos de uma sociedade fraterna, pluralista e sem preconceitos, fundada na harmonia social e comprometida, na ordem interna e internacional, com a solução pacífica das controvérsias, promulgamos, sob a proteção de Deus, a seguinte CONSTITUIÇÃO DA REPÚBLICA FEDERATIVA DO BRASIL".

Além disso, vai ocorrer que muitas vezes a decisão equitativa já esteja fazendo uma correção do próprio Texto Constitucional.

Na verdade, se examinarmos a formulação de nosso sistema constitucional, acabaremos compreendendo não só como é necessária a utilização de um método equitativo de produção do justo, como que, talvez, isso seja uma exigência da própria natureza do sistema.

É que a organização da Constituição Federal, formulada por meio de princípios e normas, acaba obrigando a que, no caso concreto, se elabore um verdadeiro trabalho de construção capaz de resolver os vários problemas de imbricação entre os princípios e as normas, entre um princípio e outro, das normas entre si, tudo no mesmo plano hierárquico da Constituição.

Ademais, haverá situações em que a avaliação de normas infraconstitucionais, na contraposição ao Texto Constitucional, não resolverá o problema do intérprete e/ou aplicador porque pode acontecer de a lei não ser inconstitucional abstratamente no sistema, mas no caso concreto provocar violação de princípios ou normas constitucionais, o que é injusto. Demonstraremos esse problema mais à frente com exemplos. Fiquemos, por ora, com esta constatação importante: é possível coexistir norma infraconstitucional que respeite a Constituição e simultaneamente a mesma norma tornar-se injusta, caso aplicada.

Isso permite que se afirme que:

a) nem toda norma infraconstitucional é justa;

b) o fato de poder ser injusta não a torna inconstitucional; e

c) consequentemente, só o uso da equidade é capaz de resolver o aparente dilema.

Para entender bem o que estamos dizendo, é importante analisar, então, o alto grau de generalidade posto no Sistema Constitucional, a fim de compreender as diversas conexões normativas não só no mesmo plano, como sua necessária implicação com os planos jurídicos inferiores até o atingimento do caso concreto.

O que pretendemos dizer é que haverá situações em que o caso concreto apontará a um real conflito entre normas, ou entre os próprios princípios, ou, ainda, entre estes e as normas, assim como será possível verificar um problema bem pouco percebido pela Ciência e Filosofia Jurídicas, o de que a solução do problema não será dada pela afirmação da inconstitucionalidade do texto normativo ordinário que conflite com o Texto Constitucional (ou o mesmo conflito nos escalões inferiores), pelo simples fato de que *não há* inconstitucionalidade, mas incongruência sistêmica na aplicação ao caso concreto.

É como se estivéssemos falando de uma espécie de lacuna semântica ou axiomática. A equidade, então, aí comparece para, colmatando esse estranho vazio do sistema, resolver a questão sem tornar ou declarar nenhuma lei inconstitucional nem alguma norma ilegal.

Nos exemplos que apresentaremos ao final, essa explanação ficará plenamente elucidada.

No entanto, antes de partirmos para a prova com os exemplos, é importante abrir, primeiramente, um item para falarmos da interpretação do sistema jurídico, cujo comando é exercido pelos princípios e normas constitucionais.

7.8. A interpretação do sistema jurídico

Lembre-se, por isso, conforme demonstramos no Capítulo 5, *retro*, especialmente nos subitens 5.1.1 e 5.1.2, que os princípios são, dentre as formulações deônticas de todo sistema ético-jurídico, os mais importantes a serem considerados não só pelo aplicador do Direito, mas por todos aqueles que, de alguma forma, ao sistema jurídico se dirijam. Assim, estudantes, professores, cientistas, operadores do Direito – advogados, juízes, promotores públicos etc. –, todos têm de, em primeiro lugar, levar em consideração os princípios norteadores de todas as demais normas jurídicas existentes.

Nenhuma interpretação será bem-feita se for desprezado um princípio, pois ele, como estrela máxima do universo ético-jurídico, vai sempre influir no conteúdo e alcance de todas as normas.

E essa influência tem uma eficácia efetiva, real, concreta. Não faz parte apenas do plano abstrato do sistema. É de ser levada em conta na determinação do sentido de qualquer norma, como exigência de influência plena e direta. Vale dizer: o princípio, em qualquer caso concreto de aplicação das normas jurídicas, das mais simples às mais complexas, desce das altas esferas do sistema ético-jurídico em que foi posto para imediata e concretamente ser implementado no caso real que se está a analisar[47].

---

[47] Para mais detalhes a respeito do sentido, da preponderância e da influência dos princípios constitucionais, examinar o Capítulo 5, *retro*, item 5.1. Ver, também, em complemento, o item 5.2 do mesmo capítulo.

Lembre-se, também, que, da mesma maneira que os princípios jurídicos mais gerais, os princípios constitucionais são o ponto mais importante do sistema normativo. Eles são verdadeiras vigas mestras, alicerces sobre os quais se constrói o sistema jurídico.

Os princípios constitucionais dão estrutura e coesão ao *edifício jurídico*. Assim, devem ser estritamente obedecidos, sob pena de todo o ordenamento jurídico se corromper.

O princípio jurídico constitucional influi na interpretação até mesmo das próprias normas magnas.

É que, se um mandamento constitucional tiver pluralidade de sentidos, a interpretação deverá ser feita com vistas a fixar o sentido que possibilitar uma sintonia com o princípio que lhe for mais próximo.

Da mesma forma, se surgir uma aparente antinomia entre os textos normativos da Constituição, ela será resolvida pela aplicação do princípio mais relevante no contexto.

Na realidade, o princípio funciona como um vetor para o intérprete. E o jurista, na análise de qualquer problema jurídico, por mais trivial que ele possa ser, deve, preliminarmente, alçar-se ao nível dos grandes princípios, a fim de verificar em que direção eles apontam. Nenhuma interpretação será havida por jurídica se atritar com um princípio constitucional.

Percebe-se, assim, que os princípios exercem uma função importantíssima dentro do ordenamento jurídico-positivo, vez que orientam, condicionam e iluminam a interpretação das normas jurídicas em geral. Por terem essa qualidade, os princípios dão coesão ao sistema jurídico, exercendo excepcional fator aglutinante.

Embora os princípios e as normas tenham a mesma estrutura lógica, por todos os motivos já elencados, aqueles têm maior pujança axiológica do que estas. São, pois, normas especiais, que ocupam posição de destaque no mundo jurídico, orientando e condicionando a aplicação de todas as demais normas.

Pode-se, portanto, dizer que os princípios são regras mestras dentro do sistema positivo, cabendo ao intérprete buscar identificar as estruturas básicas, os fundamentos, os alicerces do sistema em análise. Assim, a partir dessas considerações, percebe-se que os princípios funcionam como verdadeiras supranormas, isto é, eles, uma vez identificados, agem como regras hierarquicamente superiores às próprias normas positivadas no conjunto das proposições escritas ou mesmo às normas costumeiras.

No que diz respeito ao sistema jurídico, como se sabe, o sistema jurídico brasileiro (como de resto os demais sistemas constitucionais contemporâneos) é interpretável a partir da ideia de sistema hierarquicamente organizado, no qual tem-se no topo da hierarquia a Constituição Federal.

Qualquer exame de norma jurídica infraconstitucional deve iniciar, portanto, da norma máxima, daquela que irá iluminar todo o sistema normativo. A análise e o raciocínio do intérprete se dão, assim, dedutivamente, de cima para baixo. A partir disso o intérprete poderá ir verificando a adequação e constitucionalidade das normas infraconstitucionais que pretende estudar.

A inconstitucionalidade ele resolverá, como o próprio nome diz, apontando o vício fatal na norma infraconstitucional. A adequação será norteadora para o esclarecimento, a ampliação e delimitação do texto escrito da norma infraconstitucional, bem como para a apresentação precisa de seus próprios princípios. É a Constituição Federal, repita-se, o órgão diretor.

É um grave erro interpretativo, como ainda se faz, iniciar a análise dos textos a partir da norma infraconstitucional, subindo até o topo normativo e principiológico magno. Ainda que a norma infraconstitucional que esteja sendo analisada seja bastante antiga, aceita e praticada, e mesmo diante do fato de que o Texto Constitucional seja muito novo[48], não se inicia de baixo. Em primeiro lugar vem o Texto Constitucional.

É importante, então, relembrarmos sucintamente a ideia de sistema jurídico, com base naquilo que foi exposto nos itens 5.6 e 6.5, *retro*, pois a interpretação está ligada diretamente a essa noção. Na verdade, é do conceito de sistema que depende grandemente o sucesso do ato interpretativo. A maneira pela qual o sistema jurídico é encarado, suas qualidades, suas características, é fundamental para a elaboração do trabalho de interpretação.

A ideia de sistema, como dito anteriormente, está presente em todo o pensamento jurídico dogmático, nos princípios e valores dos quais ele parte e na gênese do processo interpretativo, quer o argumento da utilização do sistema seja apresentado, quer não.

Sua influência é tão profunda e constante que muitas vezes não aparece explicitamente no trabalho do operador do Direito – qualquer que seja o trabalho e o operador –, mas está, pelo menos, sempre subentendido.

Diríamos, também, que a noção de sistema é uma condição *a priori* do trabalho intelectual do operador do Direito.

O sistema não é um dado real, concreto, encontrado na realidade empírica. É uma construção científica que tem como função explicar a realidade a que ela se refere.

Além de ser um objeto construído, o sistema é um objeto-modelo que funciona como intermediário entre o intérprete e o objeto científico que pertence à sua área de investigação.

---

[48] Como é o caso brasileiro: a CF é de 5-10-1988, e a maior parte das normas infraconstitucionais é anterior a essa data.

O sistema, como construído, tipo ideal, objeto-modelo, é uma espécie de mapa, que reduz a complexidade do mundo real à qual se refere, mas é o objeto por meio do qual se pode compreender a realidade. Recordemos como, no Direito, esse objeto-modelo funciona.

Vejamos, primeiramente, quais são as características de um sistema: é uma construção científica composta por um conjunto de elementos que se inter-relacionam mediante regras. Essas regras, que determinam as relações entre os elementos do sistema, formam sua estrutura.

No sistema jurídico os elementos são as normas jurídicas, e sua estrutura é formada pela hierarquia, pela coesão e pela unidade.

A hierarquia vai permitir que a norma jurídica fundamental (a Constituição Federal) determine a validade de todas as demais normas jurídicas de hierarquia inferior.

A coesão demonstra a união íntima dos elementos (princípios e normas jurídicas) com o todo (o sistema jurídico), apontando, por exemplo, para ampla harmonia e importando em coerência.

A unidade dá um fechamento no sistema jurídico como um todo, que não pode ser dividido: qualquer elemento interno (princípio ou norma jurídica) é sempre conhecido por referência ao todo unitário (o sistema jurídico).

Mas a construção do sistema jurídico, como objeto-modelo que possibilite a compreensão do ordenamento jurídico e seu funcionamento, ainda não está completa (na verdade, a história mostra que o objeto-modelo "sistema jurídico" está sempre sendo aperfeiçoado pelo pensamento jurídico como um todo).

Por isso se fala em incompletude, cuja definição remete ao conceito de lacuna. Esta, por sua vez, pressupõe ausência de norma, que se colmata pelo princípio da integração executada pelo intérprete e que, no sistema jurídico brasileiro, tem regras de solução expressa: as do art. 4º da Lei de Introdução às Normas do Direito Brasileiro e as do art. 140 do Código de Processo Civil, com as nuanças que apontamos no subitem 5.1.1.1, *retro*[49].

Visto isso, podemos agora partir para a prova do fazimento da justiça no caso concreto, conforme propusemos anteriormente.

7.9. Provas da equidade

O título deste item, na verdade, é mais comprido: provas de que se pode fazer justiça no caso concreto.

Ou mais ainda: esperança de que se fará justiça e de que se deve cobrar justiça, pois não nos parece possível conceber Direito sem justiça: o estudante e o

---
[49] Para mais detalhes a respeito da noção de sistema jurídico, consultar os itens 5.6 e 6.5.

operador do Direito têm o dever de, de um lado, agir eticamente e, de outro, lutar pela justiça.

Não devemos, portanto, desanimar com as injustiças que conhecemos, mas acreditar na justiça que se possa realizar.

Neste item, vamos, então, apresentar casos reais em que a justiça se fez. Esperamos que, com isso, nosso intento se realize.

7.9.1. Caso n. 1

Iniciamos apresentando uma decisão judicial que a nós, particularmente, enche de alegria: trata-se de uma sentença proferida pelo Juiz Moacir Danilo Rodrigues, de Porto Alegre, que serve de alento a todo estudante de que a justiça pode ser feita. A decisão é exemplar e deve ser guardada por todos aqueles que acreditam na justiça.

Eis o texto integral:

> "Marco Antonio Dornelles de Araújo, com 29 anos, brasileiro, solteiro, operário, foi indiciado pelo inquérito policial pela contravenção de vadiagem, prevista no artigo 59 da Lei das Contravenções Penais. Requer o Ministério Público a expedição de Portaria Contravencional. O que é vadiagem? A resposta é dada pelo artigo supramencionado: 'entregar-se habitualmente a ociosidade, sendo válido para o trabalho...'. Trata-se de uma norma legal draconiana, injusta e parcial. Destina-se apenas ao pobre, ao miserável, ao farrapo humano, curtido, vencido pela vida. O pau de arara do Nordeste, o boia-fria do Sul. O filho do pobre que é pobre, sujeito está à penalização. O filho do rico, que rico é, não precisa trabalhar, porque tem renda paterna para lhe assegurar os meios de subsistência.
>
> Depois se diz que a lei é igual para todos! Máxima sonora na boca de um orador, frase mística para apaixonados e sonhadores acadêmicos de Direito.
>
> Realidade dura e crua para quem enfrenta, diariamente, filas e mais filas na busca de um emprego. Constatação cruel para quem, diplomado, incursiona pelos caminhos da justiça e sente que os pratos da balança não têm o mesmo peso. Marco Antonio mora na Ilha das Flores (?) no estuário do Guaíba.
>
> Carrega sacos. Trabalha 'em nome' de um irmão. Seu mal foi estar em um bar na Voluntários da Pátria, às 22 horas. Mas se haveria de querer que estivesse numa uisqueria ou choperia do centro, ou num restaurante de Petrópolis, ou ainda numa boate de Ipanema? Na escala de valores utilizada para valorar as pessoas, quem toma um trago de cana, num boliche da Volunta, às 22 horas e não tem documento, nem um cartão de crédito, é vadio. Quem se encharca de uísque escocês numa boate da Zona Sul e ao sair, na madrugada, dirige (?) um belo carro, com a carteira recheada de 'cheques especiais', é um burguês. Este, se é pego ao cometer uma infração de trânsito, constatada a embriaguez, paga a fiança e se livra solto.
>
> Aquele, se não tem emprego é preso por vadiagem. Não tem fiança (e mesmo que houvesse, não teria dinheiro para pagá-la) e fica preso. De outro lado, na luta para encontrar um lugar ao sol, ficará sempre de fora o mais fraco. É sabido que existe desemprego flagrante. O zé-ninguém (já está dito) não tem amigos influentes, não há

apresentação, não há padrinho, não tem referências, não tem nome, nem tradição. É sempre preterido. É o Nico Bondade, já imortalizado no humorismo (mais tragédia que humor) do Chico Anísio. As mãos que produzem força, que carregam sacos, que produzem argamassa, que se agarram na picareta, nos andaimes, que trazem calos, unhas arrancadas, não podem se dar bem com a caneta (veja-se a assinatura do indiciado a fls. 5v.) nem com a vida. E hoje, para qualquer emprego, exige-se no mínimo o primeiro grau. Aliás, grau acena para graúdo. E deles é o reino da terra. Marco Antonio, apesar da imponência do nome é miúdo. E sempre será. Sua esperança? Talvez o Reino do Céu. A lei é injusta. Claro que é. Mas a Justiça não é cega? Sim, mas o Juiz não é. Por isso: Determino o arquivamento do processo deste inquérito.
Porto Alegre, 27 de setembro de 1999.
Moacir Danilo Rodrigues. Juiz de Direito – 5ª Vara Criminal".

7.9.2. Caso n. 2

Tomemos um caso de simplicidade real: o da negativação do devedor nos chamados serviços de proteção ao crédito.

A situação está regulada como possível na própria lei ordinária de proteção ao consumidor: o art. 43 do Código de Defesa do Consumidor (Lei n. 8.078/90).

Desde que o credor cumpra os requisitos legais, a negativação pode ser feita.

Os requisitos são os seguintes:

a) haver dívida líquida, certa e exigível, vencida;

b) haver cláusula contratual autorizando a negativação;

c) ter o credor ou o órgão negativador avisado previamente o consumidor de que vai negativá-lo[50];

d) ter o consumidor, após ter recebido aviso, se calado, isto é, deixado transcorrer o prazo de 5 dias sem se opor ao registro negativo[51].

Assim, uma vez preenchidas essas exigências, a negativação é possível. Diga-se, inclusive, que esse regramento legal está em consonância com o sistema constitucional, especificamente na garantia da propriedade e do correspondente direito do credor cobrar seu crédito.

Pois bem. Acontece que alguns consumidores passaram a dirigir-se ao Poder Judiciário para questionar, por exemplo, a suposta liquidez do título que gerara a negativação, ou a base anterior que gerou a lavratura do contrato; passaram a questionar também vários outros aspectos ligados ao valor da dívida, como taxa de juros, anatocismo (capitalização dos juros), prazos concedidos para o pagamento etc. E por causa disso não queriam (como não querem) continuar negativados.

---

[50] Conforme disposto no § 2º do art. 43 do CDC.

[51] 5 dias é o prazo que, a nosso ver, deve ser concedido ao consumidor (cf. nosso *Comentários ao Código de Defesa do Consumidor*, na avaliação do art. 43).

Ora, é sabido que o consumidor inadimplente tem o direito de discutir tais elementos relativos à sua dívida, assim como o contrato e/ou título que a garantem. Porém, foi isso mesmo que pôs à mostra o problema: o do conflito existente entre o direito de o credor negativar (e cobrar) o consumidor inadimplente e o deste questionar a dívida (e até sua origem) cobrada.

E veja-se que o conflito é real, porque há regulação legal expressa (da lei de *proteção* ao consumidor!) permitindo a negativação.

Como resolver o impasse?

Fazendo justiça no caso concreto ou, o que dá no mesmo, por equidade.

É importante realçar que este exemplo aponta o esforço que deve empreender o intérprete para encontrar o caminho que leva à decisão justa.

Conforme iremos demonstrar na sequência, esse esforço interpretativo exige uma avaliação profunda do caso em si na sua necessária relação com o sistema jurídico, visto sempre a partir da ótica constitucional.

A justiça será o resultado encontrado e que poderá simplesmente afirmar que a lei continua válida, mas deve ser afastada naquele caso concreto ou não foi elaborada para ele.

Ver-se-á, também, por este e outros exemplos, que mesmo que o intérprete sequer se refira aos termos "justiça" ou "equidade", eles estão presentes como meta, na busca do resultado encontrado.

Assim, é possível verificar que, a partir da hipótese acima, o Judiciário tem alcançado o objetivo de fazer justiça no caso concreto (equidade). Vejam-se, por exemplo, duas decisões do Superior Tribunal de justiça e uma da 4ª Câmara do Primeiro Tribunal de Alçada Civil, de nossa relatoria, as quais transcrevemos com nosso pedido de vênia ao leitor.

Com efeito, decidiu o E. STJ:

> "...Não demonstrado o perigo de dano ao credor, não há como deferir seja determinada a inscrição do nome do devedor no SPC ou SERASA, mormente quando este discute em ações aparelhadas os valores *sub judice*..." (REsp 161.151/SC, rel. Min. Waldemar Zveiter, v.u.).
>
> "Consumidor – Inscrição de seu nome em cadastros de proteção ao crédito – montante da dívida objeto de controvérsia em juízo – Inadmissibilidade. Constitui constrangimento e ameaça vedados pela Lei 8.078/90, o registro do nome do consumidor em cadastros de proteção ao crédito, quando o montante da dívida é objeto de discussão em juízo" (STJ, 4ª Turma, REsp 170.281, rel. Min. Barros Monteiro, j. 24-6-1998, v.u.).
>
> E a 4ª Câmara do 1º TAC assim o decidiu: "Não se pode esquecer que a negativação gera efeitos concretos na sociedade contra a dignidade e a imagem do devedor e que nenhuma lesão ou ameaça está excluída da apreciação do Poder Judiciário (CF, art. 5º, XXXV). D'onde forçosamente se conclui que pode o devedor questionar a abusividade da cobrança e da dívida com todas as demais ações praticadas pelo credor em

consequência dessa abusividade. E uma das ações mais eficazes no que diz respeito ao constrangimento e a possibilidade de violação à dignidade e imagem do devedor é, sem sombra de dúvida, a negativação nos serviços de proteção ao crédito" (1º TAC, 4ª Câm., AgI 964.226-6, rel. Rizzatto Nunes, j. 8-11-2000, v.u.).

7.9.3. Caso n. 3

Num caso examinado pela 4ª Turma do Superior Tribunal de Justiça, ocorreu o seguinte[52]:

Um consumidor moveu ação contra uma empresa de eletroeletrônicos constituída no Brasil, pleiteando que ela consertasse uma máquina filmadora por ele adquirida em Miami, EUA. A ação foi proposta porque a empresa negara-se a efetuar o conserto, alegando que o certificado de garantia estava limitado ao território americano.

Com fundamento na Lei n. 8.078/90, o Código de Defesa do Consumidor, o autor da ação pleiteou indenização pelo não atendimento da empresa, dizendo que "a garantia contra defeitos de fabricação" é algo "do produto e não do território onde ele tenha sido fabricado ou vendido".

A questão, no Tribunal de Justiça de São Paulo, ficou na improcedência por se entender que a empresa brasileira não estava obrigada a garantir mercadoria produzida e comercializada pela matriz ou filiais no exterior.

No recurso encaminhado pelo consumidor ao STJ, ficou consignado que a empresa no Brasil deveria se responsabilizar pelo defeito do equipamento adquirido nos EUA porque ela integra a multinacional, que tem sede em Osaka, no Japão. Além disso, fabrica produtos da mesma marca e colabora indiretamente com a venda deles em outros países.

O problema estava, de fato, colocado. Isso porque a lei federal brasileira tem incidência no território brasileiro. Como, então, poder-se-ia dar ganho de causa ao consumidor?

Somente fazendo justiça no caso concreto, por equidade. E foi o que fez o Superior Tribunal de Justiça.

Com efeito, decidiu a 4ª Turma do Tribunal, por maioria de votos, que a empresa brasileira era responsável pela garantia porque "as grandes corporações perderam a marca de nacionalidade para se tornarem empresas mundiais".

O Tribunal não se esqueceu do chamado fenômeno da globalização, que beneficia a empresa brasileira pela credibilidade conferida ao nome. E, por isso, a empresa "tem que oferecer algo em contrapartida aos consumidores dessa marca, e o mínimo que disso possa decorrer é o de reparar o dano sofrido por quem compra mercadoria defeituosa, acreditando no produto".

---

[52] STJ, 4ª Turma, REsp 63981-SP, rel. Min. Aldir Passarinho Jr. Dados colhidos no *site* do STJ em 14-4-2000.

Em função disso, acabou sendo afirmado na ocasião da decisão que se a empresa "está em todos os lugares, ela pode prestar serviços em todos os lugares".

É, então, de se perceber que a saída encontrada pelo Tribunal foi a de criar um modelo de responsabilização pelo princípio da informação do CDC de modo a realizar justiça no caso concreto. Aliás, não haveria outra forma de fazê-lo.

É que a lei não previu expressamente como hipótese de responsabilização a do caso narrado, isto é, a dos produtos fabricados e vendidos no estrangeiro. O resultado da decisão, portanto, não só fez justiça no caso concreto, ao garantir o direito do consumidor que adquiriu o produto acreditando que aquela marca, por ser mundial, geraria direitos a ele no Brasil, como acabou dando novo sentido ao dever de informar na Lei n. 8.078/90, alargando a responsabilidade das chamadas corporações globais, que sob o manto de uma marca mundial oferecem seus produtos e serviços. Tais corporações vendem, além dos produtos e dos serviços, a própria imagem fabricada, que acaba levando o consumidor a acreditar numa garantia oferecida em todo o planeta.

7.9.4. Caso n. 4

Apresentamos, na sequência, acórdão da lavra do professor Antonio Carlos Marcato, quando Desembargador integrante da 6ª Câmara de Direito Privado do Tribunal de Justiça de São Paulo. Ver-se-á, de sua leitura, que foi feita justiça no caso concreto, afastando o mero entendimento estreito da lei, que, *in casu*, impedia o justo resultado.

> "1. Cuida-se de apelação interposta por requerente de alvará judicial, irresignada com a r. sentença de indeferimento de seu pedido de autorização de levantamento em seu nome na condição de beneficiária do falecido José Rodrigues dos Santos Filho, de verbas rescisórias e trabalhistas.
>
> Sustenta a incorreção do julgamento, para tanto afirmando, em síntese, que manteve união estável por aproximadamente 5 anos com José Rodrigues, sendo sua dependente e beneficiária junto à Previdência Social; alega, ainda, que o numerário se destina a suprir as necessidades da menor Aline, filha do *de cujus* e havida na constância da relação concubinária.
>
> A ilustrada Curadoria manifestou-se pelo provimento do recurso, ao passo que a Promotoria de Justiça convocada propõe a anulação da sentença, com a extinção do processo sem julgamento de mérito, pautada no indeferimento da inicial.
>
> 2. Não se concebe, *data venia*, a extinção do processo, mediante o indeferimento da petição inicial, se esta já fora anteriormente deferida, como é o caso dos autos. Por outro lado, o indeferimento previsto no artigo 295 não se confunde, à evidência, com a situação retratada no artigo 329 do Código de Processo Civil, daí a rejeição da proposta da Promotora de Justiça convocada.
>
> 3. As peculiaridades do caso concreto exigem um julgamento desvinculado do puro dogmatismo legal.

Observo, por primeiro, que a prova documental oriunda do INSS de modo algum bastaria para a rejeição do pleito da ora apelante, mercê do que consta do documento de fls. 72, não podendo a interessada ser prejudicada em razão da notória ineficiência da máquina burocrática daquela autarquia.

Observo, mais, ser inegável a condição de dependente da filha do casal, Aline Rocha dos Santos, tanto que foi determinado o depósito judicial, em favor dela – e ao arrepio da pretensão deduzida na petição inicial –, das verbas reclamadas diretamente pela ora apelante, em nome próprio. Vale dizer, na prolação do decreto judicial ora questionado o ilustre Magistrado não se ateve à ortodoxia processual, porquanto decidiu *extra petita*, muito embora a solução por ele adotada se revele pragmaticamente correta, pois desde logo protege os interesses da criança.

Pondero, no entanto, que se o pátrio poder sobre o filho não assegura ao genitor o direito de praticar atos de disposição patrimonial, mas sim, o de *administração* (art. 385 do C. Civil) e *fruição* (art. 389), certo é, no entanto, que no presente caso nada impediria a liberação total ou parcial, em favor da criança e a pedido da mãe, das importâncias já depositadas (fls. 58) e das demais verbas (v. fls. 35, item 7).

Realmente, além de os valores em pauta serem relativamente modestos, eles seriam utilizados, segundo a apelante, para o sustento da filha, hoje em idade escolar.

Então, considerado o teor literal da norma legal, a r. sentença é inválida sob o ponto de vista processual, absolutamente irrepreensível no que tange à reserva do capital em favor da criança, mostrando-se divorciada, todavia, com a devida vênia, da realidade fática reproduzida nos autos e, principalmente, do próprio espírito da lei civil; e no presente caso deverá então prevalecer, sobre o puro dogmatismo legal, a compreensão da exata razão de ser da norma – de sua *ratio*, enfim –, que tem por objetivo beneficiar o incapaz e não criar entraves ao atendimento de necessidades atuais e impostergáveis.

Em suma, se restar comprovado, no grau de origem, que a menor beneficiária deve ter atendidas tais necessidades mediante a utilização dos frutos do capital já referido – e, se necessário, até mesmo deste –, deverá o ilustre Magistrado autorizar a devida liberação, ficando, para tal fim, provido o presente apelo.

Antonio Carlos Marcato. Relator."

7.10. Um método para fazer justiça no caso concreto

No presente item apresentaremos alguns métodos que podem ampliar os horizontes da possibilidade de fazer justiça no caso concreto.

7.10.1. Qualquer método

É verdade que pouco importa por qual método se chegue à justiça, desde que se a alcance. O magistrado, no caso concreto, pode se utilizar da lógica formal dedutiva, da analogia etc. Pode decidir como usualmente o faz; o importante, claro, é o resultado.

E exatamente para buscar ampliar esse arsenal, à disposição do juiz, é que fazemos questão de apresentar aqui alguns métodos de investigação. Vamos iniciar explicando o funcionamento do chamado "princípio da proporcionalidade", que, como se verá, para nós é antes um método que um princípio propriamente dito.

7.10.2. O método intitulado "princípio da proporcionalidade"

Conforme já antecipamos, pelo menos naquilo que respeita às constituições democráticas, e a nossa de 1988 é exemplo de uma, a justiça é pressuposto de sua própria existência. Desse modo, nada mais correto que aliar aos métodos de interpretação e aplicação do sistema jurídico constitucional brasileiro outros, como o do chamado princípio da proporcionalidade, para aumentar os instrumentos técnicos capazes de fazer com que a justiça pressuposta alcance o resultado concreto, almejado não só pelo legislador como pelos ideais que o sistema encampou.

O Texto Constitucional brasileiro não apresenta previsão expressa a respeito do princípio da proporcionalidade, como fazem as Constituições de outras nações[53]. Todavia, isso não impede seu reconhecimento, uma vez que, como se verá, ele é imposição natural de qualquer sistema constitucional de garantias fundamentais. Na realidade, o princípio da proporcionalidade é elemento intrínseco essencial de qualquer documento jurídico que vise instituir um Estado de Direito Democrático, o qual, por essência obrigatória, baseia-se na preservação de direitos fundamentais[54].

Esse princípio da proporcionalidade, novo na doutrina constitucionalista, tem servido, de fato, como vetor orientador do intérprete constitucional. Na verdade, foi da experiência concreta, tópica, dos casos interpretados, nos quais surgiram conflitos de princípios, que a doutrina pôde extrair-lhe a essência para declará-lo existente – e chegando, como visto, ao *status* de princípio constitucional expresso.

Isso se deu e se dá porque o princípio da proporcionalidade se impõe como instrumento de resolução do aparente conflito de princípios. Quando o intérprete se depara com uma circunstância na qual um princípio colide com outro, um dos principais meios de que ele pode utilizar para solucionar o problema é, exatamente, o princípio da proporcionalidade – quer dele declare, quer não; quer tenha consciência disso ou não.

É por isso que, por exemplo, Willis Santiago Guerra Filho o identifica como verdadeiro "princípio dos princípios", ordenador do Direito[55]. De nossa parte, ainda que efetivamente reconheçamos nele esse potencial, preferimos tratá-lo

---

[53] A Constituição portuguesa, por exemplo, tem previsão no seu art. 18º (cf. Canotilho, *Direito Constitucional e Teoria da Constituição*, p. 411 e 423, e Willis Santiago Guerra Filho, *Processo constitucional e direitos fundamentais*, p. 61).

[54] Cf. Paulo Bonavides, *Curso de direito constitucional*, p. 353.

[55] *Processo constitucional*, cit., p. 59 e 62.

como derivado do princípio da dignidade da pessoa humana, fazendo-o ressurgir como princípio ordenador apenas quando se estiver diante do conflito – possível – de dignidades. Conforme demonstraremos, nessa hipótese, o princípio da proporcionalidade será de segundo grau[56].

Dessa forma, o caminho para a obtenção da justiça no caso concreto está traçado. É que uma maneira de resolver o conflito é mesmo a aplicação do princípio da proporcionalidade, pois ele funciona exatamente nos moldes da correção da Lei Geral, visando resolver o problema *in concreto*; ele, portanto, é auxiliar importante para o acontecer da equidade.

Voltando ao exame do princípio da proporcionalidade, faz-se necessário elucidar sua função. Para tanto servir-nos-emos, mais uma vez, de Willis Santiago Guerra Filho. Diz ele:

> "Para resolver o grande dilema da interpretação constitucional, representado pelo conflito entre princípios constitucionais, aos quais se deve igual obediência, por ser a mesma a posição que ocupam na hierarquia normativa, se preconiza o recurso a um 'princípio dos princípios', o princípio da proporcionalidade, que determina a busca de uma 'solução de compromisso', na qual se respeita mais, em determinada situação, um dos princípios em conflito, procurando desrespeitar o mínimo ao(s) outro(s), e jamais lhe(s) faltando minimamente com o respeito, isto é, ferindo-lhe seu núcleo essencial"[57].

Examinando-se de perto, percebe-se, então, que o chamado princípio da proporcionalidade assemelha-se em tudo a um método de interpretação, quiçá um suprametódo, na medida em que é capaz e permite solucionar os aparentes conflitos mais importantes do sistema constitucional que visa garantir os direitos fundamentais, o Estado de Direito Democrático. E gera a possibilidade de realização de justiça no caso concreto.

Isso fica ainda mais evidente quando se examina a doutrina alemã, sua grande precursora, no detalhamento de seus elementos[58]. Diz tal pensamento que o princípio da proporcionalidade desdobra-se em três aspectos:

a) Adequação

Por ela, diz-se que o meio a ser escolhido deverá, em primeiro lugar, ser adequado, visando o atingimento do resultado almejado. Adequação, portanto, implica conformidade e utilidade ao fim pretendido.

b) Exigibilidade

O meio deve ser o mais brando, o mais suave, dentre aqueles que se apresentam disponíveis, no intuito de preservar ao máximo os valores constitucio-

---

[56] Ver a respeito do possível conflito de dignidades, nosso *O princípio constitucional da pessoa humana*, subitem 7.3.3.

[57] *Processo constitucional*, cit., p. 59.

[58] Cf. Willis Santiago Guerra Filho, *Processo constitucional*, cit., p. 59-60.

nalmente protegidos. Isto é, deve-se procurar atingir no mínimo os valores garantidos constitucionalmente que tenham entrado em colisão com o princípio prevalecente.

c) *Proporcionalidade em sentido estrito*

Deve-se empregar o meio que se mostrar mais vantajoso para a promoção do princípio prevalecente, mas sempre buscando desvalorizar ao mínimo os demais.

Ora, da leitura desses aspectos decorre claramente que o chamado princípio da proporcionalidade é método de interpretação, verdadeira técnica de elucidação e resolução de conflitos latentemente apresentados em princípios constitucionais que garantem valores fundamentais.

Não resta dúvida de que é útil e fundamental que ele seja utilizado. Aliás, conforme já referimos, parece mesmo impossível não utilizá-lo na presença de colisão de princípios[59].

7.10.3. O método "intuitivo"

Não iremos aqui tratar exaustivamente dos vários aspectos que envolvem a intuição. Apontaremos apenas um resumo de sua possibilidade de utilização como método de produção do conhecimento. Ou melhor, mostraremos uma síntese de seu funcionamento como método para descoberta de saídas e para a solução de problemas. Lembre-se, de qualquer modo, que ela é método tanto para a descoberta mística como para a científica e filosófica[60].

Vamos agora acrescentar outra possibilidade para sua "utilização", a saber, a de propiciar que o intérprete-aplicador do Direito faça justiça no caso concreto.

Pois bem. Coloquemos de uma vez. A intuição é um ato do espírito no seu esforço para introduzir-se na consciência, isto é, para atualizar-se. Por vezes já está na consciência – no reconhecimento atento[61], por exemplo –, tornando possível uma experiência da sensibilidade pelo estímulo da percepção. Ela mostra a ligação do espírito ao corpo. Mostra, também, pela ligação do presente ao passado – ou, em outros termos, do passado imediato ao passado –, e deste se atualizando no momento presente que invade o futuro, o movimento de progresso, que é permanente no indivíduo. Ela, conseguindo operar lembranças

---

[59] É de observar que, tecnicamente falando, o princípio da proporcionalidade em si, nele mesmo, torna-se um absoluto, pois deve ser aplicado também com proporcionalidade e sob pena de desnaturar-se. Isto é, o princípio da proporcionalidade só pode ser aplicado por proporcionalidade. Daí preferirmos apontar-lhe o caráter operacional, pois, funcionando como instrumento, ele tem condições concretas de atuar para a supressão do conflito entre princípios, especialmente porque, para nós, conforme demonstraremos no próximo item, o princípio da proporcionalidade decorre do princípio da dignidade da pessoa humana.

[60] Para uma análise pormenorizada da intuição, consulte-se nosso *Intuição e Direito*, passim.

[61] Isto é, quando prestamos atenção em alguma coisa.

por similitude e contiguidade na memória e dentro da duração – isto é, fora do tempo e do espaço –, e sem os limites postos ao corpo nos objetos que o cercam – tempo sucessivo e espaço simultâneo –, pode preparar virtualmente ações que só esperam o meio adequado e a oportunidade de se atualizarem na consciência, e que, uma vez encontrados, permitem que ela surja na consciência como uma luz repentina, como um sentimento difuso de resistência ou como presença/ reconhecimento atento (e que são tipos de intuição[62]).

A intuição é, para Bergson, a única forma de se atingir o "absoluto". Ela é intuição de duração, a intuição fundamental que permite ao ser humano colocar-se na mobilidade, no escoamento concreto da duração, na possibilidade de, a um lado, atingir o puro homogêneo pelo qual se define a materialidade e, a um outro, aproximar-se da eternidade do espírito. É na duração concreta que o ser humano por intuição pode ver-se repleto de si, na sua circunstância em que se movimenta realmente no universo.

Desse modo, podemos, então, apresentar a intuição como método.

Recordemos, pois, que Bergson diz que os filósofos concordam em distinguir duas maneiras profundamente diferentes de conhecer uma coisa: rodeando-a ou entrando nela. A primeira forma de conhecer depende do ponto de vista do sujeito e dos símbolos pelos quais ele se exprime: detém-se, pois, no "relativo"; a segunda não se prende a nenhum ponto de vista e não se apoia em nenhum símbolo: onde ela é possível, atinge o "absoluto".

Veja-se, por exemplo, como diz Bergson, o movimento de um objeto no espaço. Dependendo dos símbolos pelos quais ele é traduzido, seja o sistema de eixos ou o de pontos de referência, ele é expresso de forma diferente. O movimento é relativo porque se coloca, pois, fora do objeto. Mas, se se atribuir ao móvel um interior – como que tendo estados de alma –, e simpatizando-se com esses estados e, simultaneamente, inserindo-se neles, por um esforço de imaginação, tem-se o movimento absoluto[63]. Dessa forma, o que o sujeito experimenta varia conforme adote um ou outro movimento, mas tal vivência concreta não dependerá nem do ponto de vista adotado em relação ao objeto, pois o sujeito estará no próprio objeto, nem dos símbolos pelos quais poderia traduzi-lo, pois o sujeito teria renunciado a toda tradução para possuir o original. Em suma, o movimento não será mais apreendido de fora, mas sim de dentro, nele mesmo, em si: o sujeito possuiria um absoluto[64].

---

[62] Ver nosso *Intuição e Direito*, cit., Capítulo 8.

[63] Bergson ressalva que quando fala em movimento absoluto não está querendo, de maneira alguma, dizer que esta é uma fórmula para reconhecer se um movimento é absoluto ou não. Ele apenas está demonstrando "o que temos no espírito quando falamos de movimento absoluto" (Introdução à Metafísica, in *Os pensadores*, p. 133, nota de rodapé 1 – coleção).

[64] A vida interior é tudo isso de uma vez, simultaneamente: variedade de qualidade, continuidade do progresso, unidade de direção. (Não se poderia, por isso, representá-la por imagens; nenhuma metáfora pode dar conta de um dos aspectos sem sacrificar o outro.)

Decorre daí que um absoluto só poderia ser dado numa intuição. Intuição essa que é um ato simples, de duração concreta, vivida pelo próprio sujeito. A intuição é, então, a simpatia pela qual o sujeito se transporta para o interior de um objeto para coincidir com o que ele tem de único – e, consequentemente, inexprimível –, mas isso se dá dentro de uma realidade do sujeito e que ele apreende por dentro, algo com que ele espiritualmente simpatiza: é sua própria pessoa, pois é seu "eu" que dura, escoando-se através do tempo.

A intuição está, pois, repleta do ser que intui. E essa intuição, surgindo na duração, se dá num movimento contínuo de progresso, que vem do passado na direção do futuro, numa série de estados múltiplos que se prolongam uns nos outros. Aliás, a intuição se dá na consciência, e consciência é já memória.

Por isso que é impossível "falar" da intuição em si: ela é experiência vivida pelo sujeito; pura subjetividade; nenhuma palavra, nenhuma definição seria capaz de exprimi-la.

E, a bem dizer, uma definição não tem importância em si mesma, pois, como afirmou Einstein, "Você não pode provar uma definição. O que você pode fazer é mostrar que ela faz sentido"[65].

O fato é que a busca dos princípios mais fundamentais para o Direito, dentre os quais, diríamos, como fundamento, está a justiça, pode prescindir das palavras no seu aspecto metodológico-intuitivo fundamental, como também disse Einstein:

> "As palavras e as línguas, escritas ou faladas, não parecem tomar parte em meu processo de pensamento. As entidades psíquicas que servem de elementos ao pensamento são alguns signos e imagens de maior ou menor clareza, que podem ser reproduzidos e combinados à vontade. Existe naturalmente uma certa relação entre estes elementos e os conceitos lógicos envolvidos.
> (...)
> A meu ver, não há dúvida de que nosso pensamento funciona a maior parte do tempo sem se servir de signos (palavras) e, mais ainda, de modo bastante inconsciente"[66].

Logo, a intuição como método permite que o julgador com um lance completo e único encontre o caminho para a realização da justiça. Feito isso, seu trabalho será o de escrever – colocar no papel – sua descoberta; e assim fará justiça.

7.11. Técnicas para aplicação da justiça: opções para o julgador agir visando a uma decisão justa

O presente item não tem, evidentemente, a pretensão de esgotar os meios pelos quais o magistrado, no caso concreto, pode chegar à decisão justa. Longe

---

[65] *Einstein por ele mesmo*, p. 142.
[66] *Einstein por ele mesmo*, cit., p. 141.

disso. Queremos apenas, em continuidade ao estudo feito neste capítulo, e para cumprir um dos propósitos fundamentais de qualquer estudo introdutório ao Direito, apresentar um roteiro, ou melhor, certas técnicas que podem auxiliar o juiz na sua função pública, que colocadas aqui, num Manual de Introdução ao Estudo do Direito para estudantes, podem parecer deslocadas. Acontece que, independentemente de não deixarmos de apresentar tais técnicas em outros contextos, há dois fatos que justificam sua apresentação: *a*) este livro tem sido adotado em Programas de Mestrado e Doutorado em Direito; logo poderá ser útil aos profissionais em geral (advogados, membros do Ministério Público, Procuradores, delegados etc.) e, em especial, aos magistrados, que, mestrandos e doutorandos, poderão utilizar as técnicas fora do âmbito acadêmico; *b*) nada impede – ao contrário, justifica – que mesmo o estudante de graduação possa encontrar aqui inspiração para, posteriormente, na sua vida profissional buscar fazer justiça.

Dito isso, passemos às regras técnicas que entendemos importantes de serem observadas:

a) Como o pressuposto do sistema jurídico constitucional é a justiça, e como o comando maior impõe que toda norma seja constitucional, deve o magistrado "de ofício" analisar, no caso concreto, se a Constituição Federal está sendo respeitada.

Evidente que a questão da constitucionalidade pode e deve ser levada ao feito pelo advogado da parte. Nesse caso, o juiz tem mesmo que examiná-la. Digamos que se trate do questionamento da validade de uma lei ordinária: o juiz terá de considerá-la constitucional ou não para o caso concreto, com o que estará buscando a decisão justa – pressuposta na constitucionalidade[67].

No entanto, ainda quando não alegada pela parte a inconstitucionalidade da norma, deve o juiz examiná-la no caso concreto. Isso porque, infelizmente, é da tradição legislativa no país a edição de leis inconstitucionais. Não só leis, mas decretos regulamentares, medidas provisórias, portarias, circulares etc.

Pior: essa circunstância histórica negativa não é rara. Ao contrário, são dezenas de casos conhecidos de normas jurídicas inconstitucionais.

Não se deve olvidar que, no exame da constitucionalidade, deve o intérprete-juiz começar verificando o cumprimento dos princípios constitucionais – com destaque para o da dignidade da pessoa humana[68].

---

[67] No Brasil, como se sabe, cabe ao Supremo Tribunal Federal declarar a inconstitucionalidade da lei *in abstrato* (controle concentrado da constitucionalidade: CF, art. 102, I, *a*) e até a constitucionalidade na Ação Declaratória de Constitucionalidade (CF, art. 102, I, *a* e § 2º).

[68] Para um amplo exame desse princípio, conforme já referimos, ver nosso *O princípio constitucional da dignidade da pessoa humana*.

Não vai ser incomum se, apesar de o texto normativo não apresentar vício de inconstitucionalidade, ainda assim sua aplicação pura e simples gerar injustiça. Nesse caso, então, as regras explícitas da aplicação da equidade comparecem para auxiliá-lo. Elas são as tratadas nas letras *c* e seguintes, *infra*.

b) O magistrado deve lançar mão do método do chamado princípio da proporcionalidade, conforme adiantamos, sempre que encontrar conflitos entre princípios, princípios e normas, e das normas entre si.

Levante-se aqui um problema: poderá acontecer que, como decorrência da garantia da dignidade a todas as pessoas e tendo em vista a natural colisão de interesses e direitos, ocorra, no limite, o embate entre dignidades. O princípio instrumental da proporcionalidade possibilitará a solução.

O intérprete operará da seguinte maneira: no exame do caso concreto ele verificará se algum direito ou princípio está em conflito com o da dignidade e este dirigirá o caminho para a solução, uma vez que a prevalência se dá pelo princípio da dignidade. A proporcionalidade aí comparece para auxiliar na resolução, mas sempre guiada pela luz da dignidade. Se, todavia, no exame do caso, este se revelar um claro e completo conflito de dignidades, então, nessa hipótese, aqueles elementos que compõem o princípio da proporcionalidade voltam inteiros para possibilitar a solução – difícil, é claro – do conflito, gerando a opção pela decisão que se mostrar mais justa[69].

c) É necessário, então, examinar para o caso concreto a incidência de outro princípio constitucional fundamental: o de igualdade. Lembre-se, por oportuno, que é a qualidade real das pessoas envolvidas o que importa. O juiz deve perguntar-se e responder: elas são ou não iguais? Em quê? Diferentes? Em quê? Há equilíbrio entre elas, no que respeita à igualdade real?

Feito isso, é também fundamental lembrar que o que está em jogo são vidas reais: a propriedade, a liberdade, a dignidade da própria vida. Aspectos formais são importantes, mas no limite não podem ter prevalência sobre o respeito à dignidade de alguém.

Veja-se os casos julgados trazidos no item 7.9, *retro*, como bom exemplo disso.

d) É o caso concreto o determinante do exame do respeito aos maiores princípios constitucionais. Logo, aquele exame dos princípios e normas do topo do sistema serve para a verificação da adequação do caso concreto.

No limite, conforme dissemos antes[70], o magistrado deverá afastar a norma para fazer justiça no caso concreto, sem declará-la constitucional ou não.

---

[69] Como o princípio da proporcionalidade, a nosso ver, está ligado ao da dignidade, resolvemos intitulá-lo "princípio da proporcionalidade especial ou de segundo grau". Consultar a respeito nosso *O princípio constitucional da dignidade da pessoa humana*, cit., Capítulo 7, subitem 7.3.3.

[70] No item 7.6.

Lembre-se, mais uma vez, dos exemplos trazidos no item 7.9, *retro*.

e) É comum que os casos levados ao juiz possibilitem mais de uma solução. Nessa hipótese ele deve levar todas em consideração, para depois optar por aquela que respeite mais os princípios maiores do sistema, que tem como comando supremo o da dignidade da pessoa humana: a justiça surgirá assim. Este é o limite: se ferir a dignidade da pessoa não será justa a decisão.

f) Por fim, relembremos, aqui, o que é lugar-comum: o magistrado deve agir com bom senso. E isso decorre tanto da aplicação das regras e princípios fundamentais da lógica material como do método intuitivo que acima propusemos.

A intuição como método pode propiciar a realização do justo no caso concreto, pela chance que tem de, num só golpe, compor a realidade objetiva com os princípios fundamentais do sistema jurídico e valores éticos que pautam a conduta do magistrado.

Da lógica material apontamos aqui a posição bastante conhecida de Recaséns Siches. Diz ele que o magistrado deve guiar seu trabalho antes pela lógica do razoável que pela lógica pura. E relata o caso da placa na estação ferroviária na colônia, na qual está escrito "É proibido viajar com cachorros". Um camponês quis ingressar no trem com um urso e foi impedido pelo vigia da estação. Protestou, dizendo que urso não é cão, logo poderia viajar dele acompanhado. Mas, quem estava certo era o vigia, pois a proibição era razoável, justa.

De outro lado, se um cego fosse à estação com seu cão-guia, este poderia entrar, pois a lógica do razoável diria que, no caso, a proibição não poderia atingir cães-guias de portadores de deficiência visual.

7.12. Exercícios

7.12.1. Leia a sentença a seguir transcrita e responda às perguntas após formuladas.

"6ª Vara da Fazenda Pública – São Paulo – Capital
Proc. n. 70/89
Ordinária

VISTOS

1. M.V.S., qualificada nos autos, propõe a presente ação de rito ordinário contra a Fazenda do Estado, alegando, em síntese, que é viúva do falecido policial militar J.R.S. Após a morte do mesmo, vinha recebendo a pensão e todos os benefícios, vindo, contudo, a abrir mão da pensão, pois na ocasião tinha saúde e disposição para o trabalho.

Atualmente, com 76 anos de idade, doente e sem condições para trabalhar, vem passando privações, em completo abandono. Já tentou administrativamente reaver a mencionada pensão, sem sucesso.

Requer, assim, a citação da ré, e sua condenação, para: *a*) pagar-lhe todos os proventos, desde a citação, mais juros e correção monetária; *b*) que se oficie à Caixa Beneficente para que informe a este Juízo qual o motivo do indeferimento do pedido de restabelecimento da pensão; *c*) pagamento de honorários advocatícios sobre o que se apurar em execução. Protesta por provas e dá à causa o valor de NCz$ 1.200,00.

Com a inicial veio a documentação de fls. 5 a 8.

Foi deferido o pedido de gratuidade (fls. 9). A ré foi regularmente citada (fls. 10, verso). Apresentou sua contestação (fls. 12 a 14, com os documentos de fls. 15 a 30). Invocou preliminar de prescrição. Quanto ao mérito, afirma, em resumo, que a autora não renunciou aos benefícios; perdeu-os, posto que passou a viver maritalmente. Assim, requer a improcedência da ação, com a condenação da autora nos ônus da sucumbência. Protesta por provas.

Veio aos autos a réplica de fls. 32 a 34.

O feito foi saneado (fls. 38, verso). Determinou-se a produção de prova oral, para o que foi expedida carta precatória para a comarca de Moji das Cruzes.

Na referida comarca foram ouvidas três testemunhas (fls. 83 a 85).

Em audiência, realizada nesta Vara (fls. 90 e verso), foi encerrada a instrução, sem a produção de outras provas. As partes passaram aos debates, reiterando seus pontos de vista. Vieram-me os autos conclusos.

É o relatório.

Decido.

2. Cuida-se de ação de rito ordinário, movida contra a Fazenda do Estado pela viúva de soldado da Polícia Militar já falecido, que deseja, em síntese, voltar a receber a pensão a que faria jus, em virtude de tal condição, e que deixou de receber, por ter renunciado à mesma.

Esclarece ainda a autora que a renúncia à pensão deu-se porque era a requerente ainda jovem e saudável e podia trabalhar. Contudo, atualmente, a autora é idosa e está doente, vivendo de favores, às custas de seus filhos.

A presente ação, em que pesem o zelo e a dedicação do digno procurador da ré, merece prosperar.

Calca a ré a sua defesa no fato de que a autora não abriu mão da pensão que recebia, como afirma na inicial; o que ocorreu é que verificou-se que a autora estava morando com um homem, como se casados fossem, o que ocasionou a revogação do benefício, com base no art. 43, letra 'c', do Decreto n. 10.143/39.

A revogação, destarte, atendeu o princípio da legalidade. Contudo, é óbvio que não foi feita justiça.

A autora efetivamente viveu amasiada com M.N., como demonstrou a ré, pela documentação juntada aos autos, tendo a própria autora confirmado a veracidade de tal alegação.

Entretanto, a ligação sobreditada pouco durou. É o que diz a autora, com o respaldo de suas testemunhas (fls. 83 a 85), que inclusive confirmam a alegação de que a autora, atualmente, sobrevive em estado de penúria.

Os motivos pelos quais foi suspenso o pagamento da pensão à autora são legais e são justos. Contudo, é injusta a continuação da recusa ao pagamento, se a situação legal que a ensejou não mais subsiste.

O art. 5º da Lei de Introdução às Normas do Direito Brasileiro estabelece que, 'Na aplicação da lei, o juiz atenderá aos fins sociais a que ela se dirige e às exigências do bem comum'.

A recusa peremptória do pagamento da pensão, em virtude de razão jurídica já ultrapassada, decididamente não atende aos fins sociais da lei. Não há mais motivo para a recusa, e não há razão alguma para que se duvide da necessidade pela qual a autora está passando.

Desta forma, a ação deve prosperar.

3. *Isto posto* e considerando o mais que dos autos consta, *julgo procedente* a presente ação, nos termos dos itens 'a' e 'c' da peça inicial, devendo a ré pagar as custas processuais e os honorários advocatícios, que fixo, com base no art. 20, § 4º, do Código de Processo Civil, em 10% sobre o total a ser apurado, em execução, das parcelas vencidas, e igual porcentagem sobre um ano das parcelas vincendas. Estando a presente decisão sujeita ao reexame necessário, nos termos do art. 475, II, do mesmo Código, subam os autos, oportunamente, ao Egrégio Tribunal de Justiça do Estado, com as cautelas e homenagens de estilo.

P. R. I.

São Paulo, 7 de fevereiro de 1990.
WANDERLEY JOSÉ FEDERIGHI – Juiz de Direito"

Perguntas:
1. O que é o princípio da legalidade a que se refere o magistrado?
2. A decisão foi proferida com equidade? Fundamente.

7.12.2. Transcrevem-se a seguir trechos de decisão do 1º Tribunal de Alçada Criminal do Estado de São Paulo (Bol. AASP n. 1.012 – j. em 22-12-1977). Leia-os e, após, responda às questões formuladas.

"ACÓRDÃO

Vistos, relatados e discutidos.

Acordam, em Primeira Câmara do Tribunal de Alçada Criminal, por votação unânime, dar provimento para absolver o apelante.

Porque sem habilitação pilotava um automóvel pela via pública daquela cidade, viu-se o apelante processado na forma mista regular e, afinal, condenado à pena pecuniária mínima do art. 32 da LCP. Apela irresignado repetindo a excludente consubstanciada no estado de necessidade, compelido a dar atendimento à máquina destinada à colheita de cana-de-açúcar. Não concordou o Dr. Promotor. Mas a douta Procuradoria opina pelo provimento, sob outra ótica porém, eis que se trata de um quase rústico, havendo já a ação penal com o ônus da honorária advocatícia, servido de reprimenda eficaz.

É na síntese o relatório.

Como observou o nobre Procurador, de resto um dos mais ilustres daquele ilustre órgão, trata-se o apelante de um jovem mecânico, assalariado no mínimo, justificando absolvição já que o complexo integrado pelos percalços da ação penal e pela verba honorária deveria ter já operado como punição cabal.

Essa longanimidade acha-se em termos de contemplação. Não sob a forma do perdão judicial em razão da impossibilidade de desconhecer, um mecânico, a exigência de inabilitação formal; até porque sob o sistema atual, antes de viger o novo Cód. Penal, são prevalecentes as sequelas condenatórias segundo consenso majoritário dos intérpretes. Mas sim sob enfoque da excludente invocada.

Com efeito, para esse jovem mecânico o infortúnio na máquina agrícola representou-se como questão de absoluta relevância. Inadiável, urgente. E tanto o era que a colheita da cana achava-se paralisada pelo dano nesse importante implemento. Por isso apanhou o carro e, trafegando por vias de menor movimento, foi em busca da peça para reposição. Nenhum outro deslize praticou; sequer violação menor às regras viárias. Viu-se apanhado por uma fiscalização exemplar, modelar.

Afinal, estava trabalhando.

Demonstra a vida que essa condição de trabalhador incute certa sensação de franquias, um incremento de imaginados direitos, alguma licença a moderados excessos. Tal condição subjetiva, sabidamente correntia, somada à urgência realmente existente na obtenção daquela peça, inadiável em face dos transtornos da paralisação da máquina agrícola, eis o quadro moral que se afigurou legítimo ao apelante, um quase-rústico, ensejador daquele arrojo inabilitado pela via pública.

Não há de a análise das excludentes pautar-se para modelos rígidos, estáticos, quando varia o ser humano e diversificam-se as condições pela multivariedade, assim das situações objetivas, como de cada contingente emocional. Nem é novidade que a cada instante está o julgador aferindo individualmente a personalidade de cada delinquente específico para adequar ou excluir a isenção da antijuridicidade. Máxime na necessidade, contornando padrões conceituais estritos, ainda hoje cifrando-se alguns no contingente comparativo dos bens em conflito, ou em outras exigências divorciadas do imperativo fatual, assim tão rigorosas ao ponto de tornar figura de mera pedagogia a em causa.

É, pois, sob ótica mais ampla que se aferirá a eximente; o enfoque anímico sopesado segundo a pessoa do acusado, desenvolvimento intelectual e social, ambiente de vida e de trabalho. Enfim, a tolerabilidade de um ato que, em outras circunstâncias, localidades e pessoas, seria positivamente insuportável.

A interpretação generosa justifica-se assim em relação a um empregado cuja falta menor residiu no propósito laboral exclusivo. E tanto mais quando, na atualidade, contrasta com faltas maiores contravencionais. Inclusive e principalmente a temível direção perigosa de veículos em vias públicas. Realmente vivemos uma fase em que o descaso pelas contravenções ganhou foros causadores de apreensões. Embriaguez, mendicância, desmoronamentos de obras públicas já nem despertam debates; campanha oficial, necessária mas mal-avisada, divulgando e subvencionando meios anticoncepcionais; e assim por diante no rol das figuras dessa legislação específica. Mas, a desafiar a consciência do relator, eis a escandalosa publicidade, assim com entrevista à televisão como em notícias radiofônicas, de uma prática grosseira que, dizem, passou a constituir atração turística: corridas a duzentos quilômetros horários pelas ruas da cidade em veículos milionários para isso ajustados!

Positivamente, a condenação de um operário que apenas quis trabalhar, humilde, pobre, numa Federação de legislação unitária, ecoaria com o mesmo estrépido atroador dos motores sem escapes, das buzinas, das trituradoras de lixo, tudo pela madrugada adentro, com a complacência de preordenada surdez convencional.

É portanto em um quadro quase desolador que se estabelece o confronto. Acolhendo-se então a fórmula absolutória preconizada por tão conspícua Procuradoria. Sem, ressalta-se, omitir-se referência à bem cuidada sentença, excelentemente fundamentada e que em outras circunstâncias prevaleceria".

Obs.: O art. 32 da Lei das Contravenções Penais pune com multa quem dirigir, sem a devida habilitação, veículo na via pública.

Perguntas:
1. Houve ou não ilícito?
2. Qual o fundamento da absolvição?
3. Na sua opinião a decisão foi justa? Sim/Não/Por quê?

7.12.3. É transcrita a seguir uma decisão da 4ª Câmara do 1º Tribunal de Alçada Civil do Estado de São Paulo (AgI 824.085-1, Rel. Juiz Rizzatto Nunes, j. 4-11-1998, v.u.). Após sua leitura, responda à questão formulada.

"Tutela antecipada – Serasa – Pedido preventivo de não negativação do nome do devedor – Admissibilidade – A negativação exige dívida líquida, certa e exigível e inadimplência inconteste – Pretensão à revisão de cláusulas que entende abusivas – Discussão *sub judice* – Negativação, ademais, que avilta os direitos da dignidade da pessoa humana e da inviolabilidade da imagem das pessoas, garantidos constitucionalmente – Impedimento que se impõe, já que presentes os requisitos do art. 273 do Código de Processo Civil – Multa diária inaplicada – Superveniente negativação – Dúvida razoável quanto a quem deu causa e ausência de qualquer pedido nesse sentido – Recurso provido para este fim.

Trata-se de agravo de instrumento interposto contra despacho que, em ação de revisão de cláusulas contratuais c/c preceito condenatório, indeferiu pedido de tutela antecipada por ausência de comprovação da alegada negativação e por não se afigurarem presentes os requisitos do art. 273 do Código de Processo Civil.

Negado efeito suspensivo ao recurso por ausência de *fumus boni iuris*, deixou-se de intimar a parte contrária para contraminutar o agravo por não ter integrado a lide.

Solicitadas as informações ao MM. Juiz *a quo*, foram as mesmas entranhadas às fls. 51/52.

Foi devidamente cumprido o art. 526 do Código de Processo Civil.

É o relatório.

A petição do recurso é mal posta, bem como os argumentos expendidos naquela peça e nas demais entranhadas.

Os erros são grandes, tanto que o agravante intitula de 'agravo retido' (fls. 02) o agravo de instrumento que foi interposto.

Lendo-se a peça recursal em consonância com a petição inicial de revisão de contrato bancário c/c preceito condenatório e pedido de tutela antecipada anexada (fls. 08/27), percebe-se que sua pretensão é obter tutela antecipada e provisória para evitar a negativação nos serviços de proteção ao crédito (fls. 14 e 26):

'Diante disso, requer a Vossa Excelência que defira o pedido de tutela antecipada para que seja a requerida *impedida* de praticar qualquer ato que implique em prejuízo à requerente, como a inscrição de seu bom nome no Serasa e órgãos similares, enquanto estiver *sub judice* a matéria objeto da presente demanda, sob pena de multa a ser arbitrada em número de salários mínimos, a ser atribuído por Vossa Excelência, para cada ato praticado' (fls. 14, item 1 – grifo nosso).

A decisão contra a qual se insurge a agravante dispõe: 'Indefiro o pedido de tutela antecipada, pois não comprovou a autora *estar* seu nome incluso no Serasa, bem como não se encontram presentes os requisitos do art. 273 do CPC' (fls. 33 – grifamos).

Logo, tal decisão não atentou para o fato de que o pedido referia-se à proteção *preventiva* contra a negativação.

No curso do feito o agravante demonstrou estar negativado (fls. 35) e lá, em primeira instância, requereu reconsideração para que a negativação fosse cancelada. Tal requerimento restou indeferido, da seguinte forma:

'Fls. 52 e 54: indefiro o pedido de reconsideração, visto que os documentos de fls. 53 e 55 não comprovam a inclusão da requerente por parte do banco réu. Ainda, a data da inclusão constante do documento de fls. 53 é de 30-5-98, enquanto que a notificação para a constituição da mora é de agosto/98 (fls. 55). Portanto, tudo indica que a inclusão não se deu pela constituição da mora pela notificação de fls. 55' (fls. 78).

Acontece que o pedido de reconsideração decorre de pedido anterior que *não* consta da petição inicial. É de todo inócuo. Porém, observa-se que, ao contrário do afirmado na decisão, a negativação data de 30-5-98, que é a data do vencimento de uma das prestações (fls. 77). Assim, é possível que a negativação decorra da ação do agravado. Mas essa questão não é objeto do agravo. Caberá ao autor-agravante, caso queira, emendar a inicial para pleitear o que entender de direito no que respeita à negativação já feita.

Antes de decidir, cabe que se façam algumas considerações a respeito da chamada negativação de consumidores.

O problema a ser examinado é o do conflito entre, de um lado, o direito do credor negativar o devedor nos serviços de proteção ao crédito e, de outro, o direito à imagem de que o devedor goza, por expressa disposição constitucional.

É sabido que os chamados serviços de proteção ao crédito foram criados para proteger o mercado, isto é, esses serviços estão à disposição dos fornecedores em geral, para que os mesmos ao pretenderem fazer operações de crédito corram menos riscos nas operações, uma vez que tomam ciência da qualificação – em termos de cumprimento da obrigação de pagar dívidas – do consumidor, candidato à compra com pagamento a prazo ou pretendente a ser tomador de empréstimo.

Olhando de perto, percebe-se que essa proteção é dirigida ao fornecedor, não ao mercado. Este é formado de fornecedores e consumidores e pertence à sociedade. O pressuposto constitucional da ida ao mercado impõe risco de quem explora, garante-lhe direito ao lucro, mas impõe-lhe respeito ao consumidor e gera-lhe obrigação de responder eticamente por seus atos em prol do bem comum. Tais designações decorrem da análise dos princípios gerais da atividade econômica previstos na Constituição Federal, especialmente, no caso, no art. 170.

Não há, portanto, inconveniente na união dos fornecedores para organizarem serviços (como os de proteção ao crédito) que lhes ajudem a avaliar melhor o risco dos negócios.

Já o consumidor inadimplente nessa questão não está amplamente protegido: ou ele paga ou é negativado e publicamente será sempre apontado como 'o devedor', 'o inadimplente', 'aquele que não cumpre seus compromissos', fechando-se-lhe as portas à aquisição de bens.

Ora, é de se perguntar: como é que o consumidor pode, então, questionar um valor errado que se lhe esteja cobrando? Como é que poderá discutir a abusividade de valores cobrados? Como poderá se prevenir se tem contra si a ameaça da espada da negativação?

Suponha-se que algum fornecedor, por força de cláusula contratual abusiva ou de qualquer ação unilateral, resolva cobrar valor indevido. Como é que o consumidor cobrado fará para se defender, sabendo-se que a negativação irá se efetivar? E no caso dos autos, pretende a agravante rever cláusulas contratuais que entende abusivas.

Se se supuser que o consumidor terá que ir a Juízo discutir a abusividade e, para obter o cancelamento da negativação ou seu impedimento, seja obrigado a oferecer algum tipo de garantia, então, o consumidor será derrotado no início da empreitada.

O direito evolui e tanto os cientistas que o estudam e os membros do Judiciário que o aplicam na lide do caso concreto têm que estar atentos a essas evoluções. E, na espécie, a própria norma infraconstitucional apresenta parâmetros da evolução.

Ora, se até quando instaurado o processo de execução, que prevê como hipótese de defesa a apresentação de embargos após a garantia do juízo pela penhora, se admite discussão sem o oferecimento dessa garantia e da apresentação dos embargos, aquilo que se convencionou chamar de exceção de pré-executividade, com maior força de razão tem que se aceitar a discussão em pedido de tutela antecipada ou em pedido cautelar da negativação do consumidor inadimplente.

Esse é o único instrumento que tem o consumidor para discutir a abusividade da cobrança e da dívida que lhe corresponde.

Não se pode esquecer que a negativação, como já se viu, gera efeitos concretos na sociedade contra a dignidade e a imagem do consumidor e que nenhuma lesão ou ameaça está excluída da apreciação do Poder Judiciário (CF, art. 5º, XXXV). Donde forçosamente se conclui que pode o consumidor questionar a abusividade da cobrança e da dívida com todas as demais ações praticadas pelo credor em consequência dessa abusividade. E uma das ações mais eficazes no que diz respeito ao constrangimento e à possibilidade de violação à dignidade e imagem do consumidor é, sem sombra de dúvida, a negativação nos serviços de proteção ao crédito.

Por evidente, caberá ao Magistrado, avaliando no caso concreto não só os aspectos do *fumus boni iuris* e do *periculum in mora*, mas também o de verossimilhança das alegações do consumidor, decidir pelo impedimento da negativação ou seu cancelamento.

Se no caso concreto configurar-se alguma dúvida, há de se optar pela decisão a favor do consumidor. Esse é o raciocínio razoável e que está de acordo com o sistema jurídico implantado da ampla proteção ao consumidor (conf. art. 170, V, c.c. arts. 1º, III, e 5º, X, da CF; arts. 4º, I, III, VI, 6º, IV e VIII, 39, VII, 42 c.c. 71, 43, *caput* e §§ 1º e 2º, todos da Lei 8.078/90, dentre outros).

Conforme exposto, a negativação nos chamados serviços de proteção ao crédito (dentre os quais se inclui a Serasa) é medida legal que o credor pode adotar. Contudo, somente pode fazê-lo se a dívida líquida e certa estiver vencida. Tem que estar comprovado, também, o envio do aviso, previsto como exigência, no § 2º do art. 43 do CDC. Dessa maneira, de um lado, isto é, da parte do credor, a negativação é possível.

De outro lado, pode o consumidor questionar o valor que está sendo cobrado, bem como a data do vencimento e a forma da cobrança para evitar prejuízos à sua imagem. Essa objeção pode ser feita extrajudicialmente ou mediante ações judiciais de sua escolha.

Desta forma, como os cadastros arquivam apenas dados negativos relativos ao não pagamento de dívidas, conclui-se logicamente que:

a) existe a dívida;

b) a data prevista para pagamento venceu;

c) o valor é líquido e certo.

A conjunção dos itens retrotranscritos é que permite que se aceite a negativação, posto que o nome do devedor só pode dar ingresso no cadastro negativo se se tiver clareza da existência e do valor da dívida, bem como da data de seu vencimento.

Por isso, estando a devedora, ora agravante, pretendendo rever cláusulas contratuais que acredita serem abusivas, restando ao Poder Judiciário aplicar o direito ao caso em litígio, não resta dúvida de que a agravante tem o direito de discutir o valor da dívida contraída com o banco-agravado sem ter seu nome colocado em nenhum cadastro de consumidores inadimplentes.

Assim, afigura-se de rigor a reforma da r. decisão fustigada, já que avaliando-se o pedido de tutela antecipada formulado na petição inicial verifica-se existirem razões suficientes para concedê-lo.

Como no presente caso não há ainda contestação, a decisão há de ser provisória, podendo ser reformada ou mantida após o exame da defesa a ser eventualmente apresentada pelo banco.

Quanto à tutela antecipada há que se consignar que a mesma é antecipatória dos efeitos da sentença de mérito. O verbo 'poder' contido no *caput* do art. 273 do CPC, na verdade, não constitui prerrogativa – e muito menos discricionariedade – do Juiz. A expressão correta que deveria ter sido utilizada na proposição é 'deverá' já que trata-se de obrigação. É dever do Juiz conceder a tutela antecipatória, desde que preenchidos os pressupostos legais para tanto[71].

Destarte, presentes os requisitos do art. 273 do Código de Processo Civil, afigura-se de rigor a concessão do pedido inicialmente postulado para impedir-se que o banco agravado insira o nome do agravante nos cadastros da Serasa ou de qualquer outro órgão semelhante.

Acolhe-se, também, o pedido de imposição de multa, para que a medida concedida tenha eficácia. Assim, com fundamento no § 3º do art. 461 do CPC impõe-se a multa de 5 (cinco) salários mínimos para cada dia em que o nome da agravante ficar constando de qualquer cadastro de serviços de proteção ao crédito, em descumprimento à medida ora concedida.

Diante do exposto, dá-se provimento ao agravo para impedir que o banco-agravado, desde o ajuizamento da ação, insira o nome do agravante nos cadastros da Serasa e órgãos afins. Caso tenha havido negativação após o ajuizamento até a presente data, o mesmo deve ser cancelado, aplicando-se, também, a mesma multa acima fixada em caso de descumprimento."

Pergunta:

1. Faça uma dissertação – ou discuta em grupo – a respeito da decisão, na ligação com a ideia de justiça.

7.12.4. Exercícios de revisão

01. Diga, com suas próprias palavras, o que você pensa ser a justiça.
02. Relacione justiça e direito, fundamentadamente.
03. Qual a função da justiça nas sociedades contemporâneas?
04. E o direito, como aparece nesse contexto?
05. Comente a frase de Platão: "Não pode haver justiça sem homens justos".
06. Compare o justo e o egoísta, caracterizando-os.
07. O que são a concepção subjetiva e objetiva de justiça?
08. O que é a equidade?
09. Relacione justiça e equidade.
10. Justiça e direito: se excluem ou se complementam? Fundamente.

7.13. Bibliografia

ARISTÓTELES. Ética a Nicômaco. In: *Os pensadores*. São Paulo: Nova Cultural, 1987. Coleção.

---

[71] Nesse sentido, Nelson Nery Junior e Rosa Maria Andrade Nery, *Código de Processo Civil comentado*, 3. ed., Revista dos Tribunais, p. 547.

BODENHEIMER, Edgard. *Ciência do direito – filosofia e metodologia jurídica*. Rio de Janeiro: Forense, 1966.

COMTE-SPONVILLE, André. *Pequeno tratado das grandes virtudes*. São Paulo: Martins Fontes, 1995.

DINIZ, Maria Helena. *Compêndio de introdução à ciência do direito*. São Paulo: Saraiva, 1988.

FERRAZ JR., Tercio Sampaio. *O discurso sobre a justiça*. Comunicação feita no Congresso Brasileiro de Filosofia de 1995.

FRANCO MONTORO, André. *Introdução à ciência do direito*. São Paulo: Revista dos Tribunais, 1991.

FULLER, Low L. *O caso dos exploradores de cavernas*. Porto Alegre: Sérgio A. Fabris, Editor, 1976.

KELSEN, Hans. *O problema da justiça*. São Paulo: Martins Fontes, 1993.

_____. *A ilusão da justiça*. São Paulo: Martins Fontes, 1995.

KUKATHAS, Chandran & PHILIP, Pettit. *Rawls – uma teoria da justiça e seus críticos*. Lisboa: Gradiva, 1995.

NOZICK, Robert. *Anarquia, Estado, utopia*. Rio de Janeiro: Zahar.

RAWLS, John. *Uma teoria da justiça*. Lisboa: Presença, 1993.

REALE, Miguel. *Lições preliminares de direito*. São Paulo: Saraiva, 1993.

SANDEL, Michael J. *Justiça – o que é fazer a coisa certa*. 8. ed. Rio de Janeiro: Civilização Brasileira, 2012.

ANEXO I
Decreto-lei n. 4.657, de 4 de setembro de 1942*

Lei de Introdução às Normas do Direito Brasileiro.

O Presidente da República, usando da atribuição que lhe confere o art. 180 da Constituição, decreta:

Art. 1º Salvo disposição contrária, a lei começa a vigorar em todo o País 45 (quarenta e cinco) dias depois de oficialmente publicada.

§ 1º Nos Estados estrangeiros, a obrigatoriedade da lei brasileira, quando admitida, se inicia 3 (três) meses depois de oficialmente publicada.

§ 2º A vigência das leis, que os governos estaduais elaborem por autorização do Governo Federal, depende da aprovação deste e começará no prazo que a legislação estadual fixar.

§ 3º Se, antes de entrar a lei em vigor, ocorrer nova publicação de seu texto, destinada a correção, o prazo deste artigo e dos parágrafos anteriores começará a correr da nova publicação.

§ 4º As correções a texto de lei já em vigor consideram-se lei nova.

Art. 2º Não se destinando à vigência temporária, a lei terá vigor até que outra a modifique ou revogue.

§ 1º A lei posterior revoga a anterior quando expressamente o declare, quando seja com ela incompatível ou quando regule inteiramente a matéria de que tratava a lei anterior.

§ 2º A lei nova, que estabeleça disposições gerais ou especiais a par das já existentes, não revoga nem modifica a lei anterior.

§ 3º Salvo disposição em contrário, a lei revogada não se restaura por ter a lei revogadora perdido a vigência.

Art. 3º Ninguém se escusa de cumprir a lei, alegando que não a conhece.

Art. 4º Quando a lei for omissa, o juiz decidirá o caso de acordo com a analogia, os costumes e os princípios gerais de direito.

---

* Os artigos 20 a 30 foram acrescentados à Lei de Introdução às Normas do Direito Brasileiro por intermédio da Lei n. 13.655, de 25-4-2018, entrando em vigor na data de sua publicação (DOU de 26-4-2018), com exceção do artigo 29, que somente entrou em vigor 180 dias após a data da publicação (conforme art. 2º da própria Lei).

Art. 5º Na aplicação da lei, o juiz atenderá aos fins sociais a que ela se dirige e às exigências do bem comum.

Art. 6º A Lei em vigor terá efeito imediato e geral, respeitados o ato jurídico perfeito, o direito adquirido e a coisa julgada.

§ 1º Reputa-se ato jurídico perfeito o já consumado segundo a lei vigente ao tempo em que se efetuou.

§ 2º Consideram-se adquiridos assim os direitos que o seu titular, ou alguém por ele, possa exercer, como aqueles cujo começo do exercício tenha termo pré-fixo, ou condição preestabelecida inalterável, a arbítrio de outrem.

§ 3º Chama-se coisa julgada ou caso julgado a decisão judicial de que já não caiba recurso.

Art. 7º A lei do país em que for domiciliada a pessoa determina as regras sobre o começo e o fim da personalidade, o nome, a capacidade e os direitos de família.

§ 1º Realizando-se o casamento no Brasil, será aplicada a lei brasileira quanto aos impedimentos dirimentes e às formalidades da celebração.

§ 2º O casamento de estrangeiros poderá celebrar-se perante autoridades diplomáticas ou consulares do país de ambos os nubentes.

§ 3º Tendo os nubentes domicílio diverso, regerá os casos de invalidade do matrimônio a lei do primeiro domicílio conjugal.

§ 4º O regime de bens, legal ou convencional, obedece à lei do país em que tiverem os nubentes domicílios, e, se este for diverso, à do primeiro domicílio conjugal.

§ 5º O estrangeiro casado, que se naturalizar brasileiro, pode, mediante expressa anuência de seu cônjuge, requerer ao juiz, no ato de entrega do decreto de naturalização, se apostile ao mesmo a adoção do regime de comunhão parcial de bens, respeitados os direitos de terceiros e dada esta adoção ao competente registro.

§ 6º O divórcio realizado no estrangeiro, se um ou ambos os cônjuges forem brasileiros, só será reconhecido no Brasil depois de 3 (três) anos da data da sentença, salvo se houver sido antecedida de separação judicial por igual prazo, caso em que a homologação produzirá efeito imediato, obedecidas as condições estabelecidas para a eficácia das sentenças estrangeiras no País. O Supremo Tribunal Federal, na forma de seu Regimento, poderá reexaminar, a requerimento do interessado, decisões já proferidas em pedidos de homologação de sentenças estrangeiras de divórcio de brasileiros, a fim de que passem a produzir todos os efeitos legais.

§ 7º Salvo o caso de abandono, o domicílio do chefe da família estende-se ao outro cônjuge e aos filhos não emancipados, e o do tutor ou curador aos incapazes sob sua guarda.

§ 8º Quando a pessoa não tiver domicílio, considerar-se-á domiciliada no lugar de sua residência ou naquele em que se encontre.

Art. 8º Para qualificar os bens e regular as relações a eles concernentes, aplicar-se-á a lei do país em que estiverem situados.

§ 1º Aplicar-se-á a lei do país em que for domiciliado o proprietário, quanto aos bens móveis que ele trouxer ou se destinarem a transporte para outros lugares.

§ 2º O penhor regula-se pela lei do domicílio que tiver a pessoa, em cuja posse se encontre a coisa apenhada.

Art. 9º Para qualificar e reger as obrigações, aplicar-se-á a lei do país em que se constituírem.

§ 1º Destinando-se a obrigação a ser executada no Brasil e dependendo de forma essencial, será esta observada, admitidas as peculiaridades da lei estrangeira quanto aos requisitos extrínsecos do ato.

§ 2º A obrigação resultante do contrato reputa-se constituída no lugar em que residir o proponente.

Art. 10. A sucessão por morte ou por ausência obedece à lei do país em que era domiciliado o defunto ou o desaparecido, qualquer que seja a natureza e a situação dos bens.

§ 1º A sucessão de bens de estrangeiros, situados no País, será regulada pela lei brasileira em benefício do cônjuge ou dos filhos brasileiros, ou de quem os represente, sempre que não lhes seja mais favorável a lei pessoal do *de cujus*.

§ 2º A lei do domicílio do herdeiro ou legatário regula a capacidade para suceder.

Art. 11. As organizações destinadas a fins de interesse coletivo, como as sociedades e as fundações, obedecem à lei do Estado em que se constituírem.

§ 1º Não poderão, entretanto, ter no Brasil filiais, agências ou estabelecimentos antes de serem os atos constitutivos aprovados pelo Governo brasileiro, ficando sujeitas à lei brasileira.

§ 2º Os governos estrangeiros, bem como as organizações de qualquer natureza, que eles tenham constituído, dirijam ou hajam investido de funções públicas, não poderão adquirir no Brasil bens imóveis ou suscetíveis de desapropriação.

§ 3º Os governos estrangeiros podem adquirir a propriedade dos prédios necessários à sede dos representantes diplomáticos ou dos agentes consulares.

Art. 12. É competente a autoridade judiciária brasileira, quando for o réu domiciliado no Brasil ou aqui tiver de ser cumprida a obrigação.

§ 1º Só à autoridade judiciária brasileira compete conhecer das ações relativas a imóveis situados no Brasil.

§ 2º A autoridade judiciária brasileira cumprirá, concedido o *exequatur* e segundo a forma estabelecida pela lei brasileira, as diligências deprecadas por autoridade estrangeira competente, observando a lei desta, quanto ao objeto das diligências.

Art. 13. A prova dos fatos ocorridos em país estrangeiro rege-se pela lei que nele vigorar, quanto ao ônus e aos meios de produzir-se, não admitindo os tribunais brasileiros provas que a lei brasileira desconheça.

Art. 14. Não conhecendo a lei estrangeira, poderá o juiz exigir de quem a invoca prova do texto e da vigência.

Art. 15. Será executada no Brasil a sentença proferida no estrangeiro, que reúna os seguintes requisitos:

a) haver sido proferida por juiz competente;

b) terem sido as partes citadas ou haver-se legalmente verificado a revelia;

c) ter passado em julgado e estar revestida das formalidades necessárias para a execução no lugar em que foi proferida;

d) estar traduzida por intérprete autorizado;

e) ter sido homologada pelo Supremo Tribunal Federal.

Parágrafo único. Não dependem de homologação as sentenças meramente declaratórias do estado das pessoas.

Art. 16. Quando, nos termos dos artigos precedentes, se houver de aplicar a lei estrangeira, ter-se-á em vista a disposição desta, sem considerar-se qualquer remissão por ela feita a outra lei.

Art. 17. As leis, atos e sentenças de outro país, bem como quaisquer declarações de vontade, não terão eficácia no Brasil, quando ofenderem a soberania nacional, a ordem pública e os bons costumes.

Art. 18. Tratando-se de brasileiros, são competentes as autoridades consulares brasileiras para lhes celebrar o casamento e os mais atos de Registro Civil e de tabelionato, inclusive o registro de nascimento e de óbito dos filhos de brasileiro ou brasileira nascidos no país da sede do Consulado.

Art. 19. Reputam-se válidos todos os atos indicados no artigo anterior e celebrados pelos cônsules brasileiros na vigência do Decreto-lei n. 4.657, de 4 de setembro de 1942, desde que satisfaçam todos os requisitos legais.

Parágrafo único. No caso em que a celebração desses atos tiver sido recusada pelas autoridades consulares, com fundamento no art. 18 do mesmo Decreto-lei, ao interessado é facultado renovar o pedido dentre em 90 (noventa) dias contados da data da publicação desta Lei.

Art. 20. Nas esferas administrativa, controladora e judicial, não se decidirá com base em valores jurídicos abstratos sem que sejam consideradas as consequências práticas da decisão.

Parágrafo único. A motivação demonstrará a necessidade e a adequação da medida imposta ou da invalidação de ato, contrato, ajuste, processo ou norma administrativa, inclusive em face das possíveis alternativas.

Art. 21. A decisão que, nas esferas administrativa, controladora ou judicial, decretar a invalidação de ato, contrato, ajuste, processo ou norma administrativa deverá indicar de modo expresso suas consequências jurídicas e administrativas.

Parágrafo único. A decisão a que se refere o *caput* deste artigo deverá, quando for o caso, indicar as condições para que a regularização ocorra de modo proporcional e equânime e sem prejuízo aos interesses gerais, não se podendo impor aos sujeitos atingidos ônus ou perdas que, em função das peculiaridades do caso, sejam anormais ou excessivos.

Art. 22. Na interpretação de normas sobre gestão pública, serão considerados os obstáculos e as dificuldades reais do gestor e as exigências das políticas públicas a seu cargo, sem prejuízo dos direitos dos administrados.

§ 1º Em decisão sobre regularidade de conduta ou validade de ato, contrato, ajuste, processo ou norma administrativa, serão consideradas as circunstâncias práticas que houverem imposto, limitado ou condicionado a ação do agente.

§ 2º Na aplicação de sanções, serão consideradas a natureza e a gravidade da infração cometida, os danos que dela provierem para a administração pública, as circunstâncias agravantes ou atenuantes e os antecedentes do agente.

§ 3º As sanções aplicadas ao agente serão levadas em conta na dosimetria das demais sanções de mesma natureza e relativas ao mesmo fato.

Art. 23. A decisão administrativa, controladora ou judicial que estabelecer interpretação ou orientação nova sobre norma de conteúdo indeterminado, impondo novo dever ou novo condicionamento de direito, deverá prever regime de transição quando indispensável para que o novo dever ou condicionamento de direito seja cumprido de modo proporcional, equânime e eficiente e sem prejuízo aos interesses gerais.

Parágrafo único. (*Vetado.*)

Art. 24. A revisão, nas esferas administrativa, controladora ou judicial, quanto à validade de ato, contrato, ajuste, processo ou norma administrativa cuja produção já se houver completado levará em conta as orientações gerais da época, sendo vedado que, com base em mudança posterior de orientação geral, se declarem inválidas situações plenamente constituídas.

Parágrafo único. Consideram-se orientações gerais as interpretações e especificações contidas em atos públicos de caráter geral ou em jurisprudência judicial ou administrativa majoritária, e ainda as adotadas por prática administrativa reiterada e de amplo conhecimento público.

Art. 25. (*Vetado.*)

Art. 26. Para eliminar irregularidade, incerteza jurídica ou situação contenciosa na aplicação do direito público, inclusive no caso de expedição de licença, a autoridade administrativa poderá, após oitiva do órgão jurídico e, quando for o caso, após realização de consulta pública, e presentes razões de relevante interesse geral, celebrar compromisso com os interessados, observada a legislação aplicável, o qual só produzirá efeitos a partir de sua publicação oficial.

§ 1º O compromisso referido no *caput* deste artigo:

I – buscará solução jurídica proporcional, equânime, eficiente e compatível com os interesses gerais;

II – (*Vetado.*)

III – não poderá conferir desoneração permanente de dever ou condicionamento de direito reconhecidos por orientação geral;

IV – deverá prever com clareza as obrigações das partes, o prazo para seu cumprimento e as sanções aplicáveis em caso de descumprimento.

§ 2º (*Vetado.*)

Art. 27. A decisão do processo, nas esferas administrativa, controladora ou judicial, poderá impor compensação por benefícios indevidos ou prejuízos anormais ou injustos resultantes do processo ou da conduta dos envolvidos.

§ 1º A decisão sobre a compensação será motivada, ouvidas previamente as partes sobre seu cabimento, sua forma e, se for o caso, seu valor.

§ 2º Para prevenir ou regular a compensação, poderá ser celebrado compromisso processual entre os envolvidos.

Art. 28. O agente público responderá pessoalmente por suas decisões ou opiniões técnicas em caso de dolo ou erro grosseiro.

§ 1º (*Vetado.*)

§ 2º (*Vetado.*)

§ 3º (*Vetado.*)

Art. 29. Em qualquer órgão ou Poder, a edição de atos normativos por autoridade administrativa, salvo os de mera organização interna, poderá ser precedida de consulta pública para manifestação de interessados, preferencialmente por meio eletrônico, a qual será considerada na decisão.

1º A convocação conterá a minuta do ato normativo e fixará o prazo e demais condições da consulta pública, observadas as normas legais e regulamentares específicas, se houver.

§ 2º (*Vetado.*)

Art. 30. As autoridades públicas devem atuar para aumentar a segurança jurídica na aplicação das normas, inclusive por meio de regulamentos, súmulas administrativas e respostas a consultas.

Parágrafo único. Os instrumentos previstos no *caput* deste artigo terão caráter vinculante em relação ao órgão ou entidade a que se destinam, até ulterior revisão.

Rio de Janeiro, 4 de setembro de 1942;
121º da Independência e 54º da República.

Getúlio Vargas

ANEXO II
Lei Complementar n. 95, de 26 de fevereiro de 1998

Dispõe sobre a elaboração, a redação, a alteração e a consolidação das leis, conforme determina o parágrafo único do art. 59 da Constituição Federal, e estabelece normas para a consolidação dos atos normativos que menciona.

O Presidente da República

Faço saber que o Congresso Nacional decreta e eu sanciono a seguinte Lei Complementar:

Capítulo I
DISPOSIÇÕES PRELIMINARES

Art. 1º A elaboração, a redação, a alteração e a consolidação das leis obedecerão ao disposto nesta Lei Complementar.

Parágrafo único. As disposições desta Lei Complementar aplicam-se, ainda, às medidas provisórias e demais atos normativos referidos no art. 59 da Constituição Federal, bem como, no que couber, aos decretos e aos demais atos de regulamentação expedidos por órgãos do Poder Executivo.

Art. 2º (*Vetado.*)

§ 1º (*Vetado.*)

§ 2º Na numeração das leis serão observados, ainda, os seguintes critérios:

I – as emendas à Constituição Federal terão sua numeração iniciada a partir da promulgação da Constituição;

II – as leis complementares, as leis ordinárias e as leis delegadas terão numeração sequencial em continuidade às séries iniciadas em 1946.

Capítulo II
DAS TÉCNICAS DE ELABORAÇÃO, REDAÇÃO E ALTERAÇÃO DAS LEIS

Seção I
Da Estruturação das Leis

Art. 3º A lei será estruturada em três partes básicas:

I – parte preliminar, compreendendo a epígrafe, a ementa, o preâmbulo, o enunciado do objeto e a indicação do âmbito de aplicação das disposições normativas;

II – parte normativa, compreendendo o texto das normas de conteúdo substantivo relacionadas com a matéria regulada;

III – parte final, compreendendo as disposições pertinentes às medidas necessárias à implementação das normas de conteúdo substantivo, às disposições transitórias, se for o caso, a cláusula de vigência e a cláusula de revogação, quando couber.

Art. 4º A epígrafe, grafada em caracteres maiúsculos, propiciará identificação numérica singular à lei e será formada pelo título designativo da espécie normativa, pelo número respectivo e pelo ano de promulgação.

Art. 5º A ementa será grafada por meio de caracteres que a realcem e explicitará, de modo conciso e sob a forma de título, o objeto da lei.

Art. 6º O preâmbulo indicará o órgão ou instituição competente para a prática do ato e sua base legal.

Art. 7º O primeiro artigo do texto indicará o objeto da lei e o respectivo âmbito de aplicação, observados os seguintes princípios:

I – excetuadas as codificações, cada lei tratará de um único objeto;

II – a lei não conterá matéria estranha a seu objeto ou a este não vinculada por afinidade, pertinência ou conexão;

III – o âmbito de aplicação da lei será estabelecido de forma tão específica quanto o possibilite o conhecimento técnico ou científico da área respectiva;

IV – o mesmo assunto não poderá ser disciplinado por mais de uma lei, exceto quando a subsequente se destine a complementar lei considerada básica, vinculando-se a esta por remissão expressa.

Art. 8º A vigência da lei será indicada de forma expressa e de modo a contemplar prazo razoável para que dela se tenha amplo conhecimento, reservada a cláusula "entra em vigor na data de sua publicação" para as leis de pequena repercussão.

§ 1º A contagem do prazo para entrada em vigor das leis que estabeleçam período de vacância far-se-á com a inclusão da data da publicação e do último dia do prazo, entrando em vigor no dia subsequente à sua consumação integral.

§ 2º As leis que estabeleçam período de vacância deverão utilizar a cláusula "esta lei entra em vigor após decorridos (o número de) dias de sua publicação oficial". (§§ 1º e 2º *acrescentados pela LC n. 107/2001.*)

Art. 9º A cláusula de revogação deverá enumerar, expressamente, as leis ou disposições legais revogadas. (*Redação dada pela LC n. 107/2001.*)

Parágrafo único. (*Vetado.*) (*Cf. LC n. 107/2001.*)

Seção II
Da Articulação e da Redação das Leis

Art. 10. Os textos legais serão articulados com observância dos seguintes princípios:

I – a unidade básica de articulação será o artigo, indicado pela abreviatura "Art.", seguida de numeração ordinal até o nono e cardinal a partir deste;

II – os artigos desdobrar-se-ão em parágrafos ou em incisos; os parágrafos em incisos, os incisos em alíneas e as alíneas em itens;

III – os parágrafos serão representados pelo sinal gráfico "§", seguido de numeração ordinal até o nono e cardinal a partir deste, utilizando-se, quando existente apenas um, a expressão "parágrafo único" por extenso;

IV – os incisos serão representados por algarismos romanos, as alíneas por letras minúsculas e os itens por algarismos arábicos;

V – o agrupamento de artigos poderá constituir Subseções; o de Subseções, a Seção; o de Seções, o Capítulo; o de Capítulos, o Título; o de Títulos, o Livro e o de Livros, a Parte;

VI – os Capítulos, Títulos, Livros e Partes serão grafados em letras maiúsculas e identificados por algarismos romanos, podendo estas últimas desdobrar-se em Parte Geral e Parte Especial ou ser subdivididas em partes expressas em numeral ordinal, por extenso;

VII – as Subseções e Seções serão identificadas em algarismos romanos, grafadas em letras minúsculas e postas em negrito ou caracteres que as coloquem em realce;

VIII – a composição prevista no inciso V poderá também compreender agrupamentos em Disposições Preliminares, Gerais, Finais ou Transitórias, conforme necessário.

Art. 11. As disposições normativas serão redigidas com clareza, precisão e ordem lógica, observadas, para esse propósito, as seguintes normas:

I – para a obtenção de clareza:

a) usar as palavras e as expressões em seu sentido comum, salvo quando a norma versar sobre assunto técnico, hipótese em que se empregará a nomenclatura própria da área em que se esteja legislando;

b) usar frases curtas e concisas;

c) construir as orações na ordem direta, evitando preciosismo, neologismo e adjetivações dispensáveis;

d) buscar a uniformidade do tempo verbal em todo o texto das normas legais, dando preferência ao tempo presente ou ao futuro simples do presente;

e) usar os recursos de pontuação de forma judiciosa, evitando os abusos de caráter estilístico;

II – para a obtenção de precisão:

a) articular a linguagem, técnica ou comum, de modo a ensejar perfeita compreensão do objetivo da lei e a permitir que seu texto evidencie com clareza o conteúdo e o alcance que o legislador pretende dar à norma;

b) expressar a ideia, quando repetida no texto, por meio das mesmas palavras, evitando o emprego de sinonímia com propósito meramente estilístico;

c) evitar o emprego de expressão ou palavra que confira duplo sentido ao texto;

d) escolher termos que tenham o mesmo sentido e significado na maior parte do território nacional, evitando o uso de expressões locais ou regionais;

e) usar apenas siglas consagradas pelo uso, observado o princípio de que a primeira referência no texto seja acompanhada de explicitação de seu significado;

f) grafar por extenso quaisquer referências a números e percentuais, exceto data, número de lei e nos casos em que houver prejuízo para a compreensão do texto; (*Redação dada pela LC n. 107/2001.*)

g) indicar, expressamente, o dispositivo objeto de remissão, em vez de usar as expressões "anterior", "seguinte" ou equivalentes; (*Alínea acrescentada pela LC n. 107/2001.*)

III – para a obtenção de ordem lógica:

a) reunir sob as categorias de agregação – subseção, seção, capítulo, título e livro – apenas as disposições relacionadas com o objeto da lei;

b) restringir o conteúdo de cada artigo da lei a um único assunto ou princípio;

c) expressar por meio dos parágrafos os aspectos complementares à norma enunciada no *caput* do artigo e as exceções à regra por este estabelecidas;

d) promover as discriminações e enumerações por meio dos incisos, alíneas e itens.

Seção III
Da Alteração das Leis

Art. 12. A alteração da lei será feita:

I – mediante reprodução integral em novo texto, quando se tratar de alteração considerável;

II – mediante revogação parcial; (*Redação dada pela LC n. 107/2001.*)

III – nos demais casos, por meio de substituição, no próprio texto, do dispositivo alterado, ou acréscimo de dispositivo novo, observadas as seguintes regras:

a) (*Revogada pela LC n. 107/2001.*);

b) é vedada, mesmo quando recomendável, qualquer renumeração de artigos e de unidades superiores ao artigo, referidas no inciso V do art. 10, devendo ser utilizado o mesmo número do artigo ou unidade imediatamente anterior, seguido de letras maiúsculas, em ordem alfabética, tantas quantas forem suficientes para identificar os acréscimos; (*Redação dada pela LC n. 107/2001.*)

c) é vedado o aproveitamento do número de dispositivo revogado, vetado, declarado inconstitucional pelo Supremo Tribunal Federal ou de execução suspensa pelo Senado Federal em face de decisão do Supremo Tribunal Federal, devendo a lei alterada manter essa indicação, seguida da expressão "revogado", "vetado", "declarado inconstitucional, em controle concentrado, pelo Supremo Tribunal Federal", ou "execução suspensa pelo Senado Federal, na forma do art. 52, X, da Constituição Federal"; (*Redação dada pela LC n. 107/2001.*)

d) é admissível a reordenação interna das unidades em que se desdobra o artigo, identificando-se o artigo assim modificado por alteração de redação, supressão ou acréscimo com as letras "NR" maiúsculas, entre parênteses, uma única vez ao seu final, obedecidas, quando for o caso, as prescrições da alínea *c*. (*Redação dada pela LC n. 107/2001.*)

Parágrafo único. O termo "dispositivo" mencionado nesta Lei refere-se a artigos, parágrafos, incisos, alíneas ou itens. (*Acrescentado pela LC n. 107/2001.*)

Capítulo III
Da consolidação das leis e outros atos normativos

Seção I
Da Consolidação das Leis

Art. 13. As leis federais serão reunidas em codificações e consolidações, integradas por volumes contendo matérias conexas ou afins, constituindo em seu todo a Consolidação da Legislação Federal. (Caput *com redação dada pela LC n. 107/2001.*)

§ 1º A consolidação consistirá na integração de todas as leis pertinentes a determinada matéria num único diploma legal, revogando-se formalmente as leis incorporadas à consolidação, sem modificação do alcance nem interrupção da força normativa dos dispositivos consolidados.

§ 2º Preservando-se o conteúdo normativo original dos dispositivos consolidados, poderão ser feitas as seguintes alterações nos projetos de lei de consolidação:

I – introdução de novas divisões do texto legal base;

II – diferente colocação e numeração dos artigos consolidados;

III – fusão de disposições repetitivas ou de valor normativo idêntico;

IV – atualização da denominação de órgãos e entidades da administração pública;

V – atualização de termos antiquados e modos de escrita ultrapassados;

VI – atualização do valor de penas pecuniárias, com base em indexação padrão;

VII – eliminação de ambiguidades decorrentes do mau uso do vernáculo;

VIII – homogeneização terminológica do texto;

IX – supressão de dispositivos declarados inconstitucionais pelo Supremo Tribunal Federal, observada, no que couber, a suspensão pelo Senado Federal de execução de dispositivos, na forma do art. 52, X, da Constituição Federal;

X – indicação de dispositivos não recepcionados pela Constituição Federal;

XI – declaração expressa de revogação de dispositivos implicitamente revogados por leis posteriores.

§ 3º As providências a que se referem os incisos IX, X e XI do § 2º deverão ser expressa e fundadamente justificadas, com indicação precisa das fontes de informação que lhes serviram de base. (§§ 1º a 3º *acrescentados pela LC n. 107/2001.*)

Art. 14. Para a consolidação de que trata o art. 13 serão observados os seguintes procedimentos: (*Redação dada pela LC n. 107/2001.*)

I – O Poder Executivo ou o Poder Legislativo procederá ao levantamento da legislação federal em vigor e formulará projeto de lei de consolidação de normas que tratem da mesma matéria ou de assuntos a ela vinculados, com a indicação precisa dos diplomas legais expressa ou implicitamente revogados; (*Redação dada pela LC n. 107/2001.*)

II – a apreciação dos projetos de lei de consolidação pelo Poder Legislativo será feita na forma do Regimento Interno de cada uma de suas Casas, em procedimento simplificado, visando a dar celeridade aos trabalhos; (*Redação dada pela LC n. 107/2001.*)

III – (*Revogado pela LC n. 107/2001.*)

§ 1º Não serão objeto de consolidação as medidas provisórias ainda não convertidas em lei.

§ 2º A Mesa Diretora do Congresso Nacional, de qualquer de suas Casas e qualquer membro ou Comissão da Câmara dos Deputados, do Senado Federal ou do Congresso Nacional poderá formular projeto de lei de consolidação.

§ 3º Observado o disposto no inciso II do *caput*, será também admitido projeto de lei de consolidação destinado exclusivamente à:

I – declaração de revogação de leis e dispositivos implicitamente revogados ou cuja eficácia ou validade encontre-se completamente prejudicada;

II – inclusão de dispositivos ou diplomas esparsos em leis preexistentes, revogando-se as disposições assim consolidadas nos mesmos termos do § 1º do art. 13.

§ 4º (*Vetado.*) (§§ 1º a 4º *acrescentados pela LC n. 107/2001.*)

Art. 15. Na primeira sessão legislativa de cada legislatura, a Mesa do Congresso Nacional promoverá a atualização da Consolidação das Leis Federais Brasileiras, incorporando às coletâneas que a integram as emendas constitucionais, leis, decretos legislativos e resoluções promulgadas durante a legislatura imediatamente anterior, ordenados e indexados sistematicamente.

Seção II
Da Consolidação de Outros Atos Normativos

Art. 16. Os órgãos diretamente subordinados à Presidência da República e os Ministérios, assim como as entidades da administração indireta, adotarão, em prazo estabelecido em decreto, as providências necessárias para, observado, no que couber, o procedimento a que se refere o art. 14, ser efetuada a triagem, o exame e a consolidação dos decretos de conteúdo normativo e geral e demais atos normativos inferiores em vigor, vinculados às respectivas áreas de competência, remetendo os textos consolidados à Presidência da República, que os examinará e reunirá em coletâneas, para posterior publicação.

Art. 17. O Poder Executivo, até cento e oitenta dias do início do primeiro ano do mandato presidencial, promoverá a atualização das coletâneas a que se refere o artigo anterior, incorporando aos textos que as integram os decretos e atos de conteúdo normativo e geral editados no último quadriênio.

Capítulo IV
Disposições Finais

Art. 18. Eventual inexatidão formal de norma elaborada mediante processo legislativo regular não constitui escusa válida para o seu descumprimento.

Art. 18-A. (*Vetado.*) (*Cf. LC n. 107/2001.*)

Art. 19. Esta Lei Complementar entra em vigor no prazo de noventa dias, a partir da data de sua publicação.

Brasília, 26 de fevereiro de 1998; 177º da Independência e 110º da República.

Fernando Henrique Cardoso
Iris Rezende

ANEXO III
Abreviaturas

(Segue a lista de abreviaturas normalmente utilizadas na área jurídica, bem como no presente livro.)

A

A. – autor (da ação judicial)
AA. – autores (da ação judicial)
AA.VV. – autores vários
ac. – acórdão
a.C. – antes de Cristo
AC – apelação cível
ACOr – ação cível originária
ACP – ação civil pública
ADCon – ação declaratória de constitucionalidade
ADCT – Ato das Disposições Constitucionais Transitórias
ADI – ação declaratória incidental
ADIn – ação direta de inconstitucionalidade
AgI – agravo de instrumento
AgP – agravo de petição
AgRg – agravo regimental
AgRt – agravo retido
AGU – advogado-geral da União; Advocacia-Geral da União
AI – ato institucional
amp. – ampliado(a)
AMS – apelação em mandado de segurança
Ap. – apelação
APn – ação penal
AR – ação rescisória
art. – artigo
aum. – aumentado(a)

B

BACEN – Banco Central do Brasil

C

C. – colendo(a)
CA – conflito de atribuições
CADE – Conselho Administrativo de Defesa Econômica
CAg – Código de Águas (D. 24.643/34)
Câm. – Câmara
Can. – cânone (artigo do CDCan)
cap. – capítulo
cass. – cassação
CBA – Código Brasileiro de Aeronáutica (Lei n. 7.565/86)
c/c – combinado com
CC – Código Civil (Lei n. 10.406/2002)
CCom – Código Comercial (Lei n. 556/1850)
CComp – conflito de competência
CDC – Código de Defesa do Consumidor (Lei n. 8.078/90)
CDCan – Código de Direito Canônico (de 25-1-1983)
CE – Código Eleitoral (Lei n. 4.737/65)
CEI – Comissão Estadual de Inquérito (parlamentar)
CEP – Código de Ética Profissional (dos advogados)
cf. – conforme
CF – Constituição Federal (de 5-10-1988)
cit. – citado; citação
civ. – civil; cível
CLT – Consolidação das Leis do Trabalho (Dec.-Lei n. 5.452/43)
col. – coluna
coment. – comentários
conf. – confrontar
const. – constituição; constitucional
coord. – coordenador; coordenação
CP – Código Penal (Dec.-Lei n. 2.848/40)
CPC/39 – Código de Processo Civil de 1939 (Dec.-Lei n. 1.608/39)
CPC/73 – Código de Processo Civil (Lei n. 5.869/73)
CPC/2015 – Código de Processo Civil vigente (Lei n. 13.105/2015)
CPI – Comissão Parlamentar de Inquérito (federal ou municipal)
CPP – Código de Processo Penal (Dec.-Lei n. 3.689/41)

ANEXO III • Abreviaturas

crim. – criminal
CSM – Conselho Superior da Magistratura
CSMP – Conselho Superior do Ministério Público
CTB – Código de Trânsito Brasileiro (Lei n. 9.503/97)
CTN – Código Tributário Nacional (Lei n. 5.172/66)
CVM – Comissão de Valores Mobiliários

D

d.C. – depois de Cristo
dec. – decreto
dec.-lei – decreto-lei
Dep. – Deputado
Des. – Desembargador
dir. – diretor; direção
DJE – Diário da Justiça do Estado
DJU – Diário da Justiça da União
DLeg – decreto legislativo
DOE – Diário Oficial do Estado (seguida da sigla do Estado-Membro)
DOU – Diário Oficial da União
DPDC – Departamento de Proteção e Defesa do Consumidor

E

E. – Egrégio(a)
EAC – embargos em apelação cível
EAR – embargos em ação rescisória
EC – emenda constitucional
ECA – Estatuto da Criança e do Adolescente (Lei n. 8.069/90)
ECR – emenda constitucional de revisão
ed. – edição
ED – embargos de declaração
EDiv – embargos de divergência
e.g. – exempli gratia
EI – embargos infringentes
em. – ementa; ementário
EmReg – ementa regimental
EOAB – Estatuto da Ordem dos Advogados do Brasil (Lei n. 8.906/94)
ERE – embargos em recurso extraordinário
EREO – embargos em remessa oficial (*ex officio*)

est. – estadual
ET – Estatuto da Terra (Lei n. 4.504/64)
Exeg. – exegese
ExImp – exceção de impedimento
ExInc – exceção de incompetência
ExSusp – exceção de suspeição
ExVerd – exceção da verdade

F

fed. – federal

H

HC – *habeas corpus*
HD – *habeas data*

I

IC – inquérito civil
INPI – Instituto Nacional da Propriedade Industrial
Inq. – inquérito
IP – inquérito policial
IPM – inquérito policial militar

J

j. – julgado em

L

LC – lei complementar federal
LCE – lei complementar estadual (seguida da sigla do Estado-Membro)
LD – lei delegada
LE – lei estadual
LINDB – Lei de Introdução às Normas do Direito Brasileiro
LM – lei municipal (seguida do nome do Município e sigla do Estado a que pertence)
loc. – local
LOM – Lei Orgânica do Município (seguida do nome do Município respectivo e do Estado a que pertence)

M

MEC – Ministério de Estado da Educação e do Desporto
MI – mandado de injunção

Min. – Ministro
MP – medida provisória ou Ministério Público
MS – mandado de segurança
MSC – mandado de segurança coletivo
m.v. – maioria de votos

N

n. – número

O

ob. – obra
obs. – observação
org. – organizador; organização
org. jud. – organização judiciária

P

p. – página(s)
PA – processo administrativo
par. ún. – parágrafo único
pet. – petição
p.ex. – por exemplo
Prec. – precatório
princ. – princípio(s)
proc. – processo; processual
Prov. – provimento

R

R. – réu
RCDC – Regulamento do Código de Defesa do Consumidor (Decreto n. 2.181/97)
RCJF – Regimento de Custas da Justiça Federal (Lei n. 9.289/96)
Rcl. – reclamação
RE – recurso extraordinário
rel. – relator(a)
REO – remessa *ex officio*
Res. – resolução
resp. – responsável
REsp – recurso especial
ret. – retificação; retificado

rev. – revista
RHC – recurso ordinário em *habeas corpus*
RHD – recurso ordinário em *habeas data*
RISTF – Regimento Interno do Supremo Tribunal Federal
RISTJ – Regimento Interno do Superior Tribunal de Justiça
RMI – recurso ordinário em mandado de injunção
RMS – recurso em mandado de segurança
ROC – recurso ordinário constitucional
Rp. – representação
RR. – réus
RRev – recurso de revista
RvCrim – revisão criminal

S

s. – seguinte(s)
s/ – sobre
s.d. – sem data
s.e. – sem editor
SE – sentença estrangeira
seç. – seção
Sen. – Senador
s.l. – sem local
s.n. – sem nome
s/n – sem número
SNDC – Sistema Nacional de Defesa do Consumidor
SNDE – Secretaria Nacional de Direito Econômico
SS – suspensão de segurança
STF – Supremo Tribunal Federal
STJ – Superior Tribunal de Justiça
supl. – suplemento

T

t. – tomo(s)
T. – Turma
TA – Tribunal de Alçada (seguida da matéria de competência e da sigla do Estado, p. ex., 2º TACSP, ou seja, 2º Tribunal de Alçada Civil de São Paulo)
tb. – também
TFR – Tribunal Federal de Recursos

tít. – título

TJ – Tribunal de Justiça (seguida da sigla do Estado, p. ex., TJRJ, ou seja, Tribunal de Justiça do Rio de Janeiro)

trad. – tradução; tradutor

Trat. – Tratado

TRF – Tribunal Regional Federal

TRT – Tribunal Regional do Trabalho

TSE – Tribunal Superior Eleitoral

TST – Tribunal Superior do Trabalho

U

UJ – uniformização da jurisprudência

ult. – ulterior; ulteriormente

un. – unânime

V

v. – ver; veja; volume(s)

v.g. – *verbi gratia*

v.u. – votação unânime

ANEXO IV
Alguns diplomas legais conhecidos pelos seus nomes

Código Brasileiro de Aeronáutica	–	Lei n. 7.565/86
Código Civil	–	Lei n. 3.071/16
Código Comercial	–	Lei n. 556/1850
Código de Águas	–	Decreto n. 24.643/34
Código de Defesa do Consumidor	–	Lei n. 8.078/90
Código de Processo Civil	–	Lei n. 5.869/73
Código de Processo Civil de 1939	–	Decreto-Lei n. 1.608/39
Código de Processo Penal	–	Decreto-Lei n. 3.689/41
Código de Processo Penal Militar	–	Decreto-Lei n. 1.002/69
Código de Trânsito Brasileiro	–	Lei n. 9.503/97
Código Eleitoral	–	Lei n. 4.737/65
Código Penal	–	Decreto-Lei n. 2.848/40
Código Penal Militar	–	Decreto-Lei n. 1.001/69
Código Tributário Nacional	–	Lei n. 5.172/66
Consolidação das Leis do Trabalho	–	Decreto-Lei n. 5.452/43
Lei Antitruste (Lei do Abuso do Poder Econômico)	–	Lei n. 8.137/90
Lei da Ação Civil Pública	–	Lei n. 7.347/85
Lei da Correção Monetária	–	Lei n. 6.899/81
Lei da Defesa da Concorrência	–	Lei n. 8.158/91
Lei das Ações Discriminatórias	–	Lei n. 6.383/76
Lei das Alienações Fiduciárias	–	Decreto-Lei n. 911/69
Lei das Contravenções Penais	–	Decreto-Lei n. 3.688/41
Lei das Desapropriações	–	Decreto-Lei n. 3.365/41
Lei de Ação Popular	–	Lei n. 4.717/65
Lei de Alimentos	–	Lei n. 5.478/68
Lei de Assistência Judiciária	–	Lei n. 1.060/50
Lei de Direitos Autorais	–	Lei n. 9.610/98
Lei de Introdução às Normas do Direito Brasileiro	–	Decreto-Lei n. 4.657/42
Lei do Cheque	–	Lei n. 7.357/85
Lei do Condomínio e Incorporações	–	Lei n. 4.591/64
Lei que regula o procedimento da ação direta de inconstitucionalidade	–	Lei n. 4.337/64

ANEXO V
Emenda Constitucional n. 32, de 11 de setembro de 2001

Altera dispositivos dos arts. 48, 57, 61, 62, 64, 66, 84, 88 e 246 da Constituição Federal, e dá outras providências.

As Mesas da Câmara dos Deputados e do Senado Federal, nos termos do § 3º do art. 60 da Constituição Federal, promulgam a seguinte Emenda ao texto constitucional:

Art. 1º Os arts. 48, 57, 61, 62, 64, 66, 84, 88 e 246 da Constituição Federal passam a vigorar com as seguintes alterações:

"Art. 48. (...)

X – criação, transformação e extinção de cargos, empregos e funções públicas, observado o que estabelece o art. 84, VI, *b*;

XI – criação e extinção de Ministérios e órgãos da administração pública;

(...)"

"Art. 57. (...)

§ 7º Na sessão legislativa extraordinária, o Congresso Nacional somente deliberará sobre a matéria para a qual foi convocado, ressalvada a hipótese do § 8º, vedado o pagamento de parcela indenizatória em valor superior ao subsídio mensal.

§ 8º Havendo medidas provisórias em vigor na data de convocação extraordinária do Congresso Nacional, serão elas automaticamente incluídas na pauta da convocação".

"Art. 61. (...)

§ 1º (...)

II – (...)

e) criação e extinção de Ministérios e órgãos da administração pública, observado o disposto no art. 84, VI;

(...)"

"Art. 62. Em caso de relevância e urgência, o Presidente da República poderá adotar medidas provisórias, com força de lei, devendo submetê-las de imediato ao Congresso Nacional.

§ 1º É vedada a edição de medidas provisórias sobre matéria:

I – relativa a:

a) nacionalidade, cidadania, direitos políticos, partidos políticos e direito eleitoral;

b) direito penal, processual penal e processual civil;

c) organização do Poder Judiciário e do Ministério Público, a carreira e a garantia de seus membros;

d) planos plurianuais, diretrizes orçamentárias, orçamento e créditos adicionais e suplementares, ressalvado o previsto no art. 167, § 3º;

II – que vise a detenção ou sequestro de bens, de poupança popular ou qualquer outro ativo financeiro;

III – reservada a lei complementar;

IV – já disciplinada em projeto de lei aprovado pelo Congresso Nacional e pendente de sanção ou veto do Presidente da República.

§ 2º Medida provisória que implique instituição ou majoração de impostos, exceto os previstos nos arts. 153, I, II, IV, V, e 154, II, só produzirá efeitos no exercício financeiro seguinte se houver sido convertida em lei até o último dia daquele em que foi editada.

§ 3º As medidas provisórias, ressalvado o disposto nos §§ 11 e 12 perderão eficácia, desde a edição, se não forem convertidas em lei no prazo de sessenta dias, prorrogável, nos termos do § 7º, uma vez por igual período, devendo o Congresso Nacional disciplinar, por decreto legislativo, as relações jurídicas delas decorrentes.

§ 4º O prazo a que se refere o § 3º contar-se-á da publicação da medida provisória, suspendendo-se durante os períodos de recesso do Congresso Nacional.

§ 5º A deliberação de cada uma das Casas do Congresso Nacional sobre o mérito das medidas provisórias dependerá de juízo prévio sobre o atendimento de seus pressupostos constitucionais.

§ 6º Se a medida provisória não for apreciada em até quarenta e cinco dias contados de sua publicação, entrará em regime de urgência, subsequentemente, em cada uma das Casas do Congresso Nacional, ficando sobrestadas, até que se ultime a votação, todas as demais deliberações legislativas da Casa em que estiver tramitando.

§ 7º Prorrogar-se-á uma única vez por igual período a vigência de medida provisória que, no prazo de sessenta dias, contado de sua publicação, não tiver a sua votação encerrada nas duas Casas do Congresso Nacional.

§ 8º As medidas provisórias terão sua votação iniciada na Câmara dos Deputados.

§ 9º Caberá à comissão mista de Deputados e Senadores examinar as medidas provisórias e sobre elas emitir parecer, antes de serem apreciadas, em sessão separada, pelo plenário de cada uma das Casas do Congresso Nacional.

§ 10. É vedada a reedição, na mesma sessão legislativa, de medida provisória que tenha sido rejeitada ou que tenha perdido sua eficácia por decurso de prazo.

§ 11. Não editado o decreto legislativo a que se refere o § 3º até sessenta dias após a rejeição ou perda de eficácia de medida provisória, as relações jurídicas constituídas e decorrentes de atos praticados durante sua vigência conservar-se-ão por ela regidas.

§ 12. Aprovado projeto de lei de conversão alterando o texto original da medida provisória, esta manter-se-á integralmente em vigor até que seja sancionado ou vetado o projeto".

"Art. 64. (...)

§ 2º Se, no caso do § 1º, a Câmara dos Deputados e o Senado Federal não se manifestarem sobre a proposição, cada qual sucessivamente, em até quarenta e cinco dias, sobrestar-se-ão todas as demais deliberações legislativas da respectiva Casa, com exceção das que tenham prazo constitucional determinado, até que se ultime a votação.

(...)"

"Art. 66. (...)

§ 6º Esgotado sem deliberação o prazo estabelecido no § 4º, o veto será colocado na ordem do dia da sessão imediata, sobrestadas as demais proposições, até sua votação final.

(...)"

"Art. 84. (...)

VI – dispor, mediante decreto, sobre:

a) organização e funcionamento da administração federal, quando não implicar aumento de despesa nem criação ou extinção de órgãos públicos;

b) extinção de funções ou cargos públicos, quando vagos;

(...)"

"Art. 88. A lei disporá sobre a criação e extinção de Ministérios e órgãos da administração pública".

"Art. 246. É vedada a adoção de medida provisória na regulamentação de artigo da Constituição cuja redação tenha sido alterada por meio de emenda promulgada entre 1º de janeiro de 1995 até a promulgação desta emenda, inclusive."

Art. 2º As medidas provisórias editadas em data anterior à da publicação desta emenda continuam em vigor até que medida provisória ulterior as revogue explicitamente ou até deliberação definitiva do Congresso Nacional.

Art. 3º Esta Emenda Constitucional entra em vigor na data de sua publicação.

Brasília, 11 de setembro de 2001.

BIBLIOGRAFIA GERAL

ADEODATO, João Maurício. *Filosofia do direito – uma crítica à verdade na ética e na ciência*. São Paulo: Saraiva, 1996.

ARAUJO, Luiz Alberto David e SERRANO NUNES JUNIOR, Vidal. *Curso de direito constitucional*. São Paulo: Saraiva, 1998.

ARISTÓTELES. Ética a Nicômaco. In: *Os pensadores*. São Paulo: Nova Cultural, 1987. Coleção.

ATALIBA, Geraldo. *República e Constituição*. São Paulo: Revista dos Tribunais, 1985.

BALERA, Wagner. *Sistema de Seguridade Social*. 2. ed. São Paulo: LTr, 2002.

BARRETO, Vicente. O Estado de Direito e os cursos jurídicos: debate original. In: *Os cursos jurídicos e as elites políticas brasileiras*. Brasília: Ed. Câmara dos Deputados, 1978.

BASTOS, Aurélio Wander. O Estado e a formação dos currículos jurídicos no Brasil. In: *Os cursos jurídicos e as elites políticas brasileiras*. Brasília: Ed. Câmara dos Deputados, 1978.

BASTOS, Celso Ribeiro. *Curso de direito constitucional*. 14. ed. São Paulo: Saraiva, 1992.

BOBBIO, Norberto. *Teoria do ordenamento jurídico*. Brasília: Ed. UnB, 1994.

_____. *O futuro da democracia – uma defesa das regras do jogo*. Rio de Janeiro-São Paulo: Paz e Terra, 1987.

BODENHEIMER, Edgar. *Ciência do direito – filosofia e metodologia jurídica*. Rio de Janeiro: Forense, 1966.

CARRIÓ, Genaro R. *Notas sobre derecho y lenguage*. Buenos Aires: Abeledo-Perrot, 1972.

CHALITA, Gabriel. *Educação: a solução está no afeto*. São Paulo: Gente, 2001.

COMTE-SPONVILLE, André. *Pequeno tratado das grandes virtudes*. São Paulo: Martins Fontes, 1995.

DESCARTES, René. *O discurso do método*. Rio de Janeiro: Forense, 1968.

DINIZ, Maria Helena. *Compêndio de introdução à ciência do direito*. São Paulo: Saraiva, 1988.

_____. *Lei de Introdução ao Código Civil brasileiro interpretada*. São Paulo: Saraiva, 1994.

_____. *Conflito de normas*. São Paulo: Saraiva, 1987.

_____. *Conceito de norma jurídica como problema de essência*. São Paulo: Revista dos Tribunais, 1985.

_____. *A ciência jurídica*. São Paulo: Resenha Universitária, 1982.

DOURADO DE GUSMÃO, Paulo. *Introdução ao estudo do direito*. Rio de Janeiro: Forense, 1995.

FALCÃO NETO, Joaquim de Arruda. Os cursos jurídicos e a formação do Estado nacional. In: *Os cursos jurídicos e as elites políticas brasileiras*. Brasília: Ed. Câmara dos Deputados, 1978.

FARNSWORTH, E. Allan. *Introdução ao pensamento jurídico dos Estados Unidos*. Rio de Janeiro: Forense, s.d.

FERNANDES DE SOUZA, Luiz Sergio. *O papel da ideologia no preenchimento das lacunas no direito*. São Paulo: Revista dos Tribunais, 1993.

FERRARA, Francesco. *Interpretação e aplicação das leis*. Coimbra: Arménio Amado Ed., 1978.

FERRAZ JR., Tercio Sampaio. A visão crítica do ensino jurídico. *Revista do Advogado*, São Paulo, n. 13.

_____. A criação dos cursos jurídicos e a concepção da ciência do direito. In: *Os cursos jurídicos e as elites políticas brasileiras*. Brasília: Ed. Câmara dos Deputados, 1978.

_____. *Introdução ao estudo do direito*. São Paulo: Atlas, 1980.

_____. *Conceito de sistema no direito*. São Paulo: EDUSP/Revista dos Tribunais, 1976.

_____. *Teoria da norma jurídica*. Rio de Janeiro: Forense, 1986.

_____. *Função social da dogmática jurídica*. São Paulo: Revista dos Tribunais, 1980.

_____. *O discurso sobre a justiça*. Comunicação feita no Congresso Brasileiro de Filosofia de 1995.

_____. *A ciência do direito*. São Paulo: Atlas, 1977.

FERRAZ JR., Tercio Sampaio, DINIZ, Maria Helena e GEORGAKILAS, Ritinha A. Stevenson. *Constituição de 1988 – legitimidade, vigência e eficácia – supremacia*. São Paulo: Atlas, 1989.

FIORILLO, Celso Antonio Pacheco. *O direito de antena em face do direito ambiental no Brasil*. São Paulo: Saraiva, 2000.

_____. *Curso de direito ambiental brasileiro*. São Paulo: Saraiva, 2000.

FRAGA, Mirtô. *O conflito entre tratado internacional e norma de direito interno*. Rio de Janeiro: Forense, 1997.

FRANCO MONTORO, André. *Introdução à ciência do direito*. São Paulo: Revista dos Tribunais, 1991.

_____. *Estudos de filosofia do direito*. São Paulo: Saraiva, 1995.

_____. *Dados preliminares de lógica jurídica*. Apostila do Curso de Pós-Graduação da PUC-SP, 1995.

FREIRE, Paulo. *Pedagogia do oprimido*. 37. ed. Rio de Janeiro: Paz e Terra, 2003.

_____. *Medo e ousadia: o cotidiano do professor*. 8. ed. Rio de Janeiro: Paz e Terra, 2000.

_____. *Política e educação*. 4. ed. São Paulo: Cortez, 2000.

_____. *Pedagogia da indignação: cartas pedagógicas e outros escritos*. São Paulo: Ed. Unesp, 2000.

_____. *Pedagogia da autonomia*. 16. ed. Rio de Janeiro: Paz e Terra, 2000.

FULLER, Low L. *O caso dos exploradores de cavernas*. Porto Alegre: Sérgio A. Fabris, Editor, 1976.

GOMES, Orlando. Em torno da formação do jurista. *RT, 558*:248, 1982.

GOULD, Stephen Jay. *A falsa medida do homem*. São Paulo: Martins Fontes, 1991.

GRAU, Eros Roberto. *Direito, conceitos e normas jurídicas*. São Paulo: Revista dos Tribunais, 1988.

GUERRA FILHO, Willis Santiago. *Introdução à filosofia e à epistemologia jurídica*. Porto Alegre: Livr. do Advogado, 1999.

_____. *Processo constitucional e direitos fundamentais*. São Paulo: Celso Bastos, Editor, 1999.

_____. *Teoria da ciência jurídica*. São Paulo: Saraiva, 2001.

HART, Herbert L. A. *O conceito de direito*. Lisboa: Fundação Calouste Gulbenkian, 1986.

_____. *Direito, liberdade, moralidade*. Porto Alegre: Sérgio A. Fabris, Editor, 1987.

HESSE, Konrad. *A força normativa da Constituição*. Porto Alegre: Sérgio A. Fabris, Editor, 1991.

HUSSERL, Edmund. Vida e obra. In: *Os pensadores*. São Paulo: Nova Cultural, 1991. Coleção.

_____. Investigações lógicas – sexta investigação. In: *Os pensadores*. São Paulo: Nova Cultural, 1991. Coleção.

IHERING, Rudolf von. *A luta pelo direito*. Rio de Janeiro: Forense, 1995.

KELKEL, Arion L. & SCHERER, René. *Husserl*. Lisboa: Ed. 70, 1982.

KELSEN, Hans. *Teoria pura do direito*. São Paulo: Martins Fontes, 1987.

_____. *O problema da justiça*. São Paulo: Martins Fontes, 1993.

_____. *A ilusão da justiça*. São Paulo: Martins Fontes, 1995.

KUKATHAS, Chandran & PHILIP, Pettit. *Rawls – uma teoria da justiça e seus críticos*. Lisboa: Gradiva, 1995.

LUHMANN, Niklas. *Legitimação pelo procedimento*. Brasília: UnB, 1985.

MACHADO NETO, A. L. & ZAHIDE. *O direito e a vida social*. São Paulo: Ed. Nacional, 1966.

MARQUES NETO, Agostinho Ramalho. *A ciência do direito – conceito, objeto, método*. Rio de Janeiro: Forense, 1982.

MAXIMILIANO, Carlos. *Hermenêutica e aplicação do direito*. Rio de Janeiro: Forense, 1988.

MELLO, Celso Duvivier de Albuquerque. *Curso de direito internacional público*. 9. ed. Rio de Janeiro: Renovar, 1992.

MELO FILHO, Álvaro. *Reflexões sobre o ensino jurídico*. Rio de Janeiro: Forense, 1986.

NADER, Paulo. *Introdução ao estudo do direito*. Rio de Janeiro: Forense, 1995.

NERY JUNIOR, Nelson e NERY, Rosa Maria. *Código de Processo Civil comentado*. 4. ed. São Paulo: Revista dos Tribunais, 2000.

NOZICK, Robert. *Anarquia, Estado, utopia*. Rio de Janeiro: Zahar.

PLATÃO. O político. In: *Os pensadores*. São Paulo: Nova Cultural, 1987. Coleção.

RANCIÉRE, Jacques. *O mestre ignorante*. Belo Horizonte: Autêntica, 2004.

RÁO, Vicente. *O direito e a vida dos direitos*. São Paulo: Resenha Universitária, 1976.

RAWLS, John. *Uma teoria da justiça*. Lisboa: Presença, 1993.

REALE, Miguel. *Lições preliminares de direito*. São Paulo: Saraiva, 1993.

_____. *O direito como experiência*. São Paulo: Saraiva, 1992.

_____. *Filosofia do direito*. São Paulo: Saraiva, 1987, vol. I, tomo I.

RIZZATTO NUNES, Luiz Antonio. *A lei, o poder e os regimes democráticos*. São Paulo: Revista dos Tribunais, 1991.

_____. *Curso prático de direito do consumidor*. São Paulo: Revista dos Tribunais, 1992.

_____. *Liberdade – norma, consciência, existência*. São Paulo: Revista dos Tribunais, 1995.

_____. O Poder Judiciário, a ética e o papel do empresariado nacional. In: *Uma nova ética para o juiz*. São Paulo: Revista dos Tribunais, 1994.

_____. *Intuição e direito*. Belo Horizonte: Del Rey, 1997.

_____. *Compre bem – manual de compras e garantias do consumidor*. 3. ed. São Paulo: Saraiva, 2000.

_____. *Comentários ao Código de Defesa do Consumidor*. 6. ed. São Paulo: Saraiva, 2011.

_____. *O princípio constitucional da dignidade da pessoa humana*. 3. ed. São Paulo: Saraiva, 2010.

_____. *Manual de filosofia do direito*. São Paulo: Saraiva, 2004.

RODAS, João Grandino. *Direito internacional privado*. São Paulo: Revista dos Tribunais.

ROUSSEAU, Jean-Jacques. *O contrato social*. São Paulo: Cultrix, s.d.

SARTRE, Jean-Paul. A Imaginação. In: *Os pensadores*. São Paulo: Nova Cultural, 1987. Coleção.

SEVERINO, Antonio Joaquim. *Metodologia do trabalho científico*. São Paulo: Cortez, 1992.

SILVEIRA, Alípio. *Hermenêutica no direito brasileiro*. São Paulo: Revista dos Tribunais, 1968. 2 v.

STRECK, Lenio Luiz. Hermenêutica e(m) crise. Porto Alegre: Livr. do Advogado, 1999.

TELLES JUNIOR, Goffredo. *Iniciação à ciência do direito*. São Paulo: Saraiva, 2001.

TIMASCHEFF, Nicolas. O direito, a ética, o poder. In: *O direito e a vida social*, de A. L. e Zahidé Machado Neto. São Paulo: Ed. Nacional, 1966.

VERGEZ, André & HUISMAN, Denis. *História dos filósofos ilustrada pelos textos*. Rio de Janeiro: Freitas Bastos, 1982.

VERNENGO, Roberto José. *Curso de teoría general del derecho*. Buenos Aires: Ed. Cooperadora de Derecho y Ciencias Sociales, 1972.

WARAT, Luis Alberto. *O direito e sua linguagem*. Porto Alegre: Sérgio A. Fabris, Editor, 1984.

WATZLAWICK, Paul; BEAVIN, Jean & JACKSON, Don D. *Pragmática da comunicação humana*. São Paulo: Cultrix, 1991.

WEBER, Max. *Economía y sociedad*. México: Fondo de Cultura Económica, 1944.

ÍNDICE ALFABÉTICO DE ASSUNTOS

(Os números referem-se aos itens e subitens.)

A

Ab-rogação – 5.9.3

Abuso do direito – 4.5.5.4

Acepções da palavra "direito" – 2.4

Ameaça legal – *v. Exercício regular do Direito*

Analogia – 6.7.3

Aplicação das normas jurídicas
- no espaço – 5.10
- no tempo – 5.9

Ato jurídico
- ilícito – 4.5.5.3
- lícito – 4.5.5.2
- perfeito – 5.11.2.2

Axiologia – *v. Interpretação axiológica*

B

Bem – 4.5.3.2

Bem jurídico – 4.5.3.2

C

Capacidade jurídica
- conceito – 4.5.2.1
- da pessoa física – 4.5.2.1
- da pessoa jurídica – 4.5.2.2
- do "ente despersonalizado" – 4.5.2.3

Ciência
- conceito – 2.1
- conhecimento científico e senso comum – 2.1

- neutralidade científica – *2.1*

Ciência do Direito
- classificação – *2.5.1*
- conceito – *2.3; 2.4; 2.5*
- escolas científicas – *2.5.3.1; 2.5.3.2*
- empirismo jurídico – *2.5.3*
- Escola da Exegese – *2.5.3.1*
- Escola Histórica – *2.5.3.2*
- jusnaturalismo – *2.5.2*
- racionalismo – *2.5.2*

Ciência Dogmática do Direito
- conceito – *2.5.4*
- consciência – *2.5.4.5*
- decisão – *2.5.4.4*
- dogmática e tecnologia – *2.5.4.3*
- eficiência – *2.5.4.5*
- enfoque dogmático – *2.5.4.1*
- enfoque zetético – *2.5.4.1*
- instrumentalização – *2.5.4.2*
- solução – *2.5.4.4*
- técnica – *2.5.4.3*

Coação – *5.3*

Código – *5.7.4*

Coerção – *5.3*

Coisa julgada – *5.11.2.3*

Coisa julgada em matéria criminal – *5.11.2.4*

Common law – *2.5.3.1*

Conflito de normas jurídicas no espaço – *5.10*

Conflito de normas jurídicas no tempo – *5.9.3*

Conhecimento do direito – *2.1*

Conhecimento jurídico – *2.1*

Consolidação de leis – *5.7.4*

Constitucionalismo – *4.4.2.1*

Constituição Federal – *3.3.1*

Costume jurídico
- conceito – *3.4.1*
- desvantagens – *3.4.1*
- espécies: *secundum legem; praeter legem; contra legem* – *3.4.1*

Índice Alfabético de Assuntos

- vantagens – *3.4.1*

Costume social – *5.2.2*

Culpa
- conceito – *4.5.5.3*
- espécies: negligência; imprudência; imperícia – *4.5.5.3*

D

Decisão – *2.5.4.4*

Decisão judicial – *3.3.3*

Decreto legislativo – *3.3.1*

Decreto-lei – *3.3.1*

Decreto regulamentar – *3.3.1*

Dedução – *6.6.2*

Derrogação – *5.9.3*

Destinatários da norma jurídica – *5.1.1.1*

Desuso – *v. Costume jurídico "contra legem"*

Dever jurídico – *4.3, 5.2.2*

Dever moral – *5.2.2*

Dever subjetivo – *4.3*

Direito(s)
- acepções do termo – *2.4*
- adjetivo – *4.4.2.4*
- Administrativo – *4.4.2.2*
- adquirido – *5.11.2.1*
- Ambiental – *4.4.5.5*
- Civil – *4.4.4.1*
- comum – *4.4.4.1*
- conceito – *2.4*
- Constitucional – *4.4.2.1*
- costumeiro – *v. Costume jurídico*
- da personalidade – *4.5.4.3*
- difusos e coletivos – *4.4.1, 4.4.5*
- direito-função – *4.2*
- divisão – *v. Direito positivo*
- do Consumidor – *4.4.5.4*
- do Trabalho – *4.4.5.1*
- Econômico – *4.4.5.3*
- Eleitoral – *4.4.2.6*

- e linguagem – *v. Linguagem jurídica*
- Empresarial – 4.4.4.2
- espontâneo – *v. Costume jurídico* – vantagens
- estatal – *v. Fontes do Direito*
- financeiro – 4.4.2.3
- fontes – *v. Fontes do Direito*
- fundamento – 7.1.2
- Internacional Privado – 4.4.6.1
- Internacional Público – 4.4.3.1
- introdução ao seu estudo – 1.1
- natural – *v. Jusnaturalismo*
- objetivo – 4.1
- obrigacional – 4.5.4.1
- Penal – 4.4.2.5
- positivo – 4.4
- conceito – 4.1
- divisão no direito positivo: Público; Privado; difusos e coletivos – 4.4.1
- elementos de direito positivo – 4.1
- ramos do Direito Público, Privado, difuso e coletivo – 4.4.1
- Previdenciário – 4.4.5.2
- Privado – 4.4.1, 4.4.4
- Processual – 4.4.2.4
- Público – 4.4.1, 4.4.2, 4.4.3
- reais – 4.5.4.2
- subjetivo – 4.2
- substantivo – 5.7.2
- Tributário – 4.4.2.3

Dogmática jurídica – *v. Ciência Dogmática do Direito*

Dolo – 4.5.5.3

Doutrina – 3.4.2

E

Ecologia – *v. Direito ambiental*

Eficácia das normas jurídicas – 5.11.1, 5.11.3

Empresa – *v. Pessoa jurídica*

Ensino jurídico – 1

Escolas científicas – *v. Ciência* e *Ciência do Direito*

Estado – 4.4.1

Estrutura – *v. Sistema jurídico*

Estudo do Direito – *1.1*

Ética – *5.2.1*

Exegese – *v. Ciência do Direito* – escolas científicas

Exercício do Direito – *4.2*

Exercício regular do Direito
- ameaça legal – *4.2*
- conceito – *4.2*

Extraterritorialidade – *5.10*

F

Faculdade – *v. Direito subjetivo*

Fato jurídico – *4.5.5*

Fato natural – *4.5.5.1*

Fim social da norma jurídica – *5.1.2*

Fontes do Direito
- conceito – *3.1*
- fontes estatais: legislação e jurisprudência – *3.3*
- fontes não estatais: costume jurídico e doutrina – *3.4*

Fundação – *4.5.2.2*

Fundamentos do Direito – *7.1.2*

G

Generalidade da norma jurídica – *5.1.2*

H

Hermenêutica jurídica – *2.5.4.2, 6.1*

Hierarquia – *v. Sistema jurídico e Legislação*

I

Imperícia – *4.5.5.3*

Imprudência – *4.5.5.3*

Imputação – *5.1.2*

In claris cessat interpretatio? – *v. Interpretação*

Indução – *3.3.3, 6.7.3*

Instrumentalização no Direito – *2.5.4.2*

Integração – *v. Lacunas no Direito*

Interpretação

- conceito – 6.1
- declarativa ou especificadora – 6.6.6.1
- extensiva – 6.6.6.3
- gramatical – 6.6.1
- histórica – 6.6.5
- *in claris cessat interpretatio?* – 6.3
- lógica – 6.6.2
- *mens legis* ou *mens legislatoris?* – 6.4
- quanto aos efeitos – 6.6.6
- restritiva – 6.6.6.2
- sistemática – 6.6.3
- teleológica – 6.6.4
- *voluntas legislatoris* – 6.4

Intersubjetividade – *v. Relação jurídica*

Introdução ao Estudo do Direito – 1.1

Irretroatividade das normas jurídicas – 5.11.2.5

J

Jurisprudência – 3.3.3

Jusnaturalismo – 2.5.2

Justiça

- a lei justa – 7.5
- como fundamento do ordenamento jurídico – 7.1.2
- como virtude – 7.3
- conceito: considerações – 7.1
- e Direito – 7.1.1
- e harmonia – 7.1.1
- entre os indivíduos – 7.1.3
- e igualdade – 7.4
- e paz social – 7.1.1
- e vontade – 7.6
- método para fazer justiça no caso concreto – 7.10
- provas da equidade – 7.9
- real e equidade – 7.7
- técnicas para aplicação da justiça – 7.11

Índice Alfabético de Assuntos 345

L

Lacunas no Direito
- colmatação – *6.7.3*
- completude do sistema jurídico – *6.7.1*
- conceito – *6.7.1*
- constatação – *6.7.3*
- constatação e preenchimento – *6.7.3*
- integração – *6.7.3*
- meios de integração – *6.7.3*
- nas normas jurídicas – *6.7.2*

Legislação – *3.3.1*

Lei
- conceito – *3.3.1*
- *v. Norma jurídica*

Lei complementar – *3.3.1*

Lei delegada – *3.3.1*

Lei ordinária – *3.3.1*

Linguagem jurídica – *6.2*

M

Medida provisória – *3.3.1*

Meio ambiente – *v. Direito ambiental*

Método – *2.1*

Modelo – *v. Objeto-modelo e Sistema jurídico*

Moral – *v. Norma moral e Ética*

N

Neutralidade científica – *2.1*

Norma(s) jurídica(s)
- ab-rogação – *5.9.3*
- adjetiva – *4.4.2.4, 5.7.2*
- autoaplicável – *5.7.3*
- codificadas – *5.7.4*
- conceito – *5.1.2*
- consolidadas – *5.7.4*
- constitucionais – *5.7.4*
- de ordem privada – *5.7.5*
- de ordem pública – *5.7.5*

- dependentes de complementação – 5.7.3
- dependentes de regulamentação – 5.7.3
- derrogação – 5.9.3
- eficácia das normas jurídicas 5.1.1
- eficácia das normas jurídicas inválidas – 5.1.1.3
- escrita – 3.3.1
- esparsas – 5.7.4
- estaduais – 5.7.6
- estatal – 3.3.1
- federais – 5.7.6
- incidência – 5.11.1
- início de sua vigência – 5.9.1
- irretroatividade – 5.11.2.5
- municipais – 5.7.6
- não escrita – 3.4.1
- não estatal – 3.4
- publicação oficial – 3.3.1
- retroatividade – 5.11.2
- revogação – 5.9.3
- sanção, coerção e coação – 5.3
- sem sanção – 5.5
- substantiva – 5.7.2
- término de sua vigência – 5.9.2
- validade – 5.8
- vigência – 5.9, 5.10

Norma moral – 5.2

Norma social – 5.2

O

Objeto da Ciência do Direito – 2.4

Objeto da relação jurídica
- objeto imediato: obrigação de fazer, de dar e de não fazer – 4.5.3.1
- objeto mediato: bens jurídicos (coisas e pessoas) – 4.5.3.2

Objeto-modelo – *v. Sistema jurídico*

Obrigação
- de dar – 4.5.3.1
- de fazer – 4.5.3.1
- de não fazer – 4.5.3.1
- *v. Direito obrigacional*

Ordenamento jurídico – 3.3.1

Índice Alfabético de Assuntos 347

P

Pacta sunt servanda – v. 4.4.1

Pedagogia no curso de direito – uma crítica – 1

Pena – *v. Sanção*

Personalidade jurídica – 4.5.2.1, 4.5.2.2
- conceito – 4.5.2.1
- de "ente despersonalizado" – 4.5.2.3
- de pessoa física – 4.5.2.1
- de pessoa jurídica – 4.5.2.2
- *v. Capacidade jurídica*

Personalidade natural – 4.5.2.1

Pessoa física
- capacidade de fato – 4.5.2.1
- capacidade jurídica – 4.5.2.1
- conceito – 4.5.2.1
- personalidade jurídica – 4.5.2.1
- personalidade natural – 4.5.2.1

Pessoa jurídica
- capacidade jurídica – 4.5.2.2
- classificação – 4.5.2.2
- conceito – 4.5.2.2
- denominações – 4.5.2.2
- personalidade jurídica – 4.5.2.2

Pirâmide jurídica – *v. Sistema jurídico*

Poder
- Executivo – 3.3.1
- Judiciário – 3.3.3
- Legislativo – 3.3.1

Prestação – 4.5.3.1

Princípios gerais do Direito – 6.7.3

Promulgação – 5.9.1

Proposição – 6.2

Proteção jurídica – 5.3

Publicação da norma jurídica – 5.9.1

R

Ramos do Direito – *4.4*

Recepção pela Constituição Federal – *5.9.3*

Relação jurídica – *4.5.1*
- classificação fundada no objeto – *4.5.4*
- conceito – *4.5.1*
- nascimento – *4.5.5*
- objeto da relação jurídica – *4.5.3*
- sujeitos da relação jurídica – *4.5.2*

Repristinação – *5.9.3*

Resolução – *3.3.1*

Retroatividade das normas jurídicas – *5.11.2*

Revogação das normas jurídicas – *5.9.3*

S

Sanção
- coação – *5.3*
- coerção – *5.3*
- conceito – *5.3*
- espécies – *5.3*
- normas jurídicas sem sanção – *5.5*

Silogismo – *6.6.2*

Sistema jurídico
- como objeto-modelo – *6.5*
- conceito – *6.5*
- elementos – *6.5*
- estrutura – *6.5*

Sujeito de direito
- sujeito ativo – *4.5.2*
- sujeito passivo – *4.5.2*

Súmula – *v. Jurisprudência*

T

Técnica jurídica – *6.6*

Teoria
- da Justiça – *7.1*
- da Responsabilidade Objetiva – *4.5.5.3*
- da Responsabilidade Subjetiva – *4.5.5.3*

Índice Alfabético de Assuntos

- do abuso do Direito – *v. Abuso do Direito*
- do Risco do Negócio – 4.5.5.3
- Pura do Direito – 2.7.1

Territorialidade – *5.1.0*

Titular do direito – *4.5.2*

U

Útil – *v. Ciência Dogmática do Direito* – eficiência

V

Vacatio legis – 5.9.1

Validade – *5.8*

Valor – *v. Axiologia*

Vícios da linguagem – *6.2*

Vigência – *5.9, 5.10*

Vontade da lei – *6.4*

Vontade do legislador – *6.4*

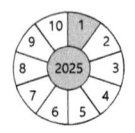